历|史|中|国
白金升级版

张嵚◎作品

原来是这样

明朝

中国出版集团　现代出版社

图书在版编目（ＣＩＰ）数据

明朝原来是这样 / 张嵚著 . — 增订本 . — 北京：
现代出版社，2021.1
（历史中国）
ISBN 978-7-5143-8889-3

Ⅰ．①明… Ⅱ．①张… Ⅲ．①中国历史－明代－
通俗读物 Ⅳ．①K248.09

中国版本图书馆 CIP 数据核字（2020）第 197155 号

明朝原来是这样

作　者	张　嵚
责任编辑	张　霆　哈　曼
出版发行	现代出版社
地　址	北京市安定门外安华里 504 号
邮政编码	100011
电　话	010-64267325　010-64245264（兼传真）
网　址	www.1980xd.com
电子信箱	xiandai@vip.sina.com
印　刷	三河市国英印务有限公司
开　本	710mm×1000mm　1 / 16
印　张	20.25
字　数	334 千
版　次	2021 年 1 月第 1 版
印　次	2021 年 1 月第 1 次印刷
书　号	ISBN 978-7-5143-8889-3
定　价	42.80 元

目　录

洪武盛世大奇迹

大明王朝三个世纪波澜壮阔的历史，通常都是从这个帝国的缔造者：明太祖朱元璋开始说。

这位英雄的光辉岁月，自古至今都说了很多，正史里一代代研究，野史里各种演义，一生的是非功过，更是充满争议。但无可争议的一条是：他所开创的，是中国古代史上最大的创业奇迹！

这奇迹有多神奇？濠州钟离贫农老朱家的放牛娃，十六岁起赶上天下大乱，尝尽世间苦难，然后愤然造反，拉队伍打天下，如斜刺里杀出的黑马，接连以弱灭强，横扫群雄，最终一统天下，开基建国，缔造中华文明史上又一个黄金时代——大明王朝！

这是朱元璋的简单奋斗史，也是大明王朝的开国史。这样的高难度动作，在整个中国古代史上，办到的只有两人，而另外的那位，即汉高祖刘邦，如果再较真一下出身，刘邦早年的亭长身份，比起朱元璋赤条条奋斗的遭遇，俨然高干富。

无论对朱元璋的一生有怎样的评语，能开创这样的奇迹者，必然是一位有着卓越眼光和坚忍品格的强人，朱元璋，正是这样的强人。

时至今日，强人朱元璋的这个奇迹，大家已经耳熟能详，其奋斗过程里的每一步，相关的历史事件和人物，都被后人掰碎了研究，好些更成了传奇。说起他的成功，好些后人更是仰慕不已，可谓身不能至，心向往之。

而洪武元年（1368）正月初四这天，更常被看作这个奇迹的完成：朱元璋在南京举行登基大典，正式宣告了大明王朝的开国。

但是，假如我们将目光回望向这一天，仔细看看这时中国的风景，却不得不生出另一个感叹：此时的朱元璋君临天下的皇位，以及这段不可思议的奇迹，其实依旧摇摇欲坠。因为新生的大明王朝，其实是建立在一片废墟之上。

这就是奇迹背后，一个真实而残酷的事实：明朝开国所面临的，堪称前所未有的困顿开局，其民生凋敝之重，内忧外患之深，都超乎后人的想象。所谓的锦绣江山，其实正风雨飘摇。

所以，开创了创业奇迹的强人朱元璋，其一生里又一功业，便是另一低调的奇迹：以执政三十年呕心沥血的奋斗，将一个贫困交加、民不聊生的烂摊子，变成一个国泰民安、欣欣向荣的世界——洪武盛世。

大明开国多艰难

作为朱元璋一生的又一功业，"洪武盛世"这件事，显得确实低调。各类史料的记录，基本都是寥寥数笔，一语带过。

但是简约的记录，却无法抹杀这件事的意义。毫不夸张地说，"洪武盛世"，不但是朱元璋执政的重大成就，即使在整个中国古代经济史上，都堪称神奇的建设奇迹。其独特的经济思想，至今依旧影响深远。

这件事的重要性，得从明朝开局的境况说起。

一般来说，但凡是一个经历过天下大乱，群雄割据，最终完成统一的王朝，必然会面临因战乱而经济破败的局面。主要的困难，简单说就是四个字：人少！地荒！

对于历代封建王朝来说，劳动力和土地，都是最重要的两件事：中国自古以农业立国，有劳动力才能种地，有地种才能收农业税，有税收政府才能运转，王朝才能稳固。人若少，地就荒，地荒了，国家就麻烦了。

以这两件事来讲，明朝开国面临的是历代前所未有的大麻烦。

有多麻烦？就举几个地区：北方昔日宋朝故都开封，按照地方官的奏报，土地大量荒芜，人口极度减少；山东首府济南，周边大量荒地，招人耕种都凑不起人；西北重镇河州，整个城池大多是废墟，里面尽是白骨堆积；荆州白水镇，元末还有几万人，此时全是一堆瓦砾，连人影都没有；瓷都景德镇，人口减少了九成，房屋大多毁弃，十里八里见不到人烟……

以上这些情景，绝非地方个例，相反，在此时中国的大江南北，几乎是司空见惯的事实：城池基本是废墟，农田大多是荒地，甚至到处是无人区，好些繁华的乡镇，更完全成了一片死城……

为什么会闹成这样？原因有很多，元朝九十七年失败的统治，诸如乱发纸币等政策，几乎都是搜刮多，建设少。国家连年闹灾，元朝统治的最后二十五年，大规模的蝗灾就有十九次，大饥荒十五次，水旱灾五十九次，可谓天灾人祸齐集。十七年惨烈的元末农民战争，其战斗密集程度之高，过程之惨烈，波及范围之广，更是前所未有。仅百万人规模的城池攻防战，就有高邮之战、洪都之战、平江之战等多次。太多昔日繁华的城池，几乎都在战火中灰飞烟灭。至于战争范围，更是空前扩大，红巾军的北伐，一直打到辽东，南方的福建等省，更是内乱频仍。而朱元璋与陈友谅、张士诚俩枭雄争天下的主战场，更是传统经济区长江流域。大江南北，几乎都给打烂了。

即使与之前几大封建王朝比，也可看出明朝此时局面有多难。唐朝开国，虽然也历经战乱，但一个事实是，唐之前的隋朝，固然倒行逆施，横征暴敛，但是隋王朝自身丰厚的钱粮储备，还是成了后来唐王朝开国治天下的家底。接下来的北宋，宋太祖赵匡胤黄袍加身得到的是一个历经后周两代帝王苦心经营、初具繁荣的国家，更何况当时五代诸国中，如南唐、后蜀等国，自身经济基础更不差，这些全都给北宋的繁荣打了底。元朝一统天下，更先有忽必烈在北方的苦心建设，后又全盘接过南宋的富庶家当。要论开国的本钱，比明王朝此时更惨的，恐怕也只有两汉王朝。

从经济条件角度讲，无论是人口还是土地，两汉开国的局面，都不比明朝好多少。所以无论是西汉高祖刘邦，还是东汉世祖刘秀，开国后的第一件事，就是休养生息搞发展，即使边境上匈奴闹得再欢，也得落门牙忍下这口气。

但就这点说，明朝却比两汉还要难：两汉尚能忍一口气，求个和亲，争个和平环境。而明朝，连这条都没得争。

看看明朝的历史年表就知道：朱元璋举行登基大典的时候，大明王朝的统一战争，并未真正结束。同时徐达、常遇春的北伐大军，还正在浴血奋战。一直到这年七月，明朝才攻克元大都，驱逐元王朝。随后又一路北进西讨，发动对元朝残部的征伐，相继收复山西、陕西、甘肃各省并招抚收服青藏。这期间双方在北方发动了多次十万人以上规模的大会战，一直到洪武五年（1372），北方才暂时太平。南方一直到洪武十四年（1381），明朝才平定云南，彻底扫平南方。然后洪武二十年（1387），明朝收复辽东。换句话说，仅完成国家的统一战争，大明王朝就断断续续用了二十二年。更何况与元朝残余力量，即北元王朝的对峙，更是用了朱元璋一生的时间。

· 洪武盛世大奇迹 ·

003

这就是明朝此时的困局：以一个经济疲敝的江山，没有和亲妥协的可能，却要在支撑长期战争的同时，完成国民经济的恢复与稳定。仅此一条，便是一个艰辛的任务。更何况还要开创盛世，奠定伟业，这更是难上加难。

然而就这么一个难上加难的事，明王朝却真的办到了！三十年的苦心经营，明朝一边打仗一边搞建设，两手抓两手硬，不但统一江山，追亡逐北，横扫北元，更缔造了一个足以笑傲青史的"GDP成就"：洪武二十六年（1393），明王朝的耕地总数达到八百五十万顷，比宋朝的最高数据多三百多万顷，更是元朝最高数据的四倍。国家是年的税粮收入更高达三千二百万石，是元朝最高数据的三倍。全国的人口根据后世的估算，接近了六千七百万人，突破了此前中国历史的人口最高纪录。国家的财政储备，按照《明史·食货志》的记录，各个州县的府库都粮满仓，甚至存到"红腐不可食"，政府富得流油，老百姓生活又如何呢？这时期有民歌就可佐证：山市晴，山鸟鸣，商旅行，农夫耕，老瓦盆中浊酒盈，呼嚣隳突不闻声。

这个开国时期经济贫困、民生凋敝、内忧外患、战火不息的明王朝，历经三十年治理，成为一个国富民强、经济繁荣、生机勃勃的国家，这就是朱元璋缔造的大奇迹：洪武盛世。

移民建设，两腿走路

"洪武盛世"这个奇迹，朱元璋是怎么办到的？

历代封建王朝，打完天下后治理天下，方法基本一脉相承，简单说，就是四个字：休养生息。

所谓"休养生息"，字面意思解释就是全天下都休息：朝廷爱惜民力，轻徭薄赋，勤俭节约。经济慢慢就会恢复。

朱元璋治理天下的主旨，也是"休养生息"。相关的一些政策，更是和前朝一脉相承：比如爱惜民力，明初的官派徭役极少，轻徭薄赋这条，农业税和商业税，都基本降到三十税一，而且大力裁撤元朝时期的各类税收机构，减少税收环节。至于勤俭节约，更是以身作则，自己的饭菜吃得简单，衣服穿得朴素，连出行的车马装饰，都用铜不用金，有官员给他进献奢侈品，不但二话不说砸了，丕把送礼的整个半死的。如上种种，好些都成了流传至今的美谈。

但仅靠这些美谈，是很难突破明初困局的：明初经济困顿之深，不是省点零花钱就能解决的。大量劳动力的减损和土地荒芜，仅靠轻徭薄赋的自然恢复，更是远远不够。就像一个遭受重创的伤者，如果想要恢复健康，休息和护理固然重要，强心针有时候更是必需。

强人朱元璋面对的问题同样如此，要让这个伤痕累累的帝国，重新焕发蓬勃的生命力，休息远远不够，必须要有强心针。

于是朱元璋，就像当年白手起家的奇迹一样，从登基开始，便运筹布局，以其精准的眼光和坚忍的胆略，为大明王朝的肌体，打入了三支重要的强心针。

第一支强心针，也正是风险最大的一针，历史上的称呼叫"洪武大移民"。

"洪武大移民"，即明初开始的移民垦荒运动，也就是为解决明初各地地荒劳力少的难题，利用中央集权的行政能力，将人口稠密地区的农民，整体搬迁移民至人少地区定居。

这办法并非朱元璋首创，在中国古代史上更不稀罕，秦汉时期就有皇帝办过。比如秦始皇开发河套，汉高祖至汉武帝时期，多次迁移中原地区的大族，移居到关中地区居住等，都是历史上著名的移民运动。

但要和朱元璋的"洪武大移民"比，之前的历次移民运动，都可谓小巫见大巫。

朱元璋的"洪武大移民"，对象比较固定，主要是人口稠密的江西、江南、山西三地。但移民的目的地，范围却极其广大：往东到辽东，往北一直到内蒙古地区，往西一直到甘肃地区，往南甚至一度到了云南南部地区，覆盖范围之广，可称历史之最。

至于移民的次数和规模，放在古代交通条件下，可以说庞大到恐怖：从明朝开国前，迁移苏州百姓到凤阳开荒算起，朱元璋在位时期，仅《明实录》和《明史》中记录的大规模移民，就有十三次之多。前后迁移的人口，有数字可考的，加起来就有一百六十万之巨。甚至学者陈梧桐在其著作《明史十讲》里估算，真正的数字很可能突破三百万人。这是中国古代史上一次史无前例的人口大迁徙。

移民这事，从目的上说，是为了平衡劳动力分布，恢复发展生产。从操作上说，是把人多地方的老百姓往人少的地方迁，看上去很美，执行貌似也不难，但实际的操作，却是风险性极大的挑战。

移民的风险，一是中国人的传统观念，中国农民素来安土重迁，有一口饭吃就不会挪地方，何况这么大规模的离乡背井，势必会有抵触。二是交通条件，古代的交通条件不方便，迁移基本靠两条腿走，一路山高水长，各种意外情况，一次迁移就意味着迎来一堆麻烦。种种麻烦因素交织在一起，就注定了这事的冒险：一次移民，整个流程，一个小环节纰漏，很可能就点起大火药桶。中国古代史上，移民移出动乱甚至起义的，从来都不算少。

但强人毕竟是强人，朱元璋既然决心办，自然也有办法，首先是规划周详，洪武三年在河南设司农令，统筹移民事宜。然后是定福利标准，只要愿意搬家，不但免三年税粮，发优厚路费和生活费，而且移到新地方后，你能种多少地，就占多少地，种地的农具、种子、耕牛，甚至头两年的粮食，全都由政府提供，条件极其优厚。

饶是这样优厚的条件，反对声还是四起，特别是当时的移民，大多家乡都在富庶的江南、山西地区，日子过得还可以，离乡背井往穷地方搬，换谁也难答应。但朱元璋也留有后手，不答应？强制搬迁！方法就是"四口之家留一,六口之家留二,八口之家留三"。确切地说，就是一家人里，老幼妇孺留下，青壮劳力搬家。按照一些野史的说法，当时的搬迁过程，移民们都是捆着走，上厕所才解开绳子，所谓"解手"就是这么来的。而移民迁走前，村村哭声震天，家家悲伤别离，景象极为凄惨。

后世很多史家说到这里，就开始诟病朱元璋，说这场史无前例的移民运动，给百姓带来惨重的苦难。但必须看到的是，持续三十年，前后十余次的移民运动，固然制造了无数家庭的分离。但如果细比一下，相较于中国历代几次重大的"政府性工程"，诸如秦长城、隋大运河之类，明朝这场规模更加空前的迁移运动，却未曾酿成类似前代的变乱。仅此一条，就足够值得后人正视。

而且一个连后世正史都承认的事实是，在从头至尾的整个移民过程里，政府对于移民的待遇允诺，几乎每一条都兑现了，税减了，路费发了，安家费有了，离乡背井的移民们，在全新的家园，获得了更多的土地，从此开始了新的拓荒。强人朱元璋治下的大明朝廷，以其高速的效率和强力的执行力，完成了这个空前的人口迁移。

随着十数次人口迁移的完成，大明王朝的人口布局和劳力分布，逐渐发生了改变。诸多原本荒芜的地区，获得了大量劳动力，经济开始高速回升。对于明朝经济的复苏乃至中国的人口版图布局，甚至缩小地方经济差距，促进民族融合，这事都影响深远。

但就明初的经济困局来说，这一支强心针，显然远远不够。

于是，在大规模移民的同时，朱元璋又紧接着打了第二支强心针。这支针按照现代的说法，叫公共设施建设。

而放在明初，朱元璋的公共设施建设，就是兴修水利。

这事同样也不是朱元璋首创，明朝之前，历代皇帝也都有做，但和大移民一样，没人做到朱元璋这般规模。

比起"洪武大移民"百万人的迁移规模来，朱元璋的公共设施建设力度，也是同样强大。

这么大规模的原因，也很简单，人移民了，地开始种了，但农田水利设施跟不上，交通条件不配套，照样白搭。所以大规模工程建设，势在必行。

但从操作难度说，这事同样不是闹着玩的，技术含量高，执行细节烦琐，风险性更大。最近的反面教材，就是元朝灭亡，所谓"石人一只眼，挑动黄河天下反"，一个闪失就出大事。

而这件事的难度，一是财政实力，也就是政府的经济实力是否承受得起。二是可行性，必须得抓最紧要的地方修，避免无用功。三是执行力，好政策得落实到位，上至技术构思下至工程进度，所有细节都要抓。

而朱元璋的做法，套用老百姓的一句俗话，就是有多大荷叶，包多大粽子。

朱元璋的水利工程，从打天下的时候就开始修。早在至正十八年（1358），就设置了专门负责水利的营田使，负责人就是其麾下的名将康茂才。从那以后打下一块地盘，就修一处水利，确保了辖区内的农业生产和军用供给。

等到明朝开国后，水利工程，更成了朱元璋治国的头等要事，登基第一年就下诏：民间凡是有关于水利事务的奏疏，必须立刻奏报。但执行起来，却是循序渐进。开国的头几年，水利工程主要集中在生产相对富庶的江南和淮西地区，比如先于洪武元年（1368），修和州水堰200多里；五年后，又大修嘉兴、松江地区水利，动用民夫万人，不但疏通水路，更开上海胡家港1200多丈，打通海运要道。

随着明王朝在全国的统治日益稳固，明朝的水利工程项目，更扩展到全国。包括广西、陕西、甘肃、浙江、福建、广东，都有大规模的水利工程建设。却并不是盲目修，而是和此时明王朝诸如移民、屯田之类的大动作息息相关，哪里开荒种地，配套的水利工程，立刻跟上。种到哪儿修到哪儿，生产和灌溉无缝对接。

而纵观整个朱元璋时期的水利工程，主要有三个特点：一是工程质量高，修好的水利工程，确保使用几十年。二是工程量大，行动密集，终整个朱元璋执政时期，大规模的水利工程一直没停，几乎上马一个项目，就是几万人的人力。三是次序循序渐进，以江南经济区为中心，向周边扩展，几乎散播到两京十三省，进度非常科学。

而朱元璋的苦心也没有白费，他在位时期，明朝的水利工程成果，达到了一个极其惊人的数字：洪武二十八年（1395），明王朝修筑塘堰40987处，河流4082处，堤坝5048处。成就极其显著。

特别值得一提的就是贯穿南北的京杭大运河，朱元璋一辈子修了这么多水利工程，但对于这条主干道，态度却极其慎重。洪武时代明朝的北方物资供应，还是以屯垦为主，海运补给为辅，这条南北大动脉的完全恢复，已经是明成祖朱棣时期的事情了。

除兴修水利外，朱元璋终其一生，还大力整治大明朝的公共交通，修缮了连接各省的驿道，并设立了完备的驿道管理制度和考核制度。这个翻修得焕然一新的江山，也因此重新连成一片。

而打下这一支强心针的明王朝，效果更是立竿见影。交通的恢复与延伸，不但提升了政府行政的速率，更连通了工商业往来。水利工程的全面铺展，也为明初开始的垦荒热潮推波助澜。经济的复苏增长，从此开始加速。

两道诏书，惠泽千秋

而上面两支强心针，之所以打得如此顺利，却更与朱元璋打的第三针有关。这一针与其说叫强心针，不妨说是活力针。

即使在很多史家眼里，"活力"二字，似乎与朱元璋不沾边。作为一个公认的政治强人，朱元璋一生都致力于强大的中央集权，政治上废宰相制，大权独抓，强化特务统治；民生上虽说大搞社会福利，推广"公费医疗"（惠民药局）、"国家救济"（养济院）、"免费公墓"（漏泽园），但法令条律森严，细化到穿衣吃饭，装修盖房，处处都是规矩，一不留神就犯法。着实很没"活力"。

但为大明王朝，乃至中国古代史注入新活力的，却是他在位时期两道看似不起眼的诏书。

第一道诏书，载于《皇明诏令》中的《正礼仪风俗诏》，其中有话："佃见田主，不论齿序，并如少事长之礼。若在亲属，不拘主佃，则以亲属礼行之。"意思是佃户见了自家的地主，无论年龄大小，要行小弟见兄长的礼节；如果双方是亲属，那么不论地主与佃户的身份关系，要行亲属的礼节。

第二道诏书，发布于明朝洪武十一年（1378）五月，朱元璋给工部下诏，命令"在京工匠上工者，日给柴、米、盐、菜"。又规定"休工者停给，听其营生勿拘"。这两段诏书的意思连起来是：在京城服役的工匠们，在干活的，每天都要补助柴火米粮和油盐蔬菜；没有在工作的，虽然不发这些东西，但他们也可以干别的营生，不要因此拘捕他们。

两道诏书，第一道讲的是佃农见主人的礼仪，第二道讲的是工匠在京城干活的津贴。看似不起眼的小事，然而放在封建社会看，却都是不简单的大事。因为这两道诏书对应的，恰是之前元朝平民的两个底层制度：佃农制度与匠籍制度。

先说佃农制度，也就是佃户和地主的关系问题。这制度发展到元朝，本已严苛到极致：元朝的佃户，差不多就是地主家的奴隶。《元典章》里明文规定，地主和佃户之间，要行严格的主仆之礼，甚至地主如果打死了佃户，也不过是打板子赔钱了事（杖一百七，征烧埋银五十两）。所以元朝统治九十多年，没有土地的佃农，过的基本上就是非人的生活。

但朱元璋这样一改，情况就不一样了。原本是尊卑有别的主仆关系，这下成为"少事长"的兄弟关系，虽说还是地主高，但地位一下子拉平了。再想拿佃农当动物使唤，法律首先就不答应。

而且朱元璋也不仅搞形式，接下来还有内容：首先是地主如果打死了佃农，照样杀人偿命，打板子赔钱都没用。如果地主想要佃农替自己服劳役，那没问题，但得给佃农劳务费，法定价格是"须出米一石，资其费用"。拿着佃农当奴才，想怎么拿捏就怎么拿捏的"好日子"，至此到头了。

之所以会有这样的法令，从朱元璋个人原因说，他本就是穷出身，佃农受的气吃的苦，他很有发言权。而从国家角度说，元末大起义闹得这么厉害，一大原因就是佃农们忍够了，愤怒如火山一般喷发，再不顺应历史潮流，铁定走元朝灭亡的老路。

与第一道诏书比，第二道诏书的影响，同样极其深远。给工匠们发津贴，看似小事，触动的却是之前元朝手工业的重要制度：匠籍制度。

　　所谓匠籍制度，就是将全国的工匠们编订成专门户籍。入籍的工匠，便是匠户，一个工匠不入籍，就等于没活路；如果入了籍，不但一辈子干这营生，而且子子孙孙，世代都要干。

　　元朝实行匠籍制度，主要为了用工方便，要干个什么活，直接按匠籍抓人。干活的工匠，不但路费要自理，来京城干活的生活费要自备，而且干活也没酬劳，只有一些粗劣的食物，且绝不允许这期间做别的营生糊口，抓到就是重罪，命运极其悲惨。

　　明朝初建时，也沿用了这一制度，工匠们的命运，随着改朝换代依然悲惨。直到洪武十一年的这份诏书，一切才开始改变：给工匠们发津贴，数额虽不多，但日子总算好过了些，更重要的改变，是在这事儿八年后发生的：洪武十九年（1386），明王朝正式规定，各地匠户每三年上京服役一次，每次不超过三个月。这样一来，工匠们终于不需要常年从事低廉的劳役了，有更多的时间从事自家的营生。又过七年，即洪武二十六年（1393），法令再次修订，工匠们按照工种的不同和路程的远近，重新编订服役时间，这些轮流服役的工匠，便被称为"轮班匠"。而在皇宫内府服役的工匠，更可按照工种每月领工钱。这一系列看似微不足道的演进，却堪称匠籍制度的重大突破。

　　说重大，因为这样的突破，不止在工匠们拿钱多了，自由度大了，服役期短了，最重要的却是身份的演变。朱元璋身后，在明朝永乐年间，工匠们终于有了更大的自由。服役也有工钱拿，而且服役以外的时间更可以自主从事营生。按照《明会典》里的话说，就是"自由趁做"，他们有了自由。

　　佃农上了身份、工匠有了自由，这便是朱元璋一生执政中另一个了不起的成就。这些原本被紧紧捆绑在元朝等级制度上的草根，从此可以在新的王朝自由地舒展，佃农们可以挺起腰杆干活，工匠们更不止会被强迫地劳动，反而有了更多创造的机会。仅从两个事实，便可窥见这个成就的意义：1.朱元璋在位三十年，农民开垦新荒地的数量，每年几乎都是滚雪球增长。明朝建国的头十二年，即洪武元年（1368）至洪武十三年（1380），明朝的新垦荒地，就达到一百八十三万三千一百七十一顷，而洪武二十六年的耕地数目，更是洪武元年的四倍还多。中国古代史上再难找到第二个这样的农业腾飞奇迹。2.明朝的手工业，在经历了洪武时代的累积后，特别是诸如陶瓷、丝绸等行业，一反元朝时代的粗糙形象，重新焕发起灿烂的美丽。比如陶瓷业，洪武元年一片废墟的景德镇，到洪武晚期，已重新成为陶瓷重镇。制作工艺方面，永乐时期的锥拱、脱胎，宣德时期的镂空，这些明朝独创的新技术，今天依然闪烁着夺目的美丽。而这一切，毋庸置疑，正来自洪武时代，不起眼的改变所激发起的强大活力。

洪武朝"诛功臣"解析

大明十七帝中，奠定基业、一生励精图治的朱元璋，却历来有个公认的评语——残暴。

这个评语，自然来自其执政一生，大肆屠戮开国功臣的历史。至洪武末期，群星荟萃的大明开国功臣们大多获罪身死，上演了"狡兔死，走狗烹"的真实史实。所以在各类评书演义乃至影视作品中，这位开创一代盛世、文武功业骄人的大有为之君，多是阴狠毒辣、冷酷无情、残忍暴虐的"暴君"形象。

而时下也有许多替朱元璋"翻案"的说法，认定朱元璋在位时期屠杀功臣的行为，乃"重手肃贪"。屠杀的结果，是带来了大明朝的"吏治清明"。而遭到屠杀的"功臣"们，则一个个被贴上了"横行不法"的标签。"暴君"朱元璋，俨然成为不徇私情、铁面无私、重手惩奸的"正面"人物。

是惩奸肃贪，还是屠戮无辜，功过是非，还是从历史的真实记录里找答案吧。

功臣很难管

说"惩奸"，自然要说到洪武时代开国功臣的种种劣迹。这些，恰是之前关于朱元璋的研究中，素来注意不多的。

仅举几个例子：永嘉侯朱亮祖，史载"所为多不法"。洪武十三年出镇广东时，接受当地恶霸贿赂，贪占民财，在受到番禺知县道同劝阻后，竟怀恨在心，上奏章诬陷道同，导致这位在当地颇有名望的清官被朱元璋赐死，酿成冤案。淮安侯华云龙，总兵北平时竟霸占元丞相脱脱府邸，并收纳前元宫廷器物。封建时代，这是"大不敬"之罪。延安侯唐胜宗，征战时期就多次"掠人妻女"；镇守广西龙州时又曾"敲诈番人"。吉安侯陆仲亨，"铁面御史"韩宜可曾弹劾他镇守临清时"巧取豪夺，侵占民田"，后来更成为胡惟庸心腹，助其构陷排斥异己。定远侯王弼，御史齐鲁曾弹劾他"好敛财，侵占国税"，结果遭其报复，罢官回乡……

位极人臣的"国公"们也不例外，劣迹最多的当属后来"胡蓝案"的主角。"凉国公"蓝玉，素来居功骄横，在各处"蓄田养子奴"，其名下收养养子千人，皆仰仗其势，在民间横行不法。比如曾在山东聊城侵占民田千亩，聊城巡按御史汤俊上门质问，竟被他乱鞭打走；平定云南时，劫掠昆明府库，掠夺大量珍宝；后来平定北元时，"私占财宝驼马无算"，甚至奸污了北元太子妃。班师回朝时，更下令属下将士强攻边关，"破关而入，士卒死亡数十"。

由此可见，在大明开国之后，功臣宿将们的不法行为，确为明王朝曾经发生的事实。对照后世李自成起义和太平天国起义后的腐化过程。对于朱元璋来说，这事关龙位是否稳固的问题，自然要格外重视。

当然，在诸多"劣行"中，也有许多功臣居功不自傲，奉公守法如一，留下了千古美谈。

其中最著名的自然是开国武将之首，徐国公徐达，虽位极人臣，却谦逊如初，时常训诫子女。统兵数年，军规森严，严令"有违令扰民，必戮以殉"。南征北战时，从不趁势劫掠，和平年代更为官清廉，其墓志铭上"妇女无所爱，财报无所取"。诚为公允。

曹国公李文忠也不差，与徐达一样，他治军严格，爱兵如子并严禁扰民。身为朱元璋外甥，在朱元璋猜忌功臣，几次削夺他兵权仅授闲职时，皆毫无怨言，"恂恂若儒者"。可谓与世无争。

另一位堪称朱元璋"发小"的信国公汤和也不差，在北平、延安、山西等地练兵守备，招募逃荒流民，后来又出巡山东、浙江，防备倭寇，历年来勤勤恳恳毫无懈怠。

而这几位在和平年代颇有善声的功臣，也最终迎来了不同的命运。

胡惟庸案抓相权

"劣迹"和"善声"都一一列举，且让我们看看朱元璋屠戮功臣的具体过程。

在洪武十一年以前，尽管各地遍有弹劾功臣不法的奏章报上，但朱元璋的反应是多"以此训诫",甚至许多检举揭发的官员还遭到朱元璋的惩罚。这一时期,真正遭难的功臣有三个,华云龙、廖永忠、刘基。其中华云龙正是因为占住脱脱府邸以及擅自使用元宫廷物品,以"违制"罪召回京问罪。至于廖永忠,众所周知的事情,就是他曾奉朱元璋之命,在瓜步害死小明王,终让朱元璋"名正言顺"地称帝。被赐死的罪名和华云龙一样是"违制",但结合前情,更有"灭口"的嫌疑。而大规模清洗功臣的导火线,却是中书省左丞相胡惟庸。

说到胡惟庸,即引出震撼明廷的胡惟庸案,以及明朝第一谋士刘基之死。

作为大明开国第一谋士,刘基的建树颇多,其进献的《十八策》更是朱元璋此后平天下的基本步骤。杀小明王,也是他向朱元璋进言。但对于这样一个思维缜密、眼光卓绝的人,朱元璋自然既用之又忌之。而作为朱元璋的"老乡",身为开国文臣之首的宣国公李善长,对刘基也是颇多排挤。刘、李二人明争暗斗数年,深知伴君如伴虎的刘基激流勇退,于洪武四年(1371)辞官归乡。而李善长也在朱元璋的软逼下因"健康状况"退休,取而代之的正是李善长的亲信——胡惟庸。

朱元璋对胡惟庸颇为信任,一者胡惟庸也是"淮西老乡",常年在身边担任文书工作,可谓知根知底;二者胡惟庸在战争年代,虽不似诸多文臣武将那般立有"奇功",但长年协助李善长安抚地方,发展生产,也出力颇多。既有能力,又无"功臣履历",亦是淮西老乡,更兼办事听话,这样的人自然容易"操纵"。于是多年来飞黄腾达,至洪武十年(1377),已成为一人之下、万人之上的左丞相。

而作为淮西派的人物,胡惟庸对非淮西派的刘基自然不能容。不久之后,退休的刘基就被诬陷与人争一块"有王气"的田地而遭申斥。一心保身的刘基做了最后的努力,以"诉冤"为名搬家归京闲住。洪武八年(1375)患病,朱元璋遣胡惟庸赠药,于是年二月中身死,世人多言被胡惟庸借机害死。但无论怎样,朱元璋确难逃责。

而纵览刘基之死,可见朱元璋一生最在意的只有一事——专权。而后胡惟庸为相,大权独揽,朱元璋对其颇多信任,多次觐见时甚至命其贴身而坐,谈笑风生。荣宠日甚下,胡惟庸越发飞扬跋扈,对下大肆结交,对外大肆收受贿赂,史载其家整日"车马盈门"。更与御史大夫陈宁结成同党,凡是不利于己的奏疏,一律瞒报扣押。连战功卓著的徐国公徐达也曾被其构陷。专权如此,素来严苛的朱元璋却表现出难得的"宽容"。凡敢弹劾胡惟庸的官员一律重办，连"铁面御史"韩宜可也险些下狱身死。大元帅徐达向朱元璋力陈胡惟庸罪恶，却被呵斥。日久天长，军队、言官、地方，皆被胡惟庸安插了亲信，诸多"淮西旧将"也与其结成了同盟，朝堂内外，编成一张盘根错节的关系网。

岂料如此"盘根错节"，却顷刻覆灭。覆灭是从洪武十二年（1379）十月开始的。先是胡惟庸因儿子坠马怒杀马车夫，遭朱元璋追查；继而占城国入贡，胡惟庸却未及时上报，朱元璋震怒，下令追查。一追查就"顺藤摸瓜"，大批党羽被查出，加上胡惟庸同党御史中丞涂节临事惊慌，找朱元璋"自首"然后撒网抓人。洪武十三年（1380），胡惟庸、陈宁、涂节等首犯被杀，"人死账不烂"，追查余党的工作之后持续了数十年，包括费聚、陆仲亨、唐胜宗等开国功臣皆被屠戮。最后被杀的，是洪武二十三年（1390）被满门抄斩的开国六国公之首李善长。胡惟庸死后不到一个月，朱元璋即废除丞相制，从此建立了高度独裁的统治。

震撼洪武朝的胡惟庸案，持续近十年，处死一万五千人，几乎都是开国功臣宿将。但请注意，虽也有诸如太子朱标的授业恩师宋濂这样的无辜者，但牵涉其中的多是"淮西派"李善长一脉的文人以及中层军官。而说到屠杀的原因，观胡惟庸的行为以及诸多功臣的劣迹，固然该死，但真正的目的，却还在朱元璋的一句话："元之大弊：人君不能躬览庶政，故大臣得以专权自恣。"他对刘基念念不忘，因刘基足够洞穿一切的眼光，对胡惟庸的荣宠甚至放纵，只为放线钓鱼，一网打尽。对李善长的秋后算账，则是要根绝后患，彻底掐灭淮西一脉文臣。这一切，都为了直接掌控到那一人之下的权力——相权。李善长、刘基、胡惟庸，只是他实现"躬览庶政"目的的小棋子。

在这里顺便说一个人：永嘉侯朱亮祖，洪武十三年他诬陷道同事发，被逮捕入京。父子二人在金殿之上被朱元璋持鞭活活"抽死"，死后竟也被归入了"胡党"。胡惟庸案株连无辜甚多，而他，或许是最不冤枉的。

要"躬览庶政"，除"相权"外，与之同等重要的，就是军权，由此有了另一大案——蓝玉案。

蓝玉大案整兵权

其实早在蓝玉事发前，屠戮的"前奏"就打响了。此时已是洪武朝中后期，战功卓著的徐达、李文忠两位"大帅"早相继病故。洪武二十年（1387），刚刚在辽东会战里迫降了北元太尉纳哈出，为大明收复东北大地的老帅——宋国公冯胜，因"私藏良马"之罪被逮捕，随后被拘家软禁。常年担任副帅的少壮派将领蓝玉就此"转正"，成为明军中的第一人。次年，蓝玉、王弼率十五万人远征北元，历经风餐露宿，行进数月，终于在捕鱼儿海（今俄罗斯贝加尔湖）捕捉到北元主力。一番恶战，俘虏北元"黄金家族"宗亲3000人，士兵70000人。数日后，窜逃的北元皇帝脱古思帖木儿在瀚难河被宗室也速迭儿杀害，残喘漠北的北元帝国彻底灭亡。其后，蒙古分裂成瓦剌、鞑靼、兀良哈三大部，虽在其后200年间也曾骚扰中原，却终未再成明廷致命威胁。捷报传来，朱元璋大为高兴，赞道：蓝玉，"吾之仲卿、药师也"。以汉朝名将卫青、唐朝名将李靖将之比拟，可谓圣眷正隆。

但功勋卓著的蓝玉终复制了胡惟庸相同的脉络。大胜之下，横暴贪婪之性尽露无余。先是贪占缴获的北元物资，继而强暴了北元太子妃，回师路上又炫耀武力，强攻边关隘口。朱元璋下诏褒奖，却嫌封赏太少，张口质问："难道我的功劳不足封太师吗？"行为之骄横固然不可思议，但联系他之前鞭打御史强占民田的"光荣事迹"，可见这是他的"真性情"。对这"真性情"，朱元璋如对胡惟庸一样表现了极大的"宽容"，封其为"凉国公"。但一个"凉"字，却也为后面的"秋后算账"埋下伏笔。

蓝玉却全然不知，之后几年，他陆续平定了云南少数民族的造反，又率军西征哈密得胜。大明四方总算"天下太平"，蓝玉的灾祸，却从此来了。洪武二十六年，锦衣卫指挥使蒋献控告蓝玉谋反，继而大狱再兴。平定云南的颖国公傅友德、平定东北的宋国公冯胜、捕鱼儿海战役中蓝玉的副将王弼，均相继被株，连带被杀的又达一万五千人。与上次不同的是，这次的主角，尽是沙场功勋卓著的"名帅"们。而在蓝玉伏诛后的洪武二十七年（1394），朱元璋再次改组"五军都督府"，位高权重的"大都督"们仅剩空衔。国家兵马后勤调度管理大权，从此牢牢掌控在皇帝直接操纵的"兵部"。所以探究"蓝玉案"，有说蓝玉"跋扈"招祸，有说是因朱标之死，朱元璋担心皇太孙朱允炆难以掌控局面，故而提前为他扫清障碍。但根本原因，却还在"躬览庶政"四个字。

而在洪武朝这场持续二十年的血雨腥风中保存下来的功臣，方式也各有不同：徐达过世比较早（洪武十五年去世）；汤和常年在外守备，特别是身担东南沿海"防倭"大任；常遇春英年早逝，但其子常茂也被控多有"不法"，但最终被安置在龙州留得一命。纵览他们能够明哲保身的原因，除人品正派，善举不断外，其实就是四个字：听话、不争。

而在后人论起朱元璋屠戮功臣的恶劣后果时，无不提到他死后的靖难之役。普遍的观点是：正是因为朱元璋屠戮功臣，导致朱棣起兵时，建文帝朱允炆面临无兵可用的局面。然而事实是，朱元璋并未预见到朱棣会举兵叛乱，却也为朱允炆留下了国家有战乱时可堪信任的能将：耿炳文。他的作用，下面一章会讲到。

大明洪武三十一年（1398），大明开国洪武皇帝朱元璋过世，庙号太祖，谥号"开天行道肇纪立极大圣至神仁文义武俊德成功高皇帝"。尸骨未寒，即迎来一场席卷北中国的血雨腥风——靖难之役。

建文帝的功过详解

1398 年闰五月，明太祖朱元璋驾崩，二十一岁的皇太孙朱允炆即位。次年改元建文，这就是明朝第二个皇帝建文帝。

这位皇帝少年执政，在位四年，被四叔燕王朱棣起兵造反，闹出了长达三年的"靖难之役"。最终兵败丢皇位，从此下落不明。在明朝十七位帝王中，属于命运悲惨的一个。

但在《明史》等官方史书中，对这位失败的帝王，评价却极高。《明史》说他"天资仁厚""亲贤好学"，也就是说，是个品格厚道、任用贤臣且刻苦学习的好皇帝。更认为他在位期间，革除了诸多朱元璋时代的弊政，深得天下人心。

而细看他登基后做的事情，这样的评价，也确实有道理。他治国的最大成就，就是"建文新政"。从建文元年（1399）起，先大规模平反冤假错案，赦免朱元璋执政时期各类案件的受株连官员，平反其中的无辜人员。同时一改朱元璋时代重武轻文的政治习惯，大力擢拔文臣，走"文治"的路线。六部尚书的官职，也从原先的二品提拔到一品。他所建立的执政团队，如齐泰、黄子澄、方孝孺等臣子，更是后来明朝内阁制度的雏形。同时还大力修订《大明律》，删除其中诸多苛刻条令，全国范围内大规模减免赋税。如上种种，都是深得人心的好事。

但这样一个建树颇多的好皇帝，为什么却难免失败的命运？还是从头说起。

好孩子朱允炆 VS 野孩子朱棣

虽然很多后人都认为，建文皇帝朱允炆，能力上有欠缺。但对这位接班人，朱元璋是下过心血培养的。

朱元璋英雄了一辈子，在接班人的选择上，头脑也一直清楚：能够继承自己皇位的，一要按照皇室传承规矩来，身份名正言顺；二就是这个接班人，必须具有守天下的才能。不必一定英明神武，但要懂得治理江山，实行仁政。

所以早年他确定长子朱标即位，就是以此为原则。后来对太子朱标，更是悉心培养，除了建立强大的教师团队，更以"仁明果决"四字标准要求儿子，遇到国家大事，还常叫儿子参与讨论。而朱元璋的苦心也没白费，太子朱标逐渐变成了朱元璋心目中的人选：性格仁厚，但外柔内刚，甚至意见相冲突时，还敢同父亲力争。父子虽常有冲突，但对儿子的成长，朱元璋一直很满意。

满意到洪武二十五年（1392），噩耗传来，四十岁的太子朱标英年早逝，白发人送黑发人不说，继承人的位子又空了。

对儿子的死，朱元璋极为痛惜，但该选谁接班，更是难题。皇子之中，最得他宠的，除朱标外，就是镇守北平的皇四子燕王朱棣。而对朱标的长子，即长孙朱允炆，朱元璋起初并不待见。这孩子人长得丑，年纪又小（十五岁），而且性格又柔弱，一看就不讨喜。

所以在选谁接班的事情上，朱元璋一开始也犹豫。朱棣固然能耐大，但在朱元璋眼里，这儿子太像自己。而且更大的难题是：朱棣在儿子中排行老四，前面还有二儿子秦王与三儿子晋王。但这俩儿子不成器，接班不可能。如果朱棣当了太子，俩哥哥往哪里摆？大臣刘三吾就为此劝他："立燕王，置秦、晋二王于何地？"

而且更重要的是，朱允炆虽然能力一般，却有一点好：孝顺。朱标卧病的时候，他就侍候在身边，一直侍候到病故。父亲死后，他更是哀痛无比，很多天不吃不喝，看得祖父朱元璋也心疼，抚着背劝说："你要是拖坏了身子骨，我可怎么办啊！"对这起初不待见的孙子，从此发自内心疼爱起来。

如上种种原因，洪武二十五年（1392）十月，朱允炆正式被立为皇太孙，成为皇位法定继承人。四年以后，朱元璋更是召集诸藩王，令他们以宫廷仪式参拜皇太孙，也借此告诉天下人：继承人就这么定了，其他人就别惦记了。

除了给孙子撑腰，对孙子的能力，朱元璋也大力培养。他亲自给朱允炆选定的几个辅臣，比如齐泰、黄子澄、方孝孺，都是道德高尚、忠心不二的士大夫。晚年的国家大事，更时时让朱允炆参与，锻炼其行政能力。其间明朝屡屡兴起大案，屠戮功臣，许多史家也认为，这是在给朱允炆接班清理障碍。

但这种培养，其实是很有问题的。朱允炆当皇太孙的时候才十五岁，登基时也不过二十一岁。其间的锻炼，基本都是皇爷爷朱元璋手把手教，从没独立应付过政治考验。好比学走路的孩子，一直被搀着走，从没放开过手脚。

为了帮助朱允炆快速成长，朱元璋也不是没行动。特意给他选了几位好老师，比如齐泰、黄子澄等人，都是忠良臣子。但这几位共同的特点，就是有忠心、学问，却无实际行政才能，典型书呆子。书呆子搞教育，教出来的，多半都是呆子。

朱允炆也就因此不能幸免，虽然和他父亲一样，他也是个孝顺仁厚的好孩子，但是比起父亲朱标骨子里的坚忍性情与承担力，好孩子朱允炆，直到坐上皇帝宝座，这条也只是形似。

就连朱允炆自己也知道：一朵巨大的阴云，正笼罩在皇位的头顶上——藩王问题。

朱元璋的封藩制度，最大的漏洞，便是边境藩王手握重兵，威胁中央。他活着的时候没人敢动，以后就难说。其中实力最强的，便是当初朱允炆继承人位置的最热门竞争者：燕王朱棣。

朱棣的早年成长，堪称"放羊教育"的典型。朱元璋对儿子的教育，从来都非常严格。除了日常读书习武，还有意志品质磨炼，甚至还常让儿子们穿上麻鞋，像士兵一样出去锻炼跑步。朱棣就是在这种磨炼中成长起来的，后来他十七岁离开京城，受封燕王，更曾跟随名将李文忠出外作战，军事水平提升很快。外加他的岳父，更是大名鼎鼎的明朝第一名将徐达。如此耳濡目染的环境，从政治权谋到兵法韬略，样样修炼得精熟。

所以，就藩北平后，燕王朱棣好似蛟龙入海，很快大展拳脚。不但把一向荒僻的北平地区，治理得繁荣富庶，洪武年间更多次统兵出塞，痛打北元残余势力。北方九位藩王中，他更像佼佼者。

而且从品性说，早在做藩王时，朱棣的举手投足，就比朱允炆更像帝王：行事果敢坚决，为人处世老辣圆熟。特别说明他能耐的一件事是洪武二十三年（1390）出征漠北。当时朱棣捕捉到北元军队行踪后，不顾天气恶劣和诸将反对，坚持一路冒雪追击，终于捕捉到敌人主力。眼看要发动总攻，却突然叫停不打，反而派麾下的蒙古降将前去游说，不费一兵一卒，便将这股北元精锐顺利收降。简单一场胜仗，却把他的卓越眼光和坚忍品质，发挥得淋漓尽致。

而一个有这样品质的人，也必然是新君朱允炆的最大对手。对这个对手，朱允炆做皇太孙的时候，就曾格外担心。但近臣黄子澄安慰他说："当年汉景帝也面临藩镇问题，但还不是从容平叛、顺利镇压？所以不必担心。"朱允炆听了稍微安心。但也正是这桩典故，令朱允炆确认了解决这问题的最好办法：削藩。

随着朱元璋过世，建文帝朱允炆君临天下，削藩大业，就此启动。

削藩大事败笔多

要用一句话来形容朱允炆的"削藩"过程，那可以说是"雷声大，雨点小"。

一开始动静闹得确实大：早在洪武三十一年闰五月朱元璋撒手人寰后，即颁布遗诏，各地藩王所属的文臣武士，除藩王的亲身护卫外，皆由中央节制。初步掌控了各藩镇的"军政大权"，继而朱允炆与其老师齐泰、黄子澄密谋，采纳黄子澄"断燕王手足"的建议，先将河南周王与山西代王以"贪横暴虐罪"逮捕，继而周王被发配云南。众文臣窥得风向，纷纷见风使舵，上书力陈大规模"削藩"。顺应民意下再接再厉，洪武三十一年五月，岷王被召入京"切责"，湘王不堪忍受屈辱，愤然自焚。齐王被废为庶人，关入大狱。数月之间连出重手，直闹得诸藩国人心惶惶。

这一系列的削藩动作，来自建文帝朱允炆几位近臣，特别是齐泰、黄子澄二人的筹谋。但最大的问题是，这二位饱读诗书，办事能力却有限，"削藩"的动作大，但对主要对手燕王朱棣，却基本没形成杀伤力，反而惹恼了其他藩王。可以说是大败笔。

但对这事，朝廷里不是没有明白人，比如御史高巍。他认为这种削法，操之过急，应该借鉴汉武帝的办法，采取"推恩"的模式，肢解藩王的土地人口，经过几代，便能日益弱化。更有眼光的是户部侍郎卓敬，他认为要削藩，也可以马上削，但主要对象，应该是最有威胁的燕王朱棣，而且要削朱棣，更不必硬来，解除他的边境兵权，借口改善他的生活环境，将他平级调动到南昌为王，既不伤和气也不给他口实，万无一失。

这二人的招数，从后来看都是绝招。后来朱棣造反成功，即位称帝，虽然对这二人也残酷清算，但对他俩的主张，却照单全收。永乐年间朱棣削藩如此顺利，对付宁王、齐王等人，用的都是这些招数。但在当时，建文帝却都不用。

要说建文帝对朱棣毫无动作，却也不对。建文帝拉拢了朱棣燕王府的长史葛诚，作为自己的内应，又借口防备蒙古兵侵扰，将朱棣麾下的精锐兵马尽数调走，还派亲信武将都督宋忠等人，接管了北平兵权。对这些动作，老练的朱棣就一个字：忍。不管建文帝怎么出招，都是逆来顺受不反抗，一副诚惶诚恐的样子。表面看来，昔日雄踞北方的朱棣，已经成了没牙的老虎，任人宰割。

但建文帝这几招，对付一般藩王也许可以，收拾朱棣却难。朱棣经营多年，燕军全是亲信，里外都是他的人，一般人根本指挥不动，建文帝派去的宋忠，才能更是一般，说是接管兵权，其实是被一群兵油子耍得团团转。燕王府布置了耳目，可朱棣偷偷在地下室打造兵器，还硬是瞒了过去。几招下来，建文帝基本白干。

但白忙活的建文帝，却收到了意外大礼，眼看朝廷越逼越紧，朱棣为了自救，主动在建文元年（1399）三月入京朝贺，这等于是送上门让建文帝抓。但建文帝却犹豫不决，朱棣又太会装，一番叔侄情深的表演后，还是安然脱身。两个月后，为了稳住建文帝，朱棣又派儿子朱高炽和朱高煦入京觐见，如果逮住他俩，朱棣必然不敢轻举妄动。但建文帝还是犹豫不决，又放两人脱身。就这样，建文帝本可提前摆脱"靖难之役"噩运的最后机会，已经无情错过。

建文帝犹豫，朱棣却果断。这年七月，在得到内应葛诚的密报后，建文帝终于下定决心，令北平指挥使张信逮捕朱棣，谁知张信火线倒戈，向朱棣告密，朱棣果断行动，先诛杀建文帝派在身边的眼线葛诚，继而火速举兵，杀死建文帝驻北平亲信张芮、谢贵，控制北平城，而后杀退驻开平的宋忠的三万精兵，以"靖难"的名义，号称要清除建文帝身边的"奸臣"齐泰和黄子澄，正式举起了造反大旗。这场持续三年的内战，就此正式爆发。

后人说到这里，无不指责建文帝在几个关键环节上的犹豫，但如果放在建文帝自己身上说，他的犹豫不是没有道理：新君登基，就要逮捕手握一方重兵的藩王，放在谁身上都不是小事，所以必然谨慎。

但是削藩这个事情却不同，既然确定了朱棣为大对手，那么争斗起来，就注定你死我活。不削他，不知哪天造反；要削他，必然立刻造反。无论犹豫不犹豫，都要做好战争准备。但在这事上，朱棣准备了很久，建文帝这边，却毫无准备。得知朱棣造反后，建文帝也确定出兵平叛，但是反复告诫前线将领最多的竟然是"勿使朕有杀叔之名"。人家刀都举起来了，他还想息事宁人。

"靖难"战场瞎指挥

大战骤起，朱棣先声夺人，先败宋忠的三万大军，继而连克云中、开平、怀来、上谷、永平。如雷轰顶的建文帝，也迅速做出了反应，派出了以长兴侯耿炳文率领的三十万中央军，出师讨伐。

由此牵出了朱元璋为建文帝做的最后一个苦心安排——长兴侯耿炳文。

耿炳文，凤阳人，淮西旧将的老班底，大明开国功臣。靖难之役爆发时，时年六十五岁，可谓久经沙场。在漫长的三年靖难之役中，他留给历史的只有短短一瞬，但他一度是最有可能改写朱允炆命运的人。

之所以这样说，还是由于他的作战特点——擅守。朱元璋争天下时，他曾受命镇守江苏长兴达十年。在朱元璋麾下的各路英杰，乃至彼时中国的将领中，他是最擅打防御战的人。他不仅防御经验丰富，且军事思想卓越，其提出的"以战车克胡骑"的作战思路，在明朝中后期被戚继光、俞大猷等人发扬光大，成为明军的主战法。朱元璋留下他的苦心正在于此——一旦国家有事，一个耿炳文就足够镇守边关。而从靖难之役的局面看，大势更是清楚，起兵造反且部队多骑兵的朱棣，最大的特点是擅攻，最有利的局面是速战，一旦战局拖向相持乃至寸步不前，就是朱棣的灭顶之灾。对于耿炳文乃至建文帝来说，平乱的方式很简单——守住，便是胜利。

洪武时代最擅长防御战的老将耿炳文，与 15 世纪初叶横空出世的军事新星朱棣，就这样展开了激烈的碰撞。碰撞的时间，是建文元年（1399）九月，地点河北真定。

刚一交手，耿炳文就尝到了厉害。一开始还没拿朱棣当回事，还想着速战速决。谁知朱棣巧用妙计，以夜袭的战法，发挥骑兵机动力，接连消灭耿炳文的属下潘雄、杨忠等部。耿炳文眼看不好，立刻拿出了看家本领：死守真定。这下轮到朱棣尝到厉害了：英勇善战的朱棣燕军轮番猛攻，骑兵火炮全拿来招呼，硬是打不动。这场新星老将间的对决，到此时还是平手。

但对朱棣来说，他是造反叛乱，地方反中央，人口物资都有限，时间就是生命。耿炳文却不同，中央军人员齐足，物资雄厚，拖住了就能赢。这其实好像中国足球常遇到的局面：打平就出线。

但眼看朱棣就要坏事，建文帝却瞎指挥了，不但下诏书申斥耿炳文，更临阵

· 建文帝的功过详解 ·

023

换帅：同年十一月由已故名将李文忠之子李景隆接替耿炳文指挥，又集结五十万大军。重兵北上，将门虎子挂帅，非灭了朱棣不可。

但李景隆这位将门虎子，却极有问题。论身份是朱棣的表侄，论才能更和表大爷朱棣差太远。朱棣得知情况后，更是喜形于色，竟然当场给部下发表演说，断定李景隆必败。特别是其中一句"赵括之败可待矣"，直接把李景隆比作了战国纸上谈兵的赵括。

而这样一个人物，之所以得到任命，还是来自建文帝重臣黄子澄的推荐。以黄子澄的话说，如果早用了李景隆，在真定就把朱棣解决了。而黄子澄之所以这么做，本意还真是好心：李景隆别的本事没有，就是会装，人长得帅气，举止雍容大度，而且还很自信，兵法韬略张口就来，谈得滔滔不绝。让书呆子黄子澄一瞧，真觉得这是名将胚子，说到底，还是水平问题。

挂帅后的李景隆，一开始威风无比。就连出征作战，都有专门的皇家豪华马车，行军打仗，极其风光。

但真到了战场上，就完全现了眼：先大兵包围朱棣老窝北平，当时北平只有世子朱高炽的几万孤军，外加老幼妇孺，就是这么一群人严防死守，竟然让李景隆占不到便宜。其间，李景隆也不是没机会，部下瞿能曾一度攻破张掖门，眼看要大功告成，谁知李景隆临战犹豫，迟迟不肯救援，结果机会错失，被燕军一通反扑杀回。此后又逢严冬，北平守军趁机往城墙泼水，偌大北平城泼成了冰城。明军爬墙都困难，更加攻不动。反而被城内燕军反扑，一下给杀退十里。

更现眼的还在后面，随后朱棣率军驰援。这时的朱棣，已经挟持了宁王，更招抚了宁王麾下北方最强骑兵：朵颜三卫，实力大为升级。紧接着双方决战，李景隆先在北平城下被击溃，又在白沟河整军再战。虽然明军三军用命，如平安、瞿能等大将，更个个奋勇争先，谁知李景隆主帅无能，竟在战局最僵持阶段拨马逃命，结果五十万明军大溃，不但败得比赵括惨，比起赵括力战殉难来，李景隆更败得没种。

两场战败后，建文帝一度局面大坏，眼看重地山东不保。就在这时，机会再次垂青了他：先是山东布政使铁弦死守济南府达三月，硬是顶住了朱棣的攻势，保住了山东不失；同年十月，新任大将军盛庸率部在山东东昌与朱棣鏖战，凭火器弓弩大破朱棣骑兵，歼敌一万多人，兴奋得建文帝忙向太庙告祭；次年二月，建文帝转守为攻，派盛庸率三十万大军北征朱棣，双方在夹河鏖战，尽管盛庸败阵，却也杀掉朱棣部燕军甚重。尤其搞笑的是，两战之中，朱棣数次陷入盛庸火枪队的重围，却皆因建文帝"勿使朕有杀叔之名"的训诫，令朱棣平安突围而去。否则这场惨烈的鏖战，或许早已画上句号。

此时历史再次给了建文帝机会，战争已经进行了近三年。双方在山东、河北一线相持，互有胜负，谁也进退不得。但是在补给、资源、人心等各方面远占优势的建文帝一方，在这种消耗战呈的位置显然是有利的。拖得越久，朱棣就越入死地，久战不克下，朱棣也曾心灰意懒，对谋士姚广孝戏言说："早知今日，不如归家做一平头百姓。"急得姚广孝愤然大呼："殿下，若败我等恐连做百姓也不可得。"怒吼之下，方激起心灰意懒的朱棣的死战之心。

绝境之下，朱棣铤而走险。建文四年（1402）一月，朱棣率轻骑绕开明军山东防区，大迂回直捣南京，兵临长江沿岸宿州，明将平安火速回援，在宿州淝河与朱棣相持。双方互有杀伤，而明将盛庸则抄后路，断绝朱棣后援补给，明将徐辉祖（徐达之子）等人也率兵增援，将朱棣陷入合围。前后夹击下，朱棣屋漏偏逢连夜雨，军中瘟疫流行，死伤大半，诸多将领也纷纷苦劝撤兵。这位筹谋叛乱多年的王爷，此时腹背受敌，终陷入走投无路的绝境。"瓮中捉鳖"，结束靖难之役，宛然就在眼前。

然而历史在此时再次露出了他的黑色幽默，得知明军连捷后，大儒方孝孺担心"京城兵力单薄"，劝说建文帝回兵守卫京城，建文帝再次做出了错误的选择。一纸调令，淝河一线"中央军"尽撤，只留平安一支人马与朱棣周旋，而此时，背水一搏的朱棣发动了最后一次决死的攻击，结果平安部大溃，平安本人被俘，而撤退的"中央军"，也被朱棣发动"骑兵的机动性"，于沿途尽数消灭。一纸调令，终亲手毁掉了建文帝最后的"嫡系部队"。然而就是朱棣节节胜利，连下蚌埠、泗州、扬州，兵临京城下，建文帝慌忙令群臣出外"募兵"，并向"恩师"方孝孺继续问计，这位帮了无数次倒忙的大儒吭哧半天，终蹦出一句："长江自古天险，京城坚固，可挡百万兵。"

但这次方孝孺说的是实话，京城尚有几万残兵，出战虽不能，据城防御却尚可。外出求救的齐泰、黄子澄也初见成效，几支"勤王"兵正火速赶来。这是建文帝最后的机会——坚守待援，成败的关键，是守住京城。而建文帝也坚定了这一选择，他拒绝了群臣要求"迁都"的建议，下令整治城防，准备决战。防御的重任，却交给了一个最不该交给的人——李景隆。这是他一生里犯下的最后一个错误，却是最无可挽救的错误。建文四年六月十三日（1402），李景隆勾结朱棣，打开城门，燕军兵不血刃破城。走投无路的建文帝在皇宫里焚起一把大火，然后不知所终。

屠戮旧臣罪行重

建文四年（1402）六月十七日，朱棣在拜谒完明孝陵后，正式举行了登基大典，并宣布次年改年号为"永乐"，开始了他二十一年的帝王生涯。

在登基前后，他还做了一些事情，比如把建文四年，称为"洪武三十五年"，意思是不承认建文帝这四年的统治。相关的政策，凡是和朱元璋时代不符合的，也一律更改回来。为了拉拢人心，更把建文帝在位时期，各路臣子攻击他的奏折，在朝廷上当众一把火烧掉：这事过去了，都安心过日子吧。

但对建文帝身边的几个核心文臣，朱棣却坚决不放过：黄子澄手脚被砍，经受酷刑而死，全家除了一个小儿子，全数都遇害；齐泰之前外出募兵勤王，在安徽被逮，也是全家被杀；死守济南的铁弦，被割下耳鼻后杀害，妻女被充作官妓，只有一个长子活命；最为惨烈的是方孝孺，不但个人遇害，满门抄斩，连门下学生弟子也多被株连，史称"诛十族"；御史景清起初被朱棣重用，但他心怀故主，竟借机在朝堂上行刺朱棣，事败被逮后，不但景清本人被害，就连邻居也被株连。类似受难的无辜极多，史称"瓜蔓抄"。

清算建文帝遗臣的浩劫，之后持续十多年，甚至为此鼓励民间告密，大批无辜百姓受难。就连《明太祖实录》也因此篡改，由降臣李景隆监修的《明太祖实录》，里面充满了大量歪曲的笔墨，对相关的历史事件，也进行了很多加工，以至于后人研究这段历史，都变得极为困难。而这位在关键时刻出卖建文帝的李景隆，后来也遭了报应，被告发越礼谋反，全家从此被软禁，绝食十天竟然没死，却彻底失去了自由，最后死于永乐末年。

而一心清算甚至抹黑建文帝的朱棣，其后在位的执政政策，好些竟也走向了建文帝的轨道：比如建文帝生前修改刑律，废除苛刻刑罚，朱棣当政后，在经过早期的酷烈清洗后，也逐渐这样做。此后明朝的法律案件，特别是死刑判决，依法判决成为定例。

比较著名的一件事是：

一次明朝某官员冒支钱粮事发，朱棣听后怒极，下令将其处死，但刑科给事中抗命，说这个罪不至死，处死了才违法。朱棣立刻醒悟，连忙收回成命。自此以后，依法办事，放在帝王身上，也成了准则。另外如建文帝重用文臣一样，朱棣身边，也日益聚拢了强大的文臣团队。明朝重要行政制度"内阁制度"，正是在朱棣执政时期形成雏形。而建文帝生前做得极失败的"削藩"，朱棣也接过手来，顺利做完。可以这样说，建文帝好些未完成的政治理想，恰是朱棣完成的。

藩王是个大问题

明朝三个世纪以来，一个贯穿始终的政治问题，就是藩王问题。

分封藩王，是历代封建王朝的通用制度，朱元璋建立明朝后，也沿用了这一制度。从目的说，正如朱元璋所说"以藩屏帝室"，就是用藩王权力来巩卫中央。

本着这个目的，朱元璋做了一件公认的错事：洪武年间分封的藩王，不但待遇优厚，而且军政权力极大，尤其是有兵权，北方几个藩王，诸如宁王、燕王、谷王、辽王等王爷，更掌握着明朝精锐武装，个个雄视天下。

但对这个潜在威胁，朱元璋也不是没有预判。明朝藩王制度比较前代，一个进步就是管理严格：特制了《天潢玉牒》。凡有皇室子弟出生，就要记录在册，封赏赐爵乃至皇位传承排序，都是按照玉牒来。另一点就是重视教育，朱元璋还编写了《永鉴录》和《御制纪非录》。这两个材料，记录了历代藩王的作恶教训，发给各地藩王学习，告诫他们要忠心为国，免蹈覆辙。同时规矩也多，藩王们穿衣服不注意，盖房子盖出格，出门仪式招摇点，都很可能给扣上"违制"的帽子，按谋反来处理。

但千防万防，却还是防不胜防。手里有兵，就有造反的风险，外加朱元璋的制度，本身还有个漏洞：明朝藩王制度规定，如果中央有奸臣弄权，藩王就有权起兵巩卫皇室，清除奸臣。结果，朱元璋死后，燕王朱棣起兵造反，夺了法定继承人建文帝朱允炆的皇位，起兵的名义叫"清君侧"，钻的就是这个空子。

朱棣削藩很聪明

作为藩王叛乱的胜利者，永乐皇帝朱棣，对于藩王拥兵的危害，自然感同身受。在坐稳了皇位之后，除清算建文帝旧臣外，他大张旗鼓做的另一件事情，就是削藩。

其实削藩这件事，早在建文帝当政的时候，就已经开始办。不但当时的朱棣被恶治，其他诸如周王、代王、齐王，不是被削去王号，就是惨被关押。而在朱棣登基早期，为收拢人心，对这些倒霉王爷们，也曾大力安抚。

朱棣杀进南京后，第一件事就是给藩王平反，之前被建文帝修理过的藩王们，大都恢复了爵位。另外还有优待，不但提高藩王们的经济待遇，还提高王府官员的品级。封赏也很大方，比如对周王，一即位就赏赐了两万多钞。接着周王过生日，更又送了大批财物。《万历野获编》里说他那时对藩王"倍加恩礼"，真如春天般温暖。

但春风拂面过后，接下来就是电闪雷鸣，削藩行动开始了。

早在对藩王无比恩宠的时候，朱棣就已经行动，在各位藩王的身边密布眼线，严密侦测一举一动。而且这帮藩王，除了蜀王、周王等少数人，大多数都劣迹斑斑。罪过不难找，就看时机。

最先倒霉的是宁王朱权。早年宁王坐镇北疆，手握重兵，一个不留神被朱棣挟裹了造反。事后朱棣也很关怀，把宁王迁到南昌，说是给他个经济富庶的好地方享受，其实是监视起来。随后就百般找碴儿，偏宁王本身也时常发牢骚，闲暇时常有怨言，被朱棣知道了，立刻派人搜查。虽然没找出什么证据，但明白利害的宁王，就此吓得不轻，从此沉迷鼓琴诗书，绝口不提政事，总算躲过一劫。

比起接下来的其他人，宁王的遭遇，其实还算好。

紧接着倒霉的是代王，刚恢复了爵位，没半年就被朱棣治了三十二条大罪。虽然勉强保住爵位，但兵权基本被削光，成了死老虎。齐王很嚣张，恢复爵位后恶性不改，甚至还杀死了地方官，这下可被朱棣逮住了由头。永乐四年（1406）五月将齐王囚禁南京，子孙废为庶民。类似倒霉的还有岷王和肃王，都是被揭发过错，然后严肃处理，王号都被削夺。

而其中最传奇的，却是周王朱橚。他本身是朱棣的同母兄弟，按说关系最亲。但也因此很张狂，甚至还在封地上张榜贴文，给地方官发号施令，这下触了朱棣大忌，其间几次被削去爵位，几次又宽大处理复爵。一直到永乐十八年（1420）十月，朱棣再度被告发，而且朱棣放话说要严办。这次朱棣终于悔悟，进京哭求免罪，总算再次宽大，被削去了护卫兵权，从此老老实实。

但这个几次被削的朱橚，却还有另一奇功。他是明初杰出的学问家，特别是朱橚眼看仕途黯淡后，他更是闭门研究学问。埋头编著的《救荒本草》，堪称《本草纲目》之前，中国内容最丰富的中医宝典。另还有著作《普剂方》，更是中国古代最完备的方剂学著作。这位削藩削出来的大科学家，以其杰出的学术贡献，值得被后人纪念。

经过朱棣一番动作后，明初几位势力极大的藩王，都被削得损失惨重。而边境上的藩王们，更大多被迁入了内地。比如辽东，宣府等边境地区的王爷，更几乎无一幸免，即使保留爵位，也要挪地方。这样的后果，虽是巩固了中央权力，但更深远的后果，作为边境重地的辽东地区，防务大为削弱，从此都要靠当地部落镇守维护。后来努尔哈赤的起家，从这时起就挖了坑。

即使这样，朱棣还是不放心，对于存留的藩王们，更是极力削减他们的力量。各地藩王的武装，被想方设法削减。藩王干涉军务乃至地方政务的现象，更是明令禁止，发现了就抓。在那以后，明朝对藩王的禁令越发严苛，甚至藩王们不但不能与官府结交，更不许从事士农工商之类的行业，连出城郊游都要被监控。自此以后，所谓位高权重的藩王，大多成了一群锦衣玉食的高级囚徒。

朱棣的削藩，从效果说，是立竿见影。之后明朝虽然也发生过藩王叛乱，但几乎每一次都被迅速平定，从没闹出过"靖难"那样的大折腾。而藩王们的生活，也从生下来就注定：只要不乱说乱动，生活还算美好。

藩王从此养不起

在永乐朝之后严厉的削藩下，明朝的藩王们，政治上没了出路，生活上，却总算还有追求。

因为明朝的藩王制度，一个最大的麻烦，就是历代分封不断。只要是皇室子弟，就要分封给爵，就是要用国家的财政，把王爷们养起来，日久天长，越养越多，财政负担也就越大。

明朝养藩王的开支有多大？看看制度规定就知道：皇帝的其他儿子，要封亲王，亲王的世子袭爵，其他儿子都是郡王。郡王的长子袭爵，其他儿子要封镇国将军。再往下，镇国将军的儿子们，要封辅国将军，辅国将军的儿子封奉国将军，奉国将军的儿子封镇国中尉，如此世代传承，宗室里靠国家财政养活的寄生虫，可以说是呈几何级数增加。

而从财政开支说：亲王的固定工资，即禄米，每年就有一万石，郡王是两千石，镇国将军一千石，辅国将军八百石。其他的各类爵位，更都有数额规定，累积下来，本身就是个天文数字。另外还有每年不固定的各色赏赐，有时候甚至比固定工资还多。

而对于藩王来说，政治上没自由，吃饭穿衣受限制，但生孩子的自由，却是绝对有的，大多数的藩王，都是逮着机会可劲儿生。生了就要给待遇，世代繁衍下来，人数像滚雪球一样增加。就拿《天潢玉牒》里的记录说，到了嘉靖初年，明朝的宗室总数，就比明初膨胀了上千倍。万历年间，总数长到三十多万。明末天启年间，更有六十多万。

所以自此以后，明朝历代皇帝面临的藩王问题，也就因此不同。明初的皇帝，愁藩王们造反，明中期以后的皇帝，愁怎么养活这群人吃饭。

这个问题，嘉靖年间明朝御史林润的奏折里，说得就很清楚：天下供应京城的粮食，每年四百万石，但各王府消耗国家的粮食，每年却有八百万石。具体到地方上，军事重镇山西省，每年存留粮食一百九十万石，但当地王府消耗粮食，却有三百多万石。河南省存粮九十四万石，当地藩王消耗粮食，却有一百九十多万。也就是说，全国的税粮加起来，也填不满藩王的嘴。

而除了这些固定的财政补贴，各地的藩王们，其实也都生财有道。搞政治没前途，搞经济挖国家墙角，那是个个都有一套本事。

最固定的办法，是"钦赐"，就是向朝廷讨要土地。在明朝中前期，比如宣德、正统年间，明朝赐予藩王的土地，通常都是几十顷，到了明朝中期，就有了几千顷。比如明孝宗的弟弟兴献王，就藩的时候，一次就赏赐给他四千多顷土地。等到万历天启年间的明末，更是变本加厉，比如万历皇帝最宠爱的儿子，福王朱常洵，一次赏赐庄田就有四万顷。

这样做的恶果，可想而知：肥了藩王的腰包，却坏了国家的财政。赐出去多少田地，国家就流失多少财政收入。外加每年巨额的恩养藩王的开支，哪怕是太平年月，国家的财政，也常捉襟见肘。倘若赶上闹灾打仗，更时常穷得叮当响。

而且即使如此，藩王们还是不消停。大多数藩王，一辈子都在想尽办法发财，通用的招数，就是侵占民田。

侵占民田的招数，也有好几种。一种是造假，就是故意把看中的好田地，勾结官府指认成荒地，求得朝廷赐予，然后强行侵占。另一种叫"投献"，就是很多交不起税的小民，自愿把田地放在藩王名下，以此来逃避税赋。如此一来，明朝中后期的土地兼并，也就愈演愈烈。

到了明末，土地兼并极为剧烈的河南地区，当时号称"中州地半入藩府"。也就是说差不多一半的土地，都被藩王侵占。与之对应的，河南成了明末农民起义的"重灾区"。那位曾一次性拿到四万多顷赏田的福王朱常洵，后来更被农民起义领袖李自成杀掉。而在整个明末农民战争中，藩王们的巨额财富，平日里藏着掖着，舍不得拿出来。一闹农民起义，几乎都被农民军打包全收，成了农民军的钱粮资本。后来明朝亡于农民起义，从这个角度说，藩王们做了"大贡献"。

《宗藩条例》玩真的

明朝藩王的这些大问题，历代明朝君臣们，也不是没有重视，许多有识之士也一直想尽办法，遏止其日益膨胀的危害性。其中最著名的，便是嘉靖年间的《宗藩条例》。

嘉靖皇帝朱厚熜，即位于 1521 年。这时明朝的藩王制度，经过近两百年的发展，已经成了一个大负担。

这个负担多沉重，说几个当时的情况就知道：嘉靖七年国家全年的财政收入，只有 130 万金，然而每年的财政支出，却高达 241 万金。占支出项目第一位的，就是宗室开支；占第二位的，美其名曰武职开支，就是供应藩王以下，诸如镇国将军，辅国将军之流的角色，全是为了养活这帮人。

而当时的藩王宗室，不但人口多，滥支国家财政的现象也很严重，向朝廷要赏赐，更常常狮子大开口。不但藩王要养，藩王下面的子弟们，乃至子弟的亲眷们，七大姑八大姨，八竿子打不着的亲属，都敢巧立名目要赏赐。按照户部尚书梁材的说法，明初的时候，如果养活一府的藩王，需要一万石粮食，那么现在同样的王府，就需要至少十三万石。梁材还发出了一个惊人的预言：百姓的税粮有限，藩王的繁衍无穷，这样继续下去，后果不堪设想。

放在明朝政治下，官员如此指摘藩王，是需要勇气的。而且嘉靖皇帝朱厚熜本人，就是以藩王身份入继皇位的，给这样一个背景的帝王说这事，可以说极其不给面子。但局势严峻，面子也顾不得了。嘉靖皇帝也看到了问题所在，命令群臣设法解决。

自此以后，明朝也出台了一些相关管理规定。比如严格审查，发现冒名请赏的一律严办。此外还加强教育，给藩王们办学校，教育他们要为国分忧，勤俭节约。另外还有"均人役"，就是改革以往的免税政策，令藩王分摊部分国家税赋。这几样政策，确实也省了不少钱，但解决不了根本问题。

其实在这期间，最有效的办法，也有人提出来过，就是当时礼部尚书霍韬提出的"定子女"。内容是把藩王们的后代，特别是旁支庶出的后代，尽可能编入民籍，允许他们参与士农工商活动，从此自食其力。如果照此实行，藩王资格门槛提升，增长幅度必然大为减少。但嘉靖皇帝思考半天，还是决定"从容审处"，毕竟牵涉十几万藩王的利益，不是小事。

一直到嘉靖皇帝晚年，即嘉靖四十一年（1562）十月，御史林润的奏折，再次震惊了朝野。在这封奏折里，林润不但揭露了恩养藩王开支巨大，国家难堪重负的严峻现实，更指出先前朝廷的各色规矩，都是小打小闹修补，如果要彻底解决问题，必须要出台一部根本法令，作为后世遵循的准则。即"以垂万世不易之规"。

这封奏折着实有效，嘉靖皇帝也明白，有些事必须要抓紧办了。随后经过多方讨论，终于在两年之后，由礼部尚书李春芳主持，出台了著名的《宗藩条例》。内容共六十七条，核心内容有二：一、严格限制藩王们的妻妾人数，娶老婆都要礼部审核。藩王子弟赐爵，更要有资格审查。二、对藩王的开支进行财政核算，削减大笔无用开支，更减少原定的固定工资数额。从那以后，藩王们从袭爵、赐田到日常开支，都有了严格的监管。挥霍无度的日子，不是那么容易了。

在明朝中期，《宗藩条例》的作用也十分巨大。嘉靖身后的隆庆、万历年间，明王朝在藩王开支方面，也大大缩减，国库也日益充实，后来的"隆万中兴"，确有这方面原因。但这个著名的条例，还是难以治本。不但对于朝廷赐予藩王土地，没有规定限制，关键的"定子女"这条，也是毫不提及。藩王后代的寄生虫角色，依然丝毫未变。

而对于诸多藩王子弟来说，《宗藩条例》还带来一个恶果：藩王后代们请爵、封赐，都要礼部拍板，而且随着明朝财政日益拮据，礼部对此卡得也越发严。得不到名分的藩王，既没有国家养，更无法入民籍，自食其力的工作，别说干不了，朝廷也不许干，就此没了活路。到了明朝崇祯年间，好些藩王因为得不到名分，又不许出去工作，竟然活活饿死。

"斯民小康"：永乐盛世的治国理想

得国不正的朱棣，却与他的父亲朱元璋一样，是明朝赫赫有名的治国强人。

纵观他的帝王生涯，可谓极其忙活：对外五征漠北，南征安南，向西设立哈密卫，行使中央对西域的主权。派陈诚出使野心勃勃的帖木儿帝国，使其恢复与明朝的"朝贡关系"。更发动了中国历史上空前的大航海行动：郑和下西洋，引得万国来朝，向大明朝通贡称臣的国家，更达三十多个，最远到达今日西非地区。对内更修治皇皇巨著《永乐大典》，迁都北京，重修京杭大运河。明朝最有面子的事情，基本都叫他做了个遍。

而要问朱棣这辈子，他最想做到的是哪件事情。其实他自己也曾回答过，永乐元年（1403）九月一天，在与近臣讨论治国得失时，朱棣突然感慨，说："如得斯民小康，朕之愿也。"让天下的老百姓，都过上富庶的日子，才是我的愿望。

事实证明，这话他不是随便说。相反，终其一生，一直孜孜不倦。

小康是生活目标

朱棣"斯民小康"的愿望，在永乐七年（1409），一次会见京城寿星们的时候，有过更详细的阐述：农力于稼穑，毋后赋税；工专于技艺，毋做淫巧；商勤于生理，毋为游荡。贫富相睦，邻里相恤，相安相乐，有无穷之福。

也就是说，朱棣一直想创建的，就是这样一个世界：农民勤劳耕作，不用为赋税发愁；工匠专心干活，不用靠歪门邪道发财；商人诚信经营，不用招摇撞骗。不管穷人富人，都能和睦相处，邻居间更互相帮助。这样一个繁荣富庶，和谐友爱的世界，便是他的治国蓝图。

理想很美妙，朱棣即位早期的经济局面，却相对糟糕。论责任，却还是他闹下的。

三年"靖难之役"，论年头不算长，战争规模却极其惨烈。几次大战争，都是近百万人的阵仗，又是冷热兵器混杂时代，大量火器用于战场，破坏力相当巨大；战争的范围，更从河北一直到长江流域，又全是明朝的经济发达地区。大明国民经济，遭到了沉重打击。

就连《明太宗实录》里也承认，拜这场战争所赐，"淮以北鞠为荒草"。而且大批老百姓流离失所，闹得"田地荒芜，庐舍荡然"。虽没有明朝立国时严重，却也是一片破败，战后重建，当务之急。

对这件事，朱棣本人也很认账，登基早期就颁布命令：各级官员，凡是擅自劳苦百姓的，一律要治以重罪。还有拍马屁的，给他投献战阵图，没想到却拍到马腿上，当场被劈头痛骂。就连好些跟随他起兵的部队，也大批复原军人回家种地。以他自己的话说，就是"今天下无事，惟当休养斯民"。仗不打了，农业劳动第一。

和朱元璋一样，朱棣恢复经济，也是把农业放第一位。遇到的相关问题，和明初更类似，都是土地荒芜、人口逃散。解决的办法，也是按照明初的老经验来：招抚垦荒。

不仅方法类似，朱棣的行动力，也不比父亲朱元璋差。登基的头一个月，就往各地派人，招抚流亡农民回家种地。还特意立下规定：只要是已经回家种地的，地方官要优厚抚恤，就连新开垦的土地，也暂停征收赋税。凡是逃亡的农民，不但新开垦的土地免税，逃亡以前拖欠的赋税，同样一概减免。这招很管用，命令颁布后，北方各地掀起返乡热。不但战乱中逃跑的农民多有回乡，就连战乱之前，好些为逃税跑掉的乡民，也都欢天喜地地回来了。

招抚的同时，另一件事，朱棣也同样做得紧锣密鼓：移民垦荒。但比起父亲朱元璋全国性的大移民来，朱棣做得比较集中，主要迁移江南和山西的无地老百姓，到北方山东、河北各地垦殖。移民的对象，除经济发达地区的无地农民外，更有一个特殊群体：罪犯。特别是在"靖难之役"中招祸的罪犯家属们，好些都是这遭遇。这类罪犯出身的移民们，迁移地区也很固定，主要都流放到北平地区，在朱棣的老窝监管劳动。

而就移民的目的来说，除了发展生产和处置罪犯，更和朱棣的另一大事分不开：迁都北平。这事从朱棣登基起，就一直在筹划，但要迁都，就要先有钱。这么大工程，国家财政不但要支持住，新都建设也很重要，垦荒北京，就是为了发展当地生产。此外大批的移民，更沿京杭大运河故道，分布安置在鲁西和鲁北地区。特别是山东地区，至今保留着很多永乐年间建起的村庄，就是为这场迁都工程打前站而建立的。

在这场持续的大移民中，朱棣的福利条件，同样也做得好，和朱元璋一样，经常给移民们补贴稻种耕牛，而所有的移民，同样也免服三年徭役赋税。这几条固有政策，基本都执行到位。

比起朱元璋时代来，在社会福利问题上，朱棣也有几条创造发明，首先是制度建设，中国古代官场在治理民生问题上，最常见的一个现象就是欺上瞒下。特别是碰到闹灾，地方官怕折腾，经常隐瞒不报，瞒不下去才报告。对这个问题，朱元璋在位的时候就极为光火，多次惩治官员，甚至屡兴牢狱。

朱棣登基后，也很快碰到这问题。朱棣的办法，就是定规矩：地方上发生水旱灾害，地方官必须在限期内奏报，晚报就要治罪。而最狠的一招是：如果地方官不报告，被别人报告了，那么不但瞒报的人治罪，举报的更有奖。这么一来，官员们互相监督，瞒报事件大为减少。

而在救济福利上，朱棣也继承了朱元璋的作风。除了增设预备仓，作为国家应急钱粮储备，在赈济灾民的流程上，更大胆简化：从永乐年间开始，明朝地方上闹灾，只要地方官核实，不需奏报中央，就可执行赈济。而且赈济的内容，也更加丰富，除了给灾民发放钱粮，国家甚至还常出资，帮助灾民们代赎回被卖的儿女。这条人性化的规矩，也同样沿用终明一代。

甚至在很多救灾的细节上，朱棣的见识，也超过了父亲朱元璋。其中最著名的一件事，就是废除了明朝的"陪纳"制度。所谓"陪纳"，就是指一旦乡村发生农民逃亡事件，那么没逃跑的农户们，便要分摊逃跑者的赋税徭役。明朝立国的时候，这就是农村的一项固定制度，在官员眼里，这招可让农民互相盯，阻止逃跑事件发生，十分方便有效。但朱棣却发现了问题：逃跑的欠了税，没跑的替他扛，长此以往，岂不逼着大家一起跑？全跑光了谁种地？从永乐早期起，朱棣便传召各地，彻底废除这项制度。

除了强化赈济制度，朱棣的另一个举措，也沿袭自朱元璋：兴修水利。如果说朱元璋时期的水利工程是全国铺开，那么朱棣时代就是集中重点。主要的修治对象，就是江南地区。

江南的水利工程，虽然从朱元璋时期就开始修，但朱元璋时代的几次大工程，主要集中在海堤的修缮，内涝问题却很严重。一旦下大雨，还是容易闹灾。

而且这时的江南，已经成了明朝的财政重地，轻易闹不起灾，但偏怕啥来啥，朱棣登基头一年，即永乐元年（1403），江南水灾又折腾起来了。从苏州到上海，全成了一片泽国，当地官员们大举抗灾，却收效甚微。

朱棣这下也下定了决心：治！不但征用了民工十万人，更选派了一个能人：明初杰出经济学家，户部尚书夏元吉。就这样还不放心，还特意给夏元吉送去相关水利书籍。而这次夏元吉也不含糊，他最大的创举，就是扭转了以往江南治水的大错：一直以来江南治水，主要办法就是排水，即挖掘水道，将水排泄入海。这办法看着正确，弊病却很多：今年刚挖完，明年水道阻塞，再赶上大雨，又得重新涝。夏元吉的办法是入海水道要挖，内网支流更要疏通。随后经两年奋战，治水大军接连挖通了刘家河、大黄埔等支流河道，建立起密集的泄洪水网。这下一举多得，不但水道畅通无阻，更灌溉良田无数。这套一举多得的水利工程，便是著名的苏淞河水利工程。直到今天，依旧余荫后人。

而随着江南地区水利治理的完成，当地的经济，更以直线速度迅猛发展。甚至北方的物资军粮，也越发依赖于南方的物资供应。另一大问题，也终于浮出水面：重修京杭大运河。

京杭运河终修竣

作为隋朝以来，贯穿南北的一条主动脉——赫赫有名的京杭大运河，到明初已经发生了大变化。

最大的变化，就是线路。元朝以前的大运河，中心在洛阳，从杭州出发后，要绕一个大弯子到洛阳，然后再往北走。等到元朝一统天下，以大都（北京）为首都，绕道洛阳没必要，就改了线路：重新开通了济州河、会通河、通惠河三个河道，将大运河重新连接，成了一条直线，全长三千多里。

但万没想到，这样一改，整个大运河的运输量都打折，原因还是出在会通河上。会通河，即元朝初年在济宁至临清间开凿的运河，为连接南北大运河的枢纽干线。但从竣工后就出了问题：这条运河流量太浅，导致大运河流量减少，运输量更锐减。因此元朝统治时期，大运河的作用也一直有限，北方的物资供应，相当多都依赖海运。再后来元末天下大乱，会通河也荒废，这条南北主干道，也就基本废了。

明朝建立后，随着国民经济的恢复，运输问题也突出。特别是北方边境防务，军粮供应，南北交通贸易，越发依赖运河。可修运河不是小事，花钱多不说，会通河的技术问题更愁人。元朝当初修这条运河，犯了个严重的技术错误，地形没选好：水道的枢纽位置，即汶上南旺地区地形最高，以此为分界点，往南往北地形都低，所以一旦赶上水量少，船只走到这里就搁浅。

费钱，加上技术问题难，所以哪怕一生勇猛的朱元璋，这个问题也不敢碰。在位三十年，修了水利工程无数，京杭大运河却依然不动。北方运输，主要依赖海运。

但到了朱棣执政时，这事却必须碰：一是迁都提上日程，这条南北交通线，就必须要打通。二是海面上不太平，外加倭寇成天闹，海运风险太大。三是北方的钱粮供应，依赖南方运输更多。综合如上原因，必须要修。

永乐九年（1411）二月，工部尚书宋礼受命，发动三十万民夫，大举疏通会通河，这次吸取了元朝的教训，除了河道尽可能拓宽，增加水力流量，更在当地老人白英的建议下，以"南旺导汶"的方式，攻克这个技术难题。所谓"南旺导汶"，就是切断当地河流汶水的原有线路，将汶水完全注入会通河，这样一来，地势极高的南旺，就成了分流的脊梁，一下子把整个运河支撑起来。同时宋礼又修筑了大量水库和蓄水池，用以调节水量，确保水力供应。经过半年修治，这项重大的水利工程彻底完成。而且历经明清两代，始终是重要水利枢纽。

会通河疏通后，漕运的运输量，也因此大为改观。原先是流量有限，运输有限，从永乐年间起，自徐州至临清九百里，可以过船万艘，运载粮食四百万石。如此强大的运输力，堪称历史空前。

随后朱棣又命宋礼再接再厉，大规模整治了黄河。在这事上，宋礼更有创新。他疏通了河南至山东的黄河故道，解决了运河中段地区的灌溉问题，更在荆隆口设闸：运河水少的时候，就开闸往运河排黄河水，确保运河流量。黄河水太大的时候，就关闸门断黄河水，杜绝黄河水灾。这个独特的水利操纵系统，既治了黄河，又方便了运河。《明史》的说法，叫"黄、运兼治"。

而在会通河竣工后，朱棣又命陈瑄挂帅，打通了另一水利枢纽清江浦。这样一来，江南至淮安的运河线路，也从此连成一片。贯穿南北的京杭大运河，从而正式畅通。

随着京杭大运河的恢复，永乐十三年（1415），自元朝起的海运，也被彻底罢除。这条传统的南北主干道，在经过了元代的衰微和明初的废弃后，再度焕发起强大的生命力。不但随后的迁都顺利完成，明王朝的工商业乃至市民经济发展，更从此突飞猛进，一个直接的影响是，运河沿岸的济宁、临清等地，成为明朝新兴的工商业城市，一直到鸦片战争之前，其经济地位，在中国依然举足轻重。

对外贸易重繁荣

如果说发展农业、兴修水利、疏通运河这三件事情，只是对父亲朱元璋的继承，那么同时期朱棣做的另一件事，却是对朱元璋的颠覆：放松海禁。

海禁这事，是元朝末年的一大发明创造，即禁止一切海外贸易，既不许外国商船来，更不许中国商人出去。等到朱元璋登基后，这件事的禁令更严：不但做买卖不允许，连沿海渔民出海打鱼都是罪，到了朱元璋晚年，更连传统的官方贸易机构市舶司，也一并给废除。中国的沿海大门，从而彻底向世界关上。

对这件事，朱元璋极其认真，甚至每隔两年，还要下诏书重申一次。更时常派官员在各地巡查，发现违禁就严办。朱棣登基早期，也曾发布过类似的命令，比如在他即位刚半个月后，就曾下诏书命令：沿海的军民百姓，如果有谁违反海禁政策，一律按照洪武年间的规矩治罪。措辞极为严厉。

而随着朱棣皇位日益稳固，对海禁这件事的管理，也越来越松。到了永乐元年（1403）八月，他更干出一件大事：恢复被朱元璋裁撤的市舶司，在广东、福建、浙江三省重新设置市舶司。每个市舶司设提举一人，官职正五品，副提举两人，官职正六品，另外还有吏目一人，官职正九品。

朱棣之所以这么做，政治目的要大于经济目的。比起南宋市舶司以税收为主，明朝市舶司的主要工作是设置驿馆，接待安置外国使团。说起来还是为朱棣即将进行的郑和下西洋服务。至于贸易也有，但都是"朝贡贸易"。好比花买人参的钱买外国萝卜，高价交换外国贡品，是个撑面子的事情。

但在面子背后，商业往来也繁荣。来访的外国使团，除了办理朝贡贸易的公务，这些使者和随行人员，也常常夹带私货，来中国进行贸易买卖。对这事，朱棣的态度也很宽容，允许他们在市舶司等指定地点进行交易。发展到后来，甚至"洋骗子"扎堆，好些个外国商人，根本不是啥使节，也跟着冒名顶替，假装使者来华，趁机大搞走私。

而这些外国人来中国，除卖货外，更重要的目的，还是买货。中国的丝绸、瓷器等货物，常年是国际市场的热门商品，卖出去就赚大钱。所以好些个外国来使们，也常找准机会，找中国商民私下贸易，收购各类货物，倒手贩卖国外。一开始干这类事的，还都是一些使团随从，或是冒充使团的外国商人，发展到后来，就连一些名正言顺的使节，也纷纷参与这类事。比如琉球山南王的使者来华，在市舶司贸易了还不算，竟然带着银两偷跑到景德镇，想私下收购当地瓷器，结果事败被逮，差点儿被法办。

跟父亲朱元璋不同，对这类事情，朱棣的态度基本是宽容的。比如那位跑景德镇的山南王使者，本来按法律要严惩，但朱棣说："他一个使者懂啥？就是想赚点钱，算了，免罪吧。"永乐年间搞走私的外国人，大多数都是这么处理。不仅如此，对这些使者在市舶司的贸易，朱棣也颇多关照，给予各类免税照顾。他这么做，主要还是为了面子，但带来的成果，恐怕他自己都料想不到。

其中最直接的一个成果，就是对外贸易的繁荣。自从市舶司重设以来，相关的私货贸易就一直火热，规模也越来越大，甚至还出现了"互市"，也就是中外集市交易。这类的贸易，甚至比官方贸易本身还热闹。在永乐时代，"互市"还是免税的。发展到16世纪早期的正德年间，眼看着相关贸易规模越发扩大，明朝也做出规定，对于这类贸易，征收百分之二十的关税。本是外交部门的市舶司，也基本变成了经济部门。从此之后，市舶司的经济收入，渐成明朝财政的重要部分。在明初一度萧条的工商业，经过对外贸易的刺激，重新复苏了起来。

而间接的后果，更是料想不到：沿海的走私贸易，日益抬头，早在郑和下西洋时代，就有沿海商民冲破禁令，到东南亚一带活动，好些人甚至成为东南亚华侨的祖先。而明初一度被打压的海商势力，更逐渐死灰复燃。私商贸易和走私活动，自明朝中期起日益增多，越发强烈地冲击着传统海禁制度。

唐赛儿起义敲警钟

对于朱棣的治国理想来说，上面的一系列举措，相继都收到了回报：仅就财政收入来说，朱棣时代每年的税粮收入，就比朱元璋时代增加三百多万石。地方上的钱粮，更是储备充足，四川按察司周南就曾奏报：仅重庆府下属的几个县城，储备的粮食就可供全县食用百年。而随着京杭大运河的畅通以及海外贸易的兴起，明朝的工商业和手工业，也蓬勃发展起来。这个财政富庶，安居乐业的景象，真有了"斯民小康"的气象。

但眼看着国家富庶，朱棣的治国方略，却也悄然改变。虽然还追求"斯民小康"，但大功业同样不能少。他一辈子干的事业，大多都极有面子，但越有面子的事情，也就越花钱。就内外战争说，发动对安南的战争，动兵三十万；五次北征漠北，每次动兵都是三十万到五十万。仅这六次仗，军费就是天文数字。外加郑和七次下西洋，接待外国使团，各色的威风，哪样都少不了银子。

除面子工程外，即使许多利在千秋的实在工程，也同样耗费巨大，好些更闹出民变来，比如营建新都北京，仅采集大型木材，就动用民夫十万多人，甚至闹出江西动乱。外加疏通运河，营建长陵，修建武当山道观，更都是大工程。虽然朱棣在位时期，一直注重减轻老百姓负担，即使干这些大工程，也注意不误农时。但老百姓赋役加重，特别是劳役过重，却是事实，为此更是暴动不断。

朱棣在位时期，明朝最大规模的农民起义，就是永乐十八年（1420）三月的唐赛儿农民起义。这位自称白莲教"佛母"的农妇，居然一口气纠集数万人，连续攻城略地，击败官军。直到朱棣调重兵合围，抗倭名将卫青出马，才最终将这支农民军"剿"灭。但策动起义的唐赛儿等人，却都在乡民的庇护下安然脱身。甚至朱棣最后发了狠，听说唐赛儿当了尼姑，就一口气抓了几万尼姑到京城，轮流审讯盘查，却还是找不到人。对于"斯民小康"的理想，这场震惊明朝廷的农民起义，堪称莫大讽刺。

漠北大血战

从执政风格上说，明成祖朱棣，也堪称创业皇帝。

虽然在登基早期，朱棣挂在嘴边的口号，是要遵循朱元璋立下的"祖制"，但好些个事上，却也有自己的制度设计。比如朱元璋在位时，苦心拆分地方权力，在各省设立"三司"，分别掌管地方行政、司法、军事大权。但朱棣登基后的第三年，即永乐二年（1404），就委派七品给事中雷填"巡抚广西"。这个口子一开，随后历经沿革，巡抚以及总督，都成为地方常设行政官职。

而中央职权的演变上，朱棣执政时代，更是个重要转折点：朱元璋废了丞相制度，朱棣则设立"文渊阁大学士"，其后历经沿革，这个起初只是辅佐皇帝办公的秘书班子，更成了实际的宰相机构：内阁。明朝的内阁制度，其实是他在位时期草创的。

而明代被后世诟病极多的"宦官专权"问题，同样也是朱棣肇始。正是朱棣在位时期，明朝宦官相继有了监军、出使、分镇地方等大权，更设立了专由宦官把持的特务机构东厂，话语权大大提升。虽然在朱棣的眼皮底下，宦官没闹什么风浪，但后来的宦官专权，却是在这时埋了伏笔。

除了这些内政制度的设计，朱棣的另一个公认贡献，便是巩固维护国家统一，特别是加强了少数民族地区与中原之间在经济和政治上的紧密联系。其间他在西域设立哈密卫，行使中央主权；在西南推动"改土归流"政策；同时建立贵州省。在东北设立努尔干都司，在西藏封赠乌斯藏，甚至借郑和下西洋的机会，对南海诸岛屿也进行勘测，并且重新命名，著名的"永乐群岛"即由此而来。如上种种，都是影响深远的好事。

而在巩固维护国家统一这件事上，朱棣一辈子操心最大的，便是与蒙古草原的关系问题。

鞑靼来个下马威

自从洪武二十年（1387），明将蓝玉在捕鱼儿海大战中全歼北元主力后，蒙古草原的格局，接连出现了骤变。

先是在捕鱼儿海大战中捡回命的元益宗脱古思帖木儿，没死在明军手里，却被宗室也速迭儿杀死。之后经过多年内讧，最终由非"黄金家族"的贵利赤篡夺大权。而贵利赤也取消了"元"的称号，恢复了蒙古部落的古称"鞑靼"。

而这时的蒙古部落，也分成了三大部分。除了贵利赤控制的"鞑靼"，还有卫拉特蒙古，即鞑靼部，以及早在洪武年间就得到明朝册封，并曾帮助朱棣"靖难"的兀良哈部。

而论起和明朝的关系，这三大势力，在当时也各有不同。

最亲的当属兀良哈，即"靖难之役"时期的"朵颜三卫"。开始就是宁王的护卫，后来又成了朱棣的急先锋。等朱棣登基后，为了表示感谢，更把原先属于宁王的大宁卫封赏给他们，且允许他们在开原、广宁两地与明朝互市。就连三卫中的各级大小头目，也都给予了官职。朱棣每年更厚赐稻种农具，关系好得不行。

而日益变得亲密的，却是瓦剌。明初的瓦剌，定居在今阿尔泰山山麓至色楞格河一带，共分为三大部：分别是辉特部及其首领秃孛罗、绰罗斯部及其首领马哈木、客列亦锡部及其首领太平。这时的瓦剌，虽然实力蒸蒸日上，但比起有黄金家族背景的鞑靼来，却还是弱势。二者的仇怨，更早就结得深，常年相互攻打不休。但跟明朝的关系，却越走越近，朱棣登基伊始，就派使者来朝贺。到了永乐六年（1408）冬天，瓦剌三大部落的首领，即马哈木、秃孛罗、太平，更一道接受了明王朝的册封，分别受爵"顺宁王""太平王""贤义王"。至此，瓦剌也与兀良哈一样，成为接受明王朝册封的地方势力。

而在朱棣登基早期，一直和明王朝敌对的，却是鞑靼。

这时的鞑靼，实力在蒙古部落中最强大，内部矛盾也最大。贵利赤篡权没几年，又被另一大将阿鲁台打败。阿鲁台杀掉贵利赤后，把一直在帖木儿帝国逃难的"黄金家族"后裔本雅失里接回来做傀儡可汗，其实自己掌握大权。

而无论是谁掌权，鞑靼对明朝的态度，都是一贯强硬。特别是阿鲁台掌权后，本来朱棣还一心想争取，不但在边境开设互市，以经济手段拉拢，更划拨土地，招抚归降的蒙古人，甚至还多次派使者出使。阿鲁台起初只是虚与委蛇，而随着对瓦剌战争的节节胜利，他胆子也壮了。永乐七年（1409）三月，朱棣再次派使者出使，更做出友好表示，释放大批先前俘虏的鞑靼军官。不料阿鲁台胆大包天，竟然将明朝使者郭骥杀害。这下惹恼了朱棣：开战！

打仗这事，朱棣一向效率高，阿鲁台三月份杀明使，是年七月，朱棣爱将丘福率领的北伐大军就出征。谁知欲速则不达，这丘福早在"靖难之役"时，就是出名的有勇无谋，这次更轻敌冒进，七月出兵，八月就中了埋伏，十万大军全军覆没不说，丘福及麾下五位大将更全数战死。败报传来，一生所向披靡的朱棣愤恨不已：打一辈子仗哪吃过这么大亏？于是一个更大规模的战争计划迅速启动：御驾亲征。

御驾亲征破胡虏

在对待鞑靼的问题上，朱棣真是铁了心，丘福不行，就干脆自己来。接到败报的当月就下令，命长江以北所有精锐部队，都要限期集合，一共集结五十万人，非要打服鞑靼不可。

为了这次出征，朱棣充分准备，仅运输粮食的武刚车，就准备了三万多辆。同时情报工作也做得好，大力策反拉拢鞑靼军官，获得了阿鲁台等人的迁徙动向。甚至为了打赢，还颁布大赦令：武将官员犯罪的，只要不是死罪，都可以来军前报到，上战场立功。

朱棣的决心这么大，还跟当时草原的局势有关。虽然草原三大势力，兀良哈和瓦剌都相继归附明朝，但之间的关系并不牢靠。鞑靼代表"黄金家族"，素来威望高，只有打服了鞑靼，才能真正威慑草原。更何况丘福战败，影响恶劣，如果不能扳回局面，瓦剌和兀良哈的叛变，只是时间问题。所以不惜一切代价，一定要打赢。

永乐八年（1410）二月十日，这支必须胜利的北伐大军，在朱棣的率领下正式出发。职业军人出身的朱棣，这次更兴奋无比，一路上除了给群臣灌输必胜信念，还忙里偷闲，时常闹些游乐项目，要么是拉大家赏雪，要么时常给路上所见的山川河流命名，甚至还常弯弓搭箭，追逐野兔。这支武装到牙齿，声势浩大的大军，在朱棣的这番引导下，更像是个欢乐的旅行团。

作为一个久经沙场的军事奇才，朱棣自然深知此战的艰巨：深入漠北，后勤补给面临极大考验。面对具备机动力优势、战斗力凶悍的鞑靼骑兵，即将到来的将是一场严峻的恶战。恶战面前，他如此轻松，却至少说明两点：一、他有必胜的信心。二、他享受这个胜利的过程。随着明军成功捕捉到鞑靼主力，这两条都成了现实。

五月，苦苦寻找敌人的朱棣经过严密搜索，终于有所斩获。原来闻听朱棣大军压境，鞑靼可汗本雅失里与太师阿鲁台，竟然双双脚底抹油，分头逃窜。其中本雅失里倒霉，本以为逃到翰难河该安全，谁知朱棣横下一条心，率领轻骑兵死追，追到这里逮个正着。随后大战打响：明朝皇帝和鞑靼可汗进行了一场硬碰硬的厮杀，朱棣越战越勇，甚至身先士卒冲入敌阵。终把本雅失里打得崩溃，仅带了七人七骑逃窜。

翰难河大战，朱棣出奇制胜，赢得干净利索。但真正的考验还没到：鞑靼的主力部队，都掌握在阿鲁台手里。而六月八日行军路上，途经飞云堑时，朱棣却正遇到藏身山中的阿鲁台，在经过三天僵持后，战斗终于打响。这次朱棣再度身先士卒，率领骑兵奇袭阿鲁台军阵，终将敌人打得崩溃。随后明军追杀，阿鲁台仓皇逃窜，这场精心准备的北伐，至此大获全胜。

全胜的朱棣，心情也格外好。班师回朝的路上，每当遇到石碑和景物，都不忘刻石表功。就连俘虏的蒙古士兵，也大多当场释放，胜利的滋味着实美好。但真实的过程，却格外艰辛，明军回师路上粮草匮乏，甚至好些士兵缺粮饿死。胜利，其实艰难无比。

而这场艰难的胜利，意义却非常重大：虽然跑了本雅失里，也没逮着阿鲁台。但此后不久，本雅失里就被瓦剌杀死，阿鲁台则乖乖向明朝臣服，并于永乐十二年（1413）七月，受封为明朝"和宁王"。此举意义非同一般，以历史学者朱绍侯主编的《中国古代史》中的话说，这意味着"蒙古统治者的政权便成为明朝中央政府管辖下的地方政权"。

忽兰忽失温真凶险

自从被朱棣狠打一顿后，阿鲁台在明朝面前，暂时老实了。不但频繁遣使入贡，更寻机会时常挑唆，拼命离间明朝和瓦剌的关系。每次给明朝汇报工作，内容也千篇一律，不是说瓦剌欺负他，就是说瓦剌心怀不轨。

对阿鲁台的用意，朱棣心知肚明。虽然挑唆不上当，对阿鲁台也尽量拉拢，除了给爵位，不断厚赏，连阿鲁台失散在中原的哥哥妹妹，也一并找到送回，令他们一家团圆。

但随着与鞑靼关系的不断升温，明朝和瓦剌的关系，却日益降温。

鞑靼败于明朝后，实力大为削弱，瓦剌则趁机崛起，在马哈木的率领下，屡屡痛击鞑靼，抢占了不少人口地盘。马哈木的腰杆子，也逐渐硬气起来，竟然连明朝的账，也越发地不买了。每次马哈木暴打阿鲁台，明朝出面阻拦，马哈木都充耳不闻。这还不算，到了永乐十一年（1413），马哈木更干脆停止向明朝进贡，甚至放话说要一统漠北草原。眼里不揉沙子的朱棣，哪受得了这个，在精心准备之后，决定大举进攻瓦剌。

这次的出征，开始于永乐十二年（1414）三月二十三日。而且跟上次出征比，这次朱棣还有一个额外目的：带着当时的皇太孙，后来的明宣宗朱瞻基一路随行，打算好好锻炼下这个朝气蓬勃的年轻人。

大军一路向西北进发，与上次不同的是，比起鞑靼人当时的惊慌失措来，这次瓦剌人却极为镇定，虽然也是一路撤退，却井然有序，完全是计划中的坚壁清野。而以马哈木不服输的性格，撤退必然是个圈套，一个巨大的埋伏圈，正在前方等着明军。

六月七日，朱棣的大军，抵达了这个圈套的袋口上：忽兰忽失温。

这次马哈木的算计，可以说是环环相扣：先有计划地节节撤退，引诱明军追击，然后集结精锐骑兵，埋伏在忽兰忽失温的高山上，利用骑兵优势发动反扑，一举击溃师老兵疲的明军。

而对马哈木的算计，朱棣不是不清楚。清楚还要跳进来，因为这是一场不能输，甚至不能退的战争，必须要赢的目标下，刀山火海也要闯，最重要的是他相信，这关他闯得过去。

当日战斗打响，朱棣戎马一生，第一次看到了如此高素质的骑兵：瓦剌骑兵。其凶悍的战斗力，成熟的作战模式，以及居高临下、暴风骤雨般的冲击，都远远强于之前他所见识的任何对手。然而对这套路，朱棣也早有准备，他祭出的法宝，便是大明王朝的王牌部队：神机营。这支人类历史上最早的成建制热兵器部队，以 15 世纪早期最先进的火器，将凶悍的瓦剌骑兵扫得人仰马翻，紧接着明军骑兵出动，与瓦剌军殊死搏杀，步兵正面突击，苦苦缠斗。明军以更成熟的步骑炮协同作战模式，成功克制了瓦剌的骑兵冲击。

而在战斗的最关键时刻，朱棣再次提兵冲锋，终于将瓦剌军阵冲溃。明军随后追杀，一直杀到土剌河，终于取得彻底胜利。然而明军的损失也极惨重，战场上互有杀伤外，朱棣悉心培养的皇太孙朱瞻基，更在战斗中被冲散。这位后来开创仁宣之治的一代明君，差点血沃沙场。

而比起第一次痛打鞑靼来，明朝第二次北征瓦剌，威慑力同样强。这场战争之后，一直到土木堡之前，足足三十五年的时间，瓦剌始终未敢与明军发生直接冲突，一直对明朝恭恭敬敬。

瓦剌钻了大空子

在经过两次北征的胜利后，明朝的国威军威，从此更如日中天。瓦剌此后一度老实，从战败的马哈木到其子脱欢，一直都是明朝的乖臣子。虽说和鞑靼间争斗不断，却不敢找大明的麻烦。

而明朝北部边防格局，也在朱棣这两次胜利后，形成了这样的景象：大明王朝好比一杆秤，有中央政府的名义。瓦剌和鞑靼，好比秤杆两边的俩秤砣，还时常较劲不休。边防要想无事，就要弄好平衡。

而这以后朱棣晚年的三次北伐，也和维持这平衡有关系：自从瓦剌战败后，实力大幅度削弱，鞑靼阿鲁台却又起势了。不但多次击败瓦剌，就连马哈木也被打死，马哈木的儿子脱欢更一度被俘。自我感觉良好的阿鲁台，野心也膨胀了，不但拒绝向明朝朝贡，甚至还拉拢兀良哈三卫一道反明。这下朱棣再怒，于永乐二十年、二十一年、二十二年，连续三年发动对阿鲁台的讨伐。

但比起前两次北伐的战果丰硕，这三次出兵，都好似拳头砸跳蚤，每次都是一样的情节：阿鲁台惹事，朱棣讨伐，阿鲁台跑，朱棣搜，没搜着班师。明军每次弄得师老兵疲，阿鲁台也不好过，部队被打得七零八落，每次更被瓦剌紧接着追打，实力大为衰弱。永乐二十二年（1424）六月，朱棣第五次北伐，一直追到今天俄罗斯境内，却还是没有寻到阿鲁台踪迹。而在班师回朝的路上，打了一辈子仗的朱棣，更是病故于榆木川，享年六十五岁。

侥幸躲过一劫的阿鲁台，此后东躲西藏，却没躲过瓦剌的追击。宣德九年

（1434）九月，瓦剌可汗脱欢在蒙古巴丹吉林沙漠将阿鲁台击毙。既给父亲报了仇，更向明朝邀了功。但朱棣苦心构建的战略平衡，至此也被打破：脱欢此后实力上涨，不但控制了瓦剌，更拥立了蒙古可汗脱脱不花。瓦剌的可汗，从此以蒙古可汗身边"太师"的身份，成为草原实际的统治者。

对这个正在崛起的强大敌人，明王朝的反应，却异常迟钝，依然只拿瓦剌当个恭敬的边陲小部落。而且朱棣过世后，从明仁宗开始，几代明朝帝王都"不务远略"，再没朱棣那番战略眼光。所以瓦剌开疆拓土期间，明王朝只是乐看其痛打鞑靼，却丝毫没意识到，一场巨大的危机正在临近。

在正统四年（1439）脱欢过世后，一个更强大的对手从此登场：脱欢的儿子也先。此人比起他父亲，可谓更有头脑，起初对明朝不但恭顺，更借着相互间的贸易大发横财，并借此扩张地盘。正统六年（1441），他更攻克了朱棣生前苦心经营的哈密重镇，把持了丝绸之路要道。至此，瓦剌部落已经掌控了西至西域，东至辽东，南至兀良哈的庞大疆土。自从元王朝灭亡后，披着"忠顺王"的外衣，草原上再次崛起了一个足以挑战大明王朝的强敌。而这个强敌即将奉送给明王朝的是一场惊天动地的惨祸：土木堡惨案。

明仁宗的死亡谜团

与永乐皇帝朱棣在位二十二年，一生纵横捭阖建功无数，文治武功名扬四海相比，他的长子，在永乐二十二年（1424）七月朱棣过世后以皇太子身份即位的明仁宗朱高炽，虽于次年五月末即撒手人寰，在位仅仅十个月，但长久以来，也同样是一个话题颇多的人物。

公认的说法，这是个苦命人。

看他这辈子，确实够苦：天生残疾不说，人生的大部分时间，更几乎在猜忌与争斗中度过。表面身为太子，风光无比，却上有父亲朱棣猜疑，身旁有弟弟朱高煦争宠陷害，生活十足水深火热。好不容易咬牙熬出头，盼到了君临天下的那天，谁知在位才十个月，皇位屁股还没坐热，却早早撒手人寰。从头到尾，就是个受苦的命。

然而对这位苦命人，后世的名声却极其好。《明史》评价说，他对父亲朱棣的仁孝，堪称历代子臣的典范。而他登基以后，从用人到行政，做过的好事，更是多得数不过来。如果多给他几年时间，他甚至可以开创堪比文景的盛世。这是一个极高的评价。

甚至他的去世也颇多争论，历来都有人怀疑他不是"自然死亡"。有关其子朱瞻基（明宣宗）将他谋杀的说法，几乎成为一桩类似宋朝"烛影斧声"的谜案，至今争论不休。坎坷、美誉、谜团，构成这位帝王话题颇多的一生。且让我们循着他人生的脉络，仔细地看一看。

苦孩子朱高炽

朱高炽，明洪武九年（1378）生于南京。母亲是朱棣的正房王妃徐氏，即后来永乐朝的徐皇后。他不但是朱棣的第一个儿子，也是朱元璋的第二个"皇孙"。次年父亲朱棣就藩北平，尚且年幼的朱高炽被留在南京，后进入朱元璋为教育皇室子弟开设的"大本堂"读书。其间朱棣两次来京朝见时与之见面，大多数时候则与父亲"南北相隔"。明初皇室教育制度极严，"大本堂"学规是由太子"东宫太师"宋濂亲手创建，规定：凡六岁以上皇子，每日卯时开始送学宫就学，时间长达十二个小时，且不可无故告假。每年仅春节、中秋、端午三节及皇后、皇子生日才可放假，每年仅十八天假。其学习章程由皇帝批准后，即使皇子母妃甚至皇帝本人都不可干涉。苛刻学规下，多数皇子苦不堪言，常有怠学贪玩之举（尤其是朱高炽的亲弟弟朱高煦）。朱高炽却是少数勤于学业的皇子之一，他尊师重道，对各位师傅礼敬有加。诸"皇兄皇弟"们有违规行为时，他也竭力为之说情。学业更是拔尖，天生喜爱读书，更常与诸"教师"纵论古今，见解精到。史载"众师皆称其贤"，也因此引起了祖父朱元璋的注意。

和后来被立为"太孙"的堂兄朱允炆一样，自小开始，朱元璋对朱高炽也分外"隔辈亲"。某日朱元璋检视诸"皇孙"学业，观一纵论垦荒政策的文章条理清晰，论辩有据，大为称赞。得知是朱高炽所作时，大赞道："吾孙仁厚也。"其后对朱高炽分外器重，不但常在狩猎或出巡时带在身边，也经常命他帮助自己审阅奏章。而朱高炽也每每应答得体，多有建言。特别是有一年冬天，朱元璋命朱高炽于破晓时检阅南京玄武湖卫队，朱高炽却很快去而复返，朱元璋嫌朱高炽敷衍，大为不悦。朱高炽却坦然答道："清晨寒冷，我让将士们先吃早饭，待到饭后再检阅也不迟。"一番话令朱元璋转怒为喜，朱高炽的"仁厚"更在朱元璋心中加深印象。此事后不久，朱元璋对太子朱标说："汝侄（朱高炽）天性仁孝纯良，善于守成治民，他日封藩燕地，必为国家屏障，汝要善待之。"果然，明洪武二十六年（1395），朱高炽被立为燕王世子（继承人），回归燕地，从此才真正与多年聚少离多的父亲朱棣团聚。

明枪暗箭争太子

观朱高炽的性格，以及早年的人生履历，同英年早逝的太子朱标，甚至后来被立为"皇太孙"的朱允炆比，有太多相似之处：都是天生尊儒好学，为人谦虚有礼，也颇得朱元璋赏识。但与朱元璋终其一生对朱标推心置腹的信任比，身为人父的朱棣对自己的"世子"朱高炽却常年颇多不满，一方面是因为朱高炽尊文尚儒，性情儒雅，且天生肥胖脚有残疾，日常走路尚需人搀扶，真是"手无缚鸡之力"，让一生征战杀伐的朱棣常有"子不类父"之感。再者朱棣次子朱高煦自幼生长在燕地，常年与朱棣朝夕相处，自然感情更深。而且朱高煦天生孔武有力，沙场之上屡屡建功，颇得朱棣赏识。自封世子开始，朱高炽就这样一直生活在父亲的偏见中。

但朱高炽很快就让朱棣意识到他的价值。先是建文元年（1399）五月，朱元璋周年忌日时，正筹划起兵的朱棣为打消朝廷怀疑，派朱高炽率两个弟弟朱高煦、朱高燧入京参拜。这时以兵部尚书齐泰为首的一批官员力主将朱高炽三人扣押为人质，以让朱棣不敢轻举妄动。甫入京城，即是危机四伏。朱高炽不惧，先是在觐见建文帝时"应答得体，极陈燕王忠孝"，令本下定决心的建文帝犹豫不决。之后朱高炽私下找到建文帝信任的两位亲族——左都督徐增寿（即徐达的小儿子，朱高炽的"小舅"）和驸马陈宁（朱元璋幼女之夫，朱高炽的"小姑父"），请二人在建文帝面前多多美言。在两位"亲戚"的劝解下，建文帝终打消了"劫持人质"的念头，在参拜礼仪结束后即放三人回去。三人终平安回来。此事也被看作"靖难之役"前建文帝的最大失招。朱高炽一行人归来后，朱棣兴奋异常，大叫"天令我父子保全也"。随即于年底起兵，拉起了反叛大旗。其之所以能"父子保全"，处乱不惊的朱高炽功不可没。

而正是这件事开始改变了朱棣对儿子的印象。"靖难之役"开战后不久，建文帝即派李景隆率大军六十万北进，朱棣深知自己兵力远非"中央军"对手，决定北上大宁（内蒙古多伦），携裹驻扎此地的宁王一道叛乱。临行前，他把守卫大本营北平的任务交给了朱高炽，并叮嘱说"此战关乎全局，汝要凭城死守，万勿出战，待大军归来时，即为全胜之日"。随后于建文元年11月底提兵北上大宁，仅给朱高炽留下一万兵将。十日后，李景隆的六十万"中央军"便兵临城下，志在必得的李景隆修筑九座堡垒，安置二百余门重型火炮，炮火齐鸣猛轰北平城，六十万"中央军"四面齐发，发动狂攻。危急之下朱高炽毫无惧色，他先是合理分配城防兵力，击退了敌人首轮攻势；继而不畏炮火穿梭于城中，"亲切慰问"死于兵火的百姓；因城中缺银，朱高炽亲打"白条"，承诺战后一定优厚抚恤，终令北平百姓感动不已，城中男丁组成"民壮"，妇女老幼皆编成"战地服务队"送水运饭，齐心协力助朱高炽守城，令"中央军"攻击屡屡受挫。特别是有一次"中央军"已经攻破东门，东门守军死亡殆尽，危机时刻，城中妇女组团杀出，扑向"中央军"，竟把中央军杀得大溃。朱高炽还特别擅用智谋，他不顾朱棣"勿要出战"的嘱托，时常在深夜派小分队发动夜袭，数次杀掠甚多。甚至有一次，竟然成功炸掉了"中央军"的炮兵阵地，"毁火铳十数门"。后来"中央军"暴怒，发动了不惜一切代价的"自杀式攻击"。一时间几十万大军前仆后继，奋勇登城，朱高炽处乱不惊，命军民们泼冷水于城头，是时北平天寒，冷水泼下后立刻成冰，偌大的北平城墙成了"冰山"，任"中央军"士兵费尽牛劲爬不上来。就这样殚精竭虑，仅有一万余士兵的北平城，竟成功地顶住了六十万中央军达三十天。随后朱棣率兵驰援，向"中央军"发动强攻，一举把李景隆打得全军覆没，从而彻底扭转战局。之后漫长的三年靖难之役期间，朱高炽因体弱多病，被朱棣安排在后方，负责安定地方筹措粮饷。朱高炽兢兢业业，地盘狭小的朱棣，竟能与占有国家大部分资源的建文帝"中央军"相持三年，并最终一举击破，朱高炽的"后勤工作"尤其重要。

但即使这样还是免不了父亲朱棣的猜忌，建文帝为离间朱棣父子，派使臣至北平和朱高炽密谈，许诺说"如归朝廷，许汝为王"，并暗赐诏书。消息被燕王府太监黄俨通报给朱棣，接着朱高炽的弟弟汉王朱高煦也从中挑拨，激得朱棣大怒，正欲派使者回北平"赐死"朱高炽。朱高炽却处理得当，建文使臣赐诏书后，朱高炽看都没看，直接将使臣捆了，连同未开封的诏书一道送给身在前线的朱棣。此举果然令朱棣疑虑顿释，连声庆幸说"几杀吾子"。

建文三年（1401）六月，朱棣攻入南京，建文帝兵败后下落不明。随后朱棣称帝，改国号为永乐。永乐二年（1404），朱棣正式册封朱高炽为皇太子。对于这位之前饱受猜忌，历经生死考验的"长子"来说，可谓苦尽甘来。

朱高煦机关算尽

定天下，封太子，看似"熬出了头"。其实，凶险才刚刚开始。

首先是这太子位来之不易。尽管在"靖难之役"中立功颇多，但长久以来，朱棣最喜爱的还是能征善战的二儿子朱高煦。在"靖难之役"的关键战役白沟河之战前，朱棣就曾暗示朱高煦要做好"接班"的准备（勉之，世子多疾）。朱棣登基之后，其麾下曾与朱高煦一起出生入死的老战友们，如朱能、张辅、邱福等人，也力主册立朱高煦。这些人，都是后来位列功侯执掌军权的"功臣"，影响力甚大。而朱棣的三儿子朱高燧，也和朱高煦勾连一气。因此，朱棣从建文三年登基后，直到永乐二年才正式册立太子，实为在二子之间犹豫不决。

　　支持朱高炽的却是文臣一派：一是曾在靖难期间协助朱高炽留守的文臣，如后来的礼部尚书吴中等人，对朱高炽颇为支持。而在朱棣登位后，他所倚重的文臣，如夏元吉、蹇义、方宾、解缙、胡广等人，对朱高炽也颇多支持。一则是因为朱高炽为人宽厚谨慎，在文臣中深得人心。二则是朱高煦性情横暴，当年在南京"胜利大逃亡"期间，就曾在沿路杀人，"靖难"成功后，更是"倚功多有不法"，民愤极大。而封建社会"立长"的传统，也让文臣们更多地倾向于朱高炽一边。永乐元年（1403）一月，群臣即上表要求册立太子。朱棣以太子"正在学习阶段"（属尚进学之时）为由予以拒绝。两个月后，群臣请朱棣的同母弟弟周王出面，再次请求册立太子，反遭朱棣下旨斥责。

　　而让朱棣最终拿定主意的却是如下几件事：一是兵部尚书金忠的意见，金忠善于占卜，朱棣起兵期间就曾多次向他问计，史载"无卦不灵"。立太子之事，金忠用卜卦的方式向朱棣进言，告之若废长立幼，日后必然引发兄弟相残。令朱棣大受震动。另一个常年为朱棣卜卦的相士袁拱也对朱棣说朱高炽有"帝王之相"。而大学士解缙的话也颇为重要，他对朱棣称赞朱高炽有"好圣孙"。"圣孙"即朱高炽之子，后来的宣德皇帝朱瞻基，从小就和朱棣"隔辈亲"。而朱高炽从立为世子开始，一直小心谨慎，从未有过任何错事，和他不法行为不断的两个弟弟对比鲜明。如此种种，最终让朱棣下了决心。永乐二年（1404）正式册封朱高炽为太子。之后，选拔杨士奇、杨荣、蹇义等人相继成为"东宫詹事"，辅佐朱高炽。但对于朱高炽来说，考验才刚刚开始。

　　被封为汉王的朱高煦果然不死心。他先是以种种借口拒绝就藩，接着和三弟朱高燧以及宦官黄俨勾结，屡屡陷害朱高炽。朱棣为朱高炽选择负责太子教育的"太子太师"丘福，更是朱高煦的亲信。永乐六年，朱棣又命丘福辅佐"皇太孙"朱瞻基，这样父子二人其实都在朱高煦的监视之下。而朱棣从永乐八年起，连续发动了五次对蒙古的御驾亲征，每次都命朱高炽坐镇南京监国，这更把常年受朱棣猜忌的朱高炽，推到了风口浪尖上。在朱高煦的陷害下，朱高炽身边的亲近大臣也不断有人遭罪。先是大学士解缙，在永乐四年（1406）遭贬，四年后又被处死。原因正是朱高煦诬陷他"擅与太子谋，恐不轨"。永乐十年（1412），大理寺右丞耿通向朱棣揭露朱高煦的不法行为，反被朱棣以"离间父子"罪赐死。而最严重的案件，却是永乐十二年（1414），朱棣亲征蒙古得胜归来，心情大好之际，随行的朱高煦借机向朱棣诬陷朱高炽。回到南京后，因在南京监国的朱高炽迎驾迟缓，引得朱棣大怒，甚至动了废黜朱高炽的念头。危急时刻，朱高炽身边的杨士奇、蹇义、杨溥等大臣主动承担了罪责，力陈此事是自己的责任，结果纷纷被朱棣下狱。朱高炽虽躲过一劫，但太子位已然风雨飘摇。

朱棣之所以对朱高炽常年颇多防范，一则是他天生的猜忌心理，二则是他对朱高煦的偏爱以及朱高煦亲信的太监和武将常年的影响。但最重要的却是，朱高炽虽然谨慎小心，但他为政宽厚，特别是在朱棣北征期间，他留守监国，每次都赦免许多无辜得罪的犯人，并减轻刑罚，这无疑是与朱棣"唱反调"。身为帝王，自然忌惮身后即位帝君更改自己的国策，朱高炽无疑是犯了大忌的。

但朱高炽最终平安地渡过了难关，这得益于他身边亲信文臣的帮助，也得益于自己"几十年如一日"的良好表现。朱高炽信任的杨士奇、杨荣、杨溥等大臣分外有智谋，每遇危机，不但能勇担罪责，更能设法化解危险。特别是杨士奇，身为"内阁大学士"，朱棣时常向他询问太子的表现，每次都美言甚多。而吏部尚书蹇义也是关键人物，他执掌"吏部"，素来以看人眼光极准而得朱棣器重。朱棣派丘福北征时，他向朱棣进言丘福"有将略无帅才，不堪大用"。结果正如他所言，令朱棣大为赏识。对于立储这一"敏感"问题，蹇义甚少发表看法。但他在洪武年间就曾是朱高炽在"大本堂"时候的老师，"立场"自不必说。朱高煦每次进谗言，陷害朱高炽一派的官员时，蹇义表面不说，暗地却利用自己"人事部长"的身份从中周旋，尽量使获罪官员减轻责罚，每次都"保全善类甚多"。而另一位负责"大账房"的户部尚书夏元吉，也时常对朱棣言太子"素节俭"，令朱棣大为满意。最关键的还是朱高炽自己的表现，虽然屡遭两个弟弟陷害，但朱高炽不计前嫌，每次朱棣询问他对于弟弟的看法时，皆言其善。每次朱高煦有劣迹被告发，更是主动乞求朱棣宽恕。这与两个弟弟平日"打小报告"形成对照。而每次受命"监国"时，虽屡遭朱棣猜忌，却依然坚持行"仁政"。但每份诏书，皆以朱棣名义行事。蹇义向朱棣进言道，朱高炽此举，实为"树陛下之恩德也"。看到儿子为自己"收买人心"之举，朱棣也有所感动，连连感叹"先皇（朱元璋）常赞太子仁孝，今观果不虚也"。而在几次朱棣欲废朱高炽时，当年曾为朱棣占卜的金忠屡屡阻止，声称愿"举家连坐保太子"。日久天长，朱棣"心理天平"终于倾斜。

而在这过程里，朱高煦也终触怒了朱棣。他勾连三弟朱高燧，不但时常陷害朱高炽，且胡作非为。史书上记录最多的是他常以李世民自居，引起朱棣厌恶。其实除此以外，他所触怒朱棣的还有两件事：一是私自走私茶叶至青海西藏，破坏朝廷与西藏地区的"茶马贸易"。"茶马贸易"一直是明朝战马的重要来源，对意在征服蒙古的朱棣尤为重要。朱棣二征瓦剌回来，战马死伤甚多，却得知战马储备不足，一时大怒，命夏元吉严查，却牵出了朱高煦的"走私案"。朱棣虽最终"睁一只眼闭一只眼"，但对朱高煦印象大恶。而另一件事，是不久后的永乐十三年（1415），朱高煦在南京招募"护卫"，建立了一支3000人的亲兵队，偏偏这其中有几个人横行不法，在南京买东西时强买强卖，打死居民。当时南京的兵马指挥使徐野驴将之捉拿，却被朱高煦随后派人殴死。此事被兵部尚书金忠报之朱棣，经查问，得知这些人都是朱高煦亲兵，此事犯了朱棣"大忌"。永乐十四年（1416），朱棣就朱高煦封藩一事询问杨士奇，杨士奇巧答道："陛下正谋迁都，汉王却留居南京，望陛下深查其心。"暗指朱高煦有谋反之意，正中朱棣下怀。同年，朱高煦被强行迁往山东青州做"汉王"。朱高炽的太子位，从此彻底稳固。此后朱棣过世，在杨荣和张辅的巧妙安排下，朱高炽有惊无险地即位。此事值得一提的还有张辅，他虽是朱高煦一派，但史载他"识大义"，关键时刻与杨荣合谋，终令朱高炽顺理成章地登上了大明皇位的宝座。

短暂执政业绩多

与今天许多人想象的不同的是，君临天下的朱高炽，在接过了朱棣留下的丰厚家产的同时，也接下了"永乐盛世"结束后，大明帝国的百孔千疮。

朱棣一生，文治武功伟业赫赫，却终免不了劳苦百姓。至朱高炽即位时，户部尚书夏元吉就向朱高炽奏报，天下已然"民穷财尽""疲惫至极"。内政方面，江西、福建以及山东西南，小规模的农民起义时有发生。因北征征用大量民夫，北方山东、山西、河北、河南四省"十室四五空"，劳力大量流失，粮食也连续三年歉收。因土地兼并以及各地大兴土木，江苏、浙江、江西各省大量农民失去土地四处流浪，形成严重的"流民问题"。物价方面，仅大米价格，就比朱棣即位初期上涨了十倍。在永乐朝初期足够支用十余年之久的"国家战略储备粮"，此时只够支用一年有余。对外方面，安南叛乱仍在继续，当地明军败绩连连。国家耗费钱粮无数，成了一个填不满的"无底洞"。

在这样的情况下，朱高炽果断更改了朱棣时代的内外国策，开始"仁德治国"。对朱高煦、朱高燧两个曾与他争皇位的弟弟，他体恤有加，毫不念旧恶；内外政策方面，对外停止了"下西洋"和"通西域"，对北方鞑靼和瓦剌改以招抚，暂停用兵，对南方的安南叛乱也暂停用兵，派使者展开"和平对话"；经济方面依夏元吉建议，停止发行纸币"宝钞"，并由国家控制盐价，实行"紧缩银根"，控制物价；针对越发严重的土地问题，朱高炽一面派出以监察御史周乾为首的"工作组"，赴江西、江苏、安徽、山东等省"展开调研"，另一面废除朱元璋时代部分禁令，将之前诸多不允许平民进入的湖泊山泽，甚至军用马场均划归民用，招募农民垦荒，以解决"流民问题"；为缩减国家开支，更在政府方面开展"机构改革"，裁撤了朱棣时代设立的闲散府衙，"下岗分流"大批官员，对地方官设立了七十岁必须致仕的"退休制度"；对屡平屡反的各地农民起义，也变"剿"为抚，改以招抚之策。短短几个月间，各地民乱纷纷平定，国家物价日益回稳，国家财税收入日渐增加。至洪熙元年（1425）一月，国家税粮收入即达到接近永乐朝最繁荣期的三千五百万石，物价水准特别是米价也回落到朱元璋时期的水平。濒临"民穷财尽"的明王朝，终逐渐重回正轨。

在稳定内政的同时，朱高炽也对传统的司法和政治制度着手改革。首先是司法方面，赦免了大量在"靖难之役"后获罪的家庭，如铁弦、方孝孺、齐泰、黄子澄等"罪臣"的亲属皆重获自由，"罪臣"们也得以"平反昭雪"。进而对《大明律》做了修正，废除了如宫刑、扒皮塞草等残酷刑罚，为政以宽松为主。最重要的却是国家政治改革，进一步强化朱棣时代确立的"内阁大学士"的权力。治国倚重文臣，在他做太子期间成为亲信的杨士奇被任命为内阁首辅，是大明朝创建内阁制以来首任"国家总理"。更形成了明朝历史上著名的"三杨内阁"（杨荣、杨溥、杨士奇）。这一切，不仅是当年建文帝想做而未能做出之事，更成为明王朝后世的沿用制度。

明洪熙元年（1425）五月二十九日，正励精图治的朱高炽猝死于宫内钦安殿，时年四十八岁。死后追谥为孝昭皇帝，庙号仁宗，短短十个月执政时间，却奠定了明王朝之后"文官政治"的雏形，影响其后二百年。《明史》称他"定万世臣子之法""景比隆哉"，观其贡献，至为恰当。

死亡谜团多争议

但与他生前史不绝书的赞誉相比，他的死因却成为一个争论。《明仁宗实录》和《明史》都只字不提他的死因。主流的史学观点认定他死于"耽于淫乐""纵欲过度"，大都来自洪熙元年，国子监祭酒李时逸批评他的奏折，李时逸批评他"自建宁选取秀女，恐阻维新之望"，气得朱高炽险些将李时逸斩首。直到垂危时还怒骂说"时逸辱我"。明人《病逸漫记》中也考证他是为了治疗"阴症"（阳痿）服药中毒而死。但根据《明史》记录，朱高炽在位时的皇妃，除张皇后外，仅郭、李、谭三妃，"纵欲说"确实有待商榷。而另一种说法"暗杀说"，则起自一个疑点，洪熙元年三月，朱高炽命太子朱瞻基南下中都（凤阳）和南京，祭奠明朝皇陵。但朱瞻基离京后，并未按照行程先去凤阳，而是直奔了陪都南京，显然是为"接班"做准备。而负责侍奉朱高炽饮食起居的御用监宦官海寿，却是朱瞻基的亲信。朱瞻基登基后，更摇身一变成为大明朝司礼监掌印太监。更让人疑惑的，是汉王朱高煦在朱瞻基登基后起兵造反，事败后被审讯的记录，朱高煦承认他在闻知朱高炽驾崩后，曾专门派兵在朱瞻基必经的各要道布控，准备截杀回京即位的朱瞻基，谁料却最终扑空。此时朱瞻基远离京城，如无意外不可能比朱高煦更早知道仁宗去世的消息，唯一的"意外"，也许就是所谓"驾崩"，正来自他的亲手谋划。历史的谜团伴随着争论延续到今天，终未见水落石出时。

仁宣之治有多牛

在位只有短短十个月的明仁宗，其帝王生涯宛若一颗璀璨的流星，虽然转瞬即逝，却光耀无比。

清朝官修的《明史》，对他的评价尤其高，将他列入明朝"五大仁君"榜单。甚至断言说，假如他的寿数可以再延长几年，必然会缔造堪比西汉文景二位圣君的大功绩。至于后世史家们，对他更是称赞不断，凡是"仁君"该有的荣誉称号，基本全齐了。

评价如此之高，除了明仁宗个人善良的人品以及做过的诸多好事，更因一个公认的事实：执政短暂的明仁宗，开启了一个足以超越历史的伟大盛世——仁宣之治。

"仁宣之治"是大明王朝继"洪武盛世"和"永乐盛世"后，又一段成就骄人的光辉岁月。虽然时长只有十年，但其富庶的民生经济、廉洁高效的行政运转，造就了一个国泰民安的繁荣时代。仅以治国成就论，这一时代已足够与前朝诸多盛世媲美，堪称中国历史上著名的"治世"。

然而说"仁宣之治"超越历史，最重要的一条原因却是：这个时期更是明朝政治经济制度的变革期，明朝历史上几项影响重大的改革，都是在这十年里完成的。不夸张地说，明王朝在这期间，完成了治国模式的一次完美升级。之后两个多世纪里，明王朝的政治经济运转，更都是在"仁宣之治"确立的轨道上前行。

开启这个变革时代的是英年早逝的明仁宗，而真正完成这个业绩的却是他的长子：继承帝业的明宣宗朱瞻基。

明宣宗的美好童年

比起父亲朱高炽的苦命人生来，早年的朱瞻基，可以说是生在蜜罐里。

朱瞻基的出生很有意思。他生于洪武三十年（1398），降生的当夜，还是燕王的祖父朱棣忽做一梦，梦见明太祖朱元璋赐予他大圭。这梦非同小可，大圭象征帝王身份，十足的吉兆，朱棣正在梦中乐呵着，小朱瞻基呱呱坠地了。乐醒的朱棣连忙去瞧孙子，抱着越看越喜欢，当场称赞说："这孩子就是大明朝的福分啊！"

从此以后，对这个孙儿，朱棣一直疼爱有加。这以后的朱棣，先靖难，再登基，从雄踞一方的燕王，升级为君临天下的帝王，对孙儿朱瞻基的疼爱，更是与日俱增。甚至为此做出了一个惊人的决定：在确立儿子朱高炽为皇太子后，永乐九年（1411）十一月，十三岁的朱瞻基被册立为皇太孙，成为大明王朝再一代合法继承人。太子尚健在就指定太孙，明朝历史上，这是唯一一次。

朱棣如此疼这个孙儿，除了"隔辈亲"的情分，却也有更重要的原因：小朱瞻基相貌英武，天资聪颖，特别是博闻强识，处处透着灵性，好些个脾气秉性，更与年轻时的朱棣格外相似。夕加他的母亲张氏，即后来的"诚孝张皇后"，素来是出了名的贤惠。如上因素，终于令朱棣做出判断：这孩子身上，深藏着帝王的潜质，假以时日，必成大器。

自此以后，对朱瞻基的成长，朱棣便操碎了心。先是给他组建了一个强大的教育团队，负责他学业的首席教师，便是号称"靖难第一谋士"的姚广孝。此人不但学识渊博，更深通权谋兵法。另外还有胡广，这是建文年间的状元郎，明初杰出学问家。以这二位强人领军，辅以一批名臣学者，教学内容更丰富，从儒家典籍学问到行政经验，乃至御人之术，统兵打仗，凡是做皇帝需要的本事，都得全方位教学。

除学业要求外，好些教育项目，朱棣还亲力亲为，手把手带孙子锻炼：最初的时候，常带着朱瞻基出门打猎，或者走访农家、访贫问苦。后来朱棣北征漠北，更常带着朱瞻基随军，亲历战场厮杀。

而朱瞻基也没让祖父失望，学业进步极快，而且能文能武。武功练得好，还曾在宫中宴会上表演射箭，当场连发连中，博得满堂喝彩。文化水平同样高，尤其擅长对对联，诗词也写得好，还精通书法绘画，典型全面发展的好学生。

但比起上面这些优良成绩来，真正令祖父朱棣感到欣慰的，却是他十六岁那年的一件事。正是这件事令朱棣认定，这个他一直寄予厚望的孙儿，果然没有变成啃书本的呆子，相反，已初具独当一面的才能。

这件事，发生在永乐十二年（1414），著名的忽兰忽失温战役期间。

当时朱棣御驾亲征瓦剌，也命已是皇太孙的朱瞻基随行。继而忽兰忽失温血战，明军一举击溃敌军。正在乘胜追击间，孰料一个不留神，督战的朱瞻基遭瓦剌反扑，居然深陷重围，险些给抓了俘虏。

而也正是在这场突发危机面前，年轻的朱瞻基，第一次体现出过人的能力。临阵毫不慌乱，反而镇定指挥，从容周旋，终于等来了援兵，有惊无险地脱困。

而接下来的事情，朱瞻基更令祖父刮目相看：是夜祖孙俩长谈，分析白天战局的得失。当朱棣踌躇满志，打算第二日乘胜追击，一举荡平瓦剌残部时，长期在身边当听众的朱瞻基，却突然语出惊人："今天天威所加，敌人已经闻风丧胆了，经过这场战败，他们生息都很困难，已经不敢再杀回来了。现在已经不需要穷追，应该尽早班师回朝。"

以朱棣的性格，要是旁人敢这样顶他，恐怕早已气坏。但这次却不同，眼看着孙儿侃侃而谈，把战局分析得丝丝入扣，真是说不出的高兴。第二天一早，当杀敌心切的众将士们争先请战时，朱棣却一反常态，照搬了孙儿昨夜的论调："敌人已经跑远了，追也没意思，回家吧。"

声势浩大的朱棣远征瓦剌之役，就这样圆满结束。而在朱棣眼里，孙儿朱瞻基的这番表现，与这场胜利有着同样意义：这个十六岁的孩子，在祖父面前完美表现了过人胆气与卓越判断力。多年的苦心培育，已然开花结果。

从那以后，朱棣对于孙儿的培养，也更加升级。到了晚年，甚至允许朱瞻基在文臣辅佐下，独立处理一些国家事务，相关的行政经验，也早早累积。

而在常年的宫廷斗争中，朱瞻基的另一样本事，也同样悄然升级：权谋心机。

要说他这本事的形成，也有教育因素。老师姚广孝就是权谋大家，但同样重要的因素，却是实战锻炼：拜永乐年间的争太子风波所赐。

彻底解决野心二叔

自从父亲朱高炽被立为太子后，朱瞻基的几位叔父，就没一天消停过。尤其是二叔朱高煦，更是常年处心积虑。不是造谣诬陷，就是四处活动，最张狂的时候，甚至还当众羞辱朱高炽，行为极其恶劣。

对于这些凶险的考验，老实人朱高炽，一度非常孤立无助。身边的亲信大臣们，不是遭陷害蒙难，就是弃他而去。他本人除谨慎行事外，更一度给吓出毛病：一次朱棣听信朱高煦谗言，张榜申斥朱高炽，吓得朱高炽立刻卧病不起。《明史》里记录说，脸都给吓蓝了。

就是在这样的凶险环境下，年轻的朱瞻基，与父亲一道，见证了世态炎凉。人情世故了然于胸，面对明枪暗箭，他更是常常挺身而出，用行动保护父亲。

最著名的一个事件，发生在一次祭陵时。当时朱瞻基陪父亲一道，与叔叔朱高煦去祭陵，朱高炽天生残疾，走路一瘸一拐，朱高煦看了就幸灾乐祸，在旁边嘲笑说："前人蹉跌，后人知警。"这话说得特缺德，既笑话朱高炽的生理缺陷，更暗含警告：大哥你留神点，摔倒了可有弟弟我呢。

但没想到，朱瞻基不紧不慢回了一句："更有后人知警也。"这话说得更有水平：叔叔你不用管闲事了，我爹倒了还有我，照样没你什么事。朱高煦闻言当场大惊：这个侄儿，比大哥更难惹。

随着永乐二十二年（1424）七月，明成祖朱棣病故于北征归途上，明仁宗朱高炽顺利即位，这场立储之争，暂时平静了下来。谁知不到十个月，明仁宗英年早逝，局面骤然再变：当时留守南京的朱瞻基，在进京即位的路上，就险些遭到汉王朱高煦截杀。而等到朱瞻基顺利即位后，受封乐安且手握重兵的朱高煦，也终于露出了獠牙：老爹的反不敢造，大哥的反没来得及造，侄儿的反，说什么也要造！

所以自从洪熙元年（1425）七月，朱瞻基登基后，朱高煦就一直找碴儿。先狮子大开口，不断向朝廷要封赏，同时招兵买马，准备作乱。然而朱瞻基的反应，却出人意料的软弱，基本是叔叔要什么，他就给什么，甚至还亲笔写信，大力表扬这位气焰熏天的叔叔。

眼看朱瞻基越发软弱，朱高煦反而更来劲。转眼到了宣德元年（1426），越发来劲的朱高煦，一下更闹出大动静：派部下枚青入京，游说名将英国公张辅，企图起兵作乱。谁知张辅不傻，立刻将枚青绑了检举揭发。这下双方摊牌，朱高煦大张旗鼓，发檄文传天下，借口朱瞻基身边的文臣夏元吉等人是"奸臣"，声称要"清君侧"，公然发动叛乱。

朱高煦之所以这么自信，一是自己战功多，靖难时候就打仗，自诩久经沙场。而登基后一直软弱的朱瞻基，在他眼里，也和当年的倒霉皇帝建文帝没两样。所以复制父亲朱棣的成功，似乎形势大好。

然而朱瞻基的软弱，只是个圈套，目的就是放线钓鱼，等朱高煦上钩。朱高煦一公开叛乱，这下就好办了：是年八月，朱瞻基御驾亲征，亲率大军讨伐朱高煦。结果大军包围朱高煦老窝乐安，还没开几炮，朱高煦就全军哗变，吓得朱高煦穿一身白衣服，慌不迭地跑出来请罪。一场看似阵仗大的叛乱，就这样轻松平定。

平叛成功后的朱瞻基，后续事务更处理得聪明。协同朱高煦叛乱的相关人等，只重办了六百多人，其他几万将士大多赦免。而一直和朱高煦有勾结的赵王朱高燧，则被吓破了胆，慌忙主动投诚。朱瞻基也宽大处理，除削掉赵王兵权外，并未废除王号。如此一来，人心大定。

而对朱瞻基来说，这场轻松平定的叛乱，更好似一个特殊的舞台：二十八岁的年轻皇帝，完美表演了一番自己的心机手段，整治了旧敌，更展现了威风。料理完这个麻烦，就该放手治国了。

安南乱局终料理

从治国条件说，明宣宗朱瞻基的运气极好，比起明初的惨淡来，祖上传给他的江山，是一个丰厚无比的家业。

此时的明王朝，经过明成祖朱棣时代的南征北战，边境基本太平，特别是北方边关，瓦剌和鞑靼两大势力基本消停。而经过明仁宗时期的改弦更张后，国民经济也日益稳定。解决掉汉王朱高煦叛乱后，仅存的两个握有兵权的藩镇：汉王和赵王，都被一并解决，天下基本太平。

而相比于这些，祖父和父亲两代，留给朱瞻基最大的家业，却是人才。

朱瞻基登基时，正是明朝政府一个群英荟萃的时期。朱棣创立的文渊阁里，如杨荣、杨溥、杨士奇三位内阁重臣，此时已经历经沉浮，正是行政经验最成熟时。英国公张辅的赫赫战功，也早已名声在外。此外还有老成持重的吏部尚书蹇义以及精通财政的经济强人夏元吉，都是老成谋国的人物。这是一个运转已然成熟，经验能力都极为强大的团队。

但自从朱瞻基登基后，上面的这些人才，就一直争吵个不停。原因在于大明王朝纠结已久的一个问题：交趾问题。

当年永乐皇帝朱棣在位时，曾为平定安南国内叛乱，发动征讨安南战役。大获全胜之后，却并未重立安南王室，反而在当地设立交趾郡，划为大明一省。

谁知此后却麻烦不断，从永乐六年（1408）开始，交趾就暴乱不断。明朝多次调兵平乱，谁知来回折腾多次，这股动乱平掉，那边又起纷争。到了朱棣晚年，明朝迁都北京，精锐部队多集中北方，对交趾地区，也就越发顾不过来。

而在这时，交趾地区的动乱，已经愈演愈烈。更出了一位强悍的领袖黎利，多次击败明军。明宣宗登基后，本来也想拿交趾立威，调动七万多大军南下，谁知却碰一鼻子灰，连吃败仗不说，到了宣德二年（1427）九月，连都督崔聚和工部尚书黄福，都被抓了俘虏，局面不可收拾。

之所以闹成这样，一是明朝鞭长莫及，首都都迁到北方了，对南方越发管不过来。同时这事该怎么办，明朝高层也一直争吵不休，几位重臣里，内阁的杨荣和杨士奇，坚决主张放弃，而英国公张辅和户部尚书夏元吉，却力主打到底。高层你争我吵，明朝的政策，也就左右摇摆，甚至朝令夕改。折腾下来，自然越发狼狈。

在这样的局面下，朱瞻基再次展现了他的决断力，果断停止了对交趾的战事，将留在当地的八万六千多明朝军民撤回。后又授权黎利"权署安南国事"，黎利死后，其子黎元龙在明朝正统元年（1437），正式接受了明王朝的册封，受封安南国王。这场持续明朝三代帝王的战争，就此彻底解决。

放弃交趾这事，至今依然存有争议。但不可否认的事实是，当时的明朝，不但深陷交趾的战争泥潭，甚至财政也被其拖累。就国家的承受力而言，明宣宗确实做出了明智的抉择。随着交趾问题的解决，明朝一大战争负担也终于卸下。自明仁宗起就一直倡导的休养生息政策，开始全面推行。

反腐风暴来得猛

然而卸掉负担的朱瞻基，还没来得及喘一口气，却紧接着看到一个更强大敌人：腐败。

其实腐败问题，历朝都有，并不奇怪，而朱瞻基见到的奇特景象却是：彼时明朝腐败的重灾区，却是朱元璋当年为反腐败苦心设立的部门——都察院。

当年明太祖朱元璋，深恨贪污腐败，为此设立了都察院制度。都察院的御史们，官职极小，权力极大，七品的芝麻官，在中央可以弹劾重臣，在地方更可督查官吏。反起腐败来，素来简洁高效。

但日久天长，这制度就出了问题：御史们可以查百官，可是没人来查御史。渐渐地，贪官们也摸清了门道，有罪不怕，把御史拉下水就行。于是相互腐蚀，一开始还是贪官收买御史，后来竟发展成御史朝官员索贿，风气越发恶劣。

这其中最典型的就是都察院左都御史刘观，身为都察院的一号人物，这刘观的人生可谓奇葩：早在洪武十八年（1386）他就高中进士，朱元璋在位时，曾是出名的廉洁人物，多次受到表彰。可就是这样一个人，后来却变了质。到朱瞻基在位时，已经贪到地球人都知道。而且这人的一大毛病，就是好收贿赂，还极讲学问，收钱的时候自己不出面，全由儿子刘福代理。他这儿子更不省心，除了替老爹收钱，还包揽词讼，热衷于打着老爹的名号跑关系，是京城出名的"腐败经纪人"，爷俩一对活宝。

连反腐败的都察院尚且如此，明朝的吏治状况，自然迅速恶化。当时京城的大小酒楼，生意都特别热闹，公款吃喝极其普及，宴会整夜不停，大小官员招妓作乐，甚至竞相攀比奢华，歪风邪气全国刮。

而腐败的危害性，朱瞻基在即位后，也越发感同身受。就拿一度闹得焦头烂额的交趾问题说，动乱四起的一大原因，正是由于明朝当地官员贪腐成风，激起民愤。以"权署安南国事"黎利自己的话说：倘若明朝派到交趾的官员，人人都能清廉，我又怎么会造反呢？

为了惩治腐败，朱瞻基也做了很多努力，但都收效甚微，痛定思痛后，他决定下个重手，抓个位高权重的腐败典型。开刀的对象，就是贪得声名远播的刘观父子。

而和当年治朱高煦一样，朱瞻基这次的办法，还是引蛇出洞。先是宣德三年（1429）六月，借故贬刘观去督查河道。这风声一放出来，各路御史为了邀功，纷纷上奏弹劾，揭发刘观的奏折雪片一般飞来，正好省了取证的麻烦。这下朱瞻基顺水推舟，立刻逮捕刘观父子，然后一番审讯，数罪并罚，判了充军辽东。这个明朝永乐末至宣德初年的最大巨贪，就此倒台。

刘观被查后，接替刘观职务的，就是清官顾佐。事实证明朱瞻基很会看人，这位新任的顾大人，既是著名清官，更是著名狠官，行政恪尽职守，为人孤僻自傲，平日里除了工作往来，从不和同僚交流，官场绰号"顾独坐"，堪称官场独行侠。

这样特立独行的人物，办起案子来更雷厉风行，上任不到一年，就借着刘观案子顺藤摸瓜，一口气撤了四十三个御史，又选拔增补了多名清廉干才，一度烂透了的都察院，就此生机焕发，再度撑起反腐重任。

都察院靠谱了，紧接着官场大震荡，大批铁面御史们积极活动，大力整顿贪官，不出几年，明王朝吏治一片清明。这事的好效果，朱瞻基本人也得意，一次更给内阁大学士杨士奇夸耀说："当年要是不重办刘观，官场风气哪能这么好？"

但即使这样，明宣宗还是不敢怠慢，为避免都察院腐化的教训重演，宣德十年（1435），又在制度上做了个修正：都察院选拔御史，以后要由都察院定名单，写明其具体事迹，然后交付吏部审核，一旦御史出问题，推荐人和审核人，都要一道办罪。这样一来，吏部和都察院之间，既要互相盯，出事更要连带陪绑，御史的准入标准，一下严格了起来。

经济改革最头疼

在解决腐败问题的同时，经济改革也在深入。自明初以来一直蒸蒸日上的国民经济，这时也遇到了瓶颈：一是通货膨胀。这事说到底，还是明朝的货币制度闹的。明初以来的货币制度，是铜钱与纸币（大明宝钞）并行，但随着商品经济的发展，这一制度很快遇到大问题：纸币贬值太快，经常性通货膨胀，从朱元璋在位时期就发生，一直到宣德年间，通胀越发厉害。二是欠税问题，主要集中在江南地区。一是由于江南地区税重，二是迁都北京后，运输成本增长，百姓负担加重，所以自从永乐末期开始，就经常性欠税。

而朱瞻基解决这两个问题，却都倚重了永乐时期的第一经济强人：夏元吉。

夏元吉的理财能力，早在永乐年间就名扬天下。别的且不论，就说永乐皇帝朱棣一辈子，折腾了那么多大功业，国民经济却能支撑，长期担任户部尚书的夏元吉，可谓功不可没。后来因为反对朱棣的第五次北征，夏元吉一度被下牢狱。也正是在这期间，明朝通货膨胀骤然恶化，仅大米价格，就比朱棣刚登基时，涨了整整五十倍。

而到了朱瞻基登基后，夏元吉早已官复原职，也开始放手救火了。他的主要办法，就是全力恢复大明宝钞的信誉：第一招是把食盐价格和宝钞挂钩，用盐作为纸币准备金；第二招是多回收宝钞，少发宝钞；第三招则配合反腐败，官员每受贿一两银子，则罚一万贯宝钞。这招有学问，明朝当时禁用金银货币，这样一罚，等于是把宝钞价格和金银挂钩。三招齐下，物价果然稳定。

而比起通货膨胀问题来，欠税问题，却更难办。这事从根本上说，还是由于朱元璋当年愤恨江南人民支持张士诚，设立了重税制度。但这条"祖制"却轻易碰不得，碰了是死罪，不碰解决不了问题，进退两难。

这个难办问题，并非夏元吉亲自解决的。稳定物价的事，已耗尽了他人生最后的能量，他于宣德五年（1430）过世，然而在此之前，他已经物色到了一位解决这一问题的人选：周忱。

在这之前，周忱可谓默默无闻。他永乐二年（1404）就中了进士，而且年纪轻轻就进过文渊阁，很得当时的永乐皇帝赏识。但这以后，仕途就一片黯淡。虽然也做到了刑部员外郎的职务，却一直毫无建树。

之所以没建树，直接原因，是有人压他：夏元吉。这倒并非两人有过节，相反，夏元吉深知此人才干，但每当有升迁机会，却全被夏元吉破坏掉。理由也是一致：这个职务太平常，根本无法发挥周忱的才干。如此一来，光阴蹉跎，直到宣德年间，周忱的官职，还是原地踏步。

作为老成谋国的能臣，之前的这一切，其实也是夏元吉对周忱的考验。当看到周忱一如既往，毫无抱怨后，夏元吉终于确认：他，就是解决这个大难题的不二人选。

宣德五年（1430），经夏元吉以及大学士杨荣的举荐，周忱获任江南巡抚，开始直面这一挑战。一开始就出师不利，到任后想尽办法，不但毫无成效，当地势豪大户还趁机作梗，外加天公不作美，江南闹水灾，结果一番折腾，反而落下了个绰号：周白地。

但周忱心态好，听了绰号也不急，反而自嘲说："今天叫我周白地，来年我叫谷满地。"相当信心十足。接下来果然如此，经过失败的周忱，终于找到了解决问题的最佳办法：虽然祖制不能动，但具体细节可以灵活掌握。老百姓的赋税，先前分为两块，一是应交田赋，二是运输费，也就是"损耗"，田赋既然不能减，那就在损耗上做文章。有钱的多交，没钱的少交，这样负担大大减轻，税收效率也提高。这个著名的法令，就是"平米法"。

这样一调整，效果果然大好。不出几年，江南地区的欠税全面交清。而后周忱再接再厉，又在正统年间，首创了"金花银"制度。也就是把应交的粮食，部分拆合成银两征收，这个重要的改变，后来更变身成一个重大的改革：一条鞭法。这几项改革一推广，江南的局面立刻不一样。不但老百姓负担减轻，税收增长，周忱更从税粮中拿出多余部分，设立了"济农仓"。在他任上，"济农仓"遍布江南大地，不但用于赈济救灾，甚至商业贸易、创业贷款，都可从中告贷。而在当时明朝，这些"济农仓"更有一重大作用：几次明王朝遭遇重大变故，以致钱粮短缺时，基本都是从江南"济农仓"调钱粮补充，特别是后来的土木堡惨败后，正是江南的钱粮输送，帮助明朝打赢那场卫国战争。周忱，也真正兑现了他到任的承诺：江南大地，已是一派家家户户粮满仓的繁荣景象。

周忱能办成这事，还是和本事有关的。他不但眼光准，管理水平更是高，最有名的一个绝招，就是会筹算。特别是每次运送钱粮时，哪天刮风下雨，他都记得一清二楚。一次有官员谎称江面遇风暴翻船，企图私吞税粮。周忱立刻驳斥，说那天你说的地方是晴天，哪来的大风？办事更是高效，《明史》说他"素乐易"，也就是擅长用最简捷的方法，解决最复杂的问题。这位能臣宣德五年（1430）担任江南巡抚，任职长达二十年，是整个明朝历史上在一地任职时间最久的巡抚。

也同样是在宣德年间起，"巡抚"这一早期的临时性官职，也日益常态化，成为诸多省份的固定职务。地方行政的事权因而统一，办事也日益高效起来。

内阁进化史

而与之相比，同样是在宣德年间，明朝政治的另一体制改革也终于完成：内阁制度。

自从洪武年间，明太祖朱元璋废除内阁后，大明王朝，便建立了高度君主专制的政治模式。帝王大权独揽，集各种事权于一身，件件国事都要事必躬亲，起初确实威风，但日子久了，就累得不行。

所以在明太祖朱元璋在位时，这制度就开始修正。明太祖本人就曾多次设置"大学士"，辅佐他处理国家事务。但这些人在当时官职低，职权小，并未形成气候。

到了明成祖朱棣登基后，同样受够了事必躬亲的辛苦，也开始修正制度：朱棣设立了"文渊阁"，安排了他所信任的解缙等文臣入值，成了自己的秘书班子。

但最早的时候，这几位秘书职务更低，最初只是"入直"，后来陆续升为学士，也不过正五品。

但这时的大学士们，对朝政的影响，已经日益扩大。各种国家大事，都是他们围拢在皇帝身边献计献策，好比智囊团。但论话语权，却还是极小。批答奏折的权力，依然由朱棣本人牢牢掌握，他人无法染指。

而在朱棣过世后，内阁的职权，更是层层提升。先是明仁宗在位时，确立了内阁大学士的兼职身份。虽然"大学士"这一职务，本身只有正五品，但各位大学士，却都身兼六部的侍郎。后来诸如杨荣、杨溥、杨士奇等大学士，更是身兼尚书职务。而且极其重要的一件事是：明仁宗恢复了建文帝时代的"公孤官"制度，也就是给大学士们加诸如"少保""太保"等名誉称号，这样一来，大学士们更有了一品身份，凌驾于百官之上。

到了明宣宗在位时期，内阁制度最重要的两个演变，则在他手里完成：一是"置僚属"，朱瞻基在内阁增设了两个机构——诰敕房与制敕房，而且皆设"中书舍人"。这就意味着，原先只是秘书身份的大学士们，这下也有了自己的秘书班子，而且这些秘书班子的人选，都由大学士们选定，连执掌人事权的吏部也无权干涉。实力大大增强。

而更重要的一个变革，则是内阁有了"票拟权"，也就是国家大事，再也不是皇帝亲力亲为，相关奏折送过来，主要由内阁成员拿出批复意见，并拟定草稿送皇帝审阅，即"票拟"。这样一来，实力强大的内阁，实权彻底压倒六部，成为整个政府运转的发动机。

当然，在宣德年间，"票拟权"并非内阁专有，像夏元吉、蹇义这些六部尚书们，也时常参与票拟。内阁真正垄断票拟权，还是在明宣宗过世后，当时即位的明英宗朱祁镇年幼，外加蹇义等六部老臣早已作古，内阁才真正成为"票拟"的专有者。

而在明宣宗执政时期，明朝的内阁，也第一次形成了一个强大的政治团队，这就是赫赫有名的"三杨"内阁。三杨，即杨荣、杨溥、杨士奇三位重臣。宣德年间的内阁大学士里，早期的黄淮年老退休，一度入阁的张瑛与陈山表现太差，没多久就被调走，十年里始终操持国家运转的，就是这三位。

而就才能来说，"三杨"每一位单独拿出来论，未必是明代大臣里最强的，但组合在一起，却极其互补：杨士奇为人宽厚，善于调处关系，而且精通谋划，属于三人里的核心人物；杨溥学问精深，操守清廉，为人低调，办事认真，是三人中的行政干才；杨荣则多谋善断，精通军务。论处理国家大事，着实各有一套本领。

而且这三位重臣，论脾气秉性，其实一度也不和谐。比如杨荣这人恃才傲物，还常收贿赂，甚至多次出言中伤杨士奇。但明宣宗有水平，多次想法调处三人关系，外加杨士奇此人很会来事，擅长调和矛盾。因此总的来说，国家大事方面，三人还算团结，在好些难题百前，更是通力合作。换句话说，仁宣之治的十年，首先来自这三人的齐心协力。

宽松统治真和谐

而就帝王心术而言，明宣宗的统治方式，也和前几代帝王大不相同：明太祖朱元璋和明成祖朱棣，对待百官通常是高压政策。朱元璋屡兴大狱，朱棣虽相对温和，却也同样不好惹，国家大事，从筹划到决策，更是各种大权集于一身。那时候的大明王朝，高官基本就是高危职业，连夏元吉这样的重臣，一两句话触怒朱棣，也曾惨遭囚禁。

而从明仁宗登基开始，这种统治模式就已经开始转型，明仁宗除了赦免诸多建文帝时期的文臣，更强调要实行仁政，鼓励大臣进谏，禁止滥用酷刑。明宣宗朱瞻基登基后，这个思路也在延续。他本人就以"敬礼大臣"著称，而且每当国家讨论大事，更是详细咨询，并鼓励大臣知无不言。更大的进步是，自"仁宣之治"开始，明王朝立下规矩，除谋反等大罪外，其他一切罪过，禁止实行连坐法令。死刑等重刑的审核也更加严格，大明王朝的司法，真正开始文明化。

而在处理群臣关系上，明宣宗更匠心独运，他常用的办法，就是写诗。他喜欢把各种国家大事的观点，整理成相关诗文。臣子们不但要学习领会，更要对诗唱和。如此诗文往来，明朝早期诗歌的一大流派：台阁体诗，也因此进入繁荣期。立国后长期紧张到恐怖的君臣关系，更从此其乐融融。

而且作为一个帝王，明宣宗更有极其亲民的一面，早年祖父培育他时，就常带他访问农家，而在登基为帝后，这也成了他的习惯，甚至还多次微服私访，探访农家艰辛。也因此出台诸多惠民政策。老百姓的负担，也因此减轻，经济迅猛发展。

而在这诸多艰难的变革转型中，大明王朝的综合国力，也更加蒸蒸日上。明朝的国民经济稳定增长，政府储备增加，仅福建一个丁州府的存粮，竟然足够当地官军支用百年。棉花等经济作物的种植，更从南方推广向北。更骄人的成就是手工业，比如纺织行业，明初的时候，就连江南这样的纺织中心，也只是城里才有，而到了宣德年间，却扩展到乡镇，比如吴江县这些县城里，都有乡民从事这行业。陶瓷业也更发达，著名的"青花瓷"正是宣德年间出产。而且瓷器产业重镇，除传统的景德镇外，更向大江南北扩展。冶炼业的进步更惊人：宣德年间的最高铁产量，达到了8329000余斤，是永乐年间最高数值的六倍。

　　也正是伴随着生产进步，明朝的工商业更加繁荣：各色繁荣的工商业城市，大江南北如雨后春笋般涌现。宣德年间仅新增的商业税收入，就比永乐年间多出五倍。这是一个经济高速发展，综合国力蓬勃上涨的帝国。

　　也正是因为诸多骄人的成就，一直以来人们对"仁宣之治"都有着极高的历史评价。经济成就骄人，统治施行仁政，帝王勤政爱民，这三条"盛世"的硬标准，"仁宣之治"样样全占。因此一直以来，明宣宗都有极高的历史地位。

　　然而就在一切欣欣向荣的时候，宣德十年（1435）正月初三，突患急病的明宣宗意外离世。九岁的太子朱祁镇即位，次年改年号为"正统"。这位童年登基的小皇帝，便是大明王朝的又一代执政者：明英宗。

　　表面看来，大明王朝的黄金岁月，依然还在继续。然而就在这个"正统"年间里，一场突然的意外，给了顶峰的大明朝沉重的一击：土木堡惨祸。

谁酿造了土木堡悲剧

明英宗正统十四年（1449）八月十五日，御驾亲征瓦剌的明英宗朱祁镇，被瓦剌可汗也先围困于土木堡。是日深夜瓦剌军总攻，明军全线崩溃，号称最精锐的数十万明军三大营，顿时被打得灰飞烟灭。仅骡马损失就达二十多万匹，兵器火药损失更无从计算。战场的尸首堆积如山高，贵为天子的明英宗，更是惨遭俘虏。明朝名臣李贤更在其《顺天目录》里悲愤得慨叹：自古胡人得中国之利未有胜于此者。

这是大明王朝建国以来，最为惨痛的奇耻大辱。这场载入史册的悲剧，便是"土木堡之役"。

历经开国之后，数代帝王励精图治，且不断打造盛世图景的大明王朝，为何会这样轻易一战摧锋，落得这般狼狈的失败？封建时代的史家们谈及此事，大多将其简单归为明英宗宠信宦官王振，好大喜功，以致贸然亲征，自取其辱。而细究起来，事情却没这样简单。

宦官从此腰杆硬

说句公道话，御驾亲征的明英宗之所以沦落至此，不止是他个人的错误。他那几位英明神武的"仁君"父辈，好几个都前后给他挖了坑。

而第一个该负责任的，恐怕得是明英宗的曾祖父：永乐皇帝朱棣。朱棣的一大功业，便是削藩。但这事执行下去，却有一条做过了头：当初朱棣削掉了手握重兵的宁王，将其迁至南昌养老，但是宁王先前的属地大宁，却被朱棣废弃。另一重镇东胜卫，也被东迁到内地。这样做的后果，就是明朝建立于元朝古都上的重镇开平卫，从此独木难支，也不得不于宣德五年（1430）内迁。原本巩卫"九边"的一大屏障，至此不复存在。

而在明英宗的父亲，即宣德皇帝朱瞻基时期，这位帝王虽然少年时即跟随祖父出征，但骨子里并非锐意开边的人物。他曾经有首诗赠予边将们：慎守只需师李牧，贪功何用学陈汤。也就是把家门口守好就行，不必大规模征缴。

这话道理没错，执行起来却生硬。这时的蒙古草原，正出现了一个大巨变：瓦剌迅速崛起，除了击败鞑靼，独霸草原，更扶植了本雅失里的侄孙脱脱不花为可汗，蒙古三部间的战略平衡，至此被彻底打破。正统四年（1439），也先继承瓦剌可汗后，自称"太师淮王"，成为草原实际统治者。这以后的也先，四处南征北讨，向西攻克哈密卫，向东控制辽东女真部落，已经摆出全面压制明朝的架势。

而对这日益临近的危险，明朝君臣上下，始终坚持"安边持重"的战略，更没把瓦剌放眼里，连哈密卫沦陷，都坐视不救。虽然长期以来，瓦剌一直采取与明朝通好的政策，一直没有发生战争，但以也先的野心，这场较量迟早要发生。

而除却上述外因，另一个酿造悲剧的内因，其责任，更被后世史家多归罪于明宣宗：设置内书堂。即在宫廷里设立学堂，教宦官读书识字。

在明朝宦官权力演变史上，内书堂的设立，堪称分水岭。原本宫廷的宦官们不识字，而且对国家大事，也极少有参与权。即使朱棣在位时期，宦官权力提升，其获得的也不过是诸如出使、镇守等职权，核心的国策运转，宦官们无法染指。

但内书堂设立后，一切就不一样了。从这里学习出来的宦官们，大多清一色被分配到一个单位：司礼监。也正从此开始，当内阁有了"票拟"大权后，宦官执掌的司礼监，也同样有了批阅回复奏折以及盖章的职权，也就是"批红"。

在后世眼里，明宣宗此举，是明朝"宦官专权"景象的关键一步：正是从此开始，原本只是打杂部门的司礼监，具备了国家核心决策的参与权，地位大大提升，更成为宦官机构中最位高权重的部门。

但是在明宣宗看来，此举却很有必要。因为司礼监这个特殊部门，其兴衰本身就与内阁相始终。早在朱元璋在位时代，正是在设立内阁的同年，增设了司礼监这个部门，彼此就是相互制衡的结果。

而随着内阁有了"票拟"大权，司礼监的职权也要水涨船高。如果说内阁已经成了国家运转的发动机，那么司礼监就成为必需的掌舵操纵装置。两相配合，帝王才能高枕无忧，国家才可运转稳定。

然而这时的明王朝，无论"内阁"还是"司礼监"，都还处于初步完备的阶段，相互之间的协调运转，更需有个磨合期。倘若是个成熟稳重的帝王执政，还能确保平稳过渡，偏偏明宣宗三十八岁那年过世，即位的朱祁镇，只是个九岁孩童。操纵这个刚刚进入磨合期的政治体制，必然要出麻烦。

事实也正是如此，自"正统"年间开始后，明朝这种司礼监与内阁相互制衡的运转体制，逐渐就变得严重失衡，司礼监一家独大，甚至压倒百官，宦官王振更权倾朝野。也正是在他的撺掇下，明王朝也最终做出那个疯狂的决定：明英宗御驾亲征瓦剌。只有在一个行政运转严重不正常的体制内，才会发生如此荒唐的一幕。

而对这样的麻烦，明宣宗在弥留之际，也不是没有预警，他的应对办法就是留下一个强大的辅政团队：除行政能力卓越的"三杨"阁臣外，另有永乐年间的老臣礼部尚书胡濙以及战功卓著的名将英国公张辅。这样一个文武荟萃的强大阵容，按说足够确保朝政稳定。

而除了五位大员，明宣宗的母亲，即太皇太后张氏，更有决断国家大事之权。这位张太皇太后，是明朝少见的女政治家，素以贤德著称。哪怕辅政团队不争气，张太皇太后也足以压住局面。

而在正统元年，明王朝更做出了一个重大的改革：内阁完全执掌了"票拟"大权，正式确立了百官核心的地位。从这时看，明王朝的内部政局，依旧运转正常，后来那场耻辱的浩劫，也丝毫没有征兆。

然而最大的漏洞，在这个辅政团队初步确立时，就已悄然暴露。

教书先生王振逆袭

从表面看，明宣宗的这个人事安排，已经近乎完美。

可真运转起来，却未必这么回事。首先是年龄问题，"三杨"当时已垂垂老矣，朱祁镇登基时，就连最年轻的杨溥，都已有六十三岁。胡濙和张辅，更是永乐皇帝时期留下的老臣，这个核心执政团队，年龄严重断层。

而作为小朱祁镇身边最亲近的宦官——王振的年龄不详，却早就是蒸蒸日上的新势力。他长期陪伴小朱祁镇，与小皇帝感情极深，深得宠爱。而且这人性格狡黠，很会来事，早已暗地勾连了各色关系网，权力扶摇直上。自从朱祁镇登基后，更很快取代了先前的司礼监太监金英，成为宦官界的首席人物。

必须说明的一点是，这个王振并非不学无术的草包，早年虽说学业不成，只是个教书先生，但典籍中的权谋学问，也都用得圆熟。更值得一提的是，早在朱祁镇极小的时候，他就负责督促其学业，更并非像诸多史籍所说，成天撺掇小太子不学好，相反，学业抓得很紧，发挥其教书先生出身的行业优势，把小朱祁镇教育得有模有样。因此早在明宣宗在世时，就深得宠爱。非常有名的一件事是：后来朱祁镇登基早期，一次想踢球取乐，王振知道后立刻拦阻，当场扑通跪倒，流泪劝说朱祁镇不要沉迷嬉闹。连一旁的"三杨"老臣，也都感动得不行，连声称赞："宦官中也有这样的贤良人物啊。"

也正因这份出色的工作业绩，所以长期以来，朱祁镇对于王宦官的感情极深，终其一生，都不直呼其名，始终称其"王先生"。

而对比王振的出色工作业绩，其他几位被寄予厚望的辅政大臣，可就一个个差远了：杨荣一直以来，贪腐就是毛病。胡濙虽说为官简朴，但不巧犯了大错：多次遗失官印。杨士奇工于心计，权谋圆熟，但是后院起火，他的儿子在家乡横行不法，民愤极大。外加杨士奇也有一政治污点：偏私。不止袒护儿子，就连同乡犯法，也时常包庇。这有实权的三位重臣，人人都有毛病，而杨溥虽然为官清正，但权谋水平有限；张辅战功卓著，但早早解除了兵权。没毛病的这二位，话语权一直就不大。

如上的情况，长年累月，早就牢牢收在了王振的眼里。他处心积虑，不但结交文官中的亲信，搜罗各位大员的劣迹，早早捏住了短处不说，更四处安插亲信，步步为营争权。

虽然王振自以为做得巧妙，但事实证明，他还是着急了一些：正统元年（1436），王振提拔了自己的亲信纪广为禁军都督佥事，自以为做得不动声色，却没瞒住张太皇太后的眼睛。这下碰了大霉头：张太皇太后立刻行动，将五位辅政大臣和小皇帝朱祁镇都叫来，继而宣召王振，当着大家的面，历数王振各色过错，并声言要杀王振。这下可把王振吓坏了，慌不迭地求情。这时九岁的小皇帝朱祁镇更急坏了，甚至不断地叩头请罪，求祖母绕过王振一命。一番哭诉后，张太皇太后气消，也就抬手放了王振一马。

这事之后，王振老实了好些年，确切地说也装了好些年，见谁都特别谦虚，也让大臣们放松了警觉。而他装得最成功的，却是在张太皇太后面前树立好形象。起初张太皇太后确实对王振不待见，甚至隔三岔五，都要把王振叫来骂一通，但王振能忍，不但逆来顺受，而且极力逢迎。他真正讨得张太皇太后欢心的，主要有两件事：一是张太皇太后想带朱祁镇外出进香，但群臣认为劳民伤财，上奏折拼命反对。这下朱祁镇犯了难，不烧香不孝顺，烧香就骄奢淫逸，两下都不讨好。却是王振完美解决了这问题：把佛像请进皇宫来，既省钱又孝顺，一举两得。这下可挠中了太皇太后的痒痒肉，老太太笑逐颜开，不住口夸王振会办事。

而另一件事，却更是王振的意外收获：一直以来，王振都想办法整"三杨"的"黑材料"，谁知"三杨"竟窝里反：福建按察使廖谟因为小事打死驿丞，廖谟是杨士奇的同乡，死者却是杨溥的同乡。这下俩老同事真翻脸了，竟从朝廷一直吵到太皇太后身前。张太皇太后也为难，还是王振一句话解决了问题：这事不处理难服众，处理了又寒老臣心，不妨折中下，廖谟杀人有罪，但给杨士奇面子从轻发落，降职调动得了。

一语既出，张太皇太后茅塞顿开，从此就对王振信任有加。而几位德高望重的老臣，却因此颜面扫地，彼此关系更就此破裂。

而随着王振权力日大，内阁四分五裂，王振也乘胜追击，先是往内阁里掺沙子，陆续提拔了一批自己的亲信进来。对几位老臣，更是穷追猛打。杨荣贪污事发，不得已黯然退休；紧接着杨士奇儿子杀人事发，为给儿子脱罪，也只得引咎辞职。剩下的杨溥能力有限，只是个摆设。而随着正统七年（1442）张太皇太后病故，王振更肆无忌惮，从此大权独揽，连朱元璋生前立下的不许宦官干政的铁牌，都偷偷派人砸毁。

掌权了的王振，不经意间，也就开创了明朝政治的新模式：宦官专权模式。

专权的王振，也几乎呼风唤雨，朝野上下全是同党。两大特务组织锦衣卫和东厂，一家被他侄子王山操控，一家被其心腹马顺掌握。朝堂上更全是同党：工部郎中王佑，主动认他当干爹，甚至为巴结王振，胡子全都剃光，哄得王振哈哈大笑，立刻提拔他当侍郎。这口子一开，好些逢迎拍马之徒，全都聚拢在他身边。

这会儿的王振，也威风到了极点，就连参加宫廷宴会，百官都围着他朝拜，就跟侍奉皇帝似的。大权在手，自然也胡作非为，贪污腐败必不可少，而且就连和他见面，也明码标价，百两黄金才能见一面，千两黄金才能吃顿饭，想要送礼请托，甚至买官跑官，更得下大本钱。

而对不服从自己的官员，王振也手段酷烈。比较知名的事件，除了他把上书揭发自己罪状的侍讲刘球害死，以及恶治不肯向自己下跪的御史李严，将其发配铁岭劳改，更创造一种刑罚：制造一种二百多斤的大枷锁，谁惹了他就要戴上受罚，哪怕侥幸不死，也是重伤。

但是在整人这事上，王振倒也有个好处：顾念乡情。大儒薛瑄起初被王振拉拢，但随后看不惯王振所为，与之愤然闹翻。王振闻讯大怒，将薛瑄罗织罪名打入死牢。眼看这位后来的明朝学问家，就要冤死锦衣卫诏狱，孰料当天晚上，王振听到家里的老仆人偷偷抹眼泪，连忙惊问缘故，老仆人流泪答道："薛少卿要被处死，所以我才哭的。"然后一番细说，王振才知道，和自己同是蔚州老乡的薛瑄，在家乡一直享有盛名。接着王振便改主意，仅将薛瑄罢官了事：毕竟是老家有名望的人物，真弄出好歹来，那就没脸回老家了。

但大多数的朝臣，却没薛瑄这么好运气。被恶整甚至害死的，更是不少。而归根结底，王振这时的专横，却还是来自明英宗朱祁镇的全力支持：在整个正统年间，朱祁镇对于王振，一直信任有加。一是由于自小形成的情感依赖，在年轻的皇帝眼里，这位严厉的王先生，正是自己成长的恩师。二是政治需要：朱祁镇童年登基，亲政之前，一直生活在五大辅政大臣与张太皇太后的训导中，长此以往的训诫，自然产生逆反心理，而对他百依百顺的王振，就显得尤其亲信。而最重要的一条原因是：在后世史书记录中，干尽了坏事的王振，这期间做的也并非全是恶行，相反，业绩也不少。

王振教书先生出身，肚子里不缺墨水，正统年间做了司礼监掌印太监，干起工作来，也从不缺小聪明。就拿搜罗党羽说，虽然王振的手下，多是徐佑这样的无耻之徒，但也有王文这样做事干练的御史。他整掉的文官重臣们，虽有不少忠良，却也不乏巨贪大恶。而且对于许多治国能臣，王振也着力拉拢。比如此时依然担任江南巡抚的名臣周忱，他此时依然在推行的各项经济改革，也多得到王振的全力支持。而在正统十四年"土木堡惨祸"前，王振最拿得出手的一项政绩，就是著名的麓川平叛。

功过争议，麓川平叛

麓川，位于今天云南腾冲县西南，在明朝的全名叫"麓川平缅军民宣慰使司"，属于明朝治下的土司政权，由当地思氏家族世代镇守。

这个土司机构，设立于明朝洪武年间，但是多年来，经常不消停，时不时就闹点动乱。等到第三代宣慰使思伦发时期，更闹得变本加厉。宣德年间，就曾多次出兵侵略周边土司，气得镇守云南的明朝沐国公沐晟愤然请旨，要求出兵讨伐。但当时明朝刚从交趾撤军，实在不愿生事，因而睁一只眼闭一只眼。等到明英宗朱祁镇即位后，思伦发更加变本加厉，大肆侵吞周边土地，欺压忠于明朝的各地土司，俨然成了一方豪强。

对这个不消停的土司，朱祁镇一开始还想忍，甚至还多次免征其各类税赋。谁知事与愿违，眼看思伦发越发嚣张，朱祁镇也终于忍够了：正统四年（1439），思伦发大肆侵扰腾冲等地，公然武装叛明。明英宗也愤然出手，先后派大军进剿。谁知这思伦发却极强硬，连续多次击败明军，连明军统帅沐国公沐晟，也因忧愤交加，暴死于军中。次年明王朝再度南征，由沐晟之弟沐昂统军。谁知事与愿违，思伦发坚壁清野，打得明军灰头土脸，再度劳而无功。

眼看战局不乐观，明朝内部的反战声也四起。此时依然主政的杨士奇等文臣们，更极力主张罢兵休好。年轻的明英宗，也不免心生动摇。恰就在此时，初掌大权的王振站了出来，二话不说否决了罢兵建议：坚决打！

在王振的力主下，外加张辅等人的支持，明军对麓川的第二轮征讨启动。王振之所以全力支持此战，说到底还是为了树政绩立威。但在这次筹谋中，他却不是瞎指挥，相反，物色了一位得力能将：兵部尚书王骥。

在当时，王骥可谓文官带兵的杰出人物。朱元璋之后的明朝文官里，因为战功而封侯的只有三人，其中就有他。而在这次大战前，王骥早就立功颇多，多次出征蒙古，打了一堆胜仗。这次王振命他提督军务，更开了一个先例：这是明朝历史上第一次由文官带兵的大规模军事行动。

接下来的战局证明，王振没看错人。正统六年（1441）起，麓川战役第二阶段打响。明军一改上次的狼狈，打得高歌猛进，特别是发挥火器优势，在马鞍山战役中一次性歼灭思伦发部十多万人，将其精心训练的战象部队消灭殆尽。两年以后，王骥再度南下，终于逼迫缅甸方面交出思伦发。这个长期作乱的枭雄，于正统十年（1445）被王骥斩首，函送京城。

至此思伦发败死，其领地麓川宣慰使司，也被明英宗改为"陇川宣慰使司"。思伦发的余部，则由其子思机发带领，躲在孟养苟延残喘。而大明的兵威，也将其彻底吓怕，事后思机发派弟弟入京，请求招抚讲和。事情到了这里，按说该圆满结束：挟战胜的兵威，收服思氏家族残部，便可一举安定西南。

然而明英宗与王振，对这事却不这么看，非要彻底赶尽杀绝。结果正统十三年（1448）三月，王骥再度率军出征。这次的战斗打得异常艰苦，明军深入金沙江，一路浴血厮杀，在鬼哭山强行攻坚，终于一举击溃思机发。谁知前脚刚班师，思氏残部又拥立另一儿子思禄发，再度攻占孟养。这下明军师老兵疲，只能与之议和，承认了其土司地位。麓川地区，终归和平。

平定麓川之战，是土木堡惨祸之前，王振专权时期的最大政绩。若以功过论，此战消灭了一直作乱的思氏家族，稳定了西南局势，确实功业多多。但王振好大喜功，特别是正统十三年的这次远征，更堪称重复劳动。结果徒费钱粮不说，更陷入战事泥潭。

而更严重的后果是，正是由于大批精锐部队，相继南下征讨，明朝在京城地区的军事力量，也大为削弱。后来土木堡惨案的败因，也在这里种下。

军政败坏埋隐患

虽然征讨麓川，留下了诸多隐患。但无论明英宗还是王振，都自然看不到。

而且对照后来的土木堡惨祸，其实更多的伏笔，在明英宗执政的"正统年间"早期，也已相继埋下。论罪过，很难归于哪一个人。

在经历了"仁宣之治"的高度繁荣后，正统年间的明王朝，逐渐暴露出诸多问题。首先是土地兼并日益严重，这既是封建王朝的自然经济规律，更与宣德年间后期起吏治的日趋腐败有关。

而土地兼并的直接后果，就是流民的大量增加。从宣德年间后期起，明朝的流民问题就越发严重。大批的无地农民，争相向湖广地区甚至闽浙地区聚集，成为严重的社会隐患。在土木堡之变前，南方的浙江、福建，相继发生叶宗留、邓茂七等人的农民起义，广东也爆发黄萧养农民起义，逼得明军不得不大举南下，换句话说，土木堡前大明的军事，一直是多线作战。

同时天公也不作美，自从明英宗登基后，一直到土木堡惨祸前，明王朝几乎无年不闹灾，特别是北方的山东、河南、山西地区，更是连年持续不断的蝗灾。这时的明王朝，赈灾问题做得还算靠谱。明英宗本人更是连年下旨，督促地方官员开仓赈济，更颁布规定：凡是逃荒百姓积欠的赋税，一律减免。而这时的王振，表现也相当不错。正统七年（1442），他还做主减免了明王朝往各地的采办，减轻百姓负担，确实善举不少。

但一个最严峻的问题，无论明英宗还是王振，都没有看到：军政败坏。最直接的表现，就是卫所制度废弛，大批士兵逃亡。

由于土地兼并的剧烈，原属于军队卫所的各类军屯土地，也大面积流失。外加腐败滋生，军户负担加重，各地士兵不堪重负，纷纷逃亡。正统年间，明朝进行了多次军队户籍的清理，好些个地区军队缺编极其严重。比如山东御史李纯奏报，山东的好些卫所，一些原先有百多士兵的军事重地，竟然逃得只剩下一两个人。

而没逃的部队，不但战斗力低下，而且供应严重不足。比如军事重地大同，御史张鹏就曾奏报，亲眼看到大同当地的驻军衣不遮体，生活极度困顿。而且军械质量也下降，就连号称大明最精锐的高科技部队神机营，正统四年（1439）领到的兵器盔甲，好些质量都不过关，根本不能用于战争。甚至大明最精锐的骑兵三千营，战马竟然缺两万多匹。这样的军队，根本打不得仗。

如上的各种情况，明英宗不是不知道，每次也都及时办理。但是问题累积成堆，处理办法更都是小修小补，根本问题在于，明初确立的卫所军事制度，这时已经遇到了大麻烦。而还没等着明英宗解决这麻烦，瓦剌打来了。

瓦剌敌人很强大

正统十四年（1449）七月，瓦剌首领也先借口明朝削减马匹价格，悍然发动了对明朝的入侵：中路军由他亲自率领，攻打重镇大同；东路军由傀儡可汗脱脱不花率领，攻打辽东；另有阿剌知院率军，攻打宣府。

这场战争的导火索，是明朝与瓦剌之间的"互市"贸易纠纷。然而更深原因是，为这场战争，也先已经准备了很久。

早在正统十一年（1446）的时候，也先就曾大举入侵辽东女真。而在当时，已经有诸多大臣警惕到也先的野心。麓川战役期间，之所以诸多朝臣拼力反对，一大原因正是对北方边患的警醒。

但在这事上，王振却眼光极短。这人权谋一流，国家大事的眼光，却只是末流，最大的能耐，不过是些小聪明。因此多年来瓦剌大肆扩张，明朝基本不管，直到战火烧到家门口，却还浑然不觉。

事实是，这次瓦剌的入侵，是明朝自朱元璋时代后，北方面临的一次巨大考验，因为即使永乐皇帝朱棣在位时，对蒙古部落也是打一批拉一批，从来未曾与整个蒙古草原开战。但这次的瓦剌却不同，三路的入侵大军，既有瓦剌本部兵马，更有傀儡可汗脱脱不花率领早已臣服瓦剌的鞑靼部兵马。换句话说，这是明王朝自北元瓦解之后，第一次面对蒙古草原部落的联合入侵。

一边是历经多年战争磨炼、踌躇满志的蒙古骑兵，一边是多年来积弱不振、问题成堆的大明边军，开战之后，过程毫无悬念，军事重地大同损失最惨。当地驻军主动出兵抵抗，先后在猫儿庄和阳和口被杀得大败。值得一提的是，这两场战斗，明军表现非常英勇，两个主将吴浩与宋瑛，都先后为国捐躯，拼了死命，还是打不过。

败报传来，朝野震动。明王朝也火速做出应对，由驸马井源率四万大军出击大同。谁知井源的大军刚出发，七月十五日，明英宗立刻做出决定：率领五十万大军御驾亲征。

做出这个决定，正是由于王振的撺掇。这个鼠目寸光的权阉，大难临头尚不知，反而小聪明发作，得知瓦剌军队人数极少后，心中也盘算开来：如果集结重兵出击，打个大胜仗，岂不更能巩固自己的地位？

小聪明的王振，把战争想得太过简单，根本不清楚个中的残酷性。外加明英宗年轻，只觉得御驾亲征壮怀激烈，也根本没想操作性。结果这主仆一拍脑袋，大明王朝的战争机器火速开动，不到两天就集结了几十万人。七月十七日大军开拔，留下郕王朱祁钰在京城监国，内阁重臣曹鼎、张益，英国公张辅乃至六部尚书等重臣，全部随行。也就是说，大明王朝的中央级别官员，三分之二都上了战场。

无论从哪个角度看，这样一个决定，都堪称荒唐，一个不懂军事的皇帝，外加一个拍脑袋的太监，竟然就联手导演了这样一场闹剧般的出征。这样的情景，放在任何一个政治制度运转成熟的王朝，都是不可想象的。

而这恰是此时明朝政治最大的短板。明宣宗留下的辅政团队，早已轻易被击破，以王振为首的宦官势力一家独大，完全压倒了文官集团，先前话语权极大的内阁与六部，这时全成了王太监的马前卒。本身文官制度的制衡体制，一个重要的职能，就是对专制帝王的制约，特别是遇到重大抉择时，这种制约往往可以纠错。然而在此时，这却成了空谈。

于是，这场出征于七月十七日起，开始了悲剧的情节：大军出征后就麻烦不断，先一路遇雨，道路泥泞，行进非常艰辛。很快又遇到了断粮，好些大臣饿得饥肠辘辘；士兵士气更是低落，一路抱怨声不断。

之所以闹成这样，还是王振想得简单。总觉得打仗就是把人凑起来就好，所谓兵马粮草，物资供应，战略战术，更是想都没想。这次出征的军队总数，号称五十万人，但对比正统年间的战争就知道：当时南征麓川以及东南平定邓茂七，早已抽走了京城相当多的精锐，留守的本身就是些二线部队。而且以当时愈演愈烈的军户逃亡景象，无论如何也不可能两天之内凑齐五十万人。而论质量，这帮士兵的素质更是差，几乎没有受过什么训练，好些人连刀枪盔甲都没有。把这么一群人拉到前线，完全是送死。

随着行军的进行，越来越多不想送死的大臣，争相给明英宗进言。这时轮到王振大发淫威了，凡是进言撤军的大臣，不是被他罚跪，就是被他编入前线军队，等着打仗的时候当炮灰。就连将门之后成国公朱勇向他奏报，也要"咸膝行进"。这么一群文臣武将，就拿这个太监没招。

在王振的几番威逼下，大臣们都不敢再说话了。于是这支沮丧的大军，经过十多天艰难行进后，终于在八月初一抵达了目的地：大同。此时明朝先期派出的驸马井源的部队，已经被瓦剌消灭，瓦剌闻明军大军已到，已然后撤二十里，企图诱使明军出塞追击以全歼。

谁知这一次，没有大臣敢劝，王振自己却改主意了。到达大同后，亲眼看到战场的惨状，王振着实惊了：真实的战争，远没有想象中轻松。自己热情高涨地跑上来送死，其实是干了一件大蠢事。结果荒唐的一幕再度发生，大军抵达大同，还没等着喘口气，第二天就在王振的撺掇下，明英宗再度下令：班师回朝。

听说要撤兵，明军的行动力极强，全军火速开拔。如果按照原路撤退，基本万无一失，然而王振却又心血来潮，非要回老家蔚州要威风，这一下大军又要绕道，改成从紫荆关回京，等于几十万士气低落、疲于逃命的军队，直接暴露在瓦剌军眼皮底下。

这样做的严重后果，大臣们不是不知道，但王振的威风，大家更知道，就连精通军务的英国公张辅也干脆一言不发。而经过多日观察后，久经沙场的也先，也终于摸清了这支明军的底，开始尝试尾随追击。

事实上从大同到紫荆关的这一路，原本应该十分安全，早在明朝洪武年间起，这条线上就有明朝的大批卫所。然而时过境迁，各处卫所不是沦陷就是裁撤，这一条线路，早就变成蒙古骑兵的自由通道，于是数万瓦剌大军尾随追击，很快逼近了明军。

眼看着火烧眉毛了，王振却再度犯傻。好不容易确定了从紫荆关回京，谁知王振又犯嘀咕，生怕大军踩坏了老家的庄稼。眼看就要到蔚州，立刻又下令全军原路折返，改从居庸关入京。这么一闹，等于走了个折返跑，丧失了撤军的黄金时间。

而在瓦剌大军日益逼近后，王振也终于做了一个正确的选择：由成国公朱勇等四员大将，率领五万骑兵，分头阻击瓦剌。结果训练有素的瓦剌骑兵，给明军上了一堂生动的骑兵训练课，三下五除二就将明军击败。即使如此，明军奋勇的阻击，也总算迟滞了瓦剌追击的脚步，再次赢得了三天逃命的时间。

这宝贵的三天，是这支明军最后的机会。

奇耻大辱土木堡

利用这宝贵的时间，明军星夜兼程，于八月十四日中午抵达了怀来北面的土木堡，只要再坚持走一个时辰（两个小时），明军就可安然进入怀来城。这次来去匆匆的北征，也就可全身而退了。

但意外偏偏又在此时发生了，王振因为运载自己家产的十几辆车子没有到，坚持让部队停下来等，一等就等了整整一下午。而瓦剌方面，就趁这宝贵的机会，黑压压地扑了过来。先占据了当地唯一一处水源，然后骑兵四处扎营，将明军团团包围：御驾亲征的明英宗，这下跑不了了。

其实就在瓦剌骑兵追到前，明军还有最后一次逃生的机会：兵部尚书邝埜主张，集中最后的精锐骑兵，护送明英宗火速前行，能逃出多少是多少。这本来是最后一桩办法，然而铁了心的王振却不知为何，坚决不肯答应。这次邝埜也终于胆气充盈，和王振当场大闹起来，最后被卫兵打出。就在争执间，瓦剌大军合围，明朝没救了。

八月十五日白天，瓦剌大军集结重兵，向断水缺粮的明军发动了总攻。悲剧就此到达高潮：明军竟然爆发出了强大的战斗力，结成军阵数次打退瓦剌的进攻。眼看强攻不力，狡猾的也先再次耍诈，假装要与明朝议和。已经苦苦坚守三天、断水断粮的明英宗果然上当。眼看瓦剌故意撤出水源地，早已饥渴难耐的明军蜂拥去取水。就在这时，瓦剌的突袭发动了，明盔亮甲的蒙古骑兵一面高呼着"解甲者不杀"，一面肆意砍杀着失去武器的明军。原本惨烈的攻坚战，这下彻底变成了一边倒的屠杀，数十万明军土崩瓦解，全线崩溃……

这场浩劫一般的战败，整整杀了一夜才落幕：明军只有千余人突围出来，数百文武大臣遇害，数十万士兵阵亡。酿造这一惨祸的王振，也一并惨死于军中。而翻开阵亡名单，更令人痛心疾首：内阁阁臣曹鼎等人，乃至战功卓越的英国公张辅，兵部尚书邝埜等人，全在阵亡之列。大明王朝的核心执政团队，几乎全部报销。这耻辱的一幕，便是土木堡之败。

然而就在这一系列耻辱中，却还有一幕场景，即使瓦剌人见到，也不禁动容。

当惨烈的屠杀接近尾声时，尸横遍野的战场上，却隐然飘扬着一面大明的龙旗。一个二十多岁的年轻人，在数名护卫的簇拥下，淡然地下马放剑，等待着未知的命运。也先的弟弟赛刊王见状惊讶无比，经过明朝俘虏的辨认，终于确认了这个惊天的事实：大明皇帝朱祁镇，被俘了。

这以后的朱祁镇，承受着沦为俘虏的耻辱，在瓦剌军营中，度过了一年多囚徒的时光，更经历了多次生死考验。然而值得称道的却有一点，无论身处怎样的险恶局面，受到怎样的磨难，在瓦剌人面前，朱祁镇一如既往，保持着他的淡然。也先的弟弟伯颜，更对他钦佩不已。甚至到了后来，朱祁镇得以被放归时，伯颜竟然一路相送，依依惜别。这个执政失败的青年皇帝，唯一值得称道的，便是一直保有这高贵的气节。他的雍容大气，甚至感动了敌人。

但在当时，不论朱祁镇本人多么淡然，京城上下，却真是乱作一团。大臣们除了哭天抢地，就是呼吁迁都。关键时刻，却是代理兵部尚书于谦站了出来，愤怒驳斥了迁都的奏议，定下了整军备战的抉择。八月十八日，监国的郕王朱祁钰召开会议，众大臣怒斥宦官乱政，当着朱祁钰的面吵作一团，并在争吵中爆发了群殴，当场殴死了王振的亲信太监马顺。因众怒难犯，朱祁钰当场宣布王振罪状，并将王振全家满门抄斩。九月，朱祁钰正式登基，次年改年号为"景泰"，正在蒙古当囚徒的朱祁镇被尊为太上皇。同时大规模的清算行动展开，诸多王振的亲信宦官及党羽纷纷落马。全权负责北京防务的于谦整肃内部，调集重兵，安定人心，最终于十一月在北京保卫战中击退瓦剌。从此，为"土木堡惨案"之祸买单的，也只能是王振及其党羽们了。

铁血名将郭登

随着"土木堡惨败"的发生，权阉王振的罪过也终于被清算，其侄子王山等人被凌迟处死，全家更被满门抄斩。家产也被充公，用作接下来的军费。

但大明王朝的危机，却并未解除，反而日益加剧：皇帝被俘，京城兵马空虚，百姓人心惶惶；长城那边，瓦剌大军气焰嚣张，磨刀霍霍。各种图景，眼看就是要沦陷的节奏。

严峻的现实面前，承平日久的大明王朝，再次咬紧了牙关，开始了全面总动员：首先是在群臣的劝进下，监国的郕王朱祁钰临危受命，继承帝位，宣布改次年年号为"景泰"，更遥尊被俘的明英宗为"太上皇"。这就摆明了告诉瓦剌：你抓的皇帝过期了。

而作为胜利者的也先，也兴奋得不行，甚至还给明朝写信，狮子大开口要金银。但他不知道，在明朝人心惶惶的时刻，代理兵部尚书于谦挺身而出，承担了保卫北京的重任。先定下全力备战的基调，然后大规模调兵，各地有作战经验的部队，全数向北京集结。十一月份，瓦剌以送还英宗回朝为借口，大举攻打北京，本以为会像土木堡一样轻松取胜，谁知却碰到铜墙铁壁上。在于谦的镇定指挥下，明军上下一心，奋勇抗战，连老百姓也踊跃支前，出工出力，历经一个月浴血奋战，瓦剌在付出了数万人伤亡的代价后，始终摸不到北京城的边，只得狼狈窜逃。

对于大明王朝的命运走向来说，北京保卫战，堪称一场光辉的胜利。

如果要论功绩，首功当然是大英雄于谦。主张清算王振罪过的是他，主张景泰皇帝火线即位的也是他。正是两件事，及时稳住了政局，再接下来，确立北京保卫战方略，大胆擢拔各路将领，身先士卒浴血奋战，终于赢得胜利的，核心依然是他。这位清直刚正，勇担家国责任的名臣，以这份卓越的功业，今天依然备受敬重。

而在整个的一系列过程中，以军事贡献论，若问谁能最追近于谦？答案或许有很多，除了在北京城外浴血奋战，堪称正统第一勇将，后来却把老战友于谦送上法场的石亨，更有一位始终忠心为国，甚至成为瓦剌骑兵战场噩梦的猛将，他虽然未曾参与北京保卫战，然而自土木堡战败至明英宗朱祁镇归来的一系列大事件中，他举足轻重的作用，却足可比肩于谦。

这位猛将，正是郭登。

名将世家好儿郎

郭登，字元登，安徽凤阳人，明王朝开国名将武定侯郭英之孙。史载他自幼仪表堂堂，博闻强记，尤其酷爱军事，经常喜欢和人讨论战争，天生是个军事迷。

放在明朝的勋贵家庭里，这样的孩子似乎没啥特殊。比如当年靖难之役中屡次上演军事笑话的李景隆，也是这种类型：相貌堂堂，能说会道。但就像李景隆一样，好些这类孩子，一旦真上战场，多是绣花枕头一包草。

然而郭登却真不是这类，相反，他早早受到历练：洪熙年间因父辈功勋被授予锦衣卫经历一职，开始了戎马生涯；宣德年间先参加平定青海部落叛乱战役，又随明宣宗朱瞻基北征兀良哈；正统年间又跟随王骥参加南平麓川之战；特别是在腾冲等地，更是恶战多年，立了不少战功。在土木堡惨祸前，论恶战硬仗，一直打了不少。

也正因为战场表现优良，郭登的官职也升得快。等到正统十四年（1449），更作为扈从跟随明英宗御驾亲征。等到了大同后，明英宗更做出一个扭转郭登命运的决定：任命郭登为都督佥事，充任参将，辅佐总兵官刘安镇守大同。

这是一个非常关键的决定，甚至可以说救了郭登的命：否则十几天以后，郭登也必然被围困在土木堡，以他扈从的身份和忠诚的品格，就算逃得一命，十有八九也要陪明英宗在草原当俘虏。

而明英宗之所以做出这个决定，也来自常年以来，对郭登的了解：当时的大同，刚刚经历阳河口战败，兵马损失惨重，城池人心惶惶，需要的正是郭登这样的干才。

而在获得这次任命后，郭登接下来做的一件事，既证明了其卓越的才能，更差点挽救了明英宗的战俘命运：眼看明军大部队撤退，郭登果断建议，明军应该从紫荆关撤离，必能避开瓦剌的追击。孰料王振之流不听，然后土木堡惨案上演。而在土木堡那边，明军遭受灭顶之灾后，郭登所在的大同，局面也骤然恶化起来：本身就新遭失败，土木堡惨案的消息又传来，士气更横遭打击，眼看着瓦剌大兵压境，城内人心慌乱，沦陷指日可待。

如此危急局面，新任大同总兵刘安也急得不行。此时大同谣言四起，部队士气涣散，还常有士兵逃跑，想尽了办法，也不能解决问题。

当然，在好多人眼里，这事对郭登不是什么问题。他本身就不是大同人，又是勋贵子弟，而且更非总兵，担不了主责，找个借口脚底抹油，很方便很容易。

就在这关键时刻，郭登展现了其刚强的一面，非但不跑，还把老婆孩子全接来，更天天走访士兵，安抚人心，身体力行告诉大家：我不但不会跑，更要带领你们守住这里，战胜那个强大的敌人：瓦剌！

就这样在郭登的努力下，大同的人心日益安定，防务也走向了正轨。等到景泰帝朱祁钰即位，无能的刘安被撤，郭登升任大同总兵，从而在这场大明朝卫国战争中，承担起中流砥柱的角色。

说郭登是中流砥柱，一个首要原因，就是他所驻守的大同，正是此时明朝边防的重要屏障。

大同的地位有多重要？土木堡惨祸后的两个细节可以佐证：一是也先土木堡大捷后，非但没有乘胜追击，直捣北京，反而火速撤退。二是也先大举进攻明朝时，由他亲自率领的最精锐中路军，攻打的目标正是大同。这座坚城战略位置极其重要，只要控制在明朝手中，瓦剌就有后路被断的危险。

要在以往，大同这样重镇的总兵官职务，足够让武将们眼馋。但在郭登接手时，这里却是一片烂摊子。

铁壁防线大同城

根据当时明朝兵部的记录，大同军镇原本应有士兵"马步官军十三万五千八百七十八名"。然而在土木堡之变前，由于常年的军屯被侵占，以及军官"吃空额"等种种问题，大同的实际兵力为"八万五千零一十一名"。在朱祁镇到达大同前的阳和会战中，原总兵宋瑛及其所率领的五万官兵几乎全军覆没，且损失的大部为骑兵。郭登就任总兵后，城中能作战的士兵仅几千人，马匹竟只剩下

• 铁血名将郭登 •

087

一百多匹。在朝廷专注于北京防务，暂无力增援大同的情况下，守住大同，几乎是不可能完成的任务。

深知局面紧迫的郭登，立刻火速行动：一面四处派出骑兵，搜寻之前战争中打散的明军部队，招募他们前来大同会合；另一面争取百姓支持，号召大同当地士绅富户带头捐赠马匹，言明战后朝廷将按原价偿付；为了筹措资金，更是不辞劳苦，终于感动得大家有钱出钱、有力出力；此外还火速派人去青海等地购买战马，补充军用。短短数月间，便重建了一支新军。

上面这些招数，如果说还没什么新奇的话，那么其间郭登的两个创举，却足以载入史册。一是在大同当地招募义兵，补充入正轨军队，堪称明朝募兵制度的尝试者。二是除重建骑兵部队外，更大力修造火器战车，组建了一支新型火器战车部队。正是这支奇特的部队，在不远的将来，会给予凶悍的瓦剌骑兵极为沉重的打击。

在郭登的精心布置下，短短两月间，大同重镇重新拥有了数万精兵，城防坚固、兵甲精良，三军士气高涨，面目焕然一新。

更大的考验紧接着来了：正统十四年（1449）十一月，经过精心准备的也先再度发动了对明朝的进攻。这次他的首先打击对象，依然是大同。但手里握有朱祁镇这个人质，也先的办法也改了。挟持朱祁镇在大同城下喊话，要求郭登开关献城。

其实这招也不新鲜，早在朱祁镇刚被俘的时候，也先就在大同城下闹过一出。当时大同的总兵还是刘安，差点就上钩开城，幸亏郭登及时阻止，总算没干傻事。

而这次也先又故技重演，而且感情战术十分到位：让朱祁镇不断在城下喊话，晓之以理，动之以情。更命亲信袁彬在城下哭喊撞门，君君臣臣的大道理磨破嘴皮子地说。太上皇的命眼看不保，你就一点没感觉吗？

郭登的应对却灵活：一方面拒绝和朱祁镇见面，另一方面派给事中孙祥、知府霍宣出城向明英宗"问安"，让瓦剌感到赚开大同城门"有戏"。果然，郭登遣人向瓦剌提出了要给明英宗"送饭"的请求，但暗地里，郭登已然集合了七十多名精壮士兵，打算以给明英宗"送饭"为名杀入瓦剌大营，趁乱救出明英宗。十月七日，郭登秘密给士兵训话，要大家全力死战，险中求胜。正当这支部队准备出发时，监军太监陈公却出面阻止，与郭登争执不下。战机稍纵即逝，老谋深算的也先觉察出郭登的图谋，慌忙连夜拔营撤退。一场营救明英宗的"斩首行动"终未成行。虽如此，郭登虚虚实实，令瓦剌在大同城下劳而无功数日，为北京保卫战成功赢得了备战时间。

十月十一日，北京保卫战正式打响。也先绕过边陲重镇大同，先攻破北京门户紫荆关，继而兵锋直抵北京西直门。统筹北京防务的于谦亲率二十二万大军列阵北京城外，与瓦剌大军展开血战。火烧眉毛下，郭登派快马入京城，一面遣先头精锐骑兵入京增援，也带去了他提出的足够置瓦剌于死地的战略：由郭登亲自统率新组建的大同精锐数万人，从大同出发东进，断绝瓦剌后路，以内外夹攻的方式彻底聚歼瓦剌军主力。

但在景泰帝以及于谦眼里，这个计划的风险性实在太大。因此被否决不用。此后，于谦率明军依托城池防御，在北京城下与瓦剌展开拉锯战，数次击退瓦剌的疯狂进攻。经过四天浴血奋战，十月十五日，瓦剌军开始陆续北撤，明军集结重兵火速追击，先以火炮夜袭瓦剌罗店大营，歼敌万余人，继而在清风店、固安连续重创瓦剌大军。至十月十七日，伤亡惨重的瓦剌军挟持明英宗全线撤往塞外。攸关大明国运的北京保卫战，至此以大明完胜而告结束。

而郭登虽未参战，但他的忠勇也在景泰帝朱祁钰心中留下深刻印象，战后特加封他为"右都督"。虽然这个大胆的计划，在当时未被认同，但很快，郭登便用实际行动，叫打遍草原无敌手的一代名将也先尝到了厉害。

扬眉吐气频胜仗

北京城保卫战后，明朝君臣上下，都大松了一口气，开始论功行赏。诸多在战争中劳苦功高的人员们，更为了谁功劳大互相闹得不可开交。就连劳苦功高的于谦，也曾因此被人攻击。

但这时的郭登，却顾不上争这个。瓦剌退兵后，他也没闲着，除了继续忙于防务，更积极上奏折，先后献上十多个用兵方略。作为一个老军人，他十分清楚：北京保卫战赢得十分凶险，京城的驻军，更大多都是新兵，战斗力尚需提高；拥有骑兵优势的瓦剌，在京城碰壁后，更不会善罢甘休，反而将会利用他们的野战优势，继续侵扰边关。

果然如郭登所料，入冬以后，瓦剌的侵扰又来了。正统十四年（1449）十二月，瓦剌先攻延绥，幸好明军早有防备，击退瓦剌进攻。此后，瓦剌先后在宣府、辽东、蓟州、瓜州等地陆续展开攻势，明军坚壁清野，凭城坚守，总算没叫瓦剌占到便宜。但边关乡镇，却给祸害得厉害。

这样的局势，对明朝依然很不利。如果不能在野战中重创敌人，那么明朝依然没有主动权，始终被动挨打。可凶悍的瓦剌骑兵，究竟谁能战胜？郭登决定碰一碰。

长期以来，郭登一直在苦苦地思索，怎样才能战胜号称草原无敌的瓦剌骑兵。在历经艰辛的探索后，他找到了自己的方式。现在，到了验证的时候了。

转过年来，即景泰元年（1450）正月，数次碰壁的也先，始终不甘心失败。为了给明朝一个震慑，他决定要重点打击一个目标，这次的对象依旧选择了大同。

景泰元年（1450）正月十六日，也先率数万精兵，再次展开了对大同的大规模攻势。正月二十日，瓦剌先头精锐三千人进抵大同北面的沙窝（今山西右玉）。郭登得知军情后果断做出决定，精选麾下八百精骑，亲率部队长途奔袭七十里展开攻击。正月二十日黄昏，部队秘密抵达沙窝地带，这时确切军情传来，此地扎营的瓦剌军共有十二营三千人，是明军的三倍多。有部将建议暂且退兵，郭登愤然抽剑训斥道"敢言退兵者，立斩"。说罢亲自充当先锋，率部直冲瓦剌军大营，明军同仇敌忾奋勇冲杀，瓦剌军营立即被冲得大溃，丢盔弃甲四下逃亡。郭登率军紧追不舍，接连追了四十里，在山西考劳山再次击败瓦剌军，先后斩首敌军一千余人，史称"沙窝大捷"。

对于被欺负了很久的明军来说，沙窝一战，堪称扬眉吐气。以往明军同瓦剌作战，多是凭城坚守，甚少有野战。即使是北京城保卫战，也是依托城墙火器展开防御。而郭登却率部长途奔袭一百一十里，以寡击众，在野战中大破瓦剌精骑，粉碎瓦剌"野战无敌"的神话。明军上下畏惧瓦剌野战能力之情绪，至此一扫而空。可谓意义非凡。捷报传来，景泰帝也下旨，加封郭登为"定襄伯"。

但自诩"草原无敌"的也先还是不甘心。三个月后，瓦剌卷土重来，集重兵再次攻击大同。这次郭登亲自率军在东门迎战，瓦剌先锋凶猛，郭登军一触即溃。瓦剌军大喜，趁势强攻，却忽然见周边爆炸声四起，炮弹如雨点般落下，周围骑兵纷纷血肉横飞。原来，这是郭登为瓦剌军预备的另一件"礼物"——火器战车。

比起强悍的大同骑兵来，火器战车战术，更堪称郭登的独创：不但大量制造火器，且设计出两种新型火器战法——夹地龙、飞天网。先是在战场上预埋地雷等物，假装溃败引诱瓦剌军追击。进入"雷区"后即引爆地雷，让瓦剌军陷入"地雷战"的汪洋大海，这是"夹地龙"。而同时，明军的大中小火炮也准备就绪，趁瓦剌被地雷炸得大乱时发动"地毯式轰炸"，将瓦剌大军炸成火海。这时"飞天网""天罗地网"下，气焰滔天的瓦剌军再次狼狈退去。

一个月后，怒火填膺的也先再次杀来。这次集结了瓦剌、鞑靼、兀良哈蒙古三部精锐，战前也先训诫三军，要齐头并进，不可轻举妄动陷入郭登埋伏。孰料郭登这次也不再"耍诈"，堂堂正正三军列阵大同城外与也先决战。号角吹响，蒙古骑兵汹涌冲锋，却忽见明军又使出"新玩意儿"，军阵之中推出五人一组的小车，小车上密排枪炮，野战中炮火轰鸣，在蒙古军遭火力打击退却时，小车竟然也徐徐推进，同明军步骑一道追杀瓦剌兵，这次攻击再次以也先的惨败而告终，而郭登发明的又一新型武器——火器战车，从此登上战争舞台，成为明军此后克敌制胜的利器。现代军事学家普遍认为，这种战车，恰是后来坦克的前身。而步骑车合击的打法，在之后百年，渐成明军战术的主流。

从景泰元年（1450）正月至七月，瓦剌及其蒙古各部共向大同发动了多次进攻，每次都以失败告终。甚至是年六月，也先又和郭登斗了次心眼，谎称要送朱祁镇回来，要郭登开城迎接。这次郭登出人意料，爽快答应开门：原来他也有自己的算盘，打算假装开门，然后伏兵大起，一举救回朱祁镇。但也先也不是省油的灯，眼看计划周详，他却突然察觉，慌忙挟持朱祁镇撤退。

但在经过了多次战败后，也先的局面也大坏。不但在战场上找不回便宜，其部落内部更冲突不断，和鞑靼傀儡可汗脱脱不花，更是最终翻脸。内外交困下，也先终于顺水推舟，于景泰元年（1450）秋天，趁明朝派杨善出使的机会，爽快放回了烫手山芋明英宗。论个中缘由，郭登战场上的功业，同样是重要因素。

郭登有功，明代宗朱祁钰待郭登也不薄，镇守大同的太监陈公素与郭登不和，朱祁钰闻讯后随即撤换陈公，郭登的"领导"——大同巡抚沈固也常与郭登"不睦"，朱祁钰得知后，立刻命郭登的好友年富代替沈固担任大同巡抚。如此倾力支持，郭登当然感恩图报，尽心竭力操持边防。景泰二年（1451），劳苦功高的郭登申请退休，朱祁钰却舍不得，反将郭登官升一级，以"五军都督府左都督"的身份负责操练禁军。是年二月，郭登离开了他苦心经营数年的大同边镇。彼时大同，拥有"步骑车兵十万八千二百三十一人"，其中精锐骑兵一万五千人，可称明军"九边"的精锐翘楚。而此后终明一世，这支郭登亲手缔造的精锐部队，更有一个响亮的称呼——大同精骑。

起起落落真唏嘘

郭登的人生命运，是在景泰八年（1457）再次发生了转折。

景泰八年（1457）正月十六日夜，明代宗朱祁钰病重。太监曹吉祥、武清伯石亨、左副都御史徐有贞三人趁机发动政变，拥立被囚禁八年的"太上皇"朱祁镇登基，次年改元天顺，史称"夺门之变"。"复辟"了自然要"秋后算账"，北京保卫战的顶梁柱于谦以及朱祁钰的宠臣王文被杀害；陈循、江渊等朱祁钰时代的重臣纷纷遭贬斥。这场大清洗风暴，郭登也未能幸免。虽然他在"复辟"后连续上了八个条陈向朱祁镇表忠心，但当年两次拒绝朱祁镇开关请求的"梁子"却终未解开。郭登先被调往南京任职，天顺二年（1459）二月，被夺去伯爵头衔，调往甘肃"戴罪立功"。朱祁镇还是不解气，亲写诏书申斥道："原大同总兵郭登屡拒朕于城外，欺君之罪不可不究。"

但郭登任劳任怨，在甘肃任上兢兢业业，训练士卒整顿边防。十年后，成化四年（1468），苦于明王朝外患严重，明军战斗力低下的成化皇帝朱见深终于想起了这位功勋卓著的老将，下旨提升郭登为十二营团提督，负责禁军训练。四年后，这位功勋卓著的老帅在京城病逝，朱见深追封他为侯爵，谥号"忠武"。这个称号，足够涵盖他不平凡的一生。

贰臣们的表演舞台

如果用一个词来形容从正统十四年（1449）至景泰八年（1457）的明朝政局，那就是"戏剧性"。

哪怕是最妙笔生花的编剧，都难以勾勒这八年里，明朝政治军事的诸多奇特剧情：明英宗朱祁镇土木堡惨败，败得很戏剧性；接着北京保卫战胜利，又被平安放回来，同样很戏剧性；之后朱祁镇命运悲惨，虽然有太上皇的名分，却被弟弟景泰帝朱祁钰软禁，过上了高级囚徒的生活，眼看着一辈子没指望了，谁知景泰八年（1457）又神奇逆转；趁着景泰帝病重，在曹吉祥、徐有贞、石亨三人的拥立下，发动夺门之变，神奇重登皇位，同样极具戏剧性。

这戏剧性的八年里，大明王朝功业颇多，能臣颇多，内部争斗颇多，掌故颇多。然而除了名垂青史的于谦，令人一声叹息的两位帝王兄弟外，同样值得后人追思的，却还有摇摆于其间的各路巨子。诸多大臣们演绎出的"贰臣"活剧，在这八年戏剧性的剧情中，同样十分热闹。

还是让我们从土木堡惨案发生后开始，把大明官场的芸芸众生相，仔细地梳理一下。

惨案过后打架忙

明正统十四年（1449）八月十五日，令明朝上下蒙受奇耻大辱的土木堡之战结束。几十万大军全军覆没，这个晴天霹雳，也激起了大明朝政坛的波涛汹涌。

惨祸面前，明王朝的反应还算迅速。朝臣们哭成一团，监国的郕王朱祁钰，起初也吓得目光呆滞。后宫也全乱了套，等到明英宗被俘的消息传来，皇后钱氏二话不说，搜罗了三车珠宝财物送往瓦剌赎人。也先欣然收下，至于"人质"，当然不放。

大家在慌的时候，有些人却开始打自己的算盘：在土木堡战死的朱勇之子朱凯、张辅之子张良，纷纷忙着往南京"转移财产"；各大臣虽然留守，却也多把子女送离京师；京城大小商铺富户也慌忙"搬家"。单是雇车轿的费用，在八月十六至八月十八这三天便"增四倍"。大家争先恐后，都忙着卷包袱逃命。

随着危机的加剧，大明朝堂之上，围绕三件大事也展开了纷争：一是"战"还是"迁"，二是谁为惨败负责，三是谁做皇帝。八月十八日，孙太后压阵，监国朱祁钰主持召开"御前会议"，商讨对策。会议开始后，史载"众皆号啕"，震天的哭声继续响彻在朝堂之上。侍讲学士徐程首先发言，声称自己"夜观天象，认定京城必然不保"，随即提出了"南迁"之议，此言既出，满朝皆惊。朱祁钰向其他大臣问计，王直、陈循、王文等重臣们皆"缄口不言"。都督张轨却表忠心，自告奋勇愿"护送太子及后宫家眷南下"，等于是认同了"南迁"之议。直到这时，一直冷眼旁观的于谦终于忍不住，掷地有声地喊了一句："建议南迁者，该杀。"接着侃侃而谈，以北宋灭亡为"反面教材"，痛陈"南迁"是亡国之论。慷慨陈词下，时任东宫"展书官"的商辂也表明立场，支持于谦的看法。也终激起了朱祁钰的血性，令他频频点头。见领导"表态"了，众大臣们才群起而动，纷纷怒斥"南迁"乃卖国之论。终于有了"群情激昂，齐心抗战"的样子。灰头土脸的徐程当场就被呵斥赶出朝堂。屋漏偏逢连夜雨，徐程路遇好友江渊，得知事情来龙去脉的江渊先好言安慰了徐程一番，继而进宫面见朱祁钰，在朱祁钰面前将徐程骂得狗血淋头。而就在土木堡兵败消息刚传来时，江渊还正慌忙地把儿女送往南京。

无论怎样，团结抗战的"大调子"定了下来。八月十九日开始，于谦陆续将山东、辽东、浙江、河南等地部队调往京城驻守，尤其是赦免了阳和兵败中逃回的石亨协助自己守卫，调来了善操练火器的辽东都指挥使范广接掌神机营，这两个人在之后的北京保卫战里发挥了重要作用。而四天以后，第二件事又浮出水面——秋后算账。

八月二十三日朝会，都察院右都御史陈溢突然发难，要求将土木堡之败的罪魁祸首——王振余党绳之以法。要求"杀其同党，灭其全族"。一番慷慨陈词引得群臣情绪激动，纷纷附和。朱祁钰犹豫再三，只能回答说"再议"——他不能不这么回答，王振随英宗北征时，带去的多是大臣里的"同党"，留守的多是"政敌"。可深宫内大小太监盘根错节，东厂锦衣卫尽是王振的"徒子徒孙"。朱祁钰身为"监国"根基不稳，怎好轻易"清查"？见朱祁钰含糊其词，大臣们更怒。锦衣卫指挥使马顺当场呵斥群臣，户科给事中王竑冲出来揪住马顺暴揍，群臣纷纷拥上群殴，竟将马顺当场殴死。至此局面彻底失控，大臣们又揪出了马顺余党毛贵和王长随，同样殴死。接着又逮捕了王振的侄子锦衣卫指挥使王山，一切都在"监国"朱祁钰的眼皮底下进行。毫无执政经验的朱祁钰惊慌失措企图逃跑，关键时刻于谦一把扯住朱祁钰，要朱祁钰顺从"民意"，宣布王振罪状。朱祁钰"顺水推舟"，宣布今日朝会大臣无罪，并随即清查王振余党，然后就是清查行动，王振全家被满门抄斩，党羽纷纷落网，可谓大快人心。

在"大快人心"中，却忽略了这次朝会的另一个细节。当王竑愤怒地冲上去殴打马顺时，群臣里跟着跳出来的，是都察院左都御史王文。他跟着对马顺拳打脚踢，带动群臣将之殴死。俨然一个"锄奸英雄"。然而，他恰恰是王振的"党羽"。王文，子千之，河北束鹿人。史载他"面目严冷，然中实柔媚"。王振"专权"的时候，王文对王振很"柔媚"。王振弹劾杨士奇，整治杨溥，皆是当时身为御史的他做"急先锋"。薛宣下狱，也是他罗织罪名。弹劾王振的陈溢，在正统年间被王振陷害，撤掉了陕西巡抚的职务，王振派去接替陈溢的人，还是王文。正统年间，他与徐希堪称王振的"左膀右臂"。"左膀"徐希已惨死在土木堡，"右臂"王文却反戈一击，带头"慷慨激昂"查余党。之后王振之侄王山定罪，也是王文参审，定出十三条大罪，亲手把王振全家满门抄斩。但他确实有能力，史载他镇守陕西时"镇静不扰"。又曾主持宁夏防务，在之后的北京保卫战里，也成为于谦的得力助手。另有一位太监，也同属"王振余党"，却走了朱祁钰亲信宦官金英的门路，最后被命"戴罪立功"，在北京保卫战中出力颇多，之后他被朱祁钰重用，节制禁军"团营"，他就是后来"夺门之变"的主谋之一——曹吉祥。

整防务，清余党，大明王朝的备战工作有条不紊地进行着，却还有一个大麻烦在面前——朱祁镇怎么办？瓦剌挟持朱祁镇四处侵扰，更大肆向明朝勒索，解决的办法只有一个——另立新君。八月二十八日，王文首先上书，要求朱祁钰即位。接着得到了主持防务的兵部尚书于谦的支持，于谦表白说"臣等诚忧国家，非为私计"。这是于谦的想法，但群臣想法不一，户部侍郎陈循、刑部侍郎江渊、刑部尚书俞士悦、内阁大学士萧鎡纷纷支持。但曾支持于谦主战的商辂、户部尚书金濂、曾建议南迁的徐程、太常寺卿许彬、都督都纷纷反对。而德高望重的吏部尚书王直、礼部尚书胡濙、右都御史王翱，则建议由朱祁镇之子朱见深即位，孙太后"垂帘听政"，于谦等大臣辅政。内阁大学士高谷则说"此事非臣等可言"，拒绝发表看法。这其中，商辂是太子朱见深的"展书官"，徐程是"东宫侍讲"，胡濙深受朱瞻基"托孤辅政"重任。至于陈循、江渊，均是在正统朝"不得志"的官员，俞士悦与于谦交好。大部分人，其实都是"为私利"。三方争执之下，由于负责京城防务的于谦坚决站在朱祁钰一边，最终朱祁钰的即位"顺理成章"，次年改元景泰。"站对了队"的陈循、江渊、王文三人顺利入阁。成为朱祁钰的亲信。商辂虽"站错了队"，但他是明朝历史上唯一一个"连中三元"奇迹的创造者，名声在外，又有于谦、高谷等重臣支持，官位也节节高升。次年也成为内阁大学士。当然，为了"政治平衡"，朱祁钰将哥哥朱祁镇的儿子朱见深立为太子，遥尊朱祁镇为"太上皇"。大明上下，从而顺利完成了这次"权力交接"。九月六日，朱祁钰正式登基。一个月以后，明军在"北京保卫战"里重创瓦剌。风雨飘摇的国家转危为安，次年改元景泰。至此，火线登基的朱祁钰，终于凭北京保卫战树立的崇高威望，坐稳了本不属于他的龙位。

烫手山芋太上皇

说起景泰帝朱祁钰在位近八年的"景泰朝"，今人津津乐道的无外乎如下几件事：早期的迎还英宗问题，中期的太子废立问题，晚期的太子复立问题。其实，这位皇帝在任期间的"善举"颇多，比如厉行节俭，减免宫廷开支，禁止各类"采办"业务，多次减免山东、河南、湖北、江西诸省税粮，启用于谦改造"三大营"，建立"团营"，提升禁军战斗力。尤其重要的是，他启用徐有贞治理沙湾黄河决口，根治山东水患，又下诏天下巡抚署理各省农桑事务，倾力发展生产，启用王翱担任两广总督，平定当地叛乱。以上种种，确实令经历了土木堡惨案损失惨重的大明王朝，得到了很好的"休养生息"。《明史》赞他"笃良任能励精政治，再造之绩良云伟矣"，至为公道。

但与《明史》称赞相对应的，却是他被历代史家所诟病的"污点"——对待"太上皇"朱祁镇的刻薄。先是瓦剌在战败后屡次主动要求送还朱祁镇，朱祁钰皆反应冷淡。朝臣们要求速派使节去和瓦剌交涉送还朱祁镇问题，皆被朱祁钰以种种理由搪塞。直到于谦说出"今天位已定"后，朱祁钰才转怒为喜，连尸说"从汝，从汝"。但接连派了户部侍郎李实和右都御史杨善两批使者，对是否迎还明英宗问题却模棱两可。最后还是杨善变卖家产凑齐礼物，又凭借巧言打动也先，加上瓦剌接连被郭登打败，急于同明朝修好，这才成功将朱祁镇带回。朱祁镇甫一到京，礼科给事中李侃建议"厚礼迎接"，却遭朱祁钰呵斥。最后只以一顶小车，将朱祁镇接进南宫软禁。此后更在南宫广布眼线，百般监视。而另一方面，为彻底断绝"后患"，朱祁钰从朱祁镇回来后就开始谋划，怎样废去原太子——朱祁镇的儿子朱见深，改立自己的儿子朱见济为皇储。

出乎朱祁钰意料的是，反对易储的声音非常大。朱祁镇的母亲孙太后自然不同意，朱祁钰自己的贴身太监金英也反对。朱祁钰曾暗示金英，七月初二是太子生日（其实是他自己儿子朱见济的生日），金英却不紧不慢硬顶说，十一月初二才是太子（朱见深）生日。一下子让朱祁钰"默然无语"，甚至连朱祁钰的皇后汪氏也反对。被朱祁钰视作亲信的王文、江渊、陈循诸人也都模棱两可不敢表态，商辂和于谦都坚持"国本不可动摇"。朱祁钰无奈竟想出了"行贿"法，赐内阁各位学士每人黄金五十两，白银一百两。众人果然不好反对，可兹事体大，就在这个时候，一个"帮闲"的人却帮了朱祁钰的忙——广西寻州守备黄蛇杀害兄长被人告发，为免罪责，他竟上奏折到中央，提出要"易储"，喜得朱祁钰大叫："万里之外有此忠臣。"立刻命内阁商议，"拿人手短"的内阁自然默许了。景泰三年（1452）五月，太子朱见深被废，朱祁钰之子朱见济被立为太子，朱祁钰的皇后汪氏被废，朱见济之母杭氏被立为皇后。两个月后，朱祁钰又向"太上皇"朱祁镇动手，以朱祁镇赠太监阮浪金刀为由，企图坐实朱祁镇的"谋逆"罪。幸亏大学士商辂力劝，最后只杀了朱祁镇的亲近太监阮浪、王尧了事。但对于朱祁钰的帝位稳固来说，如今一切都很顺利。

但意外偏偏发生了。次年十一月太子朱见济病死，偏偏景泰帝又无其他儿子，这下本对朱祁钰废黜太子不满的大臣们哗然。复储之议大起，起先大臣们只是私下议论纷纷，引得朱祁钰不满。为彻底断了大臣们的"念想"，原本勤于朝政的朱祁钰开始沉溺于美色中，企图尽快生出儿子来。谁料"心急吃不得热豆腐"，儿子没生出来，朝臣们却沸反盈天。忠于朱祁钰的内阁大学士王文又出"馊主意"，建议朱祁钰选外省藩王做"继承人"。消息一出更引得群臣私下里议论纷纷，一股"换太子"的暗流日渐汹涌。景泰五年五月，御史钟同上奏折要求重立太子，朱祁钰强忍愤怒，将奏章分发给群臣，意图试探众人态度，怎料一石激起千层浪，礼部郎中章纶立刻上奏，不但同意钟同的奏议，更赞扬朱祁镇为"天下之君父"，督促朱祁钰要"以上皇之礼待之"，不但应该立朱祁镇之子为太子，更要在每年初一、十五，"率文武百官朝见太上皇"，这样才"合乎伦常之道"。此疏一上，不少大臣纷纷附议，但对于朱祁钰来说，这无疑是"打脸"，果然激起雷霆之怒，当场下令将钟同、章纶二人下诏狱，凡"附议"的大臣，一律处以廷杖。五月二十一日，朱祁钰在朝堂上行"廷杖"之刑，共有二十七名官员遭责打，但多是郎中、主事等小官，朝中大员们并未参与。而章纶、钟同二人却在牢中受尽严刑拷打，被逼迫说"主谋"，二人却宁折不弯。其实论"主谋"却也简单，章纶的座师是礼部尚书王直，钟同的座师是大学士商辂。与之牵连的，更有诸多位高权重的大臣。最终的结果，是章纶被活活打死在诏狱，钟同则长期被关押，直到朱祁镇"复辟"后才得以释放。次年七月，刑科给事中徐正上疏，建议将太上皇朱祁镇和沂王朱见深一同迁往封地沂州。考虑到兹事体大，朱祁钰并未采纳，反斥徐正"妄议国事，其心可诛"，将其贬官到辽东铁岭。恩威并施下，先前"气势汹汹"的复储之议总算平静下来。整个过程里，商辂、王直、于谦等重臣并未表态，"表明立场"的有王文、陈循、萧滋三位大学士，特别是萧滋一句"先废再重立，国本岂是儿戏"，正中朱祁钰下怀。此后，朱祁钰广纳美妃，沉于美色中，意图抓紧时间"培养下一代"，而一场复辟的暗流，却在渐渐地滋生。

夺门之变，小人赌博

说暗流，不得不提起一位"贰臣"——徐有贞。"土木之变"后他因主张迁都，遭于谦呵斥并受尽群臣嘲笑。后又反对朱祁钰即位，彻底在新君的心头"挂了号"。此后历经数年不得升迁，甚至求于谦说情也没用。无奈之下不得不将自己的名字从"徐珵"改名为"徐有贞"，果然从此官运亨通。景泰三年（1452）升为都察院右副都御史，次年又升为左副都御史。之后他上下串联，最终趁朱祁钰病危，制造了迎接朱祁镇复辟的"夺门之变"，其后害死于谦，把持朝政，排斥异己。几百年来，早被看作与秦桧"齐名"的奸臣。

但真实的过程却不是这么简单，虽说提出迁都，但北京保卫战时，他以监察御史身份去彰德募兵，兢兢业业出力颇多，并非今人想象的"投降派"。景泰三年他之所以时来运转，一是大学士高谷的推荐，二是不用不行。此时山东、河南一带黄河频频泛滥，不但祸害无数，更阻断了京杭大运河。彼时明廷，唯有徐有贞是最杰出的治水人才。而他也抓住了这个机会，独创地提出了"分流运河法"，开挖广济渠，整治山东张秋河水患，恩泽当地百年，也换得官位节节高升。但左副都御使的官于他却是"到头了"。毕竟内阁有王文等人，都是朱祁钰的"拥立功臣"，"入阁拜相"自然没有他的份儿。但他之所以介入这场阴谋，却完全因为另外几个人的邀请：武清侯石亨、团营都督、太常寺少卿许彬、大内御马监总管曹吉祥。

先说石亨，后人之所以说他参与"复辟"并害死于谦，起因是他保举于谦儿子于冕为官反被呵斥，因此怀恨于谦并图谋报复。但真实的情况是，石亨身为团营提督，不但作战骁勇，贪污也同样"骁勇"。提督团营后，仅北京周边地区，被他以个人名义侵占的"军屯"就有近千顷，而且他的侄子石彪后来也接替郭登镇守大同，可谓内外勾连盘根错节。而石亨也显然比于谦"会来事儿"，史书上评价"任用贤能"的朱祁钰，对他的信任甚至超过于谦。景泰八年正月朱祁钰病重，派去代他祭天的大臣正是石亨。后来夺门之变发生后，朱祁钰的第一反应竟是"于谦造反了"？丝毫没有怀疑这位骄兵悍将。但即使如此，素来刚直不阿的于谦依然不屈不挠。身为兵部尚书，八年来他一直为整顿军屯，提升明军战斗力而呕心沥血。景泰二年，于谦奏请派都察院文臣督管宣府、大同、蓟州三地军屯复耕。景泰三年，于谦提出"核丁法"，即每年两次由兵部和都察院联合核查团营人数，防止军官"吃空额"。景泰五年，于谦更奏请清丈"九边"田亩土地，严查贪占行为。景泰七年，于谦命兵部武库司设立"准样图"，明朝武器的制造和发放有了"标准管理"。其间，于谦还查办了大批违法军官，多为石亨亲信。利益，才是这对北京保卫战的"老战友"最终反目的根本原因。至于御马监总管曹吉祥，他本就是王振的党羽，王振一手遮天的时候对他极为信任，甚至多次对他说"他日吾之子侄赖你照应"，可谓早内定好的"接班人"。朱祁钰时代他屹立不倒，又兼提督团营，却受到兵部尚书于谦的节制，而朱祁钰对他的信任也是"有限"的。寄望于太上皇复位来改变命运，自然成了他的选择。

张轨和许彬的情况则略有不同。张轨是英国公张辅的弟弟，世袭的爵位，土木堡之变后附议徐有贞迁都。朱祁钰登基后又和石亨一起掌团营，和两人都有"共同语言"。与石亨同流合污的他，自然与于谦不共戴天。许彬的情形则具有戏剧性。杨善成功接回朱祁钰时，他掌明朝"四夷院"，负责"外交工作"。朱祁镇回到土木堡时，他曾前去迎接，并在土木堡作祭文祭奠死亡将士，更为朱祁镇和王振借机开脱，深令朱祁镇感动，却更叫朱祁钰恼火。这位永乐十三年（1415）即中进士的老臣此后得不到升迁。但他虽对朱祁钰不满，却老谋深算，石亨拉他"入伙"时，他表示"精神上支持"，却推荐了徐有贞加入。于是，一拍即合。其中起到关键作用的还是徐有贞，他制订了一个完善的计划：趁朱祁钰病重时，先借助边关警报，让都督率精兵进大内，再接出朱祁镇，清晨在奉天殿登基。步步连环，计划周密。

天顺八年（1457）正月，朱祁钰患重病。正月十四朝会上，礼科给事中刘钦重提"复立太子"一事。见朱祁钰日渐病危，众大臣也纷纷进言。与上一次重臣皆沉默不同，这次王文、陈循、江渊等朱祁钰的心腹，同商辂、于谦等力主复立朱见深的大臣吵得面红耳赤。最后朱祁钰拖着病体艰难"定调子"——所请不允！再次压下了"复太子"的声音，也是最后一次。之后两日，朱祁钰因病体加重而"免朝"，但大臣们的奏章依然如雪片般送来。十六日夜，内阁大学士商辂、兵部尚书于谦、礼部尚书胡滢三人秘议，由商辂起草了联名要求"复立朱见深"的奏疏，准备在次日早朝时再做据理力争。这场持续多日的争吵牵引了朝堂上下的目光，而在目光的暗处，复辟的阴谋也在悄然进行。石亨秘密觐见孙太后，取得了孙太后的"懿旨"，而徐有贞也和幽禁南宫的朱祁镇"取得联系"。十六日夜，众人提兵入大内，先进南宫接出朱祁镇，再趁大内毫无防备的情况下轻松进入奉天殿。在朱祁钰的眼皮底下，次日清晨朱祁镇赫然"复辟"成功。病入膏肓的朱祁钰，在闻听朱祁镇即位的钟鼓声后，气息奄奄地说：好，好，好。一个月后，这位明代宗在深宫中溘然长逝，年仅三十岁。

朱祁镇复辟成功，次年改元天顺，这期间开始对"贰臣"们秋后算账。朱祁钰的"心腹"们，内阁大学士王文下狱，后被杀；内阁大学士陈循和江渊被充军铁岭；萧滋和俞士悦被罢官回乡；这几位都是当年支持朱祁钰即位的"干将"。于谦的爱将、团营副将范广因之前多次协助于谦整顿军队里的"腐败问题"，得罪了石亨，被诬陷下狱，后遭杀害。大同都督郭登被贬至甘肃。曾主张复立太子的胡滢留任，王直被罢官回乡，责成当地官员"看管"。上述重臣的结局，从他们在土木堡之变后的表现里就已注定。原职留任的是这些年间在"敏感问题"上一言不发的内阁大学士高谷以及吏部尚书王翱。"天下冤之"的却是于谦，和王文一道被认定"拥立外藩进京"，这对在"复太子"问题上意见不一的大臣，却因相同罪名双双受死。虽史家一直为朱祁镇开脱，将于谦被害说成是"奸臣蒙蔽"，但对照朱祁镇即使在相继除掉了徐有贞、石亨、曹吉祥等奸臣后依然未给于谦平反，足可见他真正的死因。

"同人不同命"的却是商辂，这位在朱祁钰时期多次挺身而出保护了"废太子"以及朱祁镇本人的忠臣，却因为不肯在起草朱祁镇登基诏书时"秉承上意"，被朱祁镇一怒之下革职回乡。被称为"好人"的朱祁镇，胸襟之狭隘可见一般。

复辟英宗建树多

说到朱祁镇在位时期的天顺朝，尽管杀害于谦的行为"不光彩"，之后石亨和曹吉祥闹出的"曹石之乱"也引起了动荡。但对于朱祁镇在位最后八年的政绩，《明史》等相关史料评价素来颇高。一则是朱祁镇首创了"国家养老制度"，颁布了"优老之礼"，规定六十岁以上老人免除徭役，七十岁以上老人国家每年赐予"补贴"。二则是他临终前废黜了中国封建社会延行数千年的"殉葬制度"，可谓善莫大焉。所以明史评价说，英宗承仁宣之业，海内富庶，朝野清晏。那么事实呢？

朱祁镇在位的最后八年，确实做了许多"善举"。和朱祁钰一样，多次减免受灾省份税赋，并及时赈济。坚持"为政以宽"，但"宽"的结果，却是西南地区民族矛盾激化，中原地区土地兼并加剧，流民数量激增。天顺元年陕西王斌起义，天顺三年四川松潘起义，天顺五年贵州李天保起义，天顺七年广西瑶民起义。而在他去世的天顺八年，广西断藤峡起义和荆襄流民大起义先后爆发，持续数年给明王朝以沉重打击。对外方面，瓦剌日渐势弱，鞑靼日益势强，并多次攻略明朝边关。天顺五年，鞑靼孛来部以"入贡"为名骗过朱祁镇，趁机窃据河套这一明王朝的边境战略要地，酿成了之后困扰明王朝一百多年的"套寇"之祸。内忧外患的局面，正是在朱祁镇在位的最后八年里加剧。

天顺八年正月初二，朱祁镇身体不适，命太子朱见深在文华殿"监国"，十五天后，这位富有传奇色彩的皇帝与世长辞，谥号"英宗"。就在同月，广西大藤峡起义已然爆发，荆襄流民也相继爆发小规模骚乱。这一切，都留给了他的儿子——成化皇帝朱见深承受。

荆襄，大明王朝的肚腹之痛

在位二十三年的朱见深，一生的功过评价，从来都充满争议。

后世史家说他昏庸的，一直都不算少。最重要的原因，是他开了明朝皇帝"不上朝"的先例：他之前的历代明朝皇帝，执政虽有功过，但上朝总算勤快。到了他在位的时候，干脆歇班放羊：从登基后的第六年开始，就基本很少上朝，国家大事也越发甩手不管，日常最大的爱好，竟然是炼丹修道，追求长生。

而且就"八卦"来说，这位皇帝也格外多：论"家庭生活"，朱见深宠爱比他年长十九岁的贵妃万贞儿，放任万贞儿把持后宫，逼众多妃子堕胎，间接造成了他的儿子朱祐樘的艰辛童年。论"业余爱好"，朱见深酷爱修道炼丹，甚至在后期一度不理国事，他所宠爱的"传奉官"们，尽是些装神弄鬼的巫师神汉，不但诓骗国家钱财，更借他旗号横行霸道。论"选贤任能"，他宠信宦官，开设西厂，制造冤案，心腹太监汪直被后人骂作"明朝四大祸国权阉之一"。

但就是这样一个看似怠工的皇帝，却也有很多好品质：一是关心民生，他在位的二十三年，是明王朝开仓赈济极其频繁的时期。二是脾气好，不管朝臣怎样攻击，基本都不会动怒，对待言官也从来宽容，什么样的建议都认真听，虽然也极少照办。他执政的时期，是明王朝一个著名的人才荟萃时代，文臣中如"三元宰相"商辂，武将中的能臣王越，个个都是独当一面的干才。后世对这个时代有个通用评价：臣奋于下。也就是说诸多能臣云集在他的身边，缔造了不少业绩。

而就工作成绩而言，这位帝王初登基时，也极其勤政。除了为夺门之变中的于谦平反，叔父景泰帝也是在他执政时期恢复了名誉。而对比于这些，他更亲手解决了一个自明朝前期开始，就越发头疼的问题：荆襄流民问题。

荆襄流民成麻烦

说起荆襄流民问题，得从成化皇帝登基第一个月就遇到的一场大乱说起：荆襄流民之乱。

这事说起来，也是他父亲在位时候的遗留问题。从天顺年间就开始闹，到朱见深登基后，更闹出了大阵仗：天顺八年（1464）三月初五在湖北房县正式爆发了明王朝立国以来规模最大的流民起义，参与人数多达五万多人，并以白莲教为"精神旗帜"，建立"汉王政权"，改年号为"德胜"。动乱闹大了。

说动乱的起因，得先介绍下这个荆襄地区：明朝荆襄地区，北抵陕西秦岭，南邻四川大巴山，东及山东熊耳山，中有湖北武当山。包括湖广荆州府、襄阳府、德安府、黄州府，四川夔州府所属之巫山、大宁（今重庆巫溪县）、大昌（今重庆巫山县大昌镇）等县，陕西西安府所属之蓝田县、洛南县、商县，汉中府之汉阴、紫阳、洵阳（今旬阳）、平利等县，河南南阳府、汝州府、汝宁府南部、河南府西南部的卢氏县、嵩县、永宁县（今洛宁县），为川、楚、陕、豫四省交界地带，素来人少地广，地势险要，丘陵水脉纵横。

元末农民大起义时期，这一带即是陈友谅的"根据地"。后来明王朝建国后，陈友谅的余部盘踞在此，反抗明王朝统治的战争竟长达十年之久。直到明洪武九年（1376），明朝卫国公邓愈统兵进剿，将当地作乱势力彻底平定，方才恢复了平静。次年，朱元璋下诏，"空其地，禁流民不得入"，将这片肥沃的乐土，变成大明王朝中部的"无人区"。

明朝之所以这样做，主要是为了避免动乱。但随着明朝土地兼并越发厉害，这个无人区，反而成了动乱的火药桶。在宣德年间，流民问题已经比较严重。为缓和矛盾，明宣宗朱瞻基曾于宣德二年（1427）、宣德五年（1430）两次下诏，开放荆襄地区的部分山林湖泊，允许流民前去耕种。此举虽一时缓解了社会矛盾，却也令各地流民向荆襄地区的迁移大大加剧。到明王朝正统年间，荆襄地区流民数量已大大激增，比如时任山西巡抚的于谦就曾奏报"山东、山西、陕西就食河南者逾二十万"。直隶巡按彭昂奏报安徽地区"所见逃民，动以万计，扶老携幼，风栖露宿，询其所自，皆真定、保定、山东诸处之民"。

而在明英宗朱祁镇的第二个执政时期，即天顺年间时，流民问题变得更加突出，当地不但聚集大批流民，而且还画地为牢，好些人还自觉聚拢，拥有武装。为解决流民问题，明英宗朱祁镇采取了强硬措施，设立"逃户周册"，并严令全国各府州县严厉勘察缉拿，皆收效甚微。依当时文献记录："流民之入山者，北则取道西安、凤翔，东则取道齐州、郧阳，西南则取道重庆、夔府、宜昌，扶

· 荆襄，大明王朝的肚腹之痛 ·

老携幼，千百为群，到处络绎不绝。"至天顺朝末期，荆襄地区的流民数量已达一百五十万人，依明朝兵部尚书项忠所言："荆襄地连数省，川陵延蔓，环数千里，山深地广，易为屯聚。如若坐视，必为大患。"明王朝当然不会"坐视"，天顺八年（1464）正月，深感无力解决问题的朱祁镇设湖广参议一职，意图加强对荆襄地区流民的监控，怎知适得其反，新任湖广参议刘子钟下了严令，命令当地流民必须限期返回原籍，一下引发众怒，次年三月，流民首领刘通、石龙在湖北房县聚众起兵，自号汉王，建年号德胜，拉开了轰轰烈烈的荆襄流民大起义的序幕。

而这场起义之所以发生，论原因，却更和一个宗教组织有关：白莲教。

这场起义的首领刘通，不但武艺过人，号称"刘千斤"，还有另一个身份——白莲教教徒。史载他"正统中惑于妖言，潜往襄阳、房县，与妖僧允天峰谋乱"。所谓"妖僧"允天锋，其实是白莲教教徒。在结识了允天锋后，刘通即加入白莲教，且按照白莲教的"组织程序"整顿队伍，四处传教。荆襄地区流民云集，也有诸多逃犯等"危险分子"，自然为白莲教的传播提供了广阔的土壤。而作为政府的明王朝，在这块无人区长期没有派遣官吏负责，相互交界的湖北、河南、四川、陕西各省官员大多相互推诿，睁一只眼闭一只眼的结果，就是白莲教势力在湖广地区的疯狂传播。而当年败于朱元璋之手的元末农民起义领袖陈友谅，也被白莲教拿来做了"旗帜"。刘通起兵后，自称"汉王"，以房县梅西寺为宫殿，年号德胜，皆是借助了当年"汉王"陈友谅的影响力。果然振臂一呼，"从者四万人"。其下设将军、元帅、国师、总兵等官，可谓分工明确，谋划周详。

叛乱爆发后，刘通"起势"很猛。在房县建立政权，在豆沙河等地的大山中，设立七个军屯，且耕且战，向明王朝的周边府县发起攻击。朱见深在接到奏报后，重重地"唉"了一声，然后迅速做出反应，命时任兵部尚书的李复全权统筹战事，命工部尚书白圭提督军务，会同湖广巡抚王俭、荆襄都御使王恕、湖广总兵李震，合兵征剿荆襄流民。为解决军费问题，更采纳户部郎中王育的建议，号召全国官员向朝廷"捐献"。凡之前罢职官员，捐献米粮一百五十石的，可官复原职；国子监监生捐献米粮二百石的，可不经科举由吏部授官；候补官员捐献米粮三百石的，即可立刻安排官职。在明王朝两线作战（还有大藤峡叛乱）的情况下筹足了军费。

成化元年十二月，明朝"征剿"大军抵达湖广前线。湖广总兵李震亲率所部官兵长驱直入，直捣义军的"首都"房县，一路节节胜利，孰料这是义军有意设伏。在房县以东十五里的梅溪，李震所部一万明军遭到刘通的合围，苦战三昼夜，明军惨遭全歼，仅军官死者就有三十八名，士兵伤亡更无法计算，史称"梯儿崖之战"。次年三月，提督白圭调集重兵，集中十三万大军，从南章、远安、房县、谷城四个方向反扑，且吸取李震的教训，四路大军齐头并进，互为掎角，很快突破了义军防线。刘通率部转战寿阳，被明军包围，血战两天后被俘牺牲。更让人发指的是，这一路义军中有五千多义军家属，多是老幼妇孺，皆被明军杀害。而其部将石龙率军转战四川，攻下巫山、大昌等地，杀夔州通判王侦，之后屠戮整个夔州城，饱掠后盘踞巫山地区。白圭采取分化瓦解战术，用高官厚禄引诱了石龙部将刘长子，经其配合攻入巫山，全歼石龙部义军，石龙以及义军家属六百人被处死。而最先叛变的刘长子，也在被处死的"逆贼"之列。战后，白圭向朝廷上书道：元恶既擒，余孽殆尽，境内宁谧，黎庶乐生。整个战斗过程，明军斩首数万人，但其中"老幼妇孺者十之四五"，官军所到之处捕获的"流民"，不是发回原籍为苦役，就是以"附逆"罪坐牢，更有不少军官，将这些"俘虏"们"私卖势家大户为奴"。战后，明朝在暴乱的发生地房县设千户所，屯兵驻守。在周边州县也设立同知、巡检司等各类机构，驻守重兵。平乱大战，至此似乎大功告成。

但还是时任右副都御使的王恕看得远，归京后立刻上奏朱见深，声言"根源未除"。依王恕之见，荆襄地区多山林草泽，须大规模移兵屯垦，驻守重兵，且在周围修筑防御工事，方可收长治久安之效。台湾历史学家严耕望讽刺这种建议是"当兵的去防老百姓，开天辟地头一回"，况且此时明王朝已是歌舞升平。成化三年七月，朱见深在京城大行"表彰"。平乱"总指挥"白圭加封太子太保，抚宁伯朱永加封抚宁侯，之前打了败仗的李震也加封右都督。居安思危的王恕，虽意见未被采纳，却也晋升为左都御史。但四年之后的十月，原刘通的部将李原、王洪在湖广南章起义，自号"太平王"。此次规模更大，史载"流民附贼者百万"。四年前王恕的担忧，而今不幸被言中。

天灾人祸流民乱

说到成化七年（1471）十月李原、王洪的起义，除了之前明王朝的"历史遗留问题"，却也有另一个催化剂：天灾。

根据史料记载，成化三年，山东旱灾。成化四年，陕西、山西、河北旱灾。成化五年，黄河决口，河南、淮北大水灾。成化六年，钱塘江决堤，江苏、浙江水灾，安徽、陕西、甘肃、四川旱灾，持续的自然灾害导致大量灾民纷纷逃荒，蜂拥至物产丰饶的荆襄地区。仅是成化六年，湖广参议林聪奏报，荆襄地区流民逾九十万。

就在这些年里，原刘通的部将李原，蛰伏在荆襄山区里，以传教为名联络部署，更和另一位刘通部将王洪取得了联系。成化六年入秋后，夏季刚经过旱灾的中原地区再遭劫难，关中地区爆发水灾，死者数十万记。大量的灾民再次成群逃亡荆襄地区，趁此"天赐良机"，李原、王洪等人再举义旗，自号"太平王"。与上次刘通且耕且战不同的是，荆襄流民这次以荆襄山区为基地，开始了流动的"游击战"。一时间声势浩大，沸反盈天。

要说这几年明王朝在安定荆襄方面什么都没做，却也"冤枉"。荆襄问题如何解决，中央到六部一直在争吵。已调任兵部尚书的白圭主张在中原地区严行"保甲法"，责成各省按察司清点本省人口，但有发现户口逃亡者，实行"责任连坐制"。户部尚书杨鼎主张移民河套地区，一面缓解内地土地矛盾，另一面也可充实边防，可谓一举两得。礼科给事中张宾主张减免各地赋税，以此减少农民逃税事件。各条见解皆头头是道，但具体实施起来，却牵涉到兵部、户部、刑部等各部门的协作问题，"部长"们又全都互相推诿，不肯担责。争吵几年，除依张宾建议屡次减免赋税外，明王朝基本"不作为"。

成华六年十月底，叛乱消息传至京城。已数年不上朝的朱见深焦急万分，破天荒地召集群臣商议，很"高效率"地做出决定，任都察院右都御史项忠为提督，总督河南、湖广、荆襄、山东、浙江各省共二十五万兵马南下"进剿"。为表信任，朱见深破例没有给项忠派遣"监军"，委任项忠全权负责，并允许项忠"便宜行事"。次年七月，项忠大军抵达襄阳。项忠先是放风说带来"百万大军"，接着派细作潜入荆襄山区，诱骗流民说朝廷将"招抚"，承诺朝廷将承认流民已耕种的土地。流民多是手无寸铁的贫苦农民，经此"忽悠"，纷纷扶老携幼走出山林。短短一月间，竟有四十万人向项忠投诚。接着项忠大军兵分八路"进剿"，在竹山与李原决战，李原兵败身死。王洪转战湖北均州，随即被项忠擒获后处死。比起几年前白圭"斩首数万"的战功，这次明军的战果有些"逊色"。先后斩首一千余人，阵亡八十三人。但招抚流民的数量惊人，足足有九十三万八千人。

战后，明朝却再次采取粗暴政策："招抚"的流民全部发配回原籍，甚至连当地早已取得"合法户口"的居民，也都统统没收财产后充军。之后几个月里，项忠共驱散当地流民一百五十万人，随即又作为"赏赐"，命属下军官们在荆襄山区圈占土地。惨烈过程，恰如兵科给事中梁景的奏疏中所写：纵兵驱逼，略无纪律，以致怨声震天，肝脑涂地，比之夷狄入侵，惨酷过之。

如此局面，流民问题依然难以解决：项忠"平乱"后不久，明王朝即在荆襄周边地区铸堡垒守卫，并赐予周边藩王以及驻军土地，试图以此杜绝流民涌入。然而事与愿违，仅仅一年之后，大批的流民即重新涌入，并与当地驻军发生血腥冲突。湖广当地官员叫苦说"入山就食，势不可当"。到成化十二年（1476），荆襄地区的流民数量竟又达到四十万人，且常与驻军和藩王械斗，流血事件时有发生。这段时间的地方官几乎"谈流色变"。然而就是这一年，一份看似不起眼的奏疏，却让明王朝找到了解决问题的办法。

上奏疏的人，就是成化朝"奋于下"的名臣——时任国子监祭酒的周洪谟。是年正月，周洪谟经实地详细调查，向明王朝上了《流民说》，提出流民问题"势不能禁"，"唯因势利导之"。建议在荆襄地区设立府县，承认当地流民的"合法户口"，并丈量土地、清点人口、编排户籍，用安抚政策解决流民问题。此疏一上，立刻引起轩然大波。内阁万安、商辂等人以"违背祖制"为由坚决反对，但六部的白圭、项忠等亲历过流民叛乱的官员却极力赞成。经过激烈讨论，朱见深终于表态支持此议。同年二月，朱见深派遣都御史原杰为钦差南下荆襄，设置郧阳府和湖广行都司，将荆襄地区所有流民登记入册，共十一万三千三百一十七户，四十四万八千八百四十四口。根据个人意愿或在原地入籍，或返回原籍。以河南吴州知府吴远为首任郧阳知府，并在全国"择能臣良吏就职荆襄"。经过一番安抚，动荡十多年的荆襄地区终现和平，四十万流民在当地合法落户。从此每年明王朝"财政收入"多出至少一万四千石税粮，原本的无人区，以超高的速度发展起来。荆襄，这个明王朝持续十多年的"肚腹之痛"，至此彻底根治，而中国湖北省在近现代的繁荣，实际上奠基于此。

河套风云录

蒙古草原再骤变

如果说荆襄的流民问题，令成化年间的大明王朝肚子疼，那么另一场战争，却一直让大明朝脑袋疼：河套争夺战。

说起这场战争，还得从蒙古草原局势的变化讲起。

一场土木堡惨祸，令明朝损失惨重。但作为战场对手的瓦剌，其实下场更惨：先是北京保卫战等一系列边境冲突，没占到便宜反而吃了亏。接着明英宗被放回后，景泰皇帝干脆中断了双方的贸易往来，也不再互派使者，关系降到冰点。

而更严重的后果是，这以后明朝的策反工作做得极好，与鞑靼可汗脱脱不花以及瓦剌阿剌知院间的关系，都走动得热乎。日久天长，作为蒙古实际首领的瓦剌"太师淮王"也先，也就和二人越发不对付。各种矛盾加剧，终于内讧爆发。也先还是一如既往勇猛，先打败了脱脱不花，并将其兄弟子侄全数杀死，部落人口也强行吞并。

这样一来，也先的声威如日中天，对"太师淮王"的称号也就不满意了。干脆于景泰三年（1452）自立为可汗，号称"大元田盛大可汗"，相当威猛。

但毁了他一辈子的恰是这件事：多年以来，蒙古草原虽然战争不断，但以"黄金家族"成员担任可汗，是各部落共同的规矩。坏了规矩的也先，一下就惹了公愤。外加他当了可汗后，心态飘飘然，傻事也干得多。不但沉迷酒色享乐，更常强制各部落迁移，治下的蒙古部落，一得罪就是一大片。如此一来，无论鞑靼还是瓦剌，好些部落首领都同仇敌忾：打他。

结果不到两年，内战风云再起。这次是阿剌知院和他火并，众叛亲离的也先，不但一战崩溃，其本人更被乱刀杀死。而得胜的阿剌知院还没高兴几天，又被鞑靼部落痛打，自己也被杀掉。

这样一通打完，先前威风无比的瓦剌部，也就彻底衰弱。各部落四分五裂，迁徙西北。蒙古草原，再次成了鞑靼部落的天下。

也正是这场持续的内乱，从景泰年间起，明朝边境一下太平了好多年。除了几次小打小闹的骚扰，基本没有大战争。

而等着鞑靼赶走了瓦剌后，草原的局面更乱了套。由于脱脱不花被杀，鞑靼部落群龙无首，各方势力你争我抢，依旧打得热闹。捎带把手，也多次劫掠边境，但基本都是抢完了就跑，大多小打小闹。

但到了明英宗复辟的天顺年间起，局面却骤然严峻起来：以往鞑靼的劫掠，之所以形不成大患，是因为他们居无定所，以游牧为生，每次骚扰行动，更都要跑远路。但是日久天长，鞑靼人在明朝的眼皮子底下，惊喜地发现了一块根据地：占住它，扎住脚，打劫就方便得多。

这块根据地，便是河套草原。

河套草原成跳板

河套草原，是指蒙古南部和宁夏东部贺兰山以东，狼山和大青山以南的黄河南岸地区。这里物产丰富，战略位置重要，自古以来，便是兵家必争之地。而在逐水草而居的蒙古部落眼中，这个水草肥美的地区，更是宝地。

但是这块宝地，自从明朝建立以后，却一直荒着。明初虽然夺取了河套地区，但既没在这里设卫所，更没有移民实边，一直以来，都只是块空地。结果到了天顺年间，终于被鞑靼人钻了空子。先是鞑靼阿罗出部进入河套，紧接着贝来、毛里孩各部落也来，一开始还只是冬天的时候来暂住，后来干脆常住不走，从此扎下根来。

这样一扎根，结果极严重：本来鞑靼人骚扰边关，需要长途奔袭，占了河套平原，就好比在别人家院墙外面打地铺，溜门撬锁乃至入室打劫，都变得方便容易。如此一来，自从天顺年间起，明朝的边关局势立刻紧张起来：以往只是隔几年，才会有大规模侵扰。这下是年年都有，甚至一年好多回。河套沿线的山西、陕西、宁夏、甘肃各省军民，无不大受其害。而这些鞑靼部落，也被明朝统称为"套寇"。这就是从明中期开始，明朝边防一直头疼的问题：套寇问题。

一个很明显的变化，便是河套被占后，鞑靼人的侵扰规模，从景泰八年

（1457）起，各路鞑靼部落几乎年年闹乱子，每次劫掠，规模都是数万人。更严重的后果是，明朝境内很多归附的蒙古人，也开始与之勾结，甚至发动叛乱。比较有名的，就是成化三年（1467）的满四之乱。当时屯兵陕西固原的明朝蒙古族军官满俊，纠集同族两万多军民发动叛乱。明朝动用五万多人，围攻三个月之久，才最终惨胜平叛。

河套问题越发严重，但一直以来，明朝除了集结重兵，修缮城池，加强防御，也没什么好办法。结果军费开支连年增加，边境防御却顾此失彼，毕竟漫长的边境线，再多的兵也守不过来，而且敌人扎根在眼皮底下，更是占有主动权。于是自从明宪宗朱见深登基后，边关的战事就越发严重。

明宪宗这个皇帝，虽然常被后世评价为懒惰，但骨子里面，却还怀有英雄梦。他性格里本身就有尚武的一面，还时常巡查禁军，考察士兵训练。连他最宠爱的万贵妃，也时常身着戎装，以讨取其欢心。因此眼看鞑靼人侵扰越凶，他也不再坐视不理，多次颁下严旨，让朝臣们拿出办法来。

而朝臣们对此的反应，却也基本一致：收复河套。

有关收复河套的奏议，自从明宪宗登基后，就一直没少，比较有名的是天顺八年（1465）十二月，延绥西路左参将都同知房能，首先倡议"搜套"，而且还拿出了三个办法：一是集中兵力，主动进攻，用优势兵力大面积搜捕，将河套的鞑靼部落全部剿灭。二是增加堡垒，加强防御。三是配备火器，发挥部队技术优势。这奏疏一上，连明宪宗也激动起来，忙发给兵部商议。

而作为明朝行政运转核心的内阁，对收复河套的主张，也是相当地积极：成化二年（1466）五月，当时作为百官之首的内阁大学士李贤，更上了一份奏折，积极支持房能的主张，要求集中优势兵力，发动一次大规模搜剿河套的行动，一劳永逸解决问题。

而且李贤上这份奏折，时机也选择得很巧：这时明朝刚刚平定了广西大藤峡叛乱，南征大军凯旋在即，趁热打铁收复河套，貌似正是最好的机会。好些官员也都跟着激动了，纷纷上奏折支持。言官们也没闲着，吏科给事中程万里的奏折，写得尤其慷慨激昂，他认为河套的鞑靼部落，驻扎非常分散，只要明朝集中优势兵力，各个击破，必然能取得大胜。而且程万里还特别强调，这个战术，正是唐朝名将李靖破突厥的打法。言下之意也明显：唐朝做得到，咱也做得到。

皇帝很激动，内阁大员很激动，百官很激动，但是具体执行军事行动的兵部，反应却极冷淡。

收复河套的动议提出后，兵部的大臣们，就找尽各种借口反对。当时的兵部尚书王复回复说：收复河套固然应该，但打仗不是闹着玩，必须得选拔得力将领。结果找来找去，找到了大同总兵杨信。这位杨信不是别人，正是土木堡之变时，镇守宣府的名将杨洪之子。按说将门虎子，该没有问题，但放在他身上，问题着实不小：此人虽然也打过不少仗，但拿得出手的战功，实在少得可怜，甚至还闹出过大笑话：一次押送军饷，听到号炮声响，误以为鞑靼人来了，慌忙拨马逃命。

推荐这样一个人，倒不是因为兵部不负责，实在是可选的将才太少。但无论怎样，经过周密准备后，杨信率领的两万搜套大军还是于四月出发了。这支大军里集中了大同、宣府、宁夏等地的精锐，更配备了精良火器。本来指望着一战定乾坤，谁知杨信带兵到了边境后，便坐看观望，只把部队四下分散驻防，能不打仗就不打仗，折腾一番以后，雷声大雨点小。

其实这也不能怪杨信没胆，收复河套的主张，从边防看确实正确。内阁大员以及言官们的详细计划，表面看也很靠谱，但以明朝当时的军事力量，执行难度却实在太大。

进入成化年间的明王朝，二地兼并越发激烈，军屯流失同样严重。明英宗时代起就有的这些问题，到了朱见深时代，反而更加严重。反映到军队战斗力上，情况更加糟糕。明宪宗时代的几次内乱，无论大藤峡之战，还是满四叛乱，甚至荆襄流民之乱，每次明王朝都大出精锐，战事却打得跌跌撞撞，败仗极多，都是抟尽全力，这才勉强惨胜。

而进入河套的鞑靼部落，更都是精锐的蒙古骑兵，天生全是战士，表面看人少，但个个能打仗。明军虽然人多，但是士兵空额大，战斗力低下，士气严重低落。这样的情况，也只有兵部的相关官员以及真正在前线打仗的将官们，才知道得最清楚，所以兵部谨慎、杨信胆小，真实原因还是对军事情况心知肚明。

第一次搜套草草收场后，明宪宗并不甘心，而对军事实情一知半解的大臣们，也更不甘心。那几年说起河套，朝堂上下，基本是喊打一片，群情激奋下，收复河套的行动继续上马：成化六年（1470），明王朝发动了一次更大规模的搜套行动，这次一口气动用了八万多兵力。领兵的主帅是抚宁侯朱永，左右副总兵分别是刘玉和刘聚。这三个人可大有来头：朱永是名将朱能的后人，刘玉曾参加过麓川平叛，《明史》说他"勇决过人"，刘聚也厉害，早在北京保卫战时，他就曾血战西直门，面对面和瓦剌骑兵硬碰过。他们都是声名赫赫的勇将。

对这个强大阵容，明宪宗也寄托厚望，甚至允许朱永随机行事，赐予先斩后奏之权。然而战争开打，这支征讨大军，一样到了边境就驻足不前，反而又是分头把守，硬是不敢进入河套草原一步。接着从五月到九月，更多次在边境与鞑靼军发生冲突，双方互有胜负。到了十月上报伤亡：明军俘虏了十一个人，歼敌二百五十七人，却阵亡六百六十四人，伤亡两千多人。战绩非常惨淡。

但如此惨淡的战绩，作为主帅的朱永，却还自我感觉良好，竟然当"捷报"给上奏了。明宪宗也大方，仗打成这个样子，也当捷报给封赏了：八万多士兵，单受到表彰的就多达一万来人。

明宪宗之所以如此大方，其实也有苦衷：毕竟收复河套这事，是他一手推动的，老弄不出成果来，面子上也过不去。但更令他困惑的是，为什么下了这么大本钱，却还是一胜难求。

不但明宪宗困惑，大臣们也更困惑。明宪宗为此开了几次会，群臣们情绪激动，对前线将官们，更大肆口诛笔伐。最后终于形成了会议精神：战况不如意，一是主帅无能，朱永水平有限。二是边境各部队事权不统一，难以调度。所以解决问题的办法，就是换一个有名望的主帅，能够调动所有部队，一口气灭了鞑靼。

但这办法说起来容易，做起来却难，朱永就够有名望了，谁能盖过他？明宪宗反复权衡，这次选了武靖侯赵辅。

要说这位赵辅，论资历还比不过朱永，但之所以选他，是因为在成化初年的大藤峡之战中，此人表现优异，荣立战功，是大明军界一颗耀眼的将星。而且这人还有个特殊之处：除了打仗猛，文采也好得很，和诸多文官的交情也深。无论哪方面，他都是最合适的人选。

就这样经过精心准备，成化八年（1472），由赵辅挂帅的明军再度出发。这次不但增派了兵力，而且明宪宗更下了死命令，要求赵辅必须"大挫贼势"。不管怎样，都得给我打个大胜仗。

带着死命令的赵辅到了前线，也辛苦地打了好多仗，但四个月后送来的第一份战报，就差点儿没把明宪宗气死：战报里说，明军经过浴血奋战，多次击退敌人，但如果想彻底收复河套，困难依然极大。所以打胜仗可以，必须得再增派军队，至少得十五万。也就是说，还没打胜仗，就狮子大开口讲条件了。

明宪宗一向好脾气，但这次真忍够了，接着又召集群臣开会商讨，然后讨论会变成了批判会。与会大臣们纷纷指责赵辅等人，要求将其逮捕治罪，明宪宗倒是谨慎，还是决定派人调查下。

而调查出来的结果，更差点儿没把明宪宗震晕：赵辅这次的表现，比朱永还不如。到了前线后，基本就是关门防守。鞑靼人来了就躲进去，连正面交锋都不敢，所谓浴血奋战，基本全是文字游戏。四个月里，鞑靼人大肆劫掠，单抢走的牲口就有三十多万头。

上面这些事情，虽说都是事实，但要说赵辅什么都没做，却也不对。他干得最多的，就是在边境大修堡垒。这些堡垒沿着河套布置，每当鞑靼入侵时，边关的军民们，便可以躲在堡垒中避难。所以数月袭扰，虽说村庄被毁极多，财产损失巨大，但百姓伤亡确实不大。更重要的是，这些堡垒更成为明军的前哨，在后来的边关防御中，一直发挥着重要作用。

可明宪宗和朝臣们不管这个，在大多数大臣眼中，鞑靼就是土匪，以大明的天威居然打不过土匪，脸往哪里搁？至于打仗的具体困难，这些人却极少考虑。结果这次劳而无功的出征后，赵辅虽然被从轻发落，只是减了禄米，但从此名声扫地，晚年更生活困顿。

从天顺八年（1464）起，一直到成化八年（1472），明宪宗热情高涨发动的收复河套行动，已经持续了九年。在这九年里，群臣们上奏讨论，各种军事计划五花八门，精兵猛将更轮流往前线调。每次都声势浩大，但折腾来折腾去，却都是放空炮。河套的鞑靼部落越聚越多，对边关的侵扰越来越烈，明军被动挨打，战局一团糟糕。

仗打成这个样子，大臣们自然愤怒，明宪宗的压力也很大。成化八年的行动失败后，明朝也大力追责，按照兵部的说法，就是"不正其罪，恐众怒不解"。结果众怒之下，主帅赵辅被罚了禄米，召回京城。前线的将领，也好些被责罚，好些将领更被调回京城。前线的军事行动，暂时消停了。

而这时河套的鞑靼势力，却已空前强大。明宪宗登基伊始，这里还都是鱼龙混杂的各路部落。但这时候，一个强大的首领已经到来了：满都鲁。此人是"黄金家族"后裔，昔日蒙古可汗脱脱不花的胞弟，极具军事能力。进入河套草原后，他不断兼并蒙古诸部，尤其是成化七年（1471），满都鲁排挤了河套草原另一部落博来部，已然独霸此处，实力极度膨胀。

因而明军虽然消停，满都鲁却毫不消停。河套草原，更被他打造成一个稳固的基地，每年都以此为跳板，大肆劫掠明朝边关，规模越来越大，侵扰的范围越来越广，甚至深入甘肃地区。每次的收获，都是盆满钵满。

但是就在成化八年（1472），赵辅的出征失败，明军暂停行动后，第二年九月，实力强大的满都鲁，却突然横遭明军沉重一击：红盐池大捷。

文臣王越立大功

这场大捷的缔造者，便是之前朱永、赵辅几次军事行动中，一直担任"襄赞军务"的明朝名将王越。

王越，河南浚县人，景泰二年（1451）进士，在成化年间之前，这位文官就久历边事，长期在大同担任巡抚，受过不少历练。

而且一直以来，这人就是出了名的奇特。年轻的时候，明明是个书生，却精通武艺，饱读兵书，而且心理素质极好。当年考科举的时候，好不容易答完题，谁知忽然刮来大风，竟把试卷刮跑了。就这样还不慌，面不改色地重要了份试卷，在剩余的时间里快速答完，考取进士，出了名的处乱不惊。

在经过了多年战场锻炼后，王越的军事水平，也日趋成熟。特别是几次随朱永和赵辅参加战争，更深切领教了敌人的强大。所以在收复河套这件事上，他是个出名的反对派，一直主张采取守势，先把国门守好，积聚了实力后再反击。就为这个，多年以来，也没少挨骂。特别是赵辅受罚时，王越也被论罪，甚至有言官建议，要把他下狱论死。

但对这人，明宪宗确实看得准，处罚了好多人，却对王越网开一面。只是下诏书批评了一番，命令他在边关戴罪立功，更给了他一个出人意料的职务：总督军务。也就是说，自从正统年间的王骥之后，王越成为明朝历史上第二位手握专征大权的文官。

而对于河套战局，一直主张稳守的王越，也在有条不紊地实施自己的思路：除了加强防务，修缮城池，更着手打造一支精锐的骑兵。而这番苦心，终于在成化九年（1473）九月，获得了扬眉吐气的回报。当时满都鲁大举入侵甘肃定西地区，却将家小与辎重安置在宁夏红盐池，闻听消息的王越当机立断：抄他后路。

于是一个月黑风高的深夜，王越统率五千精锐骑兵火速出击。这一路夜行八百里，而且风沙大作，但王越身先士卒，硬是克服艰难困苦，准时发起了攻击，一战捣毁满都鲁的红盐池老巢。这是自河套战事以来，明军第一次取得胜利。

而胜利的结果，也十分有效，战败的满都鲁极其恐惧，果断做出决定：撤！刚刚站住脚的河套也不要了。整个部落渡过黄河，北迁至大草原。离开河套的满都鲁，随后又挫败几个对手，成为了蒙古可汗。而河套草原，也总算安定了好几年。

而对于明朝北边防务来说，红盐池大捷的意义，不止在于赶走了满都鲁。红盐池地区，是明朝北部防务的一大缺口，几乎每次鞑靼入寇，都是以此为入口，进入内地大肆骚扰。王越这一场胜利后，明朝也开始堵缺口，延绥巡抚余子俊在当地修筑边墙等工事，成为阻遏鞑靼骑兵南下的又一屏障。

而另一大意义，却是红盐池大捷时明军的战术，王越以骑兵长途奔袭，直捣鞑靼人老窝的打法，渐在明军中普遍推广。这个战术也有了通用的称呼：捣巢。之后明朝的好些边将们，都是这个突击战术的继承者。

立下大功的王越，也得到了明宪宗的垂青。红盐池大捷后立刻提升，受封为"总制三边"，也就是执掌延绥、甘肃、宁夏三省的军政大权，成为成化一朝炙手可热的封疆大吏。到了成化十六年（1480），他又再度祭出"捣巢"法宝，率军直扑鞑靼军盘踞的威宁海子（今和县），再次取得大捷。这场胜利后，王越更受封为"威宁伯"，成为明朝又一位因战功而封爵的文官。

比起之前之后，明军畏首畏尾的狼狈来，王越的这几场胜利，真可说风光无限。而他本人也不断加官晋爵，甚至一度升任兵部尚书，并监掌都察院。一手抓监察权一手抓兵权，是成化年间位高权重的人物。按照很多野史的说法，在鞑靼人那边，王越也落了个绰号"金牌王"。甚至每次鞑靼入寇，看到有"王"字的战旗，都立刻拨马逃跑。

但威名远播的王越，名声却素有争议。他虽然战功卓著，但政治上却更乖巧，尤其擅长结交宦官，特别是成化年间一度权倾朝野的宦官汪直，更和他是莫逆交情。他能获得明宪宗支持，甚至升任兵部尚书，都和汪直有关。而且为人处世上，王越也情商超高，性格一分豪爽，出手也阔绰，因此他的部下，也都殊死为他效力。但凡事物极必反，正因为和汪直等宦官走得太近乎，王越也一直被非议，后来汪直倒台，王越也被株连，被剥夺了官职爵位，贬到安陆居住。一直到明孝宗朱祐樘登基后，才重新获得重用，重任三边总制，并再次立功河套，在贺兰山之战中击败鞑靼入侵。孰料好景不长，由于与明孝宗的亲近宦官李广交好，王越再次受到攻击。最终在忧恨中于弘治十一年（1498）病故于甘州任上，享年七十四岁。

河套草原终收复

王越的胜利外加明朝的边墙，使河套地区暂时恢复了平静。但是河套防务的根本问题，还是没有得到解决：历史的经验证明，如果不能在河套地区移民实边，建立实际的统治，这个战略重地，其实是守不住的。

事实也正如此，虽然成化年间，明朝多次发动军事行动，驱逐河套地区的鞑靼部落，但即使能取得大捷，也没法守住地盘。移民实边这些事，样样都成本巨大，虽然不断有大臣提议，但明宪宗一直没下定决心。

没下定决心的结果，就是没出几年，河套草原又有大批鞑靼部落进入。而到了成化十五年（1479），蒙古草原又崛起了一位英主：达延汗。趁着成化年间晚期，明王朝疏于河套防务的机会，达延汗再次进入河套草原，并以此为基地稳打稳扎，不但成功控制了这一地区，更以此为基地南征北战，统一草原部落，他先在成化年间击败了瓦剌部落，又在弘治年间（1487—1505）相继吞并了鄂尔多斯、土默特等部落。到了正德元年（1506），他已基本统一了蒙古草原，成为明王朝的又一强大对手。

达延汗对于蒙古草原历史的另一深远影响，就是他在位期间的政治改革：彻底废除了蒙古部落自元朝起形成的政治体制，诸如"太师""知院"等官职被完全废除，其治下的各部落，也被重新整合，划分成了"左翼""右翼""中翼"三大部分。这个改革极其重要，整个东蒙古草原，所有非"黄金家族"的鞑靼首领，权力被完全剥夺，变成了六个"万户"，由达延汗及其子孙统治。后来清朝时期蒙古的"盟旗"制度，就是以此为基础演变而来。

而战略位置极为重要的河套草原，则被达延汗划入了右翼，归他的四儿子巴尔斯博罗特统治。但在达延汗死后，他精心设计的新体制，却再度发生分裂：达延汗的幼子巴迪拉克继承了可汗位，却只能控制左翼。而真正强大，且对明朝威胁最大的，却是拥有河套草原的右翼。特别是明朝嘉靖年间（1521—1566），右翼

116

在达延汗孙子俺答担任可汗时期，实力迅速上涨，不但牢牢压制了左翼，更多次破关南下，侵扰明朝边关。由于俺答出身于右翼中的土默特部，因此 右翼蒙古，亦被称为土默特蒙古。

而在俺答担任可汗时期，河套草原同样得到迅猛发展，尤其重要的一件事是：多年以来，由于俺答大肆掳掠人口，外加明朝土地兼并，也有诸多百姓涌入河套。带来的结果，就是河套农业得到迅速开发，汉族农耕文明大量进入。入住河套的汉人们，被称为"板升"。他们在当地修筑房屋，开垦土地。而土默特蒙古的治理模式，也随之大胆变革：俺答不但允许这种行为，甚至还像明朝政府一样，在当地收取农业税。到了十六世纪晚期，土默特地区从事农耕的汉族"板升"，竟多达十万人。明朝政府一直没能开发成功的河套草原，竟然就这样自然开发了。

而随着明朝在隆庆年间（1566—1572）的整顿军备，多次击败俺答入侵，双方终于于隆庆四年（1570）达成和议，明朝册封俺答为"顺义王"。双方开放互市，贸易往来，从此和平相处。之后六十余年，再未发生过大规模战争。以这样一种和平的方式，土默特蒙古成为明朝治下的地方政权。河套，就这样收复了。"套寇"对于明朝边防的威胁，也从此不复存在。

寒微天子明孝宗

明宪宗朱见深在位二十三年，遇到的麻烦事不少，解决的问题也不少。论治理成就，后世的好评也多：这时期的明朝，政治气氛更加宽松，对待大臣进谏等现象，处理也很宽容。而且还多次减免民间赋税，善政史不绝书。《明史》等史料甚至认定：成化年间的明王朝，论治理成就，堪与仁宣之治媲美。

成化时代功过多

具体到社会风情上，成化年间的风尚演变，更堪称千姿百态：工商业更加繁荣，出现了好些新型商业城市，商人的地位也更高。原先是重农抑商，这时候起，不但好多读书人转行经商，更多的商人还通过捐纳等方式，获得了科举资格。特别划时代的事件是：成化二十二年（1486），四十多岁的江西商人罗杞，在科举考试中大爆冷门，先考取了顺天府解元，继而再接再厉，次年更高分考取庶吉士，成功进入翰林院。这份优异成绩，对于素来被边缘化的商人群体来说，实在扬眉吐气。

商人越发扬眉吐气了，市民经济同时也繁荣了，腰包里有钱的中产阶层，也是越来越多，消费观念也转变了。比起明初崇尚简朴来，这时的明朝人，生活越发讲究品质，衣食住行都追求奢华。开始还是城市里这样，后来连偏僻的乡村，也竞相效仿。普通农家的节日喜庆，排场规模都越发豪华。消费一繁荣，生产水平也进步，这时的手工业也更发达。闻名后世的成化瓷器，就是在这时应运而生。

文化的成就更骄人：明初开始确立的高度文化专制，这时起大为松动，出现了不少新兴的学派和儒学大师。其中成就最斐然的，正是广东江门的"白沙先生"陈献章。他一生勤于治学，其倡导在自然和谐中体会学问的思想，对传统礼教形成冲击，更影响了其后的"阳明心学"，堪称承前启后的思想巨匠。此外文学和书画方面，更形成了各种流派。对这丰富多彩的文化，明宪宗本人的态度，更极其宽容，本身就多才多艺的他，还绘制了著名的《一团和气图》。这画构思巧妙，表面看是一位笑面弥勒盘腿面坐，但仔细一看，却是象征佛道儒的三位老者，各持经卷团膝相接，互相其乐融融。这幅堪称中国古代绘画精品的力作，也诠释了明宪宗个人的治国追求：和谐最好。

如上各种风情，在后世有个通用称呼：成化新风。明朝中后期经济上的"资本主义萌芽"，文化的百花齐放，正是在这股"新风"中开花结果，欣欣向荣。

但成就不少的明宪宗，一生遭到的诟病，却也格外地多。他在位的二十三年多，大臣轮番上书，批评他各类错误的景象，从头到尾就没间断过。批评的内容，主要也是四条：一是常年不见大臣，歇班怠工；二是专宠后宫万贵妃，以至于万贵妃作威作福，坏事不少；三是宠信宦官，特别是偏爱宦官汪直，设立新型特务组织"西厂"，迫害了不少大臣百姓；四是沉迷炼丹修道，不但把自己身体修坏了，更导致宦官们借机四处采办，在地方上劳民伤财。

但上面几条错误，如果细究一下，其实都不是关键问题：明宪宗虽然不上班，但并非不管事，相反，他判定大臣，一直眼光极准，国家大事也常放手。成化年间"臣奋于下"，诸多后来政绩不错的名臣，都是由他发现提拔。而这种行政模式，后世称为"垂拱而治"，对后来的明朝政治演变，更是影响深远。至于专宠万贵妃这条，万贵妃虽说干了不少错事，也很飞扬跋扈，但明朝宫廷制度严格，后妃再得宠，也极难干预政事，破坏不了国家大事。而相比之下，宠信宦官这事，知名度很大，甚至相关的武侠片都有不少。但实事求是地说，他信任的宦官，汪直害过人，梁芳贪过钱，但绝非当年王振这样的巨奸，干坏事的程度也差得远。再就是他个人的私生活，无论炼丹修道还是营造宫殿，都是在深宫里搞工程，规模不算太大，外出采办虽多，但论捞钱数量，也不算过分。所以综合说来，几条公认的错误，都不严重。

但看似犯错不严重的明宪宗，在他执政晚期，却真闹出了惨淡的治国成果：国家财政收入锐减、土地兼并加剧、自然灾害四起、行政效率低下。

明宪宗晚期的土地兼并有多厉害？仅说他在位的最后一年，天下的户口总数，竟一年间减少了十多万户。经济更困难，按照当时吏部侍郎杨守随的说法，当时朝廷国库储备空虚，各地官仓更少有储蓄。外加军屯官田，样样都流失严重。看似一片繁荣的大明朝，其实穷得叮当响。

而比穷更可怕的，则是效率。这时期明朝最大的弊病，就是行政效率减缓。一件事交代下来，从讨论到执行，各级官吏互相推诿，经常啥事都干不成。就以当时民间俗话形容，内阁三位大员，即大学士万安、彭时、刘吉三人，人称"纸糊三阁老"；六部六位尚书，更得绰号"泥塑六尚书"，基本不干事。

　　闹成这样的原因有很多，但核心一条，便是明宪宗朱见深的执政风格。

　　明宪宗的人生，从孩童起就极度坎坷。先碰上土木堡惨祸，父亲被抓走，然后太子位被废，受尽世态炎凉。

　　这样的生活给他一生的人格，都造成了严重影响。不但落下口吃的毛病，心理还极度缺乏安全感。他童年最艰难的一段时光，是由当时的宫女，后来的贵妃万氏陪伴度过，给予了他人生最温暖的情怀。因此终其一生，对这位年长十九岁的妻子，始终感情深厚。以他对母亲周太后的话说，只有在万贵妃的身边，我的心灵才能安宁。

　　也正是这段动荡的经历，对他的治国风格，影响尤其大：从小开始，对待人生的各种波折，基本都是消极逃避，以致即使后来君临天下，遇到治国难题，哪怕火烧眉毛，也是能逃就逃。所以大多数国家要事，基本都是从皇帝到大臣，反复踢皮球扯皮，几年办不成。

　　而且更为严重的后果是，由于心灵缺乏安全感，所以渴望太平安宁。因此明宪宗一辈子的执政生活，都在想方设法寻求安宁，所以求神问道，甚至沉迷修炼，都与此有关。

　　当然这般经历，对于明宪宗来说，也有一个好后果：人情世故懂得多。从小开始，就看够了世态炎凉，因此决断国事，判定大臣，眼光都是极准。他提拔的好些大臣，后来都是名垂史册。二十三年执政生涯，从中央到地方，更是人才济济。管理也基本放权，除加强厂卫、监督百官外，具体到行政过程，基本不乱指挥。

　　但放松过头，就会出麻烦。由于管得少，具体行政监督松散。外加皇帝本人做甩手掌柜，发展到明宪宗执政生涯晚期，各种国家大事，就闹成了一团乱麻。而且从中央到地方，看似一团和气，其实却人浮于事。遇到风调雨顺的年景，或许还能维持，但一旦天有不测风云，必然造成巨大统治危机。

　　成化二十三年（1487）八月，明宪宗朱见深过世，太子朱祐樘即位，宣布次年改元为"弘治"。这位弘治皇帝，就是同样列于《明史》"五大仁君"之列的一代英主：明孝宗。

他登基的这一年，对于明王朝来说，是个多难之年：黄河发大水，陕西闹地震，外加遇国丧，件件事务都堪称麻烦。但接过一堆麻烦的明孝宗，之所以同样被称为"仁君"，是因他不仅解决了麻烦，更因势利导，开创了大明王朝又一黄金时代：弘治中兴。

孝宗童年多苦难

和父亲明宪宗一样，明孝宗朱祐樘的童年，也堪称多灾多难。

朱祐樘生于成化六年（1470），母亲纪氏本是广西土官家的女儿，因大藤峡叛乱被株连，入宫做了宫女，又意外得到明宪宗的宠幸，得以生下朱祐樘。

都说孩子的生日，是妈妈的苦日。对母亲纪氏来说，朱祐樘的出生，更是她人生最痛苦岁月的开始。

因为当时的明朝后宫，完全是明宪宗最宠爱的万贵妃一手遮天，她自己生不出孩子，就更不许别人生，但凡怀孕的妃子，基本都被强制流产。虽说纪氏走运，从怀孕到生育，都躲过万贵妃耳目，但躲得了初一躲不过十五，这事迟早要暴露，暴露了就是死路。哪怕不暴露，小小弱女子拉扯一孩子，日子咋过？

好在纪氏人缘好，有不少宦官、宫女帮衬着。后来早间被明宪宗废黜的前皇后吴氏也站出来，帮助收养这孩子，一直拉扯到六岁，总算由太监张敏借机向明宪宗告知真相，这下明宪宗欣喜若狂，忙不迭地父子相认。是年十一月，更宣告天下，册立朱祐樘为太子。

这桩看似圆满的父子相认，改变了朱祐樘的人生轨迹：也正是同一年，母亲纪氏神秘死亡，揭开朱祐樘身世真相的张敏，也被逼吞金自尽。幕后的黑手，依然是那位万贵妃。

而朱祐樘还算幸运，在祖母周太后的呵护下，总算茁壮成长。之后很多年里，万贵妃也曾想尽各种办法，意图劝说明宪宗，废掉这孩子的太子位。但小朱祐樘为人谨慎小心，后来出阁读书，学业成绩更是优良。日常表现就是拿着放大镜，也挑不出任何毛病。在万贵妃的撺掇下，明宪宗不是没动过这心思，但因为如上原因，也因而断了这心思。到了成化二十三年（1487），从七月到八月间，万贵妃和明宪宗相继离世，朱祐樘正式继承帝业，登基执政。

早年艰辛的岁月，对于朱祐樘的性格，也确实有很多影响：出身寒微，但母亲纪氏为人善良，知书达理，外加受过系统儒学教育，学问教育都很不错。多年的宫廷斗争，更将他的内心锤炼得无比强大。正是这条与其父区别最大：明宪宗一辈子都喜欢逃避问题，而明孝宗不同，虽说性情善良宽容，但用不动声色的手段，最高效地解决问题，却是他一直以来的风格。

登基后的明孝宗朱祐樘，在如何处理万贵妃家族一事上，第一次展示了其宽容一面。前脚刚登基，后脚奏折就雪片般送来，全是要求清查昔日纪氏死亡真相的。接着万贵妃的几位亲属，也给相继坐牢下狱。眼看就要大快人心复仇，谁知朱祐樘却果断叫停，只撤掉了万氏几个家属的官职，然后诏告天下，停止追查此事。以这种宽大的方式，了却了这桩痛苦的旧怨。

然而母亲的去世，却是明孝宗一生最难释怀的痛苦：由于当时自己年纪尚小，连母亲的家室亲属，竟然都一无所知。因此比起宽大处理万氏来，朱祐樘很久以来一直认真做的，便是寻访母亲亲属。这一寻就是多年，几乎是把广西每寸草皮都寻遍，但除了冒出几个假装皇亲的骗子，始终一无所获。最后只能在弘治三年（1490）八月，宣布结束寻访，并在桂林为母亲立庙纪念。在立庙的诏书中，朱祐樘仍难掩悲痛之情，"每念及此，悲痛如割"一句，道尽一个儿子无助的酸楚。

内忧外患全头疼

无论有多么大的痛苦，朱祐樘的家庭恩怨，总算在宽容中了断，但登基后国家的困局，却更加严峻。

这时明朝的几大麻烦一是缺钱，财政支出增加，国库储蓄减少。二是效率差，从中央到地方，各级官员全都混日子。三是自然灾害多，四川、河南、陕西相继闹灾，各类问题成堆。

但其中最让朱祐樘恼火的，却是混日子这条。国家麻烦如此，百官却还像没事人，大小事情交代下去，中央官员推诿，地方官员扯皮，没几个当回事的。尤其雷人的就是弘治元年（1488）的"嘉兴盗"事件：一个叫陈辅的百户，因为贩私盐被查，愤然纠集匪帮作乱。就这么一伙土匪，在当地打家劫舍，甚至到后来攻陷城池，劫掠官仓。地方官起初不管，各种隐瞒，后来隐瞒不下去了，知府竟然翻墙逃窜。如此闹剧，便是此时明朝官场的缩影。

对这样的歪风，处理家庭问题宽容无比的朱祐樘，则用起了雷霆手段：整顿。

整顿的第一个对象，就是内阁。当时内阁号称"纸糊三阁老"，即万安、尹直、刘吉三位，都是混日子出名的。尤其这位万安，人称"万岁阁老"。身为百官之首，遇事除了喊"万岁"，基本没半点主张。当年更厚着脸皮，跟万贵妃攀亲戚。至于工作方面，除了会给明宪宗搜罗诸如"房中术"类的歪材料，基本没有正路本事。

对这位老混子，朱祐樘早就反感，而且整治理由更好找。万安当年收集的"歪材料"，全都在宫里有存档，朱祐樘登基后立刻算账，命太监怀恩将"歪材料"送到内阁，当面给众臣展示，臊得万安当场扑通跪下，当天就罢官回家。其后不久，和万安一同混日子的尹直亦黯然离职回乡。

但在处理"纸糊三阁老"问题上，朱祐樘最聪明的做法，就是留下了三人中的刘吉。这位刘吉名声同样臭，除了会混日子，还擅长玩权谋坑人。但朱祐樘却看出来：万安、尹直除了混，基本没本事，刘吉除了会混，也会干事。果然不出所料，接替内阁首辅的刘吉，在弘治年间一反常态，不但时常建言国事，更出工出力，工作极其负责。特别是西北哈密战事，正是在他的统筹下得以圆满解决：驾驭奸人办好事，正是朱祐樘的手腕。

在清洗了诸多混子的同时，朱祐樘也大力提拔了诸多能臣，其中最有名的，就是吏部尚书王恕和兵部尚书马文升。这两个人，都是成化年间就业绩卓著的老臣。王恕在明宪宗时期，就做过多地巡抚，出名的正直敢言，也正因为太直肠子，当年被明宪宗强迫退休，在家闲了好多年。

而朱祐樘登基后，立刻将王恕召回，并委任其一个极其重要的职务：吏部尚书。目标也明确：就是用这老直臣整风。王恕也不含糊，上任就风风火火，先大搞官场考察，考察的标准也极严：不但是有经济问题的要被追查，就连健康有问题不能胜任工作的，也一概都要罢免。仅弘治元年（1488），经吏部考察被罢免的官员，就有一百多人，从中央到地方，一片大扫除。

而同样担任扫除工作的，就是另一位老臣：兵部尚书马文升。和王恕一样，早在成化年间，马文升就名声在外，在平定满俊叛乱和辽东战事中都屡建战功。

而就任兵部后，马文升最大的政绩，就是整顿军队。除了罢免大批不合格武官，更清理屯田，整顿地方武备，明军的战斗力，一度焕然振作。而马文升也因此招恨，当时大批被清退的军官，甚至埋伏在他下班回家的路上，企图伺机行刺他。消息传开后，马文升没怎么怕，朱祐樘却紧张得不行，赶快派锦衣卫日夜护送，生怕有什么闪失。

而正是在王恕和马文升的强力行动下，基层一大批庸官懒官得以清除，诸多才俊良臣得以提拔。从中央内阁六部到地方，可谓英才荟萃。如果说成化晚期的大明王朝，好比一个血栓严重、行动不便的病人，那么经过朱祐樘早期的清理后，这个王朝的肌体，终于恢复了健康的气色。

在吏治得以整肃的同时，成化年间的其他弊政，也逐一得到革除：明宪宗时期的大批"传奉官"，基本都被罢免。其宠信的诸多僧道们，大部分人被赶走，少数罪大恶极的，则依法严惩。比如成化年间有名的骗子和尚继晓，常年仗着明宪宗的信任横行霸道，除了敲诈钱财，甚至还多次强抢民女。他最凶狠的时候，京城里的女眷，在街上看到光头的都吓得赶紧跑。到了弘治元年（1488），这个恶僧终于得到应有的惩罚，被斩首示众。

而为了应对严重的财政问题，朱祐樘也做了一个大胆的决定：割肉。也就是叫停明宪宗时代的各类奢靡活动，比如各类正在修建的寺庙道观，没有完工的一律叫停，各色的民间采办也叫停，连宫廷的日常开支也缩减，仅皇宫的太监、宫女等各色人员，就比明宪宗时期一下子减了一半，宫廷开支最俭约的时候，只有成化年间的六成，完全是捏紧荷包过日子。七省八省，总算给自己执政省出了启动资金。

而在吏治整顿逐渐完成后，一桩新的考验却劈头袭来：天灾。

明朝开国之后，国家稳定的一大基石，便是自朱元璋登基起，不断完善的各类水利工程。但是到了明宪宗时代，由于长期荒废怠政，各类水利工程也缺乏维护，好些年久失修，终于闹出大麻烦。

起先是黄河，弘治二年（1489），黄河在开封决口，一下子河南全境乃至山东南部，全成了黄泛区，中原大地一片泽国。这是自明朝开国以来，黄河发生的最大规模水灾。

由于这次水灾闹得太大，以致局面严重如此，朝野中的大多数意见，竟然是不能救。主流的看法，就是干脆把开封城迁走，选址重建。也有少数官员坚决反对，认为必须要救，兵部尚书白昂就是其中之一。

朱祐樘见状也拍板：你说救，那就你去救。发动民夫二十五万，开始了大规模整治。这次的治理思路，和元朝贾鲁治河一脉相承：也是通过挖掘排水河，将黄河引入淮水入海。但具体操作，却是个跨时代进步：采取了多点开挖，分流入淮的模式，历经一年时间，治理成功完成。

这次治理黄河的成果，可以说极其好。自从治理过后，一百多年时间，水灾多发地河南再未闹灾，但是施工过程，却还是落下一个大漏洞：治理思路是引黄河水入淮河，但万一黄河水流量过大，超过淮河承受力咋办？当初白昂也想到过这问题，建议从淮河往山东挖十二条月河，进一步分解流量，谁知朝廷嫌费钱，最终没同意。

没同意的后果，极其严重。这次治理后才三年，河南没闹灾，弘治六年（1493），淮河又闹灾了。这次黄河从张秋决堤，继而由汶水入海，京杭大运河全线断绝。

这下麻烦大了，当时的京杭大运河，连接南北运输，国家的财政赋税，更全指着运河输送，如此一来，等于主动咏被卡。后悔药都没得吃的明王朝，只能再度发动二十五万民夫治理。这次的治理工程，由名臣刘大夏负责，而且吸取了上次的教训，除了疏通河道，更增修多处河道，确保河水分流。历经三年治理，再次顺利完成。

而就在这次治理的同时，朱祐樘又委任徐贯受命，整治江南苏松河水利。这次修治堤坝河道二百五十多所，彻底解决了江南水运淤泥堵塞的问题。经过这次治理后，以往水患多发的江南大地，从此水灾顿渐，在之后的近二百年里，几乎都是旱涝保收的鱼米之乡。

而经过这三次大规模修整后，明王朝的自然灾害威胁，也因此而顿减。三次水利整顿，共调动人力六十多万，如此大规模的工程，却既没有激发民变，更没有造成严重财政负担，基本顺利解决问题。除了朱祐樘知人善任，更由于弘治初年，几次官场大整顿后，明王朝高效的行政效率。

不动声色行革新

比起父亲明宪宗来，明孝宗朱祐樘的管理水平，明显要更高一筹。他对于文臣极其礼敬，特别是对待王恕等老臣以及谢迁、刘健、李东阳几位阁臣，更是体贴备至。而早年曾经教过他读书的几位重臣，终其一生，他都称他们为"先生"，关系极其融洽。

而除了勤俭节约、整顿官场、兴修水利这几件大事，"弘治中兴"时代影响深远的，还有几项重要的改革。

首先值得一说的，就是官员考察改革。

明朝的官员考察，有京察和外察两种。京察六年一次，考核京城五品（含五品）以下各级官员；外察三年一次，考核各地地方官吏，也被称为"大计"。而在朱祐樘执政时期，变革最大的就是"大计"制度。

明朝的"大计"，起初的规定，是由各省的按察司负责，但后来御史权力大了，在永乐年间起，就逐渐变成巡按御史与按察司一道负责。这样做的本来意思是：按察司职务高，但御史权力大，两方互相制衡，确保考核公正。

但执行起来，就出了问题。巡按御史毕竟是中央的官，而按察司是地方官，一旦地方上互相勾结，巡按御史就被掣肘。成化年间起的明朝行政效率低，跟这个关系很大。于是弘治八年（1495），这规矩改了，变成由各省的巡按御史与巡抚来主持考核，以往有地方司法大权的按察司，这下彻底靠边站。

这么做的效果也很明显，直接的成果是加强中央集权，防止地方官员勾结舞弊。但消极后果也不少，最严重的是，毕竟御史人少，考察对象多，难免出疏漏。所以在当时，大计制度也有改革：一是巡按的考察内容经吏部判定后，可允许科道言官进行弹劾。二是在考察中不合格的官员，也可以上书自辩申诉。这样既确保中央威权，也防止冤假错案，官员管理审查的力度大大加强。

而比起官吏考察来，日常工作的管理上，朱祐樘也大刀阔斧，拿出来一套新的监督制度。

早年明宪宗在位时期，后来时常恼火的一件事，就是政府执行力差，哪怕是圣旨发下去，官员们依然是左讨论右讨论，折腾大半年，执行还不见影。

这种拖沓风格，朱祐樘登基之后，也是深受其苦。干脆定了一个新规矩：凡是交给大臣讨论的奏章，普通内容的，复奏处理不能超过两天；如果事关多个部门的，不能超过十天；如果是涉及战争等重大事务的，最多不能超过十五天。也就是说，十五天里，一件奏折必须要处理完。

这个工作规矩立下后，明朝的行政效率大大提速。而几个重要的经济改革，也从此快速完成。

经济方面首先一个变革，就是征收制度。明朝自开国以来，赋税征收的一个常见难题，就是欠税太多。这种景象，首先是源于明朝一个福利制度：如果一个地区出现欠税，那么欠到第二年，就可以酌情打折，甚至减免大部分。当初立这个制度，还是为了惠顾百姓。

但真执行起来，却是惠顾了贪官。好些人发现了其中的发财门道：税粮照样收，但交税的时候故意拖延不交。然后拖到第二年成了欠赋，就可以申请打折甚至减免。免出来的这部分，就入了地方官自己的腰包。如此发财，很方便很容易。

所以多年以来，老百姓辛苦交税，朝廷却收不上，全便宜了中间这群蛀虫。而对这事，朱祐樘也有自己的办法：实征册制。

所谓实征册制，就是计划手册。每年秋粮征收，地方上八月出预算，九月造花户实征册，填写通知单，十一月起开始征粮，十二月征完。对照实征册有一分出入，就等着追责吧。

这样一来，不动声色，贪官的漏洞就给堵上了，以往那种钻空子的发财绝招，彻底没得用了，国家财政收入大涨，腰包也鼓起来了。

而更让明朝财政好转的，还有另一个改革：开中法。

开中法，也是明初建立时的旧制度，主要内容是商人们只要在边境屯田，给国家输送粮食，就可以换取食盐贸易的资格，即"盐引"。长期以来，这个办法既充实了边境粮食储备，又活跃了经济，好处多多。

但到了弘治年间，这个好处也基本没了。明中期土地兼并严重，外加粮食价格与食盐价格的比价早已改变，正规商人拿粮食换盐，成本已经大亏，外加腐败加剧，盐引流失，不法商人反而大肆利用盐引，赚钱牟取暴利。如此一来，愿意送粮的商人越来越少，食盐业更混乱不堪。

弘治五年（1492）起，在户部尚书叶琪的主持下，明朝又重新调整开中法。最大的改变就是：从此以后，商人如果要拿盐引，不必再辛苦运粮食，只要按照比价缴纳白银就好。这样一变，利润也变：原先输送粮食，运输成本本身就高，这下换成送白银，成本大减，食盐贸易利润更大涨，商人积极性一下子提高，争相来送钱。如果折合成货币收入的话，开中法这一项的收益，弘治年间每年是之前永乐年间的八倍，效果极其好。

当然，这件事的消极效果也有：由于货币多了，商人不送粮食了，边关的粮食价格也大涨。但相比之下，积极效果更多，除了国家储备充实，几大盐商集团也趁机兴起，特别是著名的两淮盐商，正是起于此时。

而对比经济和政治改革，弘治年间在司法和军事方面，也有几样重要的变动。《问刑条例》和《大明会典》是两部重要的司法典籍，其内容除了倡导宽仁治国、减省刑法，《问刑条例》更针对《大明律》中与现实不符的状况，增补了二百七十多条例。作为大明法律的重要补充，从此律例并行，更成为中国古代法律由明至清的一个重要特点。

弘治年间天下承平，对外战事比较少，但边境却并不安定。除了为收复哈密而发动的几次战事，明孝宗也曾大修边墙，阻遏鞑靼的侵扰，几任三边总制王越和秦竑等人，也曾多次挫败正在上升期的鞑靼部落。而比起对外战事来，这时期对明朝影响最大的，却是弘治七年（1494）颁布的《金民壮法》。这部法律规定，各州县要征发民兵，这些民兵们平时由官府进行训练，战时则补入军队。这个民兵制度的最大影响，就是为明朝中后期大规模的募兵准备了充足兵源，后来明朝几大战斗力强大的募兵部队，都是以"民壮"为单位。

英年早逝留隐患

在朱祐樘的苦心治理下，明朝的"弘治中兴"，论各个成就，也都达到了另一个辉煌点。除了经济的稳定与财政收入的增长，朱祐樘的另一大成就，就是组建了一个强大的文臣团队。

弘治中兴时代的明王朝，又是一个人才荟萃的时期。仅以内阁而论，几任阁臣徐溥、邱浚、谢迁、刘健、李东阳，个个都是治世能臣。而以六部官员论，虽然王恕在弘治初期官场整风后，就已退休归家，但马文升一直建树多多，而曾完成治河重任的刘大夏，后来更担任兵部尚书，在边防上贡献颇多。六部的韩文、屠庸等大臣，也个个都是能臣。边境上更有三边总制杨一清这样的能将，多次挫败鞑靼进攻，拱卫边陲。

一生执政成就颇多的明孝宗朱祐樘，却在三十六岁那年，生命早早到了尽头。弘治十八年（1505）五月初六，朱祐樘病危，召见谢迁、刘健、李东阳三人至乾清宫东暖阁，谆谆叮嘱后事道：太子年龄小，喜欢玩乐，几位先生一定要好好辅佐他，让他成为一个英明的皇帝啊。

　　虽然临终前极为忧虑，但在朱祐樘心里，这几位重臣，应该不会出差错。更重要的是，他苦心建立的一个强大的文臣团队，理当能最大限度地纠错。

　　然而这个人才荟萃的文臣团队，还是让他失望了。太子朱厚照即位后，诸位德高望重的大臣，却很快就败在一个宦官刘瑾的手中。大明王朝，继而又开始了第二段宦官专权时代：权阉刘瑾时代。

权阉刘瑾有多坏

明代政治的一大著名景象，便是"宦官专权"。

但实事求是地说，明朝"宦官专权"，跟前代特别是汉唐，还是有本质的不同。汉唐宦官最嚣张者，可以不拿皇帝当干粮，甚至操纵皇位废立更替，拿捏帝王如玩偶。放在明朝，这类逆天的景象完全绝迹。明朝的宦官，不论在百官面前如何威风，在皇帝面前，永远只能是乖奴才，所谓耀武扬威，不过是狐假虎威。

之所以有这个区别，还是因为明朝中央集权制度设计得太聪明。各部门的要害权力完全拆分，彼此互相制约，确保皇权稳定。好比层层防火墙，阻止汉唐教训重演。

在这制度下，明朝宦官能做到的最高境界，也只能是狐假虎威。有明一代，这样足够厉害的"狐狸"，总共有三只：明英宗正统年间的太监王振、明武宗正德年间的太监刘瑾、明熹宗天启年间的太监魏忠贤。这三位，也常被称为"三大权阉"。

而这三位"权阉"，论作为，都是坏事做绝；论名声，清一色遗臭万年。但其中的一位，死后却不乏肯定之辞，甚至部分民间戏曲里，还把他塑造成"青天大老爷"形象。这位特殊人物便是刘瑾。

胸怀大志小宦官

刘瑾，本姓谈，出生于景泰元年（1450）。他是陕西兴平人，大约六岁以前，被一刘姓太监收为养子，因而改名换姓，净身入宫，做了乾清宫的一个"答应"（杂役）。

这样的身世，在明朝宦官里很普通，之后一晃四十年，从景泰年间一直到弘治年间，眼看岁数奔五，刘瑾的状况，依旧十分普通，只是个默默无闻的小人物。

这段时间刘瑾的具体生活，史料上没讲，却不难猜：小孩子起做杂役，就是吃苦受罪的命，被人吆五喝六不说，挨打受辱更是家常便饭。既然一直很普通，也就一直这样过。

这种苦日子的后果，反映在刘瑾身上很明显：挨打多了，就很扛打；受辱多了，脸皮厚。被整治得多了，不但整人的手段无师自通，而且还落下了心理阴影，心胸极其狭窄，看谁都像要害自己，心态十分阴暗。

而这样性情的刘瑾，最大的不普通处，就是竟然有丰满的理想：以正统年间权倾朝野，闹出土木堡惨祸的王振为偶像，做宦官，就得活成他那样。

但现实却无比骨感，怀着这样的理想，刘瑾早早就钻营，但结果却无比悲惨。不但没成果，还尽找倒霉：《中官考五》里说，弘治年间他本攀附上了大太监李广，眼看要提拔重用，谁知李太监突然猝死，紧接着被清算，刘瑾也惨被陪绑，发配南京劳改；好不容易赦免回来，安排到乾清宫看门，却又碰上失火，事后被追责问罪，差点儿砍头。

人生如此失败，刘瑾自己也常伤感。《震泽纪闻》里说，那时他每当想起现实潦倒，就恨得咬牙切齿。生活，就在这样的叹息中，苦熬着一年年度过。

但即使在这般灰暗的岁月里，刘瑾却也悄然体现出两样可怕的本事。甚至不夸张地说，后来他的横空出世，操纵权柄，就是拜此所赐。

第一个本事，是情商。

刘瑾情商高，听他说话就知道。一张嘴从来能说，逮着生人，三言两句就能聊熟，这本事早名声在外，人送绰号利嘴刘。察言观色的功夫，刘瑾早修炼得炉火纯青了。正是凭这本事，多年来刘瑾人生失败，朋友却不少交，走哪儿都有熟人，关系网极其广。

比情商更可怕的，却是刘瑾的见识。

刘瑾是个聪明人，每次的钻营失败，都会耐心总结教训，更日益拥有了一个可白的本事：无论多么复杂的局面，都能迅速找到事物的关键点，果断一击命中，扭转乾坤。这本事在他不起眼的这四十年里，就显然起过作用：他犯的几个事，好些都是必死的罪，最终却安然脱险，怎么做到的，说法五花八门，却都来自这个独特本事。

而在不久的将来，在那次命运攸关的博弈中，也正是刘瑾的这项本事，关键时刻发作，从而奇迹般翻盘，奠定"权阉"地位。

虽然这事还是后话，但在当时，悄然拥有这两样本事的刘瑾，早不再是小人物这样简单，内心早已进化成权力动物，给点阳光就能灿烂，继而张开血盆大口。

而就在刘瑾人生最黑暗的时刻，阳光来了：得侍武宗东宫。也就是陪后来的明武宗，当时的太子朱厚照读书。

这事对刘瑾来说，真可谓天上掉馅饼。但同时被这馅饼砸着的，不止刘瑾一个，而是一群宦官。

仅说其中几位，就知道这些人来头有多大：高凤，内书堂出身的老知识分子，宦官里少有的文化人。罗祥，成化年间就是御用监总管，品级极其高。张永，后来更鼎鼎大名，单说军事水平，跟诸多武将比都不差。另外丘聚、魏彬、马永成、谷大用，个个也不是善茬。比较之下，反而是刘瑾最没竞争力。

然而就在刘瑾侍候朱厚照后没多久，奇特的一幕发生了：上面这几位厉害宦官，很快就拜服在刘瑾脚下，还自愿聚拢在他身边。以刘瑾为领袖，形成了明朝历史上一个赫赫有名的太监团队："八虎"集团。更奇特的还在后面，十来岁的小太子朱厚照，丝毫不管啥代沟，偏对半老头子刘瑾宠得不行。连平日里的玩耍取乐，也常叫上他，很快就把他当成了心腹。

之所以如此奇特，还是靠了刘瑾这两样本事：情商高，察言观色有一手，无论是拉拢同事，还是取悦小太子，都是手拿把攥。特别对小太子朱厚照，这孩子天生崇尚武力，喜好玩闹，脾气被摸透，小太子平日的骑马、打猎、摔跤等游戏项目，件件都是刘瑾策划，玩得极其过瘾，自然便对刘瑾宠爱有加，同事更是折服。于是地位扶摇直上，不但是朱厚照身边最得宠的宦官，更是一群宦官的核心领袖。就这样被太子宠着，同僚捧着，苦了大半辈子的刘瑾，一生的钻营，终于第一次见着了曙光。

弘治十八年（1505）五月初七，明孝宗朱祐樘驾崩，十五岁的太子朱厚照即位，次年改年号正德。这位正德皇帝，便是历史上赫赫有名的荒唐天子：明武宗。

刘瑾差不多黑暗了一辈子的前途，就此光芒万丈。

绝地反击抓大权

按照公历算，明武宗登基的月份，是 1505 年的六月，恰是渐热的初夏，刘瑾的权势也如这季节般，越发变得火热。做了内宫监总管，管宫廷营造和器皿制作的肥缺。接着又任总督团营，宦官之中，已然位高权重。

但刘瑾对此却不满足，他的人生偶像是王振。要想到达偶像的境界，至少要先拿下宦官中的最高权位：司礼监掌印太监。

这事的操作难度，不是一般的大。明朝自土木堡惨祸后，一直到刘瑾之前，国家权力其实是"双轮制"，也就是皇权之下，管批红的司礼监和管票拟的内阁，权力相互制约。所以想要坐上这个位置，皇帝宠信必须有，内阁的支持也不可缺。

当时司礼监的掌印太监是李荣，实际掌权太监是王岳。李荣是抱着明武宗长大的，王岳则是业务能力强。对比看来，刘瑾就不靠谱了，跟文臣打交道少，文化水平又不高，哪样也不成。

但刘瑾，却偏选了另一条路：不用内阁支持，仅凭皇帝宠爱，不但要把持司礼监大权，更要完全压服内阁。以他对马永成的话说，就是一旦进入司礼监，必然令"科道结舌，文臣拱手"，都得听我的。

这想法在当时，可谓疯狂。但刘瑾真付诸行动了。第一步，就是继续争得明武宗的宠信。

一直以来，明武宗虽然宠信刘瑾，但还是拿他当个老保姆。令明武宗刮目相看的，却是一件事：明孝宗临终前，遗嘱召回各地镇守太监，明武宗登基后，却是刘瑾给揭了底。刘瑾告诉明武宗，所谓镇守太监，以往都是司礼监委派，任命一个镇守太监，就要收大笔好处。现在既然要召回，不妨就由皇帝亲自再派一批，任命一个，就收两三万白银的好处费，管保发财。

这事一办，小皇帝明武宗乐开了花。真个见识了刘瑾的能量，所谓"帝欢乐之，渐信用瑾"，正是起于此时。

但同样的，从此以后，刘瑾在群臣眼里，算是彻底挂了号。而且他更招群臣恨的事，却和明武宗的荒唐有关。

明武宗这人，天资极其聪颖，但就贪玩这条，成了大毛病。登基即位正经了没几天，顽童本色发作，继续变本加厉地玩。刘瑾及其"八虎"党羽们，也就顺水推舟，甚至在后宫里开集市卖东西，陪着皇帝演小品，玩做买卖的游戏，内容十分丰富。

如此一来，群臣们几乎气疯。正德初年的大臣，基本都是明孝宗留下的老班底，正直士大夫居多。臣子们看小皇帝，就跟家里长辈看小孩子不学好一样，真个急火攻心。带着小皇帝不学好的刘瑾，当然更被恨死。先是御史言官们上奏，接着尚书们也上奏，到后来内阁大学士们也上奏，内容基本一致，直指刘瑾等"八虎"，好比一通乱拳，轮流砸过来。

这样的情景，从明武宗登基早期就开始，一直到第二年（1506）十月前，从来都没消停过。基本就是大臣骂，刘瑾躲，明武宗敷衍，玩乐人生照样继续。但到了这年十月，一场惊心策划的组合拳风暴，却冲刘瑾呼啸而来。

这场风暴的策动人，是内阁阁老刘健、谢迁、李东阳三位，外加户部尚书韩文为首的六部九卿高官们。组合拳的第一步，是个虚招，由五官监侯杨源出招，上奏警告"天变"，也就是皇帝宠信刘瑾，老天爷都不愿意，再不改正就会招灾，结果是"帝意颇动"，真把皇帝唬着了。第二步是实招，左右两摆拳，一拳内阁打，刘健、谢迁、李东阳三人上奏，要求处死刘瑾等人。还没等明武宗反应过来，另一重拳就招呼来了：户部尚书韩文领衔六部九卿上奏，奏折更由当时文学家李梦阳起草，把刘瑾形容成东汉宦官十常侍。这招效果更好，明武宗震惊不已，甚至"惊泣不食"，真个动摇了。

消息传来，刘瑾立马就惊了，连忙召集其他几位"八虎"成员开会讨论，但商量半天，讨论会却开成了哭丧会，八人自感大祸临头，纷纷痛哭。

群臣压力之下，明武宗只得服软。派司礼监太监李荣和王岳，接连几次去内阁传旨，意思是自己和刘瑾等人感情深，这几个人能否晚点处理？

但刘瑾最大的危机，这时才开始。他对司礼监的野心，司礼监的几位实权人物早知道，王岳传了几次旨，回来就放暗箭，苦口婆心劝：刘瑾不是个好玩意儿，大臣们是好心，不杀刘瑾，群臣寒心，谁还肯给你卖命，皇上你就从了吧。

几次三番劝说下，明武宗的心理防线终于彻底崩溃，临近晚上的时候，总算放话缴械：第二天早晨，就除掉刘瑾等人。

如此一来，刘瑾的灭顶之灾已然降临：群臣威逼，司礼监推波助澜，皇帝缴械。第二天早晨收拾他们，就是个走过场的事。而对这一切，刘瑾等几人还浑然不知，眼看着稀里糊涂，就要给送上法场。

就在这千钧一发时刻，刘瑾常年经营的人脉，终于起作用了：吏部尚书焦芳是刘瑾死党，危急关头，火速派人送信：别等死了，快想办法吧！

但事情到了这里，依然毫无转圜余地，于是大家听了继续哭，刘瑾据说却笑了：文官集团这次精心策划，气势磅礴的攻击，已然暴露了最大的漏洞。

针对这个软肋，刘瑾做出了最冒险的决定：率领"八虎"连夜求见明武宗，求他回心转意。

于是明朝历史上著名的一幕上演了：白天被吵到头炸的明武宗，晚上饮宴解闷。刘瑾等"八虎"们突然求见，进门就呼啦啦跪一地，然后集体号哭，哭得明武宗也心软，紧接着刘瑾抓住机会，说出了一句话。就是这关键一句，立刻扭转了眼看到悬崖边的局势。

"害奴等者王岳！"

这话看着奇怪，怎么账却算在王太监头上？明武宗也莫名其妙，接着刘瑾详细分析，揭了王岳好些老底，最后得出结论：这老太监和内阁重臣们，其实早有勾结。

这事一咬定，后果就不一样了。对于明朝皇帝来说，大臣攻击宦官，很正常。宦官反咬大臣，也很正常。但唯独宦官大臣勾结，特别是掌握行政审核大权的司礼监太监，竟和内阁大臣勾结，这就极不正常：这两部门是皇权下的"双轮"，两家若狼狈为奸，皇帝岂不要惨？

于是本来已经闹怕的明武宗，这下彻底给闹怒了。据说当场发飙，骂王岳吃里扒外。紧接着刘瑾又扔出一颗重磅炸弹：这群大臣敢嚷嚷，就是因为司礼监没皇上您的人，要是我们几个掌管司礼监，保证他们全老实。

明武宗一直憋着的怒火，这下彻底反弹，立刻下令行动，刘瑾当场获得任命：司礼监太监。另外谷大用管东厂，张永抓御马监。三大宦官要害部门，一下全归了"八虎"。更连夜抓捕王岳，流放南京劳改。几天后又派人追杀，将王岳害死在路上。眨眼之间，局势逆转。

等到第二天早朝，原本斗志昂扬的群臣们，立刻看到了惊人一幕：之前可怜巴巴求活路，被追逼得没处躲的"八虎"们，正人五人六地招摇。王岳获罪流放的消息，更当场宣布。这场煞费苦心的进攻，竟然就这样被刘瑾绝杀了。

就这样，群臣的攻势给打压下来。之前告密的焦芳也得到回报，得以晋升内阁大学士。这事很关键，原本和司礼监互相制约的内阁，这下唯刘瑾马首是瞻。虽然名义上的司礼监掌印太监，依然是李荣，但这人本事不大，王岳在时就是傀儡，这下更是傀儡，到了正德三年（1508）六月，刘瑾干脆逼李荣退休，直接取而代之。

就这样，经过一场赌博式逆袭，刘瑾奇迹般成功，真个达到了他偶像王振曾经的级别：一人之下，万人之上，呼风唤雨，谁敢不从。

独霸朝野真凶横

正德元年（1506）十月这场政治风暴落幕后，明朝政治，也就进入了一个时期：刘瑾专权时期。

自从专权后，刘瑾也越发威风。先是穷追猛打整人，逼走了刘健等阁老，撤了韩文等人的职。凡是先前骂过他的官员，基本都不放过。连小官也倒霉，南京给事中戴铣等二十一位言官，更被集体杖责。为首的戴铣被当场打死，一大批牵涉其中的官员，轻的挨打，重的流放充军入狱，恶整了好些人。

说句题外话，戴铣被杖责致死事件中，一个三十四岁的年轻主事，也愤然上书，结果先被刘瑾暴打，又降职发配贵州龙场。其后此人在贵州专心治学，竟成一代儒学圣人——王阳明。整人整出个圣人，也算刘瑾的"意外贡献"。

在整人这事上，刘瑾一向积极性高。除权力斗争需要外，他个人性格狭隘，手段毒辣，素来睚眦必报。不赶尽杀绝，一般不罢休。

为了这事，刘瑾还特意发明了一样刑罚：造了一种一百多斤的大枷，犯错的就戴上示众，锁得奄奄一息，才去流放充军。倒这霉的，前后有近百官员，大多都是小官。威风要够了，名声自然也更臭了。

而在几次恶整后，刘瑾也早已威风八面，就连上朝的时候，群臣拜完皇帝，接着还要拜他。京城的王公贵族，见他都要磕头。甚至和皇帝一样有"名讳"，公文里只能称"刘太监"。一次都察院的奏疏里不小心犯了刘瑾名讳，吓得都御史屠庸带着下属们跪了一片，让刘瑾骂得狗血淋头。更"壮观"的还在后头，正德二年（1507）三月，刘瑾把文武百官叫到金水桥罚跪，宣读"奸党"名单，把谢迁等五十多位官员列为奸党。第二年七月，因为有人写匿名信骂刘瑾，刘瑾闻讯大怒，又把三百多官员弄到奉天门外罚跪。大夏天日头下，当场渴死四个。气焰极为嚣张。

而且为了抓权，刘瑾在情报工作上也不放松，开设了"内行厂"。这特务组织不但监视官员百姓，连同事都不放过，东厂和西厂两大特务机关，也都在监视之列。好些无辜百姓获罪，不少大臣被恶治。就连东厂西厂的好些老特务，也都连带着被整。官愤民愤甚至特务愤，都闹得极大。

除了耍威风，刘瑾好处也不少捞，贪污腐败更是折腾得厉害。朝廷的官职都能买，地方官进京办事，京官出去办差，都得给他送孝敬，最少两万两，美其名曰"常例"，闹得很多官员没钱，只能先找京城有钱人借，捞完后再还。如此一来，腐败也就恶性循环。甚至有个官员因为交不起钱，竟上吊自杀。

而刘瑾自己也明白，执掌司礼监，不止要耍威风，要想确保威风，工作更要保证。

在这件事上，刘瑾很有办法。先是继续哄明武宗，每次都趁着明武宗耍乐的时候请示工作，结果明武宗大怒，说我用你干吗？这点小事你看着办。此等招数，后来的魏忠贤也照搬，确实很好用。

但刘瑾也知道，国家大事这玩意儿，要他亲自办，肯定玩不转。必须说，在这点上，刘瑾很有水平。

自从刘瑾"看着办"后，明朝的政务运转，就变成了这种样子：奏折报上来，拿回刘瑾家，先由刘瑾的师爷张文冕以及妹夫孙聪等人商议，经刘瑾点头后批复，再经过内阁心腹焦芳润色后，交给百官办理。先前明朝的"双轮制"，就此彻底打乱。

这么搞了几年，朝政办了不少。好些竟然是雷事：比如勒令京城没户口的暂住人口，期限内全都要搬家；全国的寡妇更要勒令改嫁；家里有人过世，来不及埋葬的就得立刻火葬。这几件事，纯粹损人不利己，闹得上千京城暂住人口，主要是店铺伙计、佣工，竟然聚集在京郊闹事，扬言要杀了刘瑾。一直嚣张的刘瑾，更给吓得不行，只好处理几个领头的草草了事。

日久天长，刘瑾也搞明白了：焦芳虽然听话，但除了整同僚，凡事就会依附。至于张师爷和孙妹夫，更是小官吏出身，处理不了大场面。遇到大事，真得有个能帮着出主意的。

很快刘瑾就找到了一个这样的人物：张彩。

比起焦芳来，张彩确有真本事。此人和刘瑾同乡，弘治三年（1490）就中了进士，相貌英俊，从政务到军事都有一套本领，举手投足都是名臣风范。以至于刘瑾第一次见，就忍不住仰慕，当场拉着他的手喊："子神人也。"

但这位张神人，其实也不是好货。而且十分好色，竟然公开霸占同僚下属的老婆。这缺德角色跟刘瑾凑一块，却真是般配：正德二年（1507）他经焦芳举荐，做了吏部文选司郎中。两年后焦芳退休，更接了焦芳吏部尚书的要职。平时刘瑾在家办公，一群文武大臣在外厅等，唯独他不慌不忙，在内厅陪刘瑾喝酒，俨然最亲近心腹。

事实证明，这次刘瑾真没看走眼。作为一个老于世故的官僚，张彩最大的价值，就是帮刘瑾搞政绩。

这其中最大的一个政绩，竟然是反腐败。张彩一下就瞧出刘瑾捞钱的最大漏洞："常例"看似来钱快，但送钱的都不傻，正好打着这个名头捞钱，送给刘瑾两万，留自己腰包的更不知道多少。发财他们来，黑锅刘瑾背。这么一番开导，刘瑾果然大悟，立刻卷起袖子，反腐！

这样一反，效果明显，打掉了几个出名的贪官。比如以贪婪著称的江西布政使马龙，素来横暴，甚至还经常绑票老百姓捞钱的苏州知府鲍捧，擅搞司法腐败的山东参政张镇，统统被逮捕问罪，一时大快人心。当然落马贪官的财产，也都进了刘瑾的腰包。说到底，还是借着反腐败搞腐败。

而更让贪官们叫苦连天的，是与反腐同时跟进的另一个政绩：查盘。

所谓查盘，就是对明朝地方上的府库、粮仓、草场，进行定期查账。发展到正德年间，却早已荒废，好些官员借此中饱私囊，而且出了事还没人负责。比如正德初年，查盘宁夏粮草，发现问题极多，但相关官员要么辞职，要么病故，结果不了了之。

对这种严重问题，刘瑾出手更狠：只要查出问题，不但在职官员追责，离职官员也跑不了，前后抓了四十多人。查出短缺多少粮草，就由相关官员按责任赔付，赔完了更要交罚款，弄得诸多贪官们，就算赔得起，也大多罚不起。有家产的充公，充完了还不够数的，子子孙孙接着赔。好些个贪污犯，就这样被整得家破人亡。

这事按说是个好事，但盘查完了的留存钱粮，基本都解送京城，其实就是送进他自家腰包。又搞政绩又捞钱，外带借着盘查风暴，大肆栽赃陷害，恶整了不少政敌。可谓一举三得。一个直接的后果，就是好些地方府库钱粮无存，碰上闹灾打仗，甚至无钱可用。

搞了几样政绩工程的刘瑾，好些个事情上，更露出另一面：当年群臣发动攻击，奏折起草人，是明朝大文豪李梦阳。事后刘瑾报复，将李梦阳问罪下狱。危急时刻，刘瑾素来仰慕的另一文学家康海，不顾个人荣辱登门求情。这下把刘瑾乐坏了，喜得光着脚跑来迎接，随后爽快放李梦阳出狱。五年后，刘瑾垮台倒霉，康海也被株连，惨被削职为民。而昔日被康海救过的李梦阳，反而落井下石，给康海泼脏水。两相对比，权阉刘瑾倒比文豪可爱。

而即使在日常政务上，刘瑾有时也可爱。焦芳在内阁时，他儿子焦黄中考科举，自诩能当状元，谁知主考大学士李东阳公平，只给他个二甲。气得焦芳找刘瑾告状，刘瑾得知立刻发火：你儿子那天在我家作诗，吭哧一首《石榴》，水平非常拙劣，给他个二甲就不错了，别得便宜卖乖。

如上事迹，在刘瑾嚣张跋扈的年月里，着实也不少。特别是随着他权位日益稳固，这类事也渐多。这个早年的权力动物，此时已进化成老辣圆熟的权奸。

灰飞烟灭弹指间

一直以来，刘瑾的成功经验，总结下来就是八个字：看事够准，办事够狠。也因为长期以来，太过顺利，刘瑾也把这工作方式，当作成功的不二法宝。终于在权力如日中天的正德五年（1510），惹出来大麻烦，以致苦心经营的权势，顷刻土崩瓦解。

这麻烦，得从一个人说起："八虎"里的老朋友张永。

张永和刘瑾，本是过命的交情，但随着刘瑾权势滔天，这亲密交情也出问题了：张永虽然坏事也做过，但比较有原则。比起刘瑾能捞来，他却较守规矩，经济上更"不私毫末"。太监中间，算是个廉洁人物。

眼看着刘瑾越来越横行，比较守规矩的张永，也看不过去。他又是个武将脾气，看不惯就说。刘瑾又是小心眼，听了就生气，常给张永找麻烦。据说就连张永的部下，都曾给抓到内行厂拷问。关系眼看就掰了。

而关系恶化的另一原因是：张永能耐强，也得宠。刘瑾之下，属于威胁最大的同行。在刘瑾看来，这威胁得早解决，瞅准机会找明武宗进言，想把张永平调到南京去。这是个软刀子，先调离权力中心，管你多得宠，慢慢就边缘化。

但这次软刀子碰硬茬，张永哪里好惹，闻讯后立刻找明武宗闹，还当着明武宗面，揪住刘瑾就暴打。虽然在明武宗主持下，两人表面和好，但仇算是结下了。但这事在刘瑾看来，不过是个小麻烦。接下来他惹的，却是一个天大的麻烦：土地清丈。

· 权阉刘瑾有多坏 ·

土地清丈这事，也是明朝的老问题了。自从明中期起，土地兼并愈演愈烈，大量土地被权贵占用，国家农业税减少，农民流离失所。到了明武宗这时，问题已极其严重，理论上说，必须重新清丈。

但这事可操作难度太大，圈占土地的，都不是一般人。各方利益勾搭连环，从中央到地方，情况极为复杂。但刘瑾却偏瞧准了这事：别人办不了，我还办不了？

为了完成这个大政绩，刘瑾一直在努力。从正德二年 (1507) 起，开始在京郊和河南、山东、直隶等地，先后试点了九次。倒也清查出不少土地，仅山东一地，查出来的军屯土地，就比永乐年间多了一万多顷，成果极其显著。

眼看节节胜利，刘瑾也决心搞把大的，这次他连张彩的苦劝也不听。正德四年（1509）八月正式下令，全国范围大面积清丈，主要对象是北方边境各省的军屯。各地分派亲信官员前往，期限内必须完成任务。

这一闹，就不得了。外带刘瑾派去的爪牙们，一心想着交差，还想顺手发财，就吃柿子找软的捏，专门欺压勒索普通军户。先是辽东的锦州、义州两地，发生了军户兵变，连府衙都烧了。紧接着军事重镇宁夏省，更爆出大麻烦：刘瑾的爪牙周东在当地欺压军户，拷打军属，惹得边军众怒。早有野心的安化王朱寘镭趁机拉拢，勾结当地都指挥何锦，于正德五年（1510）四月二十三日起事。先杀当地巡抚总兵，继而檄文传告天下，历数刘瑾十七条大罪，宣称要"清君侧"，正式扯旗造反，史称"安化王之乱"。

这下闹大了，刘瑾闻讯也吓坏了，好在还把持司礼监，赶快把历数他罪状的檄文藏起来。但在他看来，这事也好交代，只要迅速平乱，恢复秩序，就能瞒哄过去。但平乱是个技术活，一般人干不了，而最合适的两人，却都和他有仇：一个是感情破裂的老哥们儿张永，一个是当年的三边总制，被他恶整过的名将杨一清。但局势危急，有仇也只好用。于是忍下一口气：杨一清提督军务，张永总督，率领平叛大军出征。先解决眼下事再说。

然而万没想到，这场雷声大的叛乱，到头却雨点小，平叛大军还没出发，安化王之流，就早被宁夏副总兵仇钺扫平。后面的事，更让刘瑾始料未及：杨一清和张永这一路，仗没怎么打，关系却没少拉，稳定宁夏当地秩序后，更是经过密谈，定下了诛刘瑾的大计。八月十五日张永凯旋，刘瑾的末日，眼看就要到了。

刘瑾的败亡，是从张永凯旋开始。本来刘瑾千防万防，就怕张永趁机说坏话。明武宗晚上摆酒宴，拉二人一道庆贺。刘瑾一开始还作陪，但眼看张永快喝醉，又赶上自家兄长过世，次日还要出殡，实在不能跟着耗，只能先退席回家。刘瑾前脚刚走，本来装醉的张永立刻恢复本色，忙按和杨一清商量好的，火速拿出安化王叛乱的檄文，一口咬定刘瑾谋反。起初明武宗还没当回事，随口敷衍几句，但张永决心坚定，连哭带求，一声怒吼，更瞬间打中明武宗要害："刘瑾取天下，置陛下于何地！"一下子明武宗猛醒，刘瑾的下场，也就注定了。

跟当年逮王岳一样，这次明武宗也是火速行动，当天晚上就由张永率领禁军，火速将刘瑾逮捕，暂时关押在菜厂等候处理。消息好比重磅炸弹，大街小巷全议论这事，城里更是大批骑兵巡逻，防止刘瑾党羽生变，气氛极为紧张。

但大难临头，刘瑾却还不紧张。情商极高的他，太了解明武宗。果然查了几天，一看刘瑾除了贪污腐败，也没其他罪，明武宗也不落忍，听说刘瑾在牢里冻得没衣服穿，又特意送了几百件衣服，还允许刘瑾家人探监。这下刘瑾放心了，甚至得意扬扬给来探监的家人说：我这次最差，也能当个富贵太监，死不了。

但刘瑾千算万算，却漏算了一条：他这些年太过专横，树敌极多，眼看这次他落到井里，立刻跟着扔石头。而杨一清与张永事先的密谋，也紧跟着继续：在杨一清老同学李东阳的策动下，六部六科外加十三道御史集体上奏弹劾刘瑾。这还不算，抄家更抄出了新结果：刘瑾家搜出了自制的龙袍、玉玺，更有上千盔甲武器，他要造反！

这件事，算是彻底击碎了明武宗的心理防线。原本还念感情，这下铁面无情，当场破口大骂："这奴才果然要造反。"后面的事情，就按照谋反罪来办了：刘瑾先从菜厂转到监狱，然后百官集体会审，坐实了谋反大罪，给判了凌迟处死。三天行刑间，他常年的胡作非为，这下遭了报应，身上剐下的每块肉，都被围观百姓抢光，争着咬一口解恨。这位权倾天下五年的明朝"权阉"，就这样彻底倒台。

刘瑾谋反这事，后来清朝人编修《明史》的时候，基本照单全收。但在明朝当时，很多史学家就都提出怀疑。最大的疑点是，在刘瑾被逮捕后的第一次抄家时，除了金银财宝，并没有什么重量级发现。但当明武宗露出对刘瑾的不忍后，诸如盔甲兵器，龙袍玉玺，各种意外收获一股脑儿全都来了。随之而来的，是明朝官场又一次大清洗，被划为刘瑾一党，遭到革职流放的，多达六十多官员，特别是从内阁到六部，几乎一扫而光。而帮刘瑾搞政绩的张彩，先被清算逮捕，后来死于牢狱中。

而对刘瑾一生的恶行，最没争议的，就是腐败这条：抄出来的家产数目惊人，具体数额却争议很大。这笔财富也直接充了公，大多搬运到明武宗的私人"豹房"里。当然部分也惠顾了老百姓：正德六年（1511），经新科进士柴奇奏议，明朝大规模整修瓦浦等地的水利工程，所用的经费，正是抄没的刘瑾家产。

但恶行昭著的刘瑾，即使在明朝当时，包括后来却也得到了肯定。特别是他的几样政绩工程，比如盘查反腐这条，成了明朝反腐的一项重要手段。清理边境屯田这事，虽然他干得失败，但意义同样重大。明朝学问家薛应旗就曾感慨，对刘瑾的这些成就，确实不能"因人而废言"。

而多次祸害老百姓的刘瑾，也难得办了一件好事。这件好事，更被写入了京剧《法门寺》中。当年他陪太后去法门寺进香，路遇民女宋巧娇喊冤，偏巧刘瑾想在太后面前露一手，立刻现场办公，不但审清冤案，更做主宋巧娇与秀才傅朋婚配。这件美事，就是京剧《法门寺》的故事原型，刘瑾在剧中，也成了"青天大老爷"形象。剧中那段唱词"不是一番寒彻骨，怎得梅花透鼻香"，今日已成爱情箴言，却正出自刘权阉之口。

"八虎"宦官张永

刘瑾败亡，是他多年横行后的咎由自取。但直接把他送上绝路的，却是他早年的老哥们儿，得志之后的死对头：同属"八虎"宦官之列的张永。

虽然张永这一辈子，威权远没有刘瑾这般显赫。但就明朝正德年间的政事来说，明武宗执政的整个十五年，几乎所有的大事件，他都牵涉其中，一生的风光坎坷，更与此相始终，堪称了解这十五年明朝政局变迁的线头人物。而其间他的是非功过，更值得一说。

认真负责好太监

张永是保定人，从岁数说，张永出生于成化元年（1465），比老哥们儿刘瑾小十一岁。十岁那年入宫，资历比刘瑾更浅，但早年的事业起点，真比刘瑾强得多。

早年明武宗的祖父，即明宪宗朱见深在位的时候，他就很得宠，二十二岁之前，就担任了内宫监右监丞，论官职是正五品。年纪轻轻，就是宦官里的高级领导。

之所以能得宠，关键还是他办事水平强。内宫监主管宫廷营造，事务烦琐，明宪宗那时候，又恰好沉迷炼丹修道，工程项目极多，工作挑战力也大。但大事小情，张永都能处理得井井有条。而且一直以来，他还有个好品质：不贪小便宜。按照名臣杨一清的话是"不私毫末"，很有自律精神。

这样又能干活又自律的人物，放哪儿都是宝。年纪轻轻就春风得意。谁知好景不长，二十二岁那年明宪宗过世。即位的明孝宗朱祐樘，开始叫停各类营造工程，大搞勤俭节约，张永也被裁员，直接一撸到底，发配到茂陵司香，也就是给明宪宗看坟。

对明朝宦官来说，要是给安排看坟，基本前途没指望，大多也就认命。但张永心态好，认不认命不好说，认真还是一贯。在这个没有前途的工作岗位上，依然做得勤勤恳恳。后来好几次，明孝宗的亲近宦官们来检查工作，都对他称赞不已。

认真久了，终有回报。明孝宗弘治九年（1496），三十一岁的张永得到新职务：调东宫陪太子朱厚照读书。也正是在这个前途远大的新工作中，张永结识了后来的死对头：刘瑾。

但在当时，两人关系还算是亲密，刘瑾岁数大，见识准，很让大家佩服，张永自愿拜他当头。工作更密切配合，比如给小太子朱厚照开发的游戏项目，大多都是刘瑾策划，张永执行，哄得小太子高兴，一道得宠。

而且和刘瑾一样，张永也有独特本事，虽然脑子不如刘瑾灵光，身板却健壮，还会些武艺，骑马射箭都不差，还常给大家表演。也有野史说他在内书堂读过书，不但有文化，还懂韬略，常给小太子侃军事，乐得尚武的小太子喝彩不已。日久天长，便成了"八虎"之中，仅次于刘瑾的得宠人物。

弘治十八年（1505）明孝宗过世，明武宗朱厚照即位。跟刘瑾一样，张永的仕途也变得春风得意：先升了御马监左丞，又提拔为御用监太监。之后正德元年（1506）十月，文官集团与司礼监配合发动的攻击风暴中，张永更与刘瑾并肩战斗，及时接管内宫兵权，火速逮捕王岳等司礼监宦官，办事干脆利索，立下大功。

这事之后，张永也更发达，明朝京城的精锐部队，包括三千营、神机营和十二团营，都归他提督。另外还兼管后宫营造、衣帽、尚膳等十几个部门。甚至明武宗还给他特权，可以在宫内骑马。"八虎"之中，可谓刘瑾老大，张永老二。

但比起刘瑾来，从那时起，张永的形象就好得多。虽然捞钱的事他也干，比如霸占了已故宦官吴忠的财产，但小便宜还是不占。特别是他兼顾后宫十多个部门，内宫后勤一把抓，各项事务都打理得好，而且从不贪占，做事很讲原则。

而就工作来说，张永依然是硬实力。特别是管理部队，大搞训练考核，提升战斗力，还擢拔了不少少壮军官，好些人后来即使到嘉靖年间，也是屡立战功。京军的面貌，更是焕然一新。

一记黑拳灭老哥

工作春风得意，但和老大哥刘瑾的关系，却逐渐破裂了。表面说，是个脾气问题，张永武人脾气，又有原则，见刘瑾办事过分，就忍不住说，说多了刘瑾生气，也就冲突不断。刘瑾的"内行厂"，还抓过张永的心腹拷问。但根子上说，还是利益问题：张永既有真本事，又很得宠，"八虎"之中，数他对刘瑾威胁大，以刘瑾的性子，必然要解决他。

接着就发生了明朝宦官关系史上的荒唐一幕：刘瑾想解决张永，就故意进谗言，想打发张永去南京养老。张永知道后大怒，跑到明武宗身边闹，当着明武宗面，揪住刘瑾就往死里打。明武宗也不含糊，立刻又叫来"八虎"中的谷大用作陪，摆酒宴说和，当下推杯换盏，交流感情。但再交流也没用，老伙计已彻底闹崩。

自这事以后几年间，两人关系一直僵着。刘瑾整不动张永，张永拿刘瑾也没招。只能咬牙切齿，各忙各的。直到正德五年（1510）四月，刘瑾搞清丈惹出麻烦，闹得宁夏安化王借机叛乱，天下震惊。焦头烂额的刘瑾没招，只得想起张永：任命张永监军，统率三万京军平叛。行前明武宗亲穿军服送行，更赐张永金印，如此威权，在明朝宦官史上都是空前。

而这场意外的叛乱，不但给了张永清算老朋友刘瑾的机会，更让他结识了一位新朋友：先前被刘瑾排挤回家，这次又重新得到委任，总制三边军务的杨一清。

早在正德年间前，杨一清就是个传奇人物：十八岁就中了进士，弘治十五年（1502）起镇守西北，多次挫败蒙古入侵。这样一个文武双全的老军事家，却因不肯依附刘瑾，被刘瑾罗织罪名陷害，好不容易才保住性命。论跟刘瑾的仇，结得可比张永深。

两个跟刘瑾有仇的厉害人，成了受命平叛的工作搭档。刘瑾的命运，也就注定。

张永与杨一清，虽然后世也有很多人说，他俩只是利用关系。但就一生的交往，和多次荣辱沉浮间的相互扶助来看，这两个人，是互相钦佩的朋友。而这友谊，正是从这次平叛开始。

受命的时候，杨一清还远在江南老家，受命平叛这事，他和张永是分头赶赴的，杨一清早到一步。其实就在出征前，这场叛乱已被宁夏当地驻军平定。二人此行的任务，主要是稳定当地局势。

而在张永到任后，杨一清却看到了令其惊讶的一幕：以纪律水平差、战斗力弱闻名的京军，这次表现却出人意料，一路条令森严，绝不扰民，反而严格巡逻，安定地方。见到的士兵们，以这位老军事家的眼光判定，都是训练有素的好兵。这个叫张永的监军太监，不简单。

然后他又得知了更不简单的事：到任后的张永，不但严格申明纪律，禁止扰民害民，更轻装简从，仅带五百亲信走访州县、安抚百姓。所过之处，秩序无不井井有条。这人，可交。

就这样两人相识，对杨一清的威名，张永也早有所闻。两个互相佩服的人，此后一起共事，在宁夏稳定秩序，发放赈济；审讯叛乱主犯，释放大批被牵涉的无辜军民；更向朝廷奏请，减免当地赋税。经过近三个月忙活，总算一切恢复正常。

合作一直愉快，关系也就亲密。两位新同事，很快就成了无话不谈的好朋友。也很自然地从工作谈到了朝局，又从朝局谈到了刘瑾。一说刘瑾，就同仇敌忾。而老谋深算的杨一清，更给张永和盘托出筹谋已久的计划：由张永借着凯旋，给明武宗进言。杨一清则联合众多文臣，上奏跟进弹劾。这样里外联合，铲除刘瑾。

但对这事，张永一开始还在犹豫，毕竟风险太大。但杨一清有句话彻底打动他：如果铲除了刘瑾，你就能取而代之。此后大权在手，名垂青史。张永终于下决心，就算当枪用也认了：干！

随后的事情，便尽人皆知。八月十三日张永凯旋，当夜向明武宗进言，先是揭发刘瑾罪恶，明武宗不理，接着张永哭，明武宗还是不为之所动；实在没招，张永决然怒吼，说刘瑾一旦篡夺了天下，皇上您怎么办？这一吼把明武宗吼动，随后刘瑾下狱，坐实了谋反大罪，被处剐刑，横行五年的权阉，就此倒台。

而在这过程里，张永的作用，堪称承前启后。刘瑾被抓，来自他冒死进言。随后查办刘瑾，京城人心惶惶，他安排部队巡逻，稳定了局面。等着明武宗心中不忍，打算从轻发落刘瑾时，还是张永再度出手，二次查抄刘瑾府邸，找出盔甲武器甚至龙袍玉玺等关键物证，坐实了刘瑾谋反大罪。虽说整个事件，来自杨一清、李东阳、杨廷和等文臣的筹谋，但冲锋陷阵的，却当属张永。

而张永的另一作用，却在刘瑾倒台后，在他的力主下，"内行厂"和"西厂"两大特务组织，从此彻底废除，再未重设。随后清洗刘瑾党羽，张永也极讲原则，从宽赦免了许多无辜，更配合文臣们请旨，复查刘瑾专权时酿造的冤案。如上种种，都是好事。

而在刘瑾败亡后，张永也权势滔天，名声也大涨，好些朝臣都上奏，赞扬这大功劳，甚至兵部尚书王敞说他"辑宁中外，两建奇功"。封赏自然也不少，哥哥张富和弟弟张容，全都封了伯爵。本人更升官，刘瑾的司礼监掌印太监职务，由他继任接掌，之前他提督御马监等部门的兼职也保留。等于行政权和军事权都是他抓，宦官业界，可谓一统江湖。

好景不长官位丢

刘瑾败亡伊始，大权在手的张永，同样非常强横，甚至刘瑾想都没想的一件事，他居然也要办：封侯。但万没想到，这事一声张出来，就遭内阁文臣们坚决反对，就连老友杨一清也不支持，只好作罢。

但对杨一清，张永极够意思。一抓权就先给官，先当了户部尚书，又调任吏部尚书，从当年威震边关的封疆大吏，变成而今手握人事大权的中央重臣。

但比起当年刘瑾面前唯唯诺诺的焦芳来，杨一清却不同。他有真本事，更是个明白人。虽然和张永交好，但眼看张永要犯坏，他也想办法阻拦，日常生活中更劝张永要收敛。但万万没想到，掌权没两年的张永，却还是重复了昔日刘瑾犯的一大错误："八虎"集团窝里反。

这次和张永交恶的，是"八虎"中的另一老伙计：丘聚。

当年"八虎"夺权的时候，丘聚也是得力干将。正德元年（1505）十月的那场博弈中，丘聚抢占的是东厂提督太监大权。刘瑾专权初期，若说张永是左膀，他就是右臂。

但这位丘聚，也是个嚣张人物，生性残暴，做事更是肆意妄为。刘瑾最得宠的时候，他就从不买账，好几次伤刘瑾的面子，惹怒刘瑾的后果很严重，被打发到南京养老，直到刘瑾败亡后才复职。

而复职后的丘聚，依然本性不改，说话做事，还是一副嚣张脾气，而张永又岂是好惹？一开始就不喜欢他，本想让自己的心腹张茂接管东厂，谁知明武宗不许，还是把东厂交给了丘聚。从那以后，两人关系迅速恶化，明枪暗箭斗了几次。毕竟张永势力大，借几件小事，恶整了丘聚好多回。但丘聚虽然势力小，却有业务优势，掌握着特务机构东厂，因此遍布眼线，放大镜一般找张永的毛病。

但对张永来说，这个时刻盯着自己的丘聚，其实只是小患。他真正的大麻烦是：明武宗面前，他已日渐失宠。

明武宗这人，在位十五年，主要内容就是玩。刘瑾败亡初期，也曾装模作样，当了几天勤勉皇帝，很快又本相毕露，变着花样玩。而且早早就开发出了新游戏场所：豹房。

豹房，是明武宗于正德二年（1507）在西苑开设的游乐场所，里面除了有各种奇珍异兽，还有大批美女供其耍乐，各色游乐项目，更是不断翻新花样，要啥有啥。一开始陪明武宗在里面耍的，还是刘瑾、张永这些"八虎"太监，后来"八虎"们掌了权，事情多，耍乐顾不上，这类事情，也就交给了年轻一代的宦官们。

于是长江后浪推前浪，当"八虎"为权力互相掐架时，几位不起眼的年轻新贵，在明武宗身边，恩宠扶摇直上，大有后来居上之势，其中风头最猛的，就是钱宁。

钱宁这人，在史料中一向踪影神秘，连他本来姓什么，老家哪里，都没人能说清楚。但尽人皆知的，就是他一辈子的"干爹"极多。早在明宪宗年间，就拜了大太监钱能做干爹。后来刘瑾得宠，又认了刘瑾做干爹，另外脚踩两只船，捎带着拜了张永做干爹。后来刘瑾败亡，他更一下子攀上高枝，竟拜了明武宗做干爹，被封为"皇庶子"，更受命执掌锦衣卫，从此大权在手。

钱宁的认爹之路，之所以如此顺畅，还是他本人的能耐，一是会来事，察言观色本事强；二是会说，口才极好；三是有真本事，武功很精湛，特别擅长射箭。可以说刘瑾和张永，这两位前辈的拿手本领，全被他集于一身。如此后起之秀，明武宗自然喜欢得不行，不但认了干儿子，更恩宠无比，平日游戏耍乐全是他陪在身边，风头日益强盛。

但这时的钱宁，虽然得宠，但主要的工作，还是陪明武宗玩。真正宫里宫外，苦活累活操持的，却还是张永。

张永这时的主要工作，是执掌司礼监。总体来说，他比刘瑾负责得多，国家大事处理谨慎，遇到重大问题就及时报告，更秉公办事，拒绝各种送礼请托。而这会儿的明王朝，正遇到一个大麻烦：正德五年（1510）十月，河北霸州农民刘六、刘七聚众起事，开始只有几千人，不到一年时间，就发展到数万人，甚至横扫山东、河北、河南、江苏各省。这是自明朝开国以来，北方破坏力最大的一次暴乱。

对这个大麻烦，张永极其着急，和内阁众臣一道，多次向明武宗陈奏。但明武宗本人，一开始没拿这当回事，直到越闹越大，眼看地方上总兵御史这样的重臣，都接连牺牲了好几位，这才打起精神来。正德六年（1511）四月召开御前会议，决定由之前赋闲在家的太监谷大用总督，会同名将伏羌伯毛锐，率领明朝边境精锐军队，全力平定动乱。

这一动真格，效果就大好。明军节节胜利，捷报频传。而张永虽然没上前线，却也没闲着：参与平叛的许多基层将领，都来自他推荐，平叛的基本方略，也由他参与制定。甚至还严把财政关，禁止大小官员借平乱中饱私囊。其间诸如前线后勤供应，调兵遣将之类的杂活，也都有他参与处理。正德七年（1512）四月，明军在霸州战役中重创农民军，平乱胜局已定，前后忙活的张永，着实劳苦功高。

但干了一堆细碎活的张永，恰如杨一清在他墓志铭里所说，"群小共媒孽之"。也就是小人都得罪光了，就开始一道算计他了。霸州战役结束没多久，一支暗箭便射来：东厂提督丘聚指控张永的库官吴纪盗取白银七千两。结果张永一下中招，就因这由头，被明武宗一撸到底，解除一切相关职务，勒令在京退休闲住。紧接着，张永的老友杨一清也被钱宁陷害，黯然罢官回乡。

张永这次倒台，比刘瑾结局总还算好，虽说官职没了，但待遇还在。而且和上次刘瑾倒台后，张永照单全收刘瑾职务不同，这次张永被免职，其先前官职，更被多人瓜分，比如"司礼监掌印太监"一职，由"八虎"中本事最小的老好人魏彬掌管。至于"御马监""团营"等监职，则分别由张忠、张雄等年轻太监执掌。说到底，张永倒霉，与其说因小人陷害，根子上说，还是明武宗不放心：这人能耐有，和文臣关系深，立功多威望大，再这么风光下去，刘瑾的教训可不远。

大权在手斗奸佞

按照一些野史的说法，被免职后的张永，那几年心态非常好。该吃吃该喝喝，还经常与朋友交游，生活悠然惬意。

但这期间明王朝的政局，却越发水深火热。好不容易平息了动乱，内部又不消停：平乱期间，来自大同的游击江彬立下战功，成了战斗英雄，偏被明武宗给看上，成了身边的宠臣，更抢起了"干儿子"钱宁的买卖。

而且比起钱宁来，这位江彬能力更强大：不但会来事，能捞钱，而且职业军人出身，素来威武雄壮。特别著名的一件事，就是有次明武宗玩豹子，没想到豹子发飙，突然朝明武宗扑来，连钱宁都吓得缩一边，关键时刻江彬不怕，毅然斜刺里杀出，一番搏杀将豹子制服，从此彻底得了宠。

而且比起宦官来，这位江英雄破坏力更大，干的坏事也更雷：竟然撺掇明武宗乱调兵，把宣府、辽东、大同等地边军调入京城，号称"外四家"，天天陪他搞军事演习，这可把明武宗乐坏了，还把专门存放军粮的太平仓，大方赏给了江彬。京城内外，也给祸害得够呛。

而素来得宠的钱宁，也因此给挤对得够呛，眼看着权位岌岌可危。但江彬的几样看家本领，比如打仗、带兵，自己除了会射两下箭，基本样样不通，想要扭转局面，就要拉个同样有竞争力的入局，自然而然，也就想到了张永。

正德九年（1514）二月，乾清宫失火被毁，这事闹得极大，明武宗本人也不得不下罪己诏忏悔。钱宁趁机给明武宗进言，说张永操持营造有方，不如重新启用。这次张永一如既往认真，仅用四个月时间，便将乾清宫重新建好。一番牛刀小试，再次赢得明武宗欢心，随后官运亨通，受命提督团营，干起了他的老本行：军务。

而在当时的宫廷权力分布中，这个任命非同小可：当时"外四家"的兵权，基本由江彬掌握，钱宁虽然还得宠，但军事上插不进嘴。京城军事大权中，真正能和新宠江彬分庭抗礼的，只有张永一人。

重操旧业的张永，屁股还没坐热，却立刻碰上一个比江彬还狠的强敌：小王子。

小王子，即彼时蒙古草原的统治者，赫赫有名的达延可汗。早在明朝弘治年间起，他就不停骚扰边关，多次重创明军。特别是明武宗登基后，他更是变本加厉，原先只是骚扰村镇抢东西，这下却时常攻城拔寨，大肆掳掠财物人口。刘六、刘七起义期间，明朝调边境精锐入内地平叛，北方防务空虚，更给他可乘之机，闹得烽烟不断。

张永刚就任，小王子就闹了个大动静：大举入侵宣府、大同等军事重镇，一路攻破边关，军民伤亡惨重，连京城都被迫戒严。张永临危受命，以"提督宣大，延绥军务"的身份，再度领兵出征。这一次又非常顺利，一看张永大兵压境，小王子立刻提兵撤退。张永稳打稳扎，收复州县，随后在当地安抚百姓，修缮城池，圆满完成任务。击退小王子入侵的功劳，也算到了张永账上。

虽然打了胜仗，但个中原因，就连明武宗也明白：每次都是小王子来，朝廷出兵，兵来了小王子跑，反复折腾，其实不解决问题。

而眼看着小王子越发嚣张，天生尚武的明武宗，也按耐不住，成天在京城搞军事演习，也已越发乏味，去战场上体验一把的念头，更是越发强烈。但在往常，只要明武宗一冒出这念头，群臣肯定拼命拦，直到正德十年（1515），德高望重的内阁首辅杨廷和回家"丁忧"，御驾亲征的机会，才真的来了。

正德十二年（1517），趁着群臣麻痹，明武宗精心策动，带着江彬等人从居庸关出境，并秘调"外四家"在山西边境集结，成功来了次"胜利大逃亡"，等着众臣反应过来，明武宗已然统率大军，耀兵边境。偏在此时，小王子也卷土重来，率五万大军攻打阳和地区，这可正撞到明武宗枪口上。随后明武宗统筹部署，在皇帝的感召下，明军更是殊死奋战，在应州与蒙古军展开搏命厮杀。经过一天一夜血战，终于成功将蒙古军击退。应州之战，也成为正德年间一次著名的军事大捷。虽然明朝的相关史书，都说此战明军伤亡惨重，斩获极少。但从后来情况看，之后多年来，小王子都不敢轻易南下，此战着实将其打怕了。

而在整个过程中，提督团营的张永，一直陪伴在明武宗身边，不但出谋划策，而且身先士卒，忙得"日切忧惧，寝食不得安"。打赢了仗的明武宗，更是玩上了瘾，凯旋没多久，又借故巡视边关，一路游玩耍乐，在北方边境招摇过市，国家大事，则全交给了最宠信的江彬。比起刘瑾来，江彬更过分，刘瑾虽然横暴，但各类奏折，总算还处理及时，江彬却不同，大臣的奏报送过来，基本就扔一边，好些奏折甚至积压两三年。如此荒唐，大臣们也更怒，大学士蒋冕曾冒死在明武宗面前阻拦，气得明武宗差点拔剑杀他。典膳李恭因为揭发江彬罪恶，更被江彬严刑拷打致死。到了正德十四年（1519），忍够了的群臣们，更是集体在朝廷上哭诉拦阻，明武宗这次也发狠，当场进行杖责，一下打死了十多人。

这期间最嚣张的，当属江彬，仗着明武宗的宠，坏事更没少做。特别是陪明武宗巡视地方的时候，更趁机敲诈勒索，侵扰百姓。其权势嚣张，就连张永也没法多管。

· "八虎"宦官张永 ·

151

但没法管却不是不管，这时的张永也有自己的办法，正面不行侧面来，每次明武宗玩得高兴的时候，都谨慎旁敲侧击，想方设法劝说，也见效了许多次。好些时候明武宗要乐得高兴时，突然决定回京，其实就来自张永的劝说。而对江彬，张永也多次硬顶。明武宗巡视大同的时候，江彬及其属下横行地方，军中百户张壮看不过去，愤然出面拦阻，被江彬当场抓捕。事后张永立刻找江彬要人，一番据理力争，终于保下张壮的命。甚至到后来，一些州县为免骚扰，都找张永说情。

正在明武宗玩得高兴的时候，多事之秋的大明朝，再遭晴天霹雳：正德十四年（1519）六月二十四日，封地江西南昌的宁王朱宸濠，悍然扯旗叛乱。先杀江西巡抚许逵，继而率八万人猛攻安庆。这次动静闹得比安化王大：一旦宁王叛乱得手，一路顺江东东下，就将直接威胁明朝的"粮仓"江南地区，甚至南京也岌岌可危。局面极其严峻。

情势危急，朝野震动，但没心没肺的明武宗，却又乐开了花。他天生爱打仗，北边打完了正好去南边，立刻张罗要南征。八月份南征启动，张永率军先去打前站，明武宗率大部队随后跟进。其实和前几次一样，打仗只是捎带手，旅游玩乐才是真。

但就和安化王叛乱一样，这次大军还没出动，叛乱就已消停。也是宁王倒霉，驻守赣南的巡抚，正是一代大儒王守仁。事变之后，王守仁从容应对，利用朝廷赐予的令旗招募兵马，然后发动奇袭，趁宁王大举攻打安庆时，一举端了南昌老窝，随后又与回师的宁王在鄱阳湖决战，将其打得全军覆没，更将祸首朱宸濠俘获。这场宁王策划了一辈子的叛乱，仅用了不到两月，就被王守仁干脆利落扫平。

但叛乱平了，事情却没完。明武宗这次铁了心，非要来南方转悠。王守仁几次上奏报捷，更全被江彬压下。明武宗这一路，更是闹得过分：从山东过扬州，最后到南京，沿途大肆骚扰地方，江彬更趁机勒索民产。扬州知府蒋瑶阻止明武宗胡闹，竟被江彬事后拴在御车上拖行，差点儿被活活拖死。照这个架势下来，刚刚闹过兵乱的江西地区，眼看更要再受折腾。一旦因此再度激发动乱，一场明朝立国后的最大悲剧，就极有可能上演。

关键时刻，还是张永果断出手，与刚刚平乱的王守仁一道，阻止了悲剧发生。

得知明武宗铁心南下后，无奈的王守仁横下一条心，决定押解朱宸濠赴南京请命，行至杭州时，恰好碰上打前站的张永。这两人本来也没深交，听说王守仁到来，张永起初也躲猫猫，没打算管这事。但王守仁倔强，竟然不顾危险，硬闯张永住处，总算见到了张永。之后一番侃侃而谈，将个中利害讲清楚。而最打动张永的一幕是：起初张永故意出难题，说让我帮忙进言可以，但宁王朱宸濠，你得交给我。意思是擒获宁王的大功劳，你得让给我。本以为王守仁会犹豫，谁知王守仁仰天长笑说："我要这个人有什么用！"这慷慨一幕，真正震撼了张永，他终于确认，宦海沉浮数十年，第一次见到一位可以不计生死荣辱、忠贞为国的义士。就如当年秘议除刘瑾一样，这次张永再度下定了决心：干！

随后张永密切配合，先向明武宗进言，大表王守仁功绩，另外又授意王守仁，在报捷的奏折上，一定要写明仰仗明武宗的威武平乱。双管齐下果然奏效，明武宗欣然改了主意，江西不去了，王守仁也因功升迁江西巡抚。但事情还没完，江彬气得不行，眼看治不了张永，就派亲兵去江西，四处打家劫舍，想给王守仁找麻烦，这就是"京军之乱"。张永也早提防这招，随后也赶到江西给王守仁撑腰，将这群兵痞治得服服帖帖。正德十五年（1520）八月，明武宗在南京举行献俘仪式，将沦为俘虏的宁王一通羞辱折腾，威风总算逞够，张永也趁机进言，说现在南方北方都扫平了，也该回京城歇歇了。这次朱厚照终于点头：回家！

临危受命定江山

朱厚照这次闹剧般的南巡，总算宣告结束。但出乎所有人预料的是，他年轻的生命，竟然也走到了尾声。回京的路上，朱厚照不慎落水，然后就患病在床，直到正德十六年（1521）正月才返京，随后就一病不起，折腾到三月二十二日，终于与世长辞。

这位荒唐了一辈子的帝王，临终前也终于有所悔悟，遗言道："以前的事情全怪我，和大家都没关系。"但是他惹下的最大危机，却眼看就要爆发：此人游戏一生，却根本没留下子嗣。而今英年早逝，谁来接班？

朱厚照过世后，京城的局面，可谓凶险无比。特别是手握"外四家"重兵的江彬，更自作主张，将"外四家"改为"威武团练"，自封为"兵马总督"。京城兵权，全都操控在手。

而对这大风险，张永也早有预判。先是和内阁首辅杨廷和等人商议，确立了新君人选：兴献王之子朱厚熜。继而周密部署，先派心腹将领接管了京城九门的防务，然后以"坤宁宫典礼"的名义，骗江彬入宫朝贺，紧接着火速行动，先把江彬抓捕，再控制"外四家"兵权。尤其搞笑的是，作恶多端的江彬，不但当场被揍得头破血流，甚至满脸胡子，都被张永的心腹宦官们拔光，十足一顿恶治。而这场一触即发的动乱，也就此消于无形。随后在杨廷和主持下，兴献王世子朱厚熜，于四月十三日抵达京城，五月正式即位，宣布次年改年号"嘉靖"。明朝历史上最风雨飘摇的一次皇位交接，至此平稳过渡。

在这场平稳过渡中，张永一样劳苦功高。但万万没想到，后来他却差点儿给陪绑。

嘉靖皇帝朱厚熜即位当月，就开始了大清算：先前被逮捕的江彬，以及明武宗时代得宠的钱宁等人，统统都没逃了。钱宁被凌迟处死，江彬本人被杀，五个儿子被抄斩，家小都发为奴婢。但随着清算行动的继续，株连却越来越广，各地的镇守太监都被抓回来严刑拷打。正德年间几个风光的宦官，特别是"八虎"中其余几位：坑过张永的丘聚，被发配到南京劳改；顶替张永执掌司礼监的魏彬，被剥夺财产赶出宫门，竟然沦为了乞丐；谷大用给发配到茂陵看坟。眼看局面不利，张永也识趣，主动上书请求退休。谁知这也没躲过，刚退休没两天，就被嘉靖皇帝发配到了南京，一劳改就是五年。

张永在劫难逃的时候，还是老友杨一清救了他。嘉靖皇帝登基后，杨一清也得到重用，一度官至内阁大学士。听说张永遭难，他也仗义出手相救，多次进言张永有大功。在杨一清的百般维护下，张永总算得救，嘉靖五年（1526）得以回京休养。是年北方边境吃紧，精通军务的张永再次得到启用，受命提督团营，特别令新皇帝侧目的是，他上奏边境十三事，条条切中要害，也终于重新得宠。不但掌握兵权，更回任御用监掌印太监。正德年间的得宠宦官中，他是唯一一个嘉靖年间继续风光的。

嘉靖七年（1528），张永病故于任上。嘉靖皇帝闻讯后"谕祭三坛，予官椁，命有司营葬事，建造享堂"。悼念规格极其隆重。而张永本人，临终前的最大意愿，就是希望老友杨一清为自己写墓志铭，评述一生功过。杨一清也不辱使命，欣然命笔完成。

但张永临终前最料想不到的，就是他最后的遗愿，却再次坑了老朋友：一年以后，就为这篇墓志铭，杨一清被政敌攻击，说他收受张永贿赂。受不了这气的杨一清，不但愤然辞职，数月后更郁郁而终。临终遗言"拼搏一生，却为小人所害"。这对相互扶持的朋友，就以这样一种唏嘘的方式，先后走完了宦海沉浮的一生。

正德"顶梁柱"杨廷和

　　明武宗朱厚照在位的十五年，可谓是荒唐大连环。他这一辈子，开头宠幸刘瑾，中间宠幸钱宁，晚期宠幸江彬，自己除了玩还是玩，宫里玩够了宫外玩，京城玩够了到处玩。最亲近的心腹，更基本没一个好人，国家大事，从中央到地方，都闹得一团糟，仅藩王叛乱这种大折腾，前后就发生了两次，外加北方鞑靼侵扰，中原刘六、刘七起义，到处都是麻烦。

　　但所有的麻烦，他都平安解决，而且明王朝的国事运转，虽说百般动荡，更最终有惊无险。政府的财政与国家储备，更是基本稳定。论及原因，明末文人陈子龙曾赞叹说：天下晏然者，以任相得人也。

　　而这位被赞叹为任相得人，从容化解正德年间各类危局的名臣，便是正德朝内阁首辅杨廷和。

青年才俊惹不起

　　杨廷和，字介夫，号石斋，四川新都人。明朝天顺三年（1459）生人。其父杨春曾做过湖广提学（教育厅厅长）。生在这样家庭的杨廷和，自幼天资聪颖，八岁就中了秀才，创下明朝科举新纪录，十二岁又乡试成功，成为明王朝二百七十六年有记录在案的最年轻举人。次年杨廷和赴京参加会试，这下没能再度创纪录，反而名落孙山，但有意外收获，他得到国子监丞黄明的赏识，留在京城国子监读书备考。六年后一举得中，恩师黄明更将爱女许配给杨廷和。如此双喜临门，传为京城美谈。

　　此后的杨廷和，一直官运亨通。先进翰林院，三十岁那年参加编修《明宪宗实录》。与之共事的主编，正是彼时大明朝内阁大学士丘浚。丘浚自恃才高，对编修里的琐碎事务不屑亲为，皆悉数委于杨廷和。事后杨廷和将草稿交给丘浚审查，其行文流畅，编纂精细，令号称博学综闻的丘浚阅后大惊，当场大赞杨廷和

'宰辅之才，他日成就远胜于我'。从此对这位后辈刮目相看，但凡有重大奏议，常约其商讨。

而这段经历，对于杨廷和最大的收获是：弘治四年（1491）他经丘浚举荐成为经筵讲官，负责为明孝宗朱祐樘讲学，七年后皇太子朱厚照出阁读书，三十九岁的杨廷和被提拔为正三品詹事府詹事。他与这位当时的小太子，后来的明武宗的师生情谊，就是从此开始。

作为一个早年不断刷新纪录的神童，杨廷和除了学问好外，教育上也很有一手。按照现在的话说，就是很懂儿童心理学。特别是对朱厚照，每当这小子贪玩厌学的时候，杨廷和都能循循温言教之，每次都令朱厚照欣然成善。日久天长，虽然本性难移的朱厚照贪玩依旧，且对其他几位老师"多厌之"，却唯独对杨廷和礼敬有加。即使后来君临天下，对杨廷和却始终尊称为"先生"，可谓感情深厚。

弘治十八年（1505）明孝宗朱祐樘驾崩后，明武宗朱厚照即位。其后在"八虎"的陪伴下彻底不务正业，对此群臣皆愤然，发起了驱逐"八虎"的运动。结果反被刘瑾等"八虎"逮住漏洞，落得大败亏输。昔年曾举荐过杨廷和的谢迁、刘健等重臣纷纷遭罢黜，但没有参与此事的杨廷和，却反而得利。正德二年（1507）被提拔为左春坊东阁大学士，正式进入了大明王朝政府最高决策机构——内阁。

虽然先前没有与刘瑾发生冲突，但一心为公的杨廷和，对刘瑾的做法也同样看不惯。而他也有自己的办法，一日趁给朱厚照开"经筵"的机会，杨廷和以诸葛亮《出师表》为例，劝说朱厚照要"亲贤臣，远小人"。所谓"小人"，当然是指刘瑾，朱厚照对此一笑了之，可立刻就有人给刘瑾打了"小报告"，闻讯后大怒的刘瑾立刻假传圣旨，贬杨廷和去南京做户部侍郎。对此"变相发配"，杨廷和知后不声不响，当即收拾东西南下。本以为就此斗败杨廷和的刘瑾没得意几个月，此事忽然被朱厚照得知，朱厚照闻讯后当即把刘瑾叫来一顿臭骂，结果"贬官"没几天的杨廷和大摇大摆地回来，照旧当他的内阁大学士。这下刘瑾才知道，这个杨廷和，惹不起。

这事之后，刘瑾和杨廷和，也从此结了仇。而杨廷和也学乖了，知道跟刘瑾正面冲突，还不是时候。一直到正德五年（1510）刘瑾"清丈军屯"惹祸，安化王朱寘镭以"诛刘瑾"为名在甘肃安化起兵造反，低调了好几年的杨廷和，突然又闪光了一把：当时因事发突然，一时间京城传言汹汹，此时正驻防安化的宁夏游击将军仇钺被讹传为朱寘镭造反的"帮凶"，而仇钺的儿女亲家——时任京城精武营守备的保勋更被讹传为朱寘镭安插在京城的"卧底"。危机关头，知人善任的杨廷和挺身而出，不但力证二人清白，且举荐仇钺为宁夏副总兵，保勋为参将，命二人"协力剿贼"。之后仇、保二将里应外合，使一度"西北震动"的安化王叛乱仅过十八天即被平定。同时也是杨廷和与李东阳联名上奏，推荐杨一清挂帅出征。杨一清在西北与张永议定诛刘瑾之计后，第一时间遣使与李东阳、杨廷和等人联络。而在张永归京揭发刘瑾奸恶，导致刘瑾被捕抄家后，也是杨廷和与李东阳一道领六部六科十三道御使弹劾刘瑾，终于把权倾一时的"刘皇帝"推向了死路。在从安化王叛乱到刘瑾败亡的一连串"多米诺骨牌效应"里，一直低调的杨廷和果断作为，成功助推刘瑾倒台。

诛除刘瑾的成功，也令杨廷和声望日隆，随着刘瑾倒台，文官集团再度掌握话语权，而李东阳年岁已高，杨廷和俨然已成文官之首。正德七年（1512）十一月，"三朝元老"李东阳退休，杨廷和"加少师，太子太师，华盖殿大学士"，正式成为大明王朝的百官之首——内阁首辅。

日理万机忙社稷

正德七年（1512）十一月至正德十年（1515）三月，是杨廷和担任内阁首辅的第一个"任期"，在这个"任期"里，杨廷和最重要的贡献却是一个——稳定和恢复大明王朝的国民经济。诚如他的"前任"李东阳所赞叹的：吾于文翰，颇有一日之长，若经济事，须归介夫（杨廷和）。

刘瑾专权五年的"横暴"加"贪墨"，其实留给了大明朝一个残破不堪的烂摊子，当时"盗贼纵横，边夷猖獗，财匮民穷"。尤其是"财匮民穷"这条，成为明王朝最大难题，偏偏朱厚照本人又折腾，从正德六年（1511）起便开始大规模扩建他的"豹房"（经费主要是抄刘瑾家的"赃款"），与此同时，蒙古达延可汗持续扰边，中原刘六、刘七起义，江西贼乱，四川"顺天王"起义皆愈演愈烈，局面一团糟。

为稳定人心，杨廷和的第一举措就是"减税"。经他力求，正德六年（1511）正月二十六日，明王朝下诏减免河北遭兵祸州县税粮一年。次年明王朝再于十二月下诏：减免山东、河南、河北等遭受"贼乱"的诸省税粮一年。同时杨廷和奏议，中原地区凡因"贼乱"导致无主的荒地，一律招募当地流民耕种，并重新编订户口，令其为国家完粮纳税。且无粮农民可向官仓告贷，来年"还贷"时不收任何利息，"告贷""还贷"皆以户部勘发的"凭票"为据，以防地方官从中贪墨敲诈。为防势豪大户借机匿占"灾区"土地，杨廷和更奏请，对屯耕农民的身份要进行严格核查。"招抚流移"由各省布政使经办，户部派员督查，凡是"骗占土地"之事，地方监察御史皆可"风闻言事"。但凡属实，地方官和户部官员皆被严办。既做好行政监督，又实行层层问责，苦心一片下，遭受兵乱荼毒数年的中原七省，终重归稳定。

"减税"虽可稳定人心，但彼时明王朝开支巨大，"增收"同样刻不容缓。早在刘瑾败亡初，杨廷和就曾与李东阳一起上奏，先于正德八年（1513）一月整顿四川、陕西、贵州各省的"茶马贸易"。同年四月，依四川布政使马昊奏议，在四川、贵州等地试点"叠粮法"，当地税粮税银由当地"布政司"和"兵备道"分别负责运送，既减少中间克扣环节，又减轻百姓负担，更兼增加国库收入。但影响更加深远的，却是杨廷和在大明朝的"粮仓"——江南地区完成的"论粮加耗"改革。

所谓"论粮加耗"改革，其实与宣德时期名臣周忱在江南实行的"平米法"一脉相承。周忱的"平米法"，其实是用调整税粮"损耗"（运费）征收比例的方法来重新摊派税收，富者多交，穷者少交，用以增加国库收入，减轻百姓负担。但到了正德年间遇到新问题，明朝"官田"承受赋税要重于"民田"，在"损耗"比例如何摊派的问题上，明王朝一直在"论田加耗"和"论粮加耗"两种方式上反复：论田加耗，即赋税较重的官田承担较少"损耗"或基本不承担"损耗"，"民田"则承受较多"损耗"。此举本意在减轻"官田"农户的负担，但因其核算方式烦琐，以致"吏不胜烦扰"。而且江南地区土地兼并日重，"民田多集于豪户"，这些"豪户"们使尽手段，将"民田"应承担的赋税转嫁到无地农民甚至佃户身上，导致"民田"农户纷纷逃亡。为增加税收，明朝又推出了"论粮加耗"法，规定"官田"每石税粮征收"损耗"一石六斗，"民田"每亩征收"损耗"一斗二升。结果却又矫枉过正，"民田"负担未减轻，"官田"更承受不起。

在周忱离任之后的半个多世纪里，明王朝在两种"损耗征收政策"上反复摇摆，虽也取得过成效，却并未解决问题。至正德年间，江南每年的"逋赋"（往年拖欠的税款）又日益增多。正德八年（1513）九月，新任江南巡抚张凤奏请恢复"论粮加耗"法，众臣意见不一，杨廷和独具慧眼，一面力挺"论粮加耗"法，另一面更在奏疏中指明："江南财税之弊，非在论粮或论田，却在官民田科则（赋税比例）不均也。"

因此杨廷和因地制宜，一面废止原先明王朝施行的"论田加耗"法，断了江南势豪大户靠将自己庄田冒充官田逃税的漏洞，另一面则因地制宜，一是无论官田民田，其所承受"损耗"，皆按其赋税比例统一征收，二是因官田承受赋税较重，因此允许官田农户将"损耗"折合成白银缴纳。此两项举措看似简单，实则影响深远。前者经过之后几代江南地方官的修正，终演变成嘉靖十八年（1539）江南巡抚欧阳铎在当地实行的"征一法"，即将每年江南地区应缴纳的赋税，不分官田民田，按照田亩数统一划分。此举彻底打破了明朝官田民田赋税不均的局面，解决了杨廷和所忧心的"官民田科则不均"的问题。后者更几经演变，成为万历时代张居正改革里"一条鞭法"的重要内容。

即使当时，杨廷和的苦心也很快得到回报，从正德七年（1512）开始至正德九年（1514），明王朝地方各省所拖欠的历年"逋赋"，短短两年即已偿还近六成。明王朝在正德九年（1514）的夏粮收入约为四百五十三万九千石，秋粮收入约为两千一百八十万石，由户部直接掌握。专门用以维持国家大政各项开支的"太仓银库"，是年收入白银一百九十万余两，支出一百三十万余两，盈余六十七万余两。上述"GDP 数值"，皆追平了"弘治中兴"时代的最高水准。因此虽然"宦官专权""小人得志""皇帝怠政"，但大明王朝的国计民生，此时已然平稳运转。

然而，就在大明王朝的平稳运转中，三年来呕心沥血操持国事且建树累累的杨廷和却横遭晴天霹雳：正德九年（1514）十二月，杨廷和父亲病逝。噩耗传来，杨廷和悲痛万分，立刻上疏请求依祖制归家"丁忧三年"。朱厚照深感国家大事难离杨廷和，反命他"夺情"（即戴孝留任）。但杨廷和去意坚决，先后连上五道奏疏请辞，奏疏中痛陈自己"孝道未尽，纵九泉之下亦愧见先人"，并表示自己如今"恸哭旦夕，形神憔悴，难担君命"。不仅如此，杨廷和更多次面见朱厚熜苦苦求去，且说到激动处时，常"哽咽不能语"，铁了心想走。

杨廷和想走的原因，除了真悲伤外，也因首辅任上，早就力不从心。

刘瑾败亡后的朱厚照，在"怠政"方面变本加厉，不但宠信宦官钱宁，大修豹房，日夜奢靡享乐。更信用武将江彬，多次在大内大搞"阅兵"，沉迷于"军事游戏"中。"作风"方面，朱厚照更越发荒唐，虽然关于他微服逛青楼的"劣迹"今天依旧存在争议，但他在豹房中广纳美女，日日淫乐，其中甚至包括已怀孕的"有夫之妇"，诸事皆见于各类史料。如上种种，令担任内阁首辅的杨廷和玉力倍增。

特别令杨廷和崩溃的是，夹在皇帝和百官之间，他这个内阁首辅已经越来越难做。明武宗不但做事越来越雷，做皇帝也越来越没规矩。他没规矩，大臣就闹意见，好些大臣甚至冒死进言。杨廷和作为内阁首辅，要劝朱厚照，可怎么劝也没用。他多次上奏疏，要求朱厚照勤于政事，罢斥奸佞，开放言路，总共提了十多条建议，但朱厚照听归听，哪条也不照办。磨破嘴皮子说了好几次，皇上这边不搭理，百官那里也落埋怨，成天受夹板气，这内阁首辅，实在是干不动了。

正德十年（1515）三月，经杨廷和多次恳求，明武宗朱厚照终下诏书，允许杨廷和归乡"丁忧"，内阁首辅一职由大学士梁储暂代。这位"荒唐皇帝"朱厚照最为信赖的文臣就此暂别大明政坛。他的离去，也令"荒淫无度"的朱厚照少了重要的制衡，因此之后三年里有了朱厚照"擅自出逃""亲征达延汗""北巡北方边镇"等诸多令封建文官集团难以容忍的"荒唐事"。接替杨廷和的梁储手足无措，竟然"惧不克任，屡请召之（杨廷和）"。而朱厚照固然荒唐，却同样对杨廷和念念不忘，每遇难事时皆感叹："若先生（杨廷和）在，怎至如此也。"

首辅归来夹板气

朱厚照之所以常想念杨廷和，不只因为师生情深，更重要的原因是：杨廷和不在的这两年，国家已被他折腾得糟透了。

这两年的明朝，朱厚照干过的荒唐事不断。朝政的问题，更是滚雪球一般积累：且不说皇帝与大臣间的关系越发紧张，单各地的民变，就越来越多。福建南靖民乱，江西大帽山变乱，都越发闹得厉害。接替杨廷和的几位大臣，工作水平更差得远。到了正德十二年（1517）十二月，朱厚照终于下旨，命杨廷和"夺情"，回任内阁首辅一职。

对杨廷和的这次回归，朱厚照相当重视。杨廷和刚接到诏书，朱厚照就早派了车队在四川新都迎接，然后一路张灯结彩，风风光光回到京城。接着又看到更大阵仗：从崇文门到通州的道路全让车马挤满了，京里的百官甚至勋贵国戚几乎全部出动，夹道欢迎杨廷和，比疯狂粉丝迎接大明星还热闹。

杨廷和这么高人气，最重要的原因也简单：他不在，国家快运转乱套了，盼星星盼月亮，您老人家快回来吧。

杨廷和到京城的时候，朱厚照还在宣府游猎，立刻赐了羊酒银币。听说杨廷和已经开始处理政务，立刻放了心，又开始撒欢玩了。甚至越玩越疯，成天带一群随从外出骑马狂奔，而且好些个随从都给累病了，他竟然还玩得欢。关键还是放心了：国家大事有杨先生负责，不疯玩还干啥？

朱厚照疯玩了，杨廷和却累坏了。两年来积累下来的各种麻烦事，案牍上摆了好多堆，好不容易才处理完，却又接连遇到新问题。朱厚照一边玩，一边还在找麻烦。最大的麻烦还是钱，朱厚照在外头玩得欢，花钱跟流水似的，没钱了就下旨让内阁想办法。他要钱要得轻松，杨廷和却犯了难，这事还没解决，朱厚照偏不消停，他一路所过之处，都大肆扰民，闹得民愤极大，再由着这么胡闹下去，恐怕要出大事。

杨廷和到底有水平，钱的问题很快有办法了：打漕运的主意，先把运河沿线四十多个镇守太监机构抄了，查出的大笔钱财，解了户部的银荒，还遂了朱厚照的胃口。一看杨廷和弄到了钱，朱厚照十分高兴，杨廷和趁机进言，说动朱厚照把一路途经州县的赋税都免了。这样民愤才消下来，总算没出大事。

自从再次回任首辅后，杨廷和受的夹板气，比起当年来真是加倍。日常办公，上要听甩手掌柜朱厚照的圣旨，身边还有太后的懿旨，样样都要听。然后朱厚照这样胡闹，下面百官不满意，成天不是闹意见就是发牢骚，每次也都要杨首辅处理。日久天长，大家找不着皇上，但老实干活的杨廷和首辅却在眼皮底下，于是就成了出气筒，一开始还是有牢骚冲他发，后来就干脆连他一起骂，越干活名声越坏。

其实杨廷和何尝不知道这些，一直以来，他干得最多的事，就是一遍遍写奏折，劝朱厚照回京城，甚至朱厚照跑到哪里，杨廷和的奏折就追到哪里。好不容易费尽口舌，正德十四年（1519）正月，玩够了的朱厚照终于回京了。但刚歇了没几天，二月份竟又要南巡。这下杨廷和也受不了了，不但拼死反对，更带着群臣哭劝，结果好些个拼死阻拦的大臣，竟遭到朱厚照杖责。当然在群臣的硬气下，朱厚照也服了软，改主意说不上去了。可群臣刚高兴了没两天，宁王朱宸濠叛乱了，这下朱厚照可逮住了由头，借着"御驾亲征"的名义，七月份率大军浩浩荡荡南下。这下皇帝出去玩的念头，八匹马也拉不回来。

一直深受信任的杨廷和，在这事上更劝不动。平心而论，虽然期间他也有错事，比如收过宁王的贿赂，而且和正在前线平叛的大儒王阳明不睦。但总体说来，朱厚照这般瞎折腾下，明朝政府的大小事务，都基本运转正常，就连赈灾救灾这类的紧急事务，都办理得有条不紊，全是杨廷和拼命干活的功劳。

但拼命干活的杨廷和，由于朱厚照荒唐出巡，反而接着背了黑锅。朱厚照前脚离开京城，后脚就有国子监学生上奏折骂他，给杨廷和总结了十条大罪，几乎把他说成奸臣无赖。但看到奏折的杨廷和却不怒，反而悲从心头起。他找到这个写奏折的学生，流着泪推心置腹地谈了一场，说到动情处，更郑重地做出一个承诺：久当不负良意也——以后你们会明白，我不会辜负期望。

或许杨廷和自己都没想到，这个认真的承诺，竟然这么快兑现：代价是朱厚照的死。

朱厚照这次南巡，一路还是疯玩。一直从正德十四年（1519）的八月，折腾到第二年的八月，好不容易开始返京，路上却又遭遇意外，不幸掉进水里。自这以后，素来强壮的朱厚照，健康状况急剧下降，转过年来一病不起。正德十六年（1521）三月十四日，终于溘然长逝。

朱厚照临终的时候，按照史料的说法，还是悔悟了自己的所为。但这位荒唐帝王绝想不到，他的死，竟然会令明朝陷入一场危机中：他一生沉迷享乐，甚少临幸后宫嫔妃，以致去世时竟未留下一个子嗣，临终前的朱厚照虽有所悔悟，留下遗言道"天下重事要紧，是我误天下事"，但对于"继承人"问题却只字未提，可谓更"误天下事"。

这样一误，事情麻烦大了，皇室子弟好几万，各个蠢蠢欲动。大明政坛一时间"权奸各欲立非次，以贪功避罪，相求如贾市"。而彼时执掌大明精锐部队"团营"的朱厚照宠臣江彬更频频动作。早在朱厚照染病期间，他就假传圣旨，将"团营"更名为"威武团练"，自任为"军马提督"，一举把持了京城防务兵权，不轨之心昭然若揭。彼时大明京城，内有皇帝驾崩，大权空虚，各路权臣政要纷纷串联勾结，外有江彬弄权，"威武团练"的骄兵悍将们虎视眈眈，偌大的北京城好像个火药桶，稍微一点火苗就引爆。

就在这关键时刻，杨廷和成了及时雨。早在朱厚照病危的时候，杨廷和就及时联络朱厚照的几位亲信宦官密谈，坦言"若不幸有变，则君等祸福自择之间不容发"。一语说中众宦官们的心事，担忧朱厚照驾崩后会大权旁落的宦官们慌忙向杨廷和问计，杨廷和镇定道："使我辈预闻，处之如轮序，则天下以安，中外同福。"一席话给宦官们吃了"定心丸"，司礼监掌印太监魏彬当场允诺道："愿听凭公（杨廷和）裁处也。"就这样，皇位传承的关键时刻，宦官集团被杨廷和成功拉到自己一边。

有了宦官们支持，杨廷和就放开了手脚。朱厚照驾崩次日，杨廷和就按照《皇明祖训》的制度规定，定下了已故兴献王世子朱厚熜入京继承帝业的决定，并得到太后允可。连夜起草遗诏，次日颁布天下，由内阁次辅梁储率领的赴湖北安陆迎接朱厚熜入京即位的使团也于三月十六日火速出发。一度悬而未决且引得众权臣藩王纷纷窥探的"继承人"问题，在杨廷和的主持下，仅经两日便盖棺论定。

但在皇位过渡这件事上，最大的变数，就是怎么料理好权奸江彬。这人手里有兵有势力，几万"威武团练"在手，好比一只正磨牙的猛兽，万一狂性大发，后果可不堪设想。

"驯兽"这件事，杨廷和自有办法。先闹了一招釜底抽薪，借着起草遗诏的机会，下令将"威武团练"主力部队全数遣散，并发放大笔安置费。这招打着朱厚照的旗号，动作又极突然，等着江彬反应过来后，手底下几万人，早都给遣散了。

但危机并没有解除，虽说"威武团练"主力没了，可江彬手里还有一支私人卫队，外加许泰等军官也是其亲信。一看杨廷和动手，江彬也想发难，恰在这时，杨廷和放了和平信号：故意在各种公开场合造舆论，说自己不懂军务，带不了兵，现在新君初立，凡事更要仰仗江彬云云，甚至还常当着江彬几位亲信，比如徐泰等人的面，极力称赞江彬的才能，还常嘘寒问暖，十分友善亲切。

这几下表演非常成功，江彬本身就是一介武夫，虽说有点小聪明，可玩脑子还是不行。而且一直以来，杨廷和都是个勤恳干活的好大叔形象，很少与江彬发生直接冲突。这样一来，江彬做出个判断：皇帝虽然死了，但新皇帝根基不稳，大臣们不懂兵，想要安定江山，还是离不开我。

基于这样的判断，江彬放了心，又恢复了吃喝玩乐的幸福生活，就等着新皇帝抵京，然后加官晋爵。

就趁这机会，杨廷和果断收网：三月十八日借口坤宁宫庆典，邀请江彬入宫开会，接着宫内发难，由张永带头，将江彬当场擒拿。这个正德朝最后一位权奸，就以这样一种脆败的方式，被杨廷和算计倒台。

从迎立新君到逮捕江彬，其间杨廷和统筹部署，算无遗策。他的贡献按照《明史》的说法，就是"安危定倾，功在社稷"。而他对于大明江山最大的功劳，却是在逮捕江彬后，也就是从迎立朱厚熜的使团出发，到朱厚熜抵达京城的这三十七天里。

更化改元功业大

这三十七天，京城里没皇帝，杨廷和身为内阁首辅、百官之首，又起草遗诏，有太后支持，等于是大明王朝此时的"代理领导"。而大权在手的他，也抓住这宝贵时间，做了一件名垂青史的功业：更化改元。

更化改元，这词的最早出处，是明武宗朱厚照的遗诏。意思是要革除自己在位时候的弊政，恢复国家的稳定。而事实是，遗诏的起草者是杨廷和，更化改元，也是杨廷和一生宦海沉浮里，始终在努力实现的大功业。

从这时起，小心谨慎一辈子的杨廷和，终于大刀阔斧了。先裁撤了朱厚照时期设立的"豹房"等机构，里面平日供朱厚照取乐的美女、番僧乃至乐手，统统被遣返。接着朱厚照在各地设立的行宫，也全数被查封。里面储备的钱粮更被杨廷和充了公，成了新皇帝的家底。

而其间杨廷和处理力度最大的，就是机构精简，朱厚照时期设立的多个部门被查封，特别是内宫的东厂、锦衣卫等机构，更大力裁撤富余人员。光是东厂和锦衣卫两个特务机构，就给一口气裁了十万人。国家省了大笔经费，而几个位高权重的宦官，羽翼更一下子给翦除。

在这件事上，杨廷和决心非常大，谁说情都不行，而且也捅了大娄子：这些被裁撤的人员，先前不是特务就是军官，都是好勇斗狠的角色。这一股脑儿给端了饭碗，怎肯善罢甘休。于是京城炸了锅，一开始全是送礼请托的，后来送礼请托不行，威胁就上门了。好些人甚至写恐吓信，说叫杨廷和好看。对这些杨廷和全然不惧，只当苍蝇嗡嗡。

在人事改革强力推动的同时，经济改革也跟进。主要内容就是减税，这期间明朝仅田赋就减免一半，而且正德十五年（1520）以前的欠赋一概减免，朱厚照出巡时期的各类强征也一概取消。但同时也追钱，特别是对盐税大力整顿。正德时期，趁着朱厚照不管事，好些勋贵都插手食盐买卖，牟取暴利且大肆侵占盐税。现在杨廷和手里有了权，终于大力整顿：早早公布了欠税名单，凡是一个月内还不上盐税的，就得财产抄家充公，如果还不够数的，就子子孙孙接着赔，直到赔完为止。同时各地的织造和镇守太监，拖欠朝廷的各类税款，也一并大力追缴。

杨廷和主持政务的这三十七天，堪称他人生里最辉煌的缩影：大小事务累计办了七十九项，每一件都是他亲自主持筹划，事无巨细都认真布局，每一个执行细节都监督到位。就像与时间赛跑一样，这三十七天的他，也堪称一个工作狂。效果也同样显著：不但朱厚照时期的各色弊政大多革除，国家更气象一新，人心日益稳定，财政储备日渐丰厚。这是他的卓越成果。

但对这工作成果，杨廷和也极其有数。这期间他也曾对几位同僚感慨，说自己做的这几件事，也只是小修小补，如果不从根本上解决税收制度的漏洞，国家大治也无从谈起。

然而随着新君朱厚熜的抵京，正卖力苦干的杨廷和做梦也没想到，在这位少年新君的手下，他灿烂的仕途竟将戛然而止。一切，却源于朱厚熜登基后的一场纷争：大礼议。

大礼议，争"大义"

杨廷和的政治生涯，终于嘉靖皇帝朱厚熜之手，导火线就是朱厚熜即位之初，绵延十数年，祸及大小数百官员的"大礼议"。

君臣度蜜月

正德十六年（1521）四月二十二日，奉"遗诏"入京即位的朱厚熜抵达京郊。正在京城卖力工作的杨廷和总算松口气：主事的来了。

但没想到，这位十五岁的新皇帝，还没入京就闹开了脾气：杨廷和安排朱厚熜由东安门入京，居文华殿即位。朱厚熜一听就火了：这个入京路线，是皇太子即位的专用路线，自己是外地藩王进京即位，怎么能给堂兄（朱厚照）当儿子？

于是朱厚熜就闹起了脾气，官员们苦劝半天，朱厚熜非但不听，反而撂了挑子：这皇帝我不干了，现在我就回安陆，爱咋样咋样。

这话一说，张太后（朱厚照母亲）都慌了神，赶紧下懿旨打圆场，说就听新皇帝的吧。于是遂了朱厚熜的愿，从大明门入文华殿，举行登基大典，并宣布次年改元"嘉靖"。这位新君，便是"嘉靖皇帝"。

而这期间，还有另一个小插曲：本来在朱厚熜到京之前，杨廷和等人，也已经选好了新年号：绍治。但朱厚熜到了后，权衡了再三，还是换成了"嘉靖"。这一换有学问，不只是换个词，更表达了新皇帝的态度：我执政，有自己的主张，不用别人教。

这里得简单说下新皇帝朱厚熜：比起荒唐一辈子的朱厚照来，朱厚熜从小就是好孩子。他父亲是明宪宗朱见深的次子朱祐杬，在朱见深的诸子中以"博文强识"著称。明孝宗登基后，朱祐杬被封为兴献王，就藩安陆。正德二年（1507）朱厚熜出世，这孩子天资聪颖，更有父亲苦心栽培，从小学业就好。十二岁那年父亲去世，他更以世子的身份站出来，管理王府事务。小小年纪，就把王府上下打理得井井有条，很早就名声在外。

也正是这特殊的成长经历，奠定了这位新皇帝的执政风格：一肚子的心眼，少年老成的心机人物，且极有管理手腕。

而早在登基之前，朱厚熜就对杨廷和仰慕已久，在朝廷的使团来到湖北迎接他时，他就曾赞叹杨廷和的功劳，并誓言必将信用之。而对朱厚熜，杨廷和也一直很欣赏，早拿他当宗室中的才俊人物。而在从湖北到京城的一路上，朱厚熜的表现，也着实令臣子们惊讶：他年纪虽轻，却极有见识，一路上轻装简从，谢绝沿途官员的一切投献和觐见，且衣食住行都极为简朴。而且严格约束身旁的宦官。特别令臣子们动容的还有两件事：一是临离开家乡之前，朱厚熜为父亲举行了拜祭仪式，在仪式上他痛哭流涕，情景令人伤感；二是当迎接他的使团抵达安陆时，宦官谷大用曾抢先前往求见，意图博得个好印象，没想到朱厚熜却闭门婉拒。如上事情，也令杨廷和等人认定，这是一个至孝至诚，举手投足都有仁君风采的英主。

因而对这位新君，即使是杨廷和等老臣们，也都寄托了厚望。而在朱厚熜登基之后，和杨廷和之间的配合，也一度很默契。国家大事但凡是杨廷和的奏议，朱厚熜也基本依从。特别是嘉靖元年（1522）起，朱厚熜依杨廷和意见下诏，裁撤各地方司、州、府、县冗员，勒令所有冗官"全部令其回籍，待缺取补"。至此将杨廷和"更化改元"里的"机构精简"一条彻底完成。此外诸如清查军中冗兵，禁止宗室子弟擅自在驿站"公款消费"，减免内务府征派等改革内容，皆是这对君臣通力合作的结果。

老爹名分争起来

但即使就在这段"通力合作"的蜜月期里，君臣之间的一大裂痕，却也早已显现。诱因就是朱厚熜即位初期的那场风波——大礼议。

所谓"大礼议"之争，其实就是朱厚熜父母的"名分"问题。按封建礼教的皇室帝位传承制度，藩王入京继承帝位，必须要尊奉"先帝"为"父皇"，而其生父只能尊奉为"皇叔考"。按此规定，登基即位的朱厚熜必须"过继"给朱厚照的父亲——明孝宗朱祐樘。而他的生父——已故兴献王朱祐杬只能给他当"二叔"。此事在现代人看来匪夷所思，但在当时，却是封建社会伦理道德的大是大非问题。

对此，杨廷和更是坚定不移。朱厚熜抵京即位仅六天，即正德十六年（1521）四月二十八日，杨廷和即率礼部尚书毛澄等六十余名大臣联名上奏，要求朱厚熜"依古制，以孝宗为考"（认明孝宗当爹），"兴献王及妃为皇叔父母"。也就是说，朱厚熜这个皇帝，要认明孝宗当爹，而他的生父生母，只能当叔叔婶婶。

这奏折一上，朱厚熜就怒了。他自幼丧父，对父亲感情深厚，哪能受得了这个？当场就发飙了，大怒道："父母名称，可这般互易哉？"但没想到，就这句话，让朝臣给逮住由头了。大臣们前仆后继，轮流上奏，不厌其烦地给朱厚熜解释，按照规矩，要当皇帝，就得换爹。

朱厚熜被解释得头大，为了不就范，也想了好些办法，比如和杨廷和拉关系，常把杨廷和叫到宫里喝茶聊天，对打头阵的礼部尚书毛澄，也百般拉拢，甚至还让宦官送了大笔黄金，气得刚正不阿的毛澄愤然拒绝，还把送钱的宦官大骂一通。值得一提的是，虽然在换爹问题上，毛澄始终不就范，但他刚正的品格，却得到朱厚熜的敬重，一直恩宠不衰。

但事情毕竟没解决，一看朱厚熜不就范，群臣们也加强攻势，不但毛澄屡次率大臣上奏，杨廷和等阁臣们更多次联名支持。一直闹到七月，朱厚熜还是躲猫猫。而到七月二十三日，事情终于有了反转：新科进士张璁投机，对朱厚熜上《大礼疏》，以汉文帝和汉宣帝皆尊奉生父母为例，条条驳斥杨廷和的"认爹论"。要求对兴献王"立庙京师"，"使母以子贵，尊与父同"。

虽然这份奏疏，完全是顺着朱厚熜意思写的，但水平却极高，张璁精通议礼之学，理论基础丰厚，驳起杨廷和等人的理论，更是一套接一套，全文条理分明，字字珠玑，赋闲在家的正德朝名臣杨一清在听罢此奏疏内容后当即大奇，惊叹道："纵圣贤再世，也难驳张璁也。"

朱厚熜本人更看得心花怒放，看完立刻大喜道："我父子得恩义两全也。"立刻将此疏拿给杨廷和等众大臣传阅。历经沉浮的杨廷和却对此不屑一顾，当即冷笑道，"书生焉知国体"。见杨廷和不从，朱厚熜企图硬压，立刻下旨"尊父为兴献帝，母为兴献皇后"。孰料杨廷和更硬，竟然将朱厚熜的圣旨"封驳"（即原封退还），声称"臣等不敢阿谀将顺"。朱厚熜正无奈间，杨廷和却已迅速反击，"封驳"朱厚熜圣旨的次日，即命其亲信门生给事中朱鸣、史于光，御史王真、卢琼等人弹劾张璁，要求"将张璁斥罚，以杜邪言，以维礼教"。眼见众议汹汹，朱厚熜也不敢力争，只得对杨廷和的奏议一味敷衍，杨廷和不依，反复奏请，逼到急处，忍无可忍的朱厚熜再次"罢工"跑到朱厚照生母张太后面前哭诉，请求"愿避位奉母归养"。孰料刚哭完，杨廷和也立刻"罢工"，上疏请求辞职，此举果然让朱厚熜慌了手脚。至是年十一月，经双方妥协，兴献王夫妇被尊奉为朱厚熜的"本生父母"，明孝宗夫妇被尊奉为朱厚熜的"继父母"，"大礼之争"的第一回合，以"两爹并行"的妥协而告结束。杨廷和当然没忘了"秋后算账"，挑起"大礼议"的张璁，被贬官到南京当了六品刑部主事。

但朱厚熜绝不满足"两爹并行"，而更严重的后果是，杨廷和在整个事件中体现的强大话语权，已然挑战了帝王尊严。不将其赶走，皇位根本不稳。得胜的杨廷和本人更没想到，他这次恶治张璁，惹了众怒，反对者更大有人在。

嘉靖元年（1522）正月，湖广都御使席书上奏声援张璁，要求将兴献帝"祭以天子之礼"。吏部员外郎方献夫也上表，要求朱厚熜对明孝宗改称"皇伯"，即"只认兴献王一个爹"。杨廷和动用权势，将这些奏折扣押。御史曹嘉等人闻讯后借机弹劾杨廷和"怙恶擅权"，反被朱厚熜斥责。这时候的朱厚熜，对杨廷和如此宽容，原因还在于明朝此时的局面，还处于困难期。

此时明王朝流年不利，嘉靖元年（1522）正月二十一日，甘肃总兵李隆起兵叛乱，杀甘肃巡抚许铭并焚烧尸首。一时间"西北五卫军大乱"，明朝西北边防几乎瘫痪。紧跟着蒙古部落也来凑热闹，从四月起连续六次发动对明朝北边的大规模侵扰，明军阵亡总兵一人、参将两人、指挥五人，毁坏城池二十余座，军民死伤数万人。七月，占明王朝赋税近一半的"粮仓"——江南地区又横遭天灾，七月二十二日起，先是常州地区连降暴雨，"漂没死者数万"。接着松江（上海）又遭强台风袭击，太湖水位连日暴涨，太湖周围三十里尽被淹没，一时间"江海混一，茫无涯岸"。连此时载有江南夏税粮米的运粮船队也遭飓风沉入河底，一年税收可谓"泡汤"。就在同时，浙江沿海遭到海啸袭击，浙西数千里村镇尽毁，素来富庶的江南大地，竟出现了"人相食"的惨景。江南巡抚欧阳伦在奏折里痛陈"此为百年未有之灾也"。内忧外患下的朱厚熜，自然要对杨廷和颇多容让。

杨廷和也不负所望。先是甘肃叛乱，他举荐陕西按察使陈九畴巡抚甘肃，迅速平定了叛乱。继而举荐正德朝名臣杨一清回任三边总制，为明王朝稳住了边防大局。值得一提的是，因杨一清在"大礼议"中与杨廷和观点相左，门生朱鸣曾担忧杨一清复职会对杨廷和不利。杨廷和却不以为然道："国事艰难，岂计私怨也。"嘉靖元年（1522）九月，朱厚熜下诏加封杨廷和为"左柱国"，诏书中表彰他"挽救危局，功在社稷"，对杨廷和"慰劳倍至"。这位历仕三朝的大明"总理"，彼时已然到达人生最顶点。

而处于人生顶点的杨廷和，去职的另一要素，却是朱厚熜的修道问题。

修道问题再犯忌

而正是嘉靖元年（1522）江南这场"百年未有之灾"，对朱厚熜本人却也产生了一个影响一生的"副作用"。趁朱厚熜对江南灾情忧心忡忡期间，太监崔文向朱厚熜建议"修道"可以"避祸"，并举荐了道士邵元节。从此朱厚熜在宫中设立祭坛，日日祈祷。不久后在杨廷和等人的努力下，江南灾情平定，政府财政好转，朱厚熜却深信这是"道教"的保佑。邵元节更借机吹捧朱厚熜为"下凡"的"大罗真仙"。此后，朱厚熜开始在乾清宫、坤宁宫、五花宫、西暖阁等处大建道教祭坛，挑选宫中太监宫女数十名学习经道，且对道士赏赐无数，一时间皇宫里"香花灯烛，日昔不绝"。偌大的大明皇宫一下子成了"道观"。

对此活动，杨廷和当然不能坐视，不但直言上书劝谏，更发动百官弹劾"忽悠"朱厚熜信道的太监崔文。对刚被自己加封为"左柱国"的杨廷和，朱厚熜这次却毫不留情面，当即把弹劾最为激烈的杨廷和门生刘最贬为广德州判官，以示对杨廷和的"警告"。刘最在赴任广德州的路上再遭崔文诬陷，以"苛待夫役"之罪又被抓回京城下狱，最终被判流放边关。其间，杨廷和竭力营救，朱厚熜却始终置之不理。

虽眼见自己有"失势"的危险，杨廷和却依旧不屈不挠，从嘉靖二年（1523）开始，陆续发动郑一鹏、朱鸣、王真等门生上书谏言，阻止朱厚熜"修道"。群情激奋下，朱厚熜不得不再次让步，下诏暂停了道教活动。不久之后，杨廷和又动用内阁权力，"封驳"了朱厚熜要求派太监"提督江南织造"的诏书，君臣关系，更加恶化。

"封驳"事件再次发生后，杨廷和故技重演，再次上奏请求辞官，以"罢工"来威胁。但这次朱厚熜却不再"感冒"，对杨廷和的奏疏一概"留中不发"。

就在此时，在"礼议"冲突中被杨廷和下放到南京的张璁等人卷土重来，于嘉靖二年（1523）夏再向朱厚熜上《议礼疏》，要求朱厚熜废除"两爹并行"，确认朱厚熜生父兴献王为"皇父"，"先帝"明孝宗朱祐樘只能被尊为"皇伯"。此议正中朱厚熜下怀，阅后立刻大赞道："天理纲常，全仗此疏维持了。"在朱厚熜的主持下，"议礼之争"风云再起，朱厚熜立刻下诏命张璁、桂萼等杨廷和的"反对派"返京，之前曾与杨廷和作对的席书、方献夫等人也纷纷行动，上表批判杨廷和。

杨廷和也竭力反击，联合文武大臣两百多人集体上书反对。这次朱厚熜终于忍无可忍，下诏斥责杨廷和的门生郑本公"结交朋党，营私乱政"，处以"停职罚俸"的处罚。相持数月，眼见"风向"不对，不少朝臣立刻转向，原本支持杨廷和的礼部侍郎汪俊等人纷纷妥协。时任三边总制的"封疆大吏"杨一清也上书支持张璁。深感大势已去的杨廷和终于心灰意懒，于嘉靖三年（1524）二月再次上表辞职，朱厚熜这次顺水推舟，批准了杨廷和的辞呈。二月十一日，这位历仕三朝，多次挽救危局的"救时宰相"，正式告别了这沉浮一生的官场。

杨廷和的政治生涯结束了，然而"大礼议"却更加白热化。随着杨廷和的离去，嘉靖初年的老臣毛澄、蒋冕等杨廷和的"老战友"纷纷被清洗，率先"叛变"的汪俊官升礼部尚书。朱厚熜即位初期险些被杨廷和"整死"的王琼也重新得到启用，回任兵部尚书。而杨廷和之子——时任经筵讲官的杨慎，则接过了杨廷和反对"礼议"的"大旗"。

嘉靖三年（1524）四月，朱厚熜依张璁等人奏议，尊奉生父兴献王为"本生皇考恭穆献皇帝"，生母蒋氏为"圣母章圣皇太后"，且借生母蒋氏生日的机会大排宴席，赏赐"大礼议"中支持自己的朝臣。此举不但彻底悖逆了儒家理学伦常，更激得老臣众怒。杨廷和之子杨慎慨然宣称："国家养士百五十年，仗义死节，正在今日。"七月十五日，杨慎率领二百一十五名朝臣在左顺门以"痛哭"来"示威"，要求朱厚熜收回"礼议"成命，罢斥张璁、桂萼等"奸邪佞臣"。是日左顺门"哭声震天，宫廷大撼"。已然帝位稳固的朱厚熜这次并未惧怕，相反采取了"强硬手段"，先命太监抄录参与示威的朝臣名单，接着命锦衣卫张网抓人，先后逮捕朝臣三百五十六人，凡涉案的五品以下官员一律"杖责"，编修王相等十多人竟被当场活活打死。四品以上涉案官员全部"夺俸"（扣工资），事件中带头的内阁大学士丰熙、吏部侍郎何孟春以及杨廷和之子杨慎三人遭充军流放。

次年春天，朱厚熜为生父"兴献帝"在北京修建"世庙"，将其牌位安置在"观德殿"，经历"清洗"后的群臣们纷纷上表称贺。三年后，由"议礼派"的始作俑者张璁以及老臣杨一清等人主编，记录"大礼议"全过程的《明伦大典》正式成书，书中将杨廷和论定为"罪臣"。朱厚熜更借机夺去杨廷和一切爵位，削职为民。嘉靖八年（1529）六月，带着"罪臣"的污名，杨廷和在家乡四川新都县病逝，享年七十一岁。

"罪臣"难掩大功绩

朱厚熜虽深恨杨廷和，但对杨廷和的施政，在杨廷和走后却并未"因人而废言"。继杨廷和之后执掌明朝内阁大权的张璁，虽被斥为"佞臣"，但他的施政却"多依杨公故例"。特别是嘉靖九年（1530），他先是奏请在江南地区"编审徭役"，延续了杨廷和一生为之呕心沥血的"江南财赋改革"，使明王朝的财政状况大为好转。继而又主张削减明朝宗室的禄米供应，收回宗室外戚在税收、贸易等方面的特权，完成了杨廷和在"更化改元"时期耿耿于怀的"憾事"。而在幼年时期就立志"荡涤奸邪，兴旺盛世"的朱厚熜，虽有"大礼议"的倾轧以及"崇信道教"的荒唐事，但他确实大行"革新"：一方面削减宦官权力，召回各省"镇守太监"，提升明朝的内阁行政权；另一方面加强"监督权"，对明朝政府官员的行政效率加以监督。从嘉靖八年（1529）起规定"散朝之后，即便齐入衙门办事"，且"落实到个人"。每个官员应负责的日常事务，划分为"三日""五日""十日"三个处理期限，凡是限期内不能完成工作的官员，轻则罚俸重则降职。正德朝以来官场作风拖沓效率低下的陋习，至此于始好转。《明史》说他即位初期"革除一切弊政，天下翕然称治"，着实不虚。

嘉靖八年（1529）六月杨廷和病逝后，仅仅一个月后，明王朝就连遭麻烦。自七月起，先是甘肃、宁夏各省遭蒙古部落入侵，继而山西、山东两省遭遇旱灾，湖北、浙江遭遇水灾，明王朝开支一时激增。朱厚熜担忧国库储备难以维持，但大学士李时却告诉他国库"可支数年"。朱厚熜闻言感慨道："此杨廷和之功，不可没也。"隆庆元年（1567）正月一五，朱厚熜之子——隆庆皇帝朱载垕正式下诏：恢复杨廷和官职爵位，赠太保，谥号文忠。杨廷和的遗作《杨文忠公三录》《石斋集》也得以"解禁"出版。这位纵横三朝的名臣，至此终于彻底恢复名誉。

葡萄牙人，东西交流"吃螃蟹"

嘉靖皇帝朱厚熜在位的四十五年，发生的大事不少，但是一件在此时貌似微不足道的"小事"，相比之下却成了此后四百年间影响世界历史的"大事件"——葡萄牙殖民者占据澳门。

说起这件大事，得从葡萄牙殖民者的东来说起。

葡萄牙人会来事

明朝弘治十二年（1499）八月，当励精图治的明孝宗君臣正苦心经营着"弘治中兴"时，远在大洋彼岸的欧洲国家葡萄牙，却爆发了一件足以改变东西方文明史的大事——葡萄牙航海家达伽马的远洋船队，经好望角进入亚洲，成功抵达印度卡特里亚港后胜利返航。至此，对欧洲人意味着巨大财富的"香料航线"彻底打开，欧洲人至今津津乐道的"大航海时代"，从此正式开始。

从这以后，当时欧洲航海最发达的俩国家：葡萄牙和西班牙，相继吹响了进军东方的号角。西班牙人在哥伦布发现美洲后，一路跟进建立据点，葡萄牙人则重点在南亚和东南亚扩张。明朝正德六年（1511），葡萄牙人发动了对马来王国（今马来西亚）的进攻，经一个月灭掉马来王国，在当地建立据点，从此彻底控制了马六甲航线。而侵略的阴云，也渐渐笼罩向与马六甲隔海相望的大明王朝。

这几次扩张，看似和明朝八竿子打不着，其实关系颇大：因为葡萄牙造访和侵略的诸多南亚东南亚国家，都正好处于明朝"朝贡贸易"的体系下。葡萄牙征服的锡兰、古里、果阿诸国，是大明王朝的附属国。尤其马来王国，就是《明史》中记录的"满剌加国"，葡萄牙人东来之前，这些国家常来进贡，顺便做生意。而广东福建各省，也因此大获其利。而自从葡萄牙殖民者东进后，正德年间起，明朝市舶司官员们惊讶地发现：往昔的很多老朋友，竟然不再来了。

而对明朝，葡萄牙殖民者其实向往已久。得到中国的丝绸瓷器，转卖欧洲市场牟取暴利，本身就是他们开辟欧亚航路的终极目标。在巩固了对马六甲的统治后，葡萄牙人随即将矛头对准了明王朝。而他们的手段，也是软硬兼施：先坑蒙拐骗，被戳穿后，就露出侵略的獠牙。

正德八年（1513），葡萄牙船队第一次抵达中国沿海，停靠在珠江口岸，要求上岸进行贸易。在遭到当地政府拒绝后，随即占领了珠江对面的屯门岛，在岛上修筑工事，并刻石碑宣示葡萄牙"主权"。明朝正德十三年（1518），葡萄牙船队停靠在广东怀远，他们故意穿上穆斯林的白布长袍，冒充已被灭掉的马来王国使臣，企图骗取明朝"朝贡勘合"（贸易许可证）。广东当地官员几经讯问，戳穿了他们的冒充把戏。葡萄牙人随即承认自己是"佛郎机国"使臣。他们也很会"来事"，把戏"穿帮"后立刻大撒金银，贿赂广东地方官以及镇守太监。毕竟拿人手短，葡萄牙船队被允许在广东沿海停靠，船队首领佩雷斯也得以允准入京，觐见明武宗朱厚照。

佩雷斯入京"面圣"期间，滞留广东的葡萄牙人露出了海盗面目。他们以贸易为名，在广东沿海走走停停，所过之处皆大肆抢掠，甚至和广东当地海盗勾结贩卖人口，史载他们"大造火铳，劫掠村镇"。当地乡民怨声载道，纷纷向官府告状，但广东镇守太监陈伦和布政使吴廷举收了葡萄牙人的钱，都睁一只眼闭一只眼。

正德十五年（1520），佩雷斯至南京觐见正在"南巡"的朱厚照，他这次的情报工作做得好，连明武宗身边的近臣底细，都摸得一清二楚。先送重礼结好了朱厚照的宠臣江彬，继而又送给朱厚照西洋火铳等礼物，这下可投其所好，讨得朱厚照龙颜大悦，不但慷慨赏赐了大笔金银，更发给了葡萄牙人"贸易勘合"。也就是说，允许葡萄牙入贡，与明王朝进行贸易。

其间，广东御史邱道隆曾上书揭发葡萄牙海盗肆虐广东沿海以及贿赂镇守太监的事实，却不了了之。佩雷斯在南京停留近一年，直到朱厚照结束南巡后才启程离开。

应当说这次作为使者的佩雷斯，任务完成得不错，虽然中间有不少不愉快，但贸易权拿到手，如果能正常交易，肯定能获得不错的利润。

怎料人算不如天算，归京后的朱厚照不久后病死，其宠臣江彬被逮，江彬罪状里，其中一条正是"里通外夷"。此时佩雷斯正走到福建，立刻被福建地方官逮捕，押送到北京后经审判流放西北，从此下落不明。

不久后嘉靖皇帝朱厚熜抵京即位，登基后第三天，就收到了"满剌加国"王子的诉状，细陈了"满剌加国"遭葡萄牙平灭的经过，请求明朝助他复国。朱厚熜虽然对"复国"毫无兴趣，但礼部尚书毛澄认为葡萄牙人在广东"久滞不去，有觊觎之意"，引起了明朝上下的警觉。而广东御史邱道隆那份被朱厚照"留中"的奏折，更令朱厚熜阅后震怒。正德一六年（1521）八月，朱厚熜下旨，命广东地方官驱逐葡萄牙人，先前曾收受葡萄牙人贿赂的镇守太监陈伦等人也被下狱。消息传出后，葡萄牙船队首领卡尔佛立刻将舰队集结在屯门岛，企图负隅顽抗。由此，揭开了中世纪东西方之间第一次海上较量——屯门海战。

屯门血战国威扬

明朝翻脸后，葡萄牙人也厚起了脸皮，对明朝官员的警告置之不理，打算占了屯门岛再说。

葡萄牙人敢赖在屯门岛，自然是有资本的。自达伽马开辟"香料之路"后至此时，他们一路向东扩张，连续平灭东非、南亚、东南亚多个小国，尚未遇到敌手。明政府翻脸后，葡萄牙人也火速做出了应对。不但在屯门岛上构筑火器工事，且又调来三艘重型战船助战。此举更招得素来以"天朝"自居的明朝方面大惊，明朝也立刻开始了战备工作。广东海道副使汪鋐临危受命，担起了收复屯门，驱逐葡萄牙船队的重任。

汪鋐受命后，一面命令沿海渔船全部停止出海，断绝葡萄牙人外援；一面招募民兵以及曾在葡萄牙船队中帮佣的水手，探知葡萄牙船队内情。八月三十一日，汪鋐遣使至屯门再次向葡萄牙人宣召，勒令他们立刻撤离。遭葡萄牙首领卡尔佛野蛮拒绝。忍无可忍下，次日明朝广东水师全力进攻，遭葡萄牙三艘重型军舰火力打击。彼时明王朝海疆承平日久，主要的对手多是沿海海盗及倭寇，因此多以中小型战船为主，难敌葡萄牙船队的巨炮重舰。虽然汪鋐本人身先士卒，亲率旗舰猛冲，却还是被葡萄牙人猛烈的炮火打了回来。伤亡惨重下，明军不得不暂且撤兵。

这场小规模的败仗，一下子把大明打醒了。以往明朝作战，火器已是利器，不管跟谁打，还从没在这方面吃过亏。谁知在葡萄牙人面前，一吃就吃了个大的。到底是久经沙场的老将，立刻回过神来：不能硬拼了。

次日汪铉改变战术，利用葡萄牙船队船只巨大行动不便的弱点，特制了30艘小船，船上载满柴草引火之物，借南风大起之际放火扑向葡萄牙战船。汪铉率五十艘轻型战船趁机冲锋，分割包围葡萄牙船队，此举果然奏效，熊熊烈火下葡萄牙船只纷纷被焚毁，唯恐烧不够，又命水手趁乱潜水，将未着火的葡萄牙战船凿沉。一番激战下，葡萄牙人引以为豪的"坚船利炮"，在明军的打击下几乎全军覆灭。

明军趁势抢滩登陆，收复屯门岛，并一路追杀葡萄牙人，下令"凡遇佛郎机人（葡萄牙人）皆杀之"。从九月二日开始，4000多明军在广东南海地区撒下大网，全力搜杀漏网的葡萄牙人。先前牛气哄哄的葡萄牙首领卡尔佛，仅带几十名残兵藏身于附近岛屿中，所幸九月七日沿海飓风大起，明军随即停止了对葡萄牙人的搜捕，在尽数毁掉屯门葡萄牙工事后撤兵。卡尔佛等人这才逃过一劫，狼狈返回马来半岛。

战后，明朝政府诏令东南沿海各省水师"遇佛郎机船可立毁之，遇佛郎机人可立杀之"。值得一提的是，大获全胜的汪铉在此战后被明政府嘉奖，特命"加一级，使食一品禄"。但他并未飘飘然，相反却从战斗过程里看到了明军在火器制造和战船上的差距，战后曾三次上奏朱厚熜，请求在明军中推广使用葡萄牙火器"佛郎机铳"。为说服朱厚熜，他甚至将缴获的葡萄牙火器送入京城当场实验，终启动了明军的新一轮"军事革新"。这种"佛郎机铳"此后在明军中几经改良研发，衍生出了"大样佛郎机"（重型火炮）、"小样佛郎机"（轻型火炮）、"多雷佛郎机"（连发火炮）、"马上佛郎机"（骑兵专用火炮）等多种型号，成为明军中的主战火器，在明朝对蒙古和倭寇的战争中大放光彩。

而深谋远虑的汪铉，也同样是朱厚熜即位早期甚为信用的名臣。他在嘉靖十三年（1534）调任中央，被授予"太子太保吏部尚书兼兵部尚书"，明朝文臣里同时兼任兵部和吏部两部尚书者，二百七十年里汪铉是唯一。

屯门之战后，受挫的葡萄牙人并未死心，相反却干脆对明朝"撕破脸"，不再假惺惺地"遣使入贡"，而是开始筹谋对明朝的下一轮武装入侵。嘉靖元年（1522）九月，葡萄牙人别都卢率五艘重型战舰和一千多名士兵再次抵达广东。按照葡萄牙历史学家巴罗斯记录说："这次远征的伟大目的，是为了在南中国海获得一块永久的领土，从此垄断东方的丝绸瓷器贸易。"

目的很美好，但战斗过程很残酷。这次早有准备，早早地为葡萄牙人扎好了"口袋"。葡萄牙舰队刚到广东新会县西草湾，明朝水师就已将他们包围。此时明军已经装备了葡萄牙人的"佛郎机铳"，火力上不弱于葡军，明朝战船更发挥了机动性强的优势，早早地切断了葡萄牙舰队的后路。经一番激战，明军缴获葡萄牙巨舰两艘，生擒葡军"总司令"别都卢。战后，朱厚熜下诏，命将被俘的葡萄牙人全部斩首，其头颅挂在广州城楼上示众。比起之前的屯门海战，这次葡萄牙人败得更惨。战后朱厚熜下诏，严令广东福建浙江禁绝一切沿海边民同海外的贸易。规定"沿海军民，私与贼市，其邻居不举者，连坐"。机关算尽的葡萄牙人，在抵达中国沿海的这最初十几年里，先是冒名顶替骗贡品"穿帮"，继而张牙舞爪入侵，又被打得头破血流。所谓"垄断东方丝绸瓷器贸易"的"伟大目的"，却还是黄粱一梦。

蒙骗骗不过，打也打不赢。怹葡萄牙人不甘心，一看上面办法都没用，干脆又使新招数：我打游击。

所谓打游击，就是跟海盗似的，打一枪换个地方，到处奸淫掳掠，捞一把就跑。

双屿一战再覆灭

嘉靖元年（1522）屯门海战后，葡萄牙人改变策略。不再大规模地武装入侵，而是效仿日本倭寇，在广东、福建、浙江等沿海地区大肆劫掠，每到一处皆"屠戮村镇，劫掠府库，掳掠人口"，干起了刀尖舔血的"强盗买卖"，甚至福建地方志还记载这些"佛郎机人"经常"烹制婴儿为食"，可谓丧心病狂的凶残强盗。

葡萄牙人干起这事来，确实驾轻就熟，而且还很快找到了一个臭味相投的合作伙伴：日本倭寇。

葡萄牙人和日本人之间，渊源也同样深。同样是嘉靖年间，葡萄牙人也造访了日本。比起明朝对他们的排斥来，此时正陷入军阀混战的日本，对他们却极为欢迎。嘉靖二年（1523），葡萄牙人就与日本九州诸侯签订合约，在当地建立商站，收购东方商品。西方的文化与科技，正是从此时开始源源不断地传入日本。

日本人欢迎葡萄牙人，按照成语说，就是狼狈为奸。一方面，葡萄牙人在日本大肆收购倭寇从中国抢掠来的货物，成了倭寇"销赃"的最佳"合作伙伴"；

另一方面，葡萄牙人带来的火绳枪等"高科技武器"，更成了正在内战中的日本各路"战国英豪"们的最爱。而且双方还形成了战略合作模式：葡萄牙人自恃坚船利炮，开始给倭寇抢劫"打前站"，每当倭寇打劫，葡萄牙船队皆先行进发，待抢劫得手后，大批倭寇即蜂拥而至，展开大肆烧杀，待抢劫之后，两家再"坐地分赃"。与此同时，葡萄牙人盘踞的日本九州地区，更压过日本其他地区各股倭寇势力，自嘉靖年间开始成为侵华倭寇的主要来源地。

葡萄牙人对中国东南沿海的侵扰之所以愈演愈烈，除了因与日本的"立体全方位合作"，更应了中国的一句俗话——"鬼子来了汉奸多"。早在正德年间葡萄牙初到广东起，就有被明朝史料称为"奸民"的各色汉奸为其效力。后来葡萄牙人和明朝"撕破脸"，转而与倭寇合伙侵扰东南沿海时，也有不少"汉奸"从中帮忙。他们或是给葡萄牙人入侵充当向导，或是帮助葡萄牙人上下活动，贿赂当地明朝官员。更有人给葡萄牙人出钱出人出枪，大力相助，甚至在葡萄牙人的"抢劫团伙"里，更越来越多地出现了中国"炮灰"。这些人里有沿海当地的流氓无赖，也有长期盘踞沿海岛屿的海盗，但起主要作用的却是当时东南沿海的不少富家大户，即《明史》中所说的"势豪大户"。为防止沿海住民与葡萄牙人勾结，明朝政府连下严令，颁出"保甲连坐"法令。到嘉靖二十年（1541），嘉靖帝朱厚熜又下严令："凡通番（勾结倭寇葡萄牙人）者，无论官民，一律死罪。"但重治之下，汉奸却越治越多，诚如浙江巡抚朱纨在奏报里所说："江南奸民通番之事，数年来屡禁不止，令越严通番者却越多，可谓人心思乱也。"

葡萄牙人到来后，明朝之所以冒出这么多汉奸，说到底还是经济问题：此时沿海经济发展迅速，走私猖獗，传统的海禁政策已经出问题。早在葡萄牙人到来前，东南不少富户，就多次组织走私，更有很多沿海渔民，都是靠走私为业，成了一条产业链。葡萄牙人到来后，很快和这帮人挂上了钩。

甚至到后来，这问题越来越严重。葡萄牙人不但与这些团伙做生意，而且还介入帮派斗争里。甚至和当地大户勾搭连环。连好多地方官也被拉下水。在这帮人的帮助下，葡萄牙人更办到了之前靠军事手段都没办到的事：获得一块根据地——双屿岛。

双屿岛，位于浙江舟山群岛地区，该岛距离浙江定海县东南仅六十公里，位于出海口要道。在元朝时，这里就是重要的海外贸易基地——六横岛双屿港。明朝建国后，为防止沿海倭寇骚扰，曾将该岛居民大规模迁至内地，并严禁沿海居民上岛。严刑峻法下，这座昔日的繁华贸易集市早已荒废，但到明朝嘉靖年间，日益繁华的东南海外贸易，却令它破土重生。

早在明朝嘉靖五年（1526），海寇头目邓獠、李光头、许栋三人勾结葡萄牙海盗，在岛上建屋设集。从此之后，大批海寇团伙以及海外商人纷纷来此贸易，尤其是葡萄牙人，他们不但重金从李光头手中租得该岛的"使用权"，更在岛上修筑堡垒，部署士兵防御。甚至修建了天主教堂和医院。在葡萄牙人的重兵保护下，这座位于浙江黄金要道的小岛，以几何级数的速度迅速发展起来。双屿岛最繁华时，岛上每天往来的船舶总数高达两千艘，每日成交的白银数额高达十万两。不但日本、葡萄牙、东南亚各国商旅纷纷云集，浙江沿海商人甚至做小生意的平民百姓也纷至沓来。中国的生丝、茶叶、丝绸、瓷器在这个小小的窗口大规模地出口海外，然而明王朝的关税白银，却也因此大量流失。繁华的贸易和巨大的贸易额，刺激了浙江甚至江南地区手工业的迅速发展。以同时期江南手工业重镇苏州为例，在双屿岛贸易最繁盛期的嘉靖十年（1531），苏州当地从事纺织品的手工工场的货物，"至双屿者十之八也"。小小手工工场尚且如此，东南沿海的势豪大户自不用说，许多大户干脆在岛上入有股份，坐享其成。小小双屿岛，其实盘结着各方面利益。

在明王朝的家门口搞"自由市场"，如此局面明王朝当然不能坐视。但双屿岛之所以明目张胆，关键原因还在于岛上的武装力量。葡萄牙殖民者在岛上有数百人的驻军，更有坚固堡垒，外加倭寇以及当地海寇的武装，双屿岛的武装力量不下千人。在岛上南北两侧的港口，每天皆有葡萄牙武装炮船巡逻，甚至对来此贸易的各路商旅，双屿岛还很有"信誉"。凡是进入双屿岛水域的商船，皆有葡萄牙炮船武装护航。如此实力，明朝当地政府自然不敢轻举妄动。

明朝当地政府甚至采取过断绝岛屿水粮供应的方式，严禁周边村落卖给双屿岛淡水粮食。但双屿岛对周边村落采取高价收购粮食的政策，以致严令之下，周边村民纷纷冒死与之交易。甚至在明军政府杀一儆百，捕杀胆敢"资敌"的百姓时，葡萄牙舰船竟然撕破脸，凭坚船利炮在当地大肆抢掠。打打不过，轰轰不走，眼见着每天大笔的白银在眼前流走，明王朝越发苦不堪言。

如何解决双屿岛问题，长期以来，明王朝上下政策意见不一。其实如此情景，嘉靖早期还是给事中的名臣夏言，就曾有过判断：当时朱厚熜由于沿海动乱，决心裁撤市舶司，夏言认为不可，本身走私就猖獗，如果裁撤市舶司，正常贸易没得做，不是逼着好人去走私？夏言甚至还断言：一旦市舶司裁撤，沿海走私不但会形成团伙，甚至还会发展成武装据点，成为沿海大患。双屿岛的景象，印证了他的预言。

直到嘉靖二十六年（1547），明朝才终于下定决心，力主武力解决的右副都御史朱纨被委任为闽浙总督，受命讨伐双屿岛。

这里要说下朱纨，他是苏州吴县人，曾在四川做兵备副使，剿灭当地少数民族土司造反，也曾在广东任布政使。此人忠直敢言，为官清正，更兼行军打仗极富韬略，行事果敢，是嘉靖一朝出名的"干臣"。但他万万没想到，自己一生的英明，竟然会全葬送在这小小的双屿岛上。

朱纨到任浙江后，立刻采取了强硬措施，首先缉捕了当地与双屿岛有关联的商家八十多人，严惩其中罪大恶极者。嘉靖二十七年（1548）四月七日，明军正式发动了对双屿岛的总攻，朱纨派水师先封锁住了双屿岛的南北港口，继而以重炮轰炸，将双屿岛覆盖在一片火海之中。四月八日凌晨，明军数百艘小船在炮火掩护下抢滩登陆，由于朱纨事先的"保密工作"做得好，对于明军的这次突袭，整个双屿岛竟一无所知，明军大炮打响的时候，双屿岛的"夜市"正热火朝天，登时被明军轰了个稀里哗啦。明军随后经过两天苦战，终于占领了岛上的葡萄牙要塞，缴获大量武器辎重。而先前占据此岛的"海寇"们，则大多在此战中被一次性一网打尽。李光头、许栋等人的海盗团伙在此战里全军覆灭，而葡萄牙方面，仅阵亡者就有二百多人。值得一提的是，正是在此战中，明军缴获了葡萄牙人的作战火器，其后经过改良，广泛装备于明朝步兵中，这就是明朝中后期常用的"兵丁鸟枪"。

双屿岛之战后，朱纨乘胜追击，又在漳州大破葡萄牙海盗团伙，斩首一百多人。同时借着剿寇之战的余威，朱纨在闽浙地区大搞"清洗政策"。他让被俘的葡萄牙人指认，凡是与海寇有勾连者，无论官绅百姓，一律重惩治罪。仅是在福建漳州一地，他在战斗后命葡萄牙俘虏招供，一次性就斩掉了沿海"通倭"匪徒九十五人。这下可捅了马蜂窝。双屿岛本身与闽浙地区的势豪大户就勾搭连环，朱纨此举，虽本意在保家卫国，结果却是得罪一大片。事发后，明朝京中的浙江、福建籍官员连篇累牍，纷纷弹劾朱纨。众议汹汹之下，朱厚熜不得不修正之前的"海禁严令"，下诏申斥朱纨，命他"夺职待命"，即撤职听候处理。刚烈的朱纨哪受得了这个气，他索性给朱厚熜上书申辩冤屈，接着喝了一瓶毒药，以死相抗议，结束了年仅五十七岁的生命。

朱纨之死，不仅是他个人命运的悲剧，更是葡萄牙来华命运的一个重要转折点：一方面，因朱纨的前车之鉴，明朝官员上下从此"无人敢擅言海事"。沿海贸易在经朱纨的短暂打击之后，随即强烈反弹。而屡遭败仗的葡萄牙人也开始明白：像明朝这样一个军力强大、科技先进、文明繁华的大国，是不同于印度、马六甲这些落后蛮邦的。军事行动的结果，只能是头破血流。要想在中国获得好处，硬的不行，只能来软的。

低三下四住澳门

葡萄牙人"来软的"的结果，就是获得了澳门。

说到葡萄牙获得澳门，近一百多年来，许多仁人志士提起来，无不一把鼻涕一把泪，说是几百年国耻，丧权辱国。甚至将此事等同于清朝鸦片战争后被迫割让香港，其实仔细看看，完全不是这么一回事。

在葡萄牙人到来中国前，澳门只是隶属中国广东香山县的一个小渔村。明朝以前，澳门见之于中国历史书中的大事件，当属宋末张世杰在此抵御元兵。对于明朝来说，这只是天朝治下的普通小村。

这个小村与葡萄牙人的渊源，还得从双屿之战后说起。自从双屿岛被毁后，葡萄牙人就倒了血霉，一度陷入明军的疯狂搜杀中。沿海很多州县还发布悬赏令，砍一个葡萄牙人，就可以到官府领赏，外加这群人作恶多端，沿海百姓恨之入骨，这样一刺激，更成了人民战争，见到白种人，就恨不得拿刀剁。

这样一闹，葡萄牙人，就彻底成了过街的老鼠，之后几年，基本都是人人喊打的局面。直到嘉靖三十二年（1553），香山晒货事件发生。

这事的过程，通俗说法是这样：1553 年，一群葡萄牙船队停泊在广东香山县沿海，谎称自己是东南亚国家入京的"贡使"，请求借地曝晒船上的货物。同时也们用大笔白银贿赂了广东海道副使汪柏等人，最终骗过了中国官员，得以窃据澳门。一般说来，澳门就是这样被葡萄牙占据的。

然而事实是，明朝政府没这么好骗。葡萄牙人来时，明朝广东政府就知道他们的身份，早已严加戒备。之所以允诺他们暂居澳门，一是因为此时汪柏正集中兵力搜杀日本倭寇，不愿横生枝节，二是此时明王朝正面临"两线作战"——北

· 葡萄牙人，东西交流"吃螃蟹" ·

有蒙古骑兵侵扰，南有倭寇肆虐。东南沿海遭荼毒的结果，就是占明朝赋税大头的南方赋税锐减。如此局面下，明朝中也有人提出放松海禁，分化瓦解葡萄牙人，通过与葡萄牙人的贸易解决财政困难。因此葡萄牙这次的得计，也是顺理成章。

而且经过了之前多次沉重打击，入住澳门后的葡萄牙人，也开始装孙子。在澳门设立集市，与沿海边民贸易。与双屿岛时期不同的是，此时明王朝已经很懂经济规则，但凡是往来货物交易，皆要向市舶司缴纳赋税，否则将罚款扣船。加上葡萄牙人每年大笔的租金，一时间广东地区赋税激增，经济十分繁荣。

但这种装孙子的生活，葡萄牙人也一度不甘心。从嘉靖三十六年（1557）起，开始越发不老实。他们开始在澳门当地建楼盖房，甚至驻扎军队，将澳门变成他们永久的定居点。因为他们这时很熟悉明朝官场规则，定期给当地官员"孝敬"，于是地方官们也乐得无事，基本不搭理他们。

在这些庇护下，葡萄牙人又变得嚣张。一开始还是小打小闹，干点拐卖人口之类的勾当，还办起了教堂，招纳沿海百姓入教。一看明朝还是不太搭理他们，胆子又壮了，竟然生出一个大胆的念头：把澳门变成葡萄牙领土。

带着这种念头，葡萄牙人开始挑衅。嘉靖四十三年（1564）一月，葡萄牙人在澳门新落成的天主教堂上，俨然挂起了"圣母踏龙头"的塑像，意在把中国踩在脚下。广东当地儒生告发后，明朝地方官大怒，勒令葡萄牙人拆除。但葡萄牙人拖字当头，一面好言敷衍，另一面故意拖延。这事还没解决，竟然又借口经济困难，连定居当地的租金，竟然也打算赖账。

葡萄牙人赖账，当然不只为几个钱，更为了名分：给你钱，是因为租你地，现在我们打算把澳门变成自家领土，还凭啥给钱？

当然，葡萄牙人也知道，这事不好办。但多年和明朝打交道的经验，也令他们有了错误判断，以为买通几个地方官，上下糊弄下，这事就能混过去。

但这一次，葡萄牙人失算了。明朝的官员，这时候确实比较会混，但并不是啥都混，特别是主权问题，万万不能混。结果葡萄牙人犯糊涂，后果很严重。明朝官员不来了，眨眼来了大批舰队，领兵的更是强人：抗倭名将俞大猷。

这时候的俞大猷，已经是两广总兵。他早就看着葡萄牙人不顺眼，这次更打算来真的：先是重兵包围，把澳门围个水泄不通，然后磨刀霍霍，眼看就要发起进攻。先灭了这群人再说。

这可把葡萄牙人吓坏了，深知大明朝不好惹，连忙求见明朝广东海道副使莫吉亨，先诚心悔罪，又给大笔金银孝敬。接着主动提出，不但补缴往年拖欠的租金，更把之后每年的租金和税收提高一倍。看在钱的分儿上，莫吉亨做主，宽恕了葡萄牙的行为，而"圣母踏龙头"的塑像，也被葡萄牙人主动捣毁。明朝更警告葡萄牙，如果当地葡萄牙人再有违法行为，将以"连坐法"论处。隆庆三年（1569），明王朝正式在澳门实行"禁私通，严保甲"的政策，并规定葡萄牙人每年缴纳五百两白银给香山县。自此以后，澳门作为中国对外贸易的一个重要港口，开始蓬勃发展起来。

经此一闹，直至明朝灭亡前，葡萄牙人基本上老实了。到了嘉靖朝之后的隆夫、万历年间，葡萄牙人还曾以防备倭寇为名，在澳门当地修筑堡垒工事，同时对明朝历任的两广总督，葡萄牙都格外乖巧，每年大笔白银孝敬。因此只要没有闹出人命官司以及拖欠租金赋税的事，明朝之后历任广东地方官，对葡萄牙人都基本是宽容的。值得一提的是，虽然日常行为"睁一只眼闭一只眼"，但主权问题，明朝毫不含糊。虽然葡萄牙人早就在澳门设立"总署"，派驻官吏，但澳门一直被明朝划归在广东香山县治下。尤其是司法权方面，在澳门当地大至人命官司，小至家长里短鸡毛蒜皮，皆要由明朝香山县知县审理解决，葡萄牙人毫无司法权力。同时一旦葡萄牙人拖欠贸易税赋和租金，明朝通常会采取包围、断水断粮等惩罚性措施。因此明朝末年的澳门，绝非割让领土，而是明朝治下的一块"经济特区"。

葡萄牙真正得到澳门的主权，是在清朝入关后，先是趁明末变乱之际，取消了每年应向中国缴纳的商税，仅交租金。接着在清朝嘉庆年间，又向澳门派驻法官，将澳门的司法大权拿到手中。到了鸦片战争后，他们更趁清朝积弱之时，强迫清政府于1887年签订《中葡会议草约》和《中葡友好通商协定》，正式确立了澳门是葡萄牙领土。丢失澳门的罪责，确实应由清政府承担。

但在明朝中后期，澳门这个"经济特区"，对明王朝的意义却是重大的。不但东南沿海贸易日益繁荣，日益剧增的贸易税收充实了国库，成就了嘉靖朝之后的"隆万中兴"，而且东西方文明的交往也从此开始日益扩大。大批的西方传教士经澳门纷纷来华，而中国士大夫与西方学者的交流也日益频繁，西方的天文、数学、水利、历法等思想进入中国。明末科学家徐光启正是在澳门认识了传教士利玛窦后，二人合作翻译了西方经典数学《几何原本》。今天中国学校里数学、物理、化学的各类名词，皆最早来自此书。而对西方来说，东方文明的输入，影响更为深远。此时已然流行的儒家哲学思想西传，被后来的西方启蒙思想家们所推崇，掀起了影响整个欧洲文明进程的"中国热"。毫不夸张地说，小小的澳门，是打破东西方文化壁垒的一扇门。

全能儒将谭纶

朱厚熜执政的嘉靖年间，一个重要特点，就是战争极多。南方的倭寇，外加北方的鞑靼部落，每年轮流侵扰，史称"南倭北掳"之患。

论及影响，北方的鞑靼侵扰，打得明王朝头疼，每年都是几万人肆虐，边关败绩连连，军民死伤惨重。而东南的倭寇劫掠，却更让明王朝心疼：明王朝的财政税收，绝大多数都指望东南沿海，倭寇一打劫，不但财产损失惨重，连带着是年的当地税赋，也都一股脑儿泡汤。

因此自从嘉靖二十五年（1546）起，倭患越闹越凶，嘉靖皇帝朱厚熜也越来越急。平倭的招数，能使的都使了。除了厉行海禁，严打走私外，更调兵遣将，集结精锐部队到东南，多次重拳出击，非要灭了倭患不可。

但严打的结果，却是经常被打惨。反映到战场效果上，起初的明军，更是灰头土脸，多次被倭寇打得落花流水，战况十分丢人。而且前线的作战过程，还经常比想象得更衰：经常是没打几下，全副武装的明军，就作了鸟兽散，被倭寇追得撒腿跑。

之所以闹成这样，原因很多。首先倭寇问题，并非是海盗打劫这么简单，成员也不止日本人。论及因素，既因为日本进入战国时代，国内乱作一团，各色武浪人结伙流窜，侵扰程度加剧。更因为东南沿海商品经济发展，传统的海禁政策已经过时，各地走私猖獗，明王朝既不开放民间贸易，更无力制止走私，于是走私团伙与日本海盗互相勾结，背后还有沿海当地大户撑腰，以致局面闹得不可收拾。

当然最重要的，还是军事因素。发展到嘉靖年间，明朝传统的卫所制度，早已经败坏不堪。军屯大量流失，士兵更纷纷逃亡，勉强服役的，绝大多数都是老弱残兵，战斗力极其不靠谱，上了战场，更缺少杀敌立功的勇气，招呼两下子就跑路，那是常有的事。

而倭寇这边，更绝非简单的强盗团伙，相反军事素质极高。首先说武器，虽然在战船和弓弩技术上，倭寇远逊明朝，但是火枪技术却极先进，特别是常年和葡萄牙人打交道，不但火器制造技术突飞猛进，战术也日益成熟，还出现了线形射击战术，好些能征善战的明朝猛将，都是阵亡在倭寇的火枪下的。

除了火器外，倭寇的战刀工艺也极好，特别是著名的武士刀，性能更强于明朝军刀。而且就作战而言，倭寇中的"真倭"，大多都是日本的浪人武士，即使放在日本，也都是战斗力强悍的职业军官。这么群人凑在一起，军事素养极高，临阵作战，战术纪律也极强，他们最擅长使用长蛇阵，将老弱兵隐藏在中间，精壮士兵打先锋或者殿后。作战时候的花招更是多，尤其缺德的是，针对明军纪律败坏的特点，倭寇还常故意把财宝、美女扔到地上，引诱明军哄抢，然后趁机冲杀。甚至好些以战斗力强著称的明军，都被这种雷人战法打垮。

但作为一支曾经横扫天下的虎师，在历经多次失败后，明军很快焕发了斗志，一批仁人志士们采取募兵的方式，很快摔打出多支善打硬仗的铁血军队，一群新兴的名将也相继脱颖而出。在嘉靖时代的最后二十年里，东南抗倭战局，在这些将士的浴血奋战下，终于艰难地朝好的方向扭转着，并最终于嘉靖四十五年（1566），随着最后一股倭寇团伙在越南万桥山被歼灭，肆虐明朝近二百年的倭寇之患，终于彻底肃清。这是大明军人的卓越功勋。

而在嘉靖年间跌宕起伏的抗倭战争中，涌现出的将星也格外多。但是，在曾经作为浙直总督胡宗宪的幕僚，几乎全程参加抗倭战争的明朝大才子徐文长眼中，这些人里真正匹配得上"名将"身份的，满打满算不过三人：谭纶、戚继光、俞大猷。

而三人当中，对比职业武将戚继光和俞大猷，谭纶却是唯一文官身份。

文官带兵不简单

三大名将中，论在后世的知名度，谭纶恐怕是最小。但论行政职务，他却是最高，且另外两位将星戚继光和俞大猷，也都曾做过他的下属。特别是今天已公认是民族英雄的戚继光，和谭纶的渊源非常深，军旅中最光辉的生涯，几乎都是二人同呼吸共命运。

而之所以说他，除了上述原因外，却还因一个重要意义：谭纶的戎马生涯，堪称明朝"文官带兵"景象的缩影。

说起明朝"文官带兵"这事，即使是好些现代人也唏嘘，觉得外行的文官，偏要操持军务，能打胜仗才叫怪。甚至一些专业史家，指摘明朝的弊病时，这也是重要一条。

这些指摘，确实也有一定道理，"文官带兵"制度发展到明朝中期，已经成了一项固定制度。明初只能由公侯担任，权力极大的总兵职务，到了明朝中后期，虽然依旧是武将的最高官职，却早被牢牢压制。不说上面有总督和巡抚两个文职压着，就连七品的御史，也可以不拿这官当回事。按照正德年间名臣杨一清的说法，文官面前，武将已经越发没地立。就连一些以往杂役才做的事，武将们也心甘情愿被文臣使唤，平日工作往来，更是毕恭毕敬。

这个制度当然也有问题，武将日益被边缘化，战斗热情受打击，而且文臣武将之间的关系，也因此越发恶化。文臣瞧武将是老粗，武将们虽说大多没胆反抗，但心里却怨怒，打起仗来更是阳奉阴违。由于文武不和而造成的败仗，在明朝也一直不少。

但是明朝的文官带兵，比起之前宋代来，虽说表面类似，却至少还有一个重要进步：并不是所有的文臣，都能获得带兵的机会，明朝中期的文臣，更不会像宋代的范雍之流那样，只凭着日常工作表现好点，哪怕半点军务不懂，也能成为统兵一方的大帅。一介文官，想要在明朝带兵，既要有真本事，更得有相关的历练。而在这方面，明朝的政治体制，也有一套成熟的选拔培养流程。

而作为明朝儒将的代表，谭纶正是从这个培养流程中摔打出来的。

谭纶字子理，江西宜黄人。嘉靖二十三年（1544）进士，登第的时候很年轻，才二十四岁，但名次却不算好，没机会成为庶吉士，仅授官南京礼部六品主事。清水衙门里的小角色。

虽说正经学业不成，而且授官也不理想，但早年的谭纶，也是个小有名气的青年，有名的不务正业。喜欢的学问，都是正经老夫子眼里的闲篇：不但喜欢军事，好读兵书，而且还常写心得体会。甚至日常生活中遇到些许小事，哪怕碰上斗蛐蛐这类闲事，也常和军事联系起来，研究兵法从来着迷。其作品《说物寓武》，就是此中的得意之作。

这爱好在后人看来，属于军事天赋。但在当时好些人看来，纯属闲得难受。而且谭纶早年干过的闲事，还不止这条，更喜欢戏曲艺术，不但爱好填词，更喜好琢磨曲牌，一研究起来，也同样入迷。而后来的人生里，看似不务正业的谭纶，在这两件入迷的事上，都做出了不小的成就。

当然，这两件闲事里，倒也体现了谭纶的一大优点：认真。只要愿意干的事，就会倾注百分百的心血，不干好不罢休。步入仕途后，他这认真的特点，也很快崭露头角。外加他天资聪颖，说话办事稳重。没过多久，竟也进入了朝廷的视野，成为栽培对象，很快就换了工作：升调南京兵部职方司郎中。

虽然还是在清水衙门的南京，但这个调动却非同小可。南京的衙门，绝大多数是闲职，唯独不清闲的却是执掌东南兵权的南京兵部。而职方司，更是其中极其重要的衙门：日常掌管各地军事资料，战时更要负责制定作战方略，工作琐碎辛苦。

但这个职务，却是明朝"文官带兵"的一个重要跳板，通常担当这个职务的，都是朝廷眼中未来统兵打仗的角色。给这个岗位既是考察，更是难得的磨炼机会。比如弘治年间的军事家刘大夏，便是从这个岗位走出来的。

在这个岗位上，谭纶一样做得认真。尤其重要的是，通过这些辛苦琐碎的工作，大明军备的实际情况，也逐渐了然于胸。怎样打胜仗，也是这位青年书生一直苦苦思考的问题。

而嘉靖二十七年（1548）五月，一场意外的危机，却令常年苦苦思考的谭纶，得到了一展身手的机会：有股嚣张的倭寇，居然突破明朝水师的层层防御，一下杀到南京城下。消息传来，整个南京都乱了套，官员们慌了神，守军们也吓得哆嗦，眼看一场浩劫在所难免。

危急时刻，谭纶却猛地站了出来，甚至主动请命。临时招募了周围一群壮丁，总共五百多人，简单教授点武艺战术，就急火火上了战场。按照军事常识，这群人去打倭寇，还不够给人塞牙缝的。但谭纶有办法，一是会做动员，他口才很好，诸如民族大义之类的话一说，立刻把大家煽动得嗷嗷叫；二是也会抓战机，趁着倭寇们刚登岸，脚跟都没站稳，就突然发起攻击，而且是两面夹击，一部分人正面冲，另一部分人侧面打，一下把倭寇切割成两半。而谭纶本人也不含糊，带头冲在第一线。就这样连冲带杀，竟然就把敌人打垮了。

这仗打完，谭纶一战成名，成了朝中擅长用兵的俊才，接着又得到新考验：就任台州知府。

谭戚共事，黄金搭档

在嘉靖年间，台州知府可是苦差事，虽然当地物产丰富，商贸发达，却正处于倭寇侵扰的前线。倭寇闹得最凶的那些年，这里常被"光顾"。

到了这个新岗位上，当初从南京尝到募兵甜头的谭纶，这次故技重演，利用明廷许可，在当地招兵买马，编练新军，很快又练出了一支千人的劲旅。这支他苦心打造的部队，长期学习荆楚剑法和方阵，作战纪律性极强，而且勇猛无比。多次挫败倭寇进攻，几年下来，战果累累。

虽然一直打胜仗，但谭纶很快就发现力不从心。自己的这些军事本领，最强的是驾驭将领和管理士兵，但具体到手把手训练，实在不是所长。累死累活这么多年，最多也只能训练这点人马，每拿用来保卫地方，尚且勉强，至于乘胜追击，彻底歼灭倭寇，实在不够用。

而这也是谭纶台州知府任上的最大收获，他认清了自己。为了实现肃清海疆的理想，他迫切需要的是一位擅长练兵、精通军务，且志同道合的搭档。苦苦干了几年后，嘉靖三十四年（1555），谭纶终于等来了这个搭档，也是他一生的战友：参将戚继光。

作为一个卓越的军事家，戚继光经过几次战斗，也发现了明朝政府军的问题：士气低落、作战怯懦、毫无积极性。指望这帮人扫平倭寇，八辈子都没戏，得练兵。

而在练兵这事上，戚继光胃口更大。他决心训练一支数千人的铁血精锐，作为平定倭寇的专用部队。想法很好，但做起来不容易，谨慎的戚继光，也给出了自己的时间估算：至少得三年。

也就是说，三年里，戚继光的主要任务，只有练兵。诸如倭寇侵扰，保卫疆土之类的事，基本要靠谭纶苦苦支撑。要碰到一般知府，听到这计划得跳脚。但谭纶却毫不犹豫地接受了。驱逐倭寇、建功立业，是他的梦想。更重要的是，以自己精准的判断眼光，这个叫戚继光的青年将领，是大明朝不世出的练兵人才。他说三年，准错不了。

于是接下来的三年里，谭纶一直苦苦支撑。三年间，倭寇多次大规模进犯，谭纶手里兵少，硬碰硬没戏，就想尽办法抓防守。除了修缮各类卫所工事外，还开动脑筋使计策。敌人进攻的时候，及时得到消息，把百姓安全转移入堡垒，严防死守不叫鬼子抢走一粒粮。等着敌人受挫了，再瞅准机会打几把，倒也有不少斩获。除了辛苦支撑外，作为知府，谭纶也不遗余力，尽可能为戚继光提供后勤支持。能帮的忙，能扛的事，他全干了。

戚继光果然不负所托，几年辛苦磨炼，终于练出了一支虎师。而后俩人密切配合，在台州多次挫败倭寇进犯。尤其著名的，便是嘉靖四十年（1561）的台州九战。这场历时月余的惨烈厮杀中，戚继光的新军正面打，谭纶的亲军侧面抄，二人密切配合，连续九次告捷，给予浙江倭寇毁灭性打击。战后盘点：明军以不足三千人的兵力，斩首倭寇上千人，令溺死倭寇过万，总歼敌数量数万人，堪称明朝抗倭战争以来的最辉煌胜利。此战之后，饱受倭寇肆虐的浙江省，从此永享太平，再不见倭寇侵扰。而这支谭纶配合，戚继光苦心训练的虎师，正是大名鼎鼎的戚家军。

台州九战的辉煌战果，令二人名扬天下，甚至还获得了一个并称绰号：谭戚。但不久之后，这对老搭档却不得不拆分：谭纶先因公调任福建参政，其后又逢亲人过世，回家丁忧。其间，也曾短暂复出，平定过饶平林朝曦的叛乱，建树颇多。

而这时的老战友戚继光，却在浙江和福建之间折返跑。自从台州九战后，浙江太平了，福建却遭殃了。不敢去浙江找倒霉的倭寇，一股脑儿全跑去了福建。戚继光起初也曾奉命救援，历经横屿和牛田之战，歼灭数千倭寇。满以为万事大吉，谁知他前脚刚走，后脚倭寇又卷土重来。战斗一直不停。

而到了嘉靖四十二年（1563），福建的战局更恶化了。一股两万多人的倭寇，竟然攻克了福建兴化。明朝调集重兵，戚继光、俞大猷外加刘显，三位名将大军压境，可这么大的军事行动，更要有个总指挥。于是谭纶再次出马，以福建巡抚的身份坐镇指挥。这次谭纶也不含糊，不但巧妙调和了三位猛将的关系，而且从容部署，依照三人不同的作战特点分工：戚继光战斗力强，负责正面突破，刘显擅长山地战突袭，负责侧面包抄，俞大猷精通水战，负责断敌后路。这样一分工，战况立刻顺利，明军摧枯拉朽一般，一举收复兴化城。战后盘点，明军歼敌三千多人，解救被掳百姓两千多。次年二月，谭纶更与戚继光密切配合，在仙游之战中全歼两万倭寇。至此，福建倭患，完全肃清。

和其他几位抗倭名将最大的不同是，如戚继光、俞大猷、刘显等人，都有自己专门招募的亲信部队，但谭纶却是另外情况，按照他自己的话说，自己带将比带兵强。事实也正是如此，谭纶性格稳重，战略眼光卓越，外加作战身先士卒。哪怕再骄横的武将，对这也极佩服，外加此人熟悉人情世故，善于驾驭拿捏武将脾气，因此行军打仗，再难处关系的武将，和他的脾气也能对路，配合十分默契。

戍边北方再建功

而在抗倭战争胜利后，谭纶也和老战友戚继光一道，于隆庆年间北上，他担任蓟辽总督，戚继光成为蓟州总兵，依旧是默契配合，负责防御北方蒙古。

也正是在这个任上，谭纶完成了他人生里又一大军事行动：先是以文官的身份，极力在朝中抗争，呼吁朝廷给予戚继光练兵的权力。在他的力挺下，戚继光得以大展拳脚，在蓟州编练新军，戚家军的扩编，正是在此时完成。

而在边境防务上，除了配合戚继光外，谭纶也有自己的主张。首先在练兵方面，他虽然不擅长手把手练人，但是把自己带将的经验，也给融了进去。他主张把昔日在抗倭战争中表现出色的南方士兵，特别是戚家军士兵，分批安插在蓟州军队中，这样传帮带教授士兵们战斗经验。这办法一推广，边关军队的战斗力，没多久就直线上升。

除了战斗训练外，谭纶在蓟辽总督任上的另一贡献，便是他卓越的防御眼光：将漫长的蓟州边境，分成了十二个防区。蓟州长城的著名工事"空心敌台"，其设计方案与修筑规划，同样也来自他的精心筹谋。经过艰辛的努力，这个匠心独运的防御工程，不但顺利完工，财政预算更比计划内减少了一半多。作为京城的门户，蓟州的防务，也从而焕然一新。经过这番呕心沥血的改造，蓟州重镇修筑达墙两千里，空心敌台三千多座，练就新军五万多人，拥有火器战车七百多辆，大小火炮五千多门。昔日孱弱不堪、经常惨遭侵扰的蓟州地区，成为坚不可摧的防线。之后十几年间，几次重创了蒙古骑兵侵扰后，竟再无人敢来滋事。这不世的功业中，确有谭纶的心血。

除了与戚继光的密切配合外，谭纶与另一位名将俞大猷，也是渊源颇深，不但曾作为同僚，共同浴血奋战，而且在俞大猷几次人生危机中，更不计得失地保护他。俞大猷精通火器战车作战，他独创的独轮战车，也正是由谭纶力挺，得以在军中推广，成为后来明军的主战火器。

1572年，在位六年的隆庆皇帝朱载坖去世，其子朱翊钧即位，改年号为万历，随后驱逐大学士高拱。谭纶的老上级张居正以辅政大学士的身份执掌大权，开始了长达十年的"张居正改革"。作为北部边防的重臣，谭纶被召回京城，担任了大明朝的国防部长——兵部尚书。在兵部尚书任上，谭纶又提出了全面清理各地军屯的主张，重新规划军屯土地。随后在明朝各地军镇，军屯土地的清理全面展开，查处不法侵占者多人，明王朝的军备从此焕然一新。当然此举也引起颇多非议，诸多在清丈中利益受损的官员纷纷弹劾谭纶。幸好有张居正支持，才得以无事。1577年，积劳成疾的谭纶病逝于任上，享年五十七岁。

值得一提的是，一生艰辛的戎马生涯中，谭纶的文化爱好，也从没耽误。不但诗词文学颇多建树，戏曲成就更是骄人。带兵打仗的时候，部队就常带着戏班子，不止为了取乐，更常编演很多带有爱国情怀的戏曲，用来提振士气。这支跟随了他一辈子的戏班子，后来被他带回家乡，更与家乡当地的戏曲风格融合，形成了中国传统戏曲里一大重要流派：宜黄腔。

好人严嵩堕落史

嘉靖皇帝朱厚熜登基后，一场"大礼议"，足足闹腾了十八年。直到嘉靖十七年（1538）九月十二日，朱厚熜生父兴献王被追尊为"文献皇帝"，以帝王身份享受太庙祭祀供奉，名分、待遇全有了，这才算消停。

在这件事上，朱厚熜的态度很较真儿，斗志也一直昂扬，而心里的小算盘，更早早打得精：表面争的是老爹的名分，其实争的是权力。他要挑战的，是明朝一个世纪以来的行政传统。

嘉靖皇帝小算盘

自从宣德年间起，明朝的最高权力，就形成了三角体制。皇权之下，文官集团与宦官集团互相制衡。特别是文官集团，随着内阁制度的成熟，不但话语权越发大，而且对皇权更形成制约。而同属文官集团的言官势力，话语权也水涨船高。

而对这样的行政传统，朱厚熜却嗤之以鼻。在他眼里，什么文官宦官，内阁都察院司礼监，统统都是皇帝的奴才。老老实实听话就行。国家大事，就听着皇帝（他本人）乾纲独断，大家认真执行，天下就能太平。

本着这样的目标，朱厚熜一直在动作：先是宦官集团被打压，司礼监实权削弱　完全成了摆设，各地镇守太监更被召回裁撤；内阁有了密封专奏权，看似权力提升，但几任阁臣，都被他牢牢拿捏在手；言官集团最惨，谁写奏折触怒了他，不是被打得死去活来，就是贬官到荒远地方。嘉靖年间因言获罪的言官们，前后竟有几十位，基本处于失语状态。

而尤其厉害的，是朱厚熜的政治手腕，驾驭臣子就像逗弄蛐蛐，由着大臣们互相掐，然后根据利益需要搭把手。政治斗争一直热闹，他自己稳坐皇位看风景，权力游戏玩得不亦乐乎。

在这样一番治理下，治国成就也斐然：朱厚熜执政的前半段，是明朝极其繁荣的时代，国家财政稳定，储备充足，每年富余白银五百多万两，粮草足够支用十年，民间经济也富庶，东南商品经济蓬勃发展。而且从嘉靖四年（1525）起，明朝宣课司正式改以白银收税。此举的结果，就是白银正式成为法定货币，经济意义重大。

而这时期意义最深远的，无疑是文化成就：《三国演义》和《水浒传》两部名著得以刊刻发行，《西游记》和《金瓶梅》也在这一时期问世，阳明心学广为传播，流派纵横，此外戏曲绘画乃至科学方面，都是巨匠云集。李开先、李时珍、徐文长等一连串流光溢彩的姓名，见证了这个自由开放的文化盛世。

综合上述成就，心机深沉的朱厚熜，以其圆熟的政治手段，成功缔造了一个国富民强、文化繁荣的大明帝国。以帝王业绩论，相当出色。

然而从朱厚熜执政的后半段起，这个一度繁荣的大明帝国，却突然遭遇了剧烈震荡，国事一路转衰：北方鞑靼肆意侵扰，东南倭寇愈演愈烈，外加财政近乎崩溃，地方民变四起，内忧外患水深火热。到朱厚熜过世时的嘉靖四十五年（1566），几乎到了一塌糊涂的地步。按照同年直臣海瑞《治安疏》中的评价：老百姓早已家家穷困潦倒，对嘉靖皇帝朱厚熜，也早就不满了。

费尽苦心的朱厚熜，治国为什么会治成这惨样？后人总结经验教训，一个公认评价是：一辈子聪明的朱厚熜，却偏对一个奸臣看走了眼，且放任他专权二十年。结果把大好的江山，糟蹋得不成样子。这位今天已经臭名昭著的奸臣，便是严嵩。

但如此沉重的一个政治责任，严嵩是否担负得起？还得从他的人生说说看。

奸臣也曾很正派

在成为一个遗臭万年的奸臣前，早年的严嵩，也曾名满天下：既是才华横溢的俊杰，更是刚正不阿的良臣。

严嵩是江西分宜人，出身于书香门第，人又长得清瘦俊朗，举手投足都是名士风范。二十五岁这年，也就是弘治十八年（1505），更高中了二甲第二名进士，也就是全国第五名，顺利考选了庶吉士，随后官授翰林学士。录取严嵩的座师，便是后来正德年间权倾朝野的名臣杨廷和，前途极其远大。

但世上的一切好事，大多不会那么顺。严嵩这次也一样，人生刚开始得意，打击便如晴天霹雳：正德四年（1509），严嵩母亲过世了。噩耗传来，严嵩的反应极其单纯，闻讯后号啕大哭，还为此害了一场大病。好不容易情绪稳定下来，接着做了一个惊人的决定：辞官。大好的前途不要了，回家隐居去。

这片至诚至孝，长了翅膀似的传开了。闻者无不唏嘘，严嵩回家后用仅有的一点积蓄，在家乡修了个房舍，取名"钤山堂"，与妻儿厮守此处，整日耕读习字，过着与世无争的清贫生活。一晃就是八年。昔日同僚们都很疑惑，这人到底是为什么？严嵩也给出了自己的回答：如今朝中奸臣当道，我既然不能阻止，也绝不与之为伍。

一直对严嵩赏识有加的杨廷和，也把这一切看在眼里。正德十一年（1516），他自己还在丁忧，却亲自给严嵩写信。母亲去世后一度为仕途意冷的严嵩，心思再度活络起来，终于遵从了老师的教导，再度出山为官。

严嵩这次出山后，依然还是进了老单位：翰林院。职务也没变，仍旧是七品编修，可处境却大不一样，接连干了几份极有前途的工作：在内书堂教宦官，作为同考官外出主持会试。次年杨廷和复任首辅后，对严嵩更加器重。正德十三年(1518)七月，更给了他一个重大任务：作为副使，去广西桂林靖江王府，办理袭封爵位公务。

谁知就是这个美差，差点儿让严嵩把命搭上。严嵩路过江西，正赶上著名的宁王叛乱，当地喊杀声一片，吓得严嵩二话不说，撒腿就跑。不但没回京复命，反而一溜烟跑回家，忙不迭地躲起来。直到两年后明武宗病故，新君嘉靖皇帝朱厚熜登基，这才壮着胆子回来复命。

以上就是四十二岁以前，严嵩的大体简历。总体说来，是个工作扎实、才学突出，而且品德端正的好官员。以至于后世许多史家说到这里，无不叹息连连：这么好的一个人，后来怎么变成那副样子。

但也正是这段履历中，体现了严嵩一大不平凡之处：政治嗅觉极灵，特别是隐居八年间，其实没闲着，常和朝廷重臣有书信往来，朝局的变迁了然于胸。这样一个人，只要有野心，就绝非池中物。

而且即使在如上光辉的事迹中，也暴露了严嵩性格里一大毛病：闪得快。权奸当道说躲就躲，江西叛乱说溜就溜。他后来权倾朝野后，最败事招骂的，正是这一条。

· 好人严嵩堕落史 ·

197

马屁功夫拍到家

在嘉靖皇帝朱厚熜登基后，回京的严嵩，处境也一度很惨淡。担任南京翰林院侍读。被草草打发到这个清水衙门里去，升迁基本无望。

但祸兮福所倚，严嵩刚进清水衙门，紧接着明朝政坛，就爆发了那场大震荡：大礼议。就连严嵩的恩师杨廷和，也最终惨遭失败，罢官回家。反倒是窝在南京翰林院的严嵩，啥人都不待见他，平安躲过风暴。新宠桂萼是严嵩的同乡好友，嘉靖四年（1525），在桂萼的帮助下，闲了四年的严嵩，意外得到一个要职：升任京城国子监祭酒。

在嘉靖初期，国子监祭酒，可是个好差事：除了要抓好国子监的日常教育工作，还得参加"经筵日讲"。对于志向远大的文臣来说，有幸参加经筵日讲，便是最好的露脸机会。

这个露脸机会，严嵩真抓得牢。他学问一直好，而且口才极佳，每次充任讲官，都能表现得风采飞扬，口吐莲花一般，句句说到朱厚熜心里。自此之后，严嵩的官位青云直上，每隔几年就要升一步。先礼部侍郎，再去南京就任礼部尚书，又过五年调回京城任礼部尚书。十年时间，便成为掌管朝廷礼部事宜的正二品大臣，权位炙手可热。

之所以这样得宠，除了工作积极，日常表现良好外，严嵩的另一大本事，也逐渐露出水面：会拍马屁。

朱厚熜这个皇帝，在明朝历代皇帝里，属于极难伺候的一位：性格刚愎自用，对身边官员，更是百般苛察。作为大臣，越接近权力中心，生存环境也就越险恶。

但严嵩也不是一般人，很快如鱼得水。比较有名的，就是嘉靖七年（1528）他在礼部侍郎任上的一件事：当时严嵩作为副使，前往朱厚熜家乡安陆办理祭祀等事务。回来后严嵩别出心裁，上了两份奏折，一份奏折妙笔生花，描绘沿途所看到的各种"祥瑞"，哄得朱厚熜高兴不已，接着捎带手又上了另一份奏折，这份奏折却是写实手法，如实汇报了河南地区的灾害，请求减免赋税。朱厚熜这会儿正高兴着，当即大手一挥：准了。

既拍了马屁，也没误了正经事。类似的事情，这时的严嵩，也一直干了不少。所以虽然拍马屁，但名声依然很好。

但按照许多明朝人笔记的说法，严嵩的变质，恰是从此时开始：与他蒸蒸日上的官位相对应的，是他直线上升的生活水平，家里的日子越过越奢侈。而这奢侈程度，靠他的俸禄，显然是不够。《世庙识余录》里说，早在担任国子监祭酒的时候，严嵩就开始捞好处，而后来担任了礼部要职，胃口越来越大，藩王赐封袭爵，都要给他送钱，后来就连藩王获赏赐，他也敢雁过拔毛，从中捞回扣。经济问题越发严重。

而真正让严嵩声名狼藉的，却是嘉靖十七年（1538）九月那次事件：朱厚熜想让自己父亲追尊庙号，并且神主进入太庙享受供奉。这事一放出风来，群臣就极力反对。身为礼部尚书的严嵩，也小心翼翼劝阻，未料一劝阻，就把朱厚熜劝怒了，立刻写文点名把严嵩臭骂一顿。这下严嵩害怕了，当下态度大转弯，全力支持朱厚熜。接下来在严嵩的精心谋划下，朱厚熜终于如愿以偿，给父亲加上了尊号，顺利请入了太庙。而历时十八年的"大礼议"，也就此结束，确切地说，是严嵩给画上了句号。

这事办完，严嵩的官职接着就升了，加封了太子太保，成了从一品大臣。而且成了当时朱厚熜时常私下召见的大臣之一，已经成了心腹近臣。

孤傲首辅夏言

而这会儿的严嵩，政治胃口也越发大。他的下一个目标，就是进入权力中枢内阁，成为万人之上的内阁重臣。

而内阁，这个大明王朝的核心权力机构，到了嘉靖年间，却变得跟火药桶一般，丁点火星就能擦出大动静，每天争斗不休，既难进，更难混。

朱厚熜登基后，内阁的要员们，几乎天天打，没个消停的时候。一开始担任首辅的，是老好人费宏，后来继任的，是好老人李时，这俩老好人，基本没实权，有实权的几位，始终互相掐。一开始是张璁赶跑了杨一清，随后又经过几年恶斗，张璁也被赶跑，内阁的当家人，换成了夏言。

在嘉靖年间早期，夏言可是个出名的人物，不管干工作还是搞政治斗争，从来都是精力旺盛。

实际工作的能力，更属于超强级别。早期他最大的政绩，就是清理了皇庄弊政。顺利裁撤冗员，还查出大量被贵族侵占的土地，事情办得极漂亮。

更与当时诸多官员，特别是与严嵩不同的是，夏言的经济问题非常清白，办事铁面无私。穷得叮当响，同僚也基本得罪光。

这样一个既干活又清白的大臣，朱厚熜自然无比信用。而在严嵩的升迁路上，夏言的得意，曾是他最重要的契机：他与夏言是老乡，长期以来关系极好，当年严嵩从南京礼部尚书任上调回京城，正是来自夏言的举荐。后来夏言入阁，又再次举荐严嵩接替自己礼部尚书职务。可以说，正是随着夏言的高升，严嵩紧随其后，一路沾光。

关系亲密得久了，夏言就不拿严嵩当外人。特别出名的一件事，就是严嵩一次置办酒宴，邀请夏言参加，偏巧夏言那天心情不好，就是摆谱不来。严嵩无奈，只好亲自去请，夏言却避而不见。丢尽面子的严嵩回到家，当着各路宾客的面，竟然做出了惊人之举：对着夏言的预备座席，恭恭敬敬地下拜，完全就是拿他当主子。类似的窝囊气，多年以来受了不少。

自从执政内阁后，夏言的个性就越发突出，特别是嘉靖十七年（1538）后，夏言就职内阁首辅，腰杆子更硬，为官为人都变得更加专横。三年之间，竟然多次惹怒朱厚熜，两次被罢官。

但奇特的是，每次罢官之后，夏言在家闲住不多久，接着大摇大摆复职。论及原因，还是此人业务能力太强，而且除了工作外，朱厚熜的最大宗教信仰——修道，竟然也离不了夏言，夏言文采好，特别擅长撰写道教祭天专用的青词。这种文体可是大学问，讲究对仗工整，辞藻华丽，通常采用骈体文格式，写八股出身的朝臣，没几个会。

但夏言不仅会，而且文采极好，每次朱厚熜要搞道教活动，都离不了夏言的青词，因而纵然有气，好些时候也是忍着。

也正是如上原因，让夏言产生了一个错误的判断：离了我，皇帝的日子就过不下去。同样是这个判断，令一直被夏言压制的严嵩，看到了胜利的曙光。

长期以来，夏言眼里的严嵩，不过是任自己呼来喝去的老家奴。但他不知道，自己在严嵩眼里，角色也悄然转换：不再是官场的靠山，相反却是前行的绊脚石，想要如愿入阁，就必须扳倒他。

而以严嵩当时的身份地位，想要斗倒位高权重的夏言，操作难度何其大。但以一种简单粗暴的方式，嘉靖二十一年（1542）五月，他竟然神奇地办到了。

那天一开始，也没什么不寻常事，不过是朱厚熜单独召见严嵩，商讨点朝政问题。工作汇报完毕后，严嵩瞄准机会，突然发动袭击，当场扑通跪倒，痛哭流涕揭发夏言。一开始，朱厚熜倒没吃惊，反而和看戏似的，冷眼看着严嵩表演。但随着严嵩一句话脱口而出，一直当观众的朱厚熜，立刻勃然变色，当场入戏了。

"夏言一向看不起您，连您亲自送给他的东西，都敢轻易丢弃，实在是罪大恶极啊！"

这事说起来，是桩朱厚熜忍了很久的旧账：朱厚熜爱修道，为此还特意制作了五顶沉香木的黄冠，赐给最亲近的几位大臣，其中也包括夏言，不但表示恩宠，更要求上班的时候必须戴。但夏言却觉得丢不起这人，不但自己不戴，还苦口婆心地劝朱厚熜不要戴。当时朱厚熜就很没面子，发了一通火，但想到还要使唤夏言干活，还是把这口气憋回去了。

这下严嵩旧事重提，朱厚熜心中的火苗子，一蹿就是三尺高。而且货比货瞧瞧：眼前这位严嵩，不但干工作同样卖力，而且老实听话，一直乖巧，比夏言好得多。内阁离了你夏言就玩不转了？立刻给我滚！

就这样，在经过多年隐忍之后，严嵩巧妙掐准了朱厚熜脉搏，瞅准时机打出黑枪，一举击倒夏言：朱厚熜下诏，历数了夏言五大罪过，勒令夏言罢官回家。六十三岁的严嵩，官拜武英殿大学士，正式成为内阁中的一员。虽然论资历，严嵩是内阁中最浅的一位，但几位阁臣中，却唯独他掌握票拟专奏权，等于大权独揽。

严嵩终于爬上了文官权力的顶峰。当然，还不是巅峰，因为黯然离去的夏言，并未远离权力中心，很快还会卷土重来。

妇人之仁铸大错

入阁后的严嵩，工作也一直积极，工作早请示晚汇报。特别是每天清晨一大早，就颠颠跑到朱厚熜住的西苑等候指示，态度十分勤勉。

但实际的工作效果，跟夏言比，就完全两个档次了：不但行政水平差了一大截，而且最大的问题，就是腐败丛生。

严嵩的腐化变质，不是一天两天。按照后来明朝一些文人的说法，做国子监祭酒的时候，就常收黑钱。刚挤走夏言入阁，就有御史揭发他贪污。闹得极其尴尬。

但好在朱厚熜力挺，亲自送了"忠勤敏达"四个大字给他。之所以这么喜欢严嵩，一是多年以来，严嵩在他面前性格温顺，凡事依附，比家里养的猫还听话。二是夏言走后，修道还要搞，青词也得有人写，严嵩虽说文采比夏言差，但态度好得多，书写热情更高涨。自然要格外倚重。

有了皇帝的垂青，严嵩更有恃无恐，在内阁里大权独揽，连老成厚道的翟銮，也被他给排挤走。嘉靖二十三年（1544），更把儿子严世蕃调任尚宝司少卿，主管皇帝玉玺印章，爷俩联手抓权。

而这时对严嵩最大的机会是，朱厚熜已经一改早年勤勉的作风，从嘉靖二十一年（1542）起，就基本不上朝了，成天窝在深宫里修道炼丹。国家要事，几乎都是内阁成员们单独请示汇报，等候裁决。

他这一放手，严嵩更放心捞好处。严家父子比猫还馋，不但大张胃口索贿，甚至还勾结地方官，连国家的盐务税收、农业税钱粮，都敢从中截留克扣，经济问题越发严重。

也正是在严嵩的胡糟下，嘉靖初期经过强力整治，一度异常清明的明朝吏治，再度迅速腐化。官场上行下效，贪贿成风。而且这几年明朝的国事运转，也越发艰难，北方鞑靼侵扰问题越发严重，军费开支激增，外加朱厚熜沉迷修道，成天花钱，财政问题日益严重。嘉靖朝早年攒下来的钱粮，基本花得差不多，每年的财政收入，对比支出基本是亏空。问题越来越多。

朱厚熜虽然常年不上朝，但朝局的变化，也基本知晓。因此也越发怀念起精明强干的夏言，于是嘉靖二十四年（1545）十二月，闲了三年的夏言再度得到启用，回任内阁首辅。

这下严嵩可惨了，折腾了三年多，一不留神老对手回归。虽说自己也得到抚慰，给加了少师官阶，但大权完全旁落，外加当初那梁子，就等着挨收拾吧。

而再度回任内阁首辅的夏言，虽说早有心理准备，但接手工作后，还是给气得哆嗦：这才几年，朝政咋就糟蹋成这样子。

夏言是个干实事的，这次新官上任，立刻就搞整顿风暴。中央官员大考核，不合格的一律罢免。一场整肃下来，大批官员丢官去职。绝大多数，都是严嵩的亲信。

如此剧烈风暴，严嵩却保持沉默，也没办法不沉默。自从夏言回来后，什么专奏票拟之类的权，都叫夏言牢牢把控，自己连个边都沾不上，完全成了摆设。

但严嵩自己知道，闹成这一步，并不是夏言有多强，还是皇帝对自己工作成绩不满意。于是一如既往，任劳任怨，朝政靠边站了，但写青词还是积极，一心帮朱厚熜忙活修道大业。而且卖力拉拢朱厚熜身边的宦官，求他们给自己说好话。因此虽然夏言搞得猛，严嵩没了权，但官位总算保住了。而且内阁成了这番格局：夏言大刀阔斧忙工作，严嵩小心翼翼伺候皇帝，分工明确，关系和谐。

但这样的和谐，严嵩是受不了的。和上次一样，他也只能默认现实，等着对手犯错。

但还没等夏言犯错，严嵩自己早先犯的一个大错，这次却败露了。

斗志旺盛的夏言，越干越起劲。他最擅长的吏治整顿方面，动作特别大，中央整顿完了，就考核地方。特别是税收部门，挨个都要清账，惩办了诸多贪腐分子，追回了大量公款。而且顺藤摸瓜，查到了严嵩头上：严嵩儿子严世蕃，在尚宝司任上招权纳贿，腐败问题严重，相关黑材料，已经被夏言掌握，眼看就要重办。

这事可严重了，虽说以往严嵩贪腐，朱厚熜也多有了解，但跟这次比起来，那些不过小打小闹。而且国事艰难，也正好要抓腐败典型，只要夏言不肯松口，严家父子倒霉，基本就是铁板钉钉。

危急时刻，严嵩拿出了压箱底的法宝：装可怜。拽着儿子脚底抹油，跑到夏言家里，先花钱买通夏言家丁，混进夏言卧室，看夏言正在午休，立刻拉着儿子跪倒，爷俩放声号啕。到底把夏言给哭心软了，想起这位老大哥，往昔像猫一样侍奉自己，总算有些情分。于是就摆摆手，索性不追究这事，放了严嵩一马。

但夏言并未想到，看似温驯如猫的严嵩，其实是属虎的，只要逮着机会，就得反咬一口。

而且自从回任首辅后，夏言壮志满怀，除旧布新。但官场积弊日久，动作越大，得罪人就越多，外加夏言为人做事，素来嚣张跋扈，天不怕地不怕，不但整顿腐败不讲情面，在朱厚熜的近臣面前，也是一副大爷模样。严嵩拼命拉拢朱厚熄的宦官，夏言却拼命得罪朱厚熄的宦官，每次宦官来办公，他吆喝人家就和使唤奴才似的。嘉靖时代的宦官虽没权，但说坏话的机会总还有，被夏言欺负得多了，就找机会在朱厚熄面前搬弄是非。时间久了，朱厚熄的心里，也就自然朝严嵩倾斜。

如上变化，严嵩清楚，也一直在巧妙助推。就等着夏言自己栽跟头，再狠命扑上来，把这老对手彻底撕碎。

但对这日益逼近的危机，得意扬扬的夏言，不但毫无察觉，相反正壮志满怀，准备完成一件惊天动地的大功业：收复河套。

罔顾国事害良臣

河套问题，从明朝景泰年间起，已经算是困扰明朝边防的老问题了：物产丰富的河套草原，长期被鞑靼部落占据，不但养肥了他们的骑兵战马，更成为其南下的跳板。特别是嘉靖年间起，盘踞河套的鞑靼部落，变成了蒙古草原战斗力最强大的俺答可汗部。俺答此人精通用兵，最擅长大兵团突袭作战，多次大举南下，肆虐边关，成为明朝大敌。尤其是嘉靖十九年至二十一年，俺答三次大规模侵扰山西，杀掠军民无数。嘉靖二十三年更闹出大动静，竟然迫近到完县，连京城都因此戒严。

对这大问题，严嵩当权的时候，基本都是坐视不管。能糊弄就糊弄，这下换成夏言，他可不是个糊弄事的人，而且一直极度重视。复任首辅后，立刻选拔了一位厉害人物，就职三边总督：曾铣。

作为嘉靖八年（1529）的进士，曾铣可是当时难得的文武双全人才，一肚子的谋略。当年巡按辽东的时候，一到任就碰上兵变，但人家不慌，居然略施小计，就将兵变首恶擒获，不费一兵一卒解决问题。而他与夏言的关系，也格外亲密：夏言的岳父苏纲，是曾铣的同乡好友，凭这特殊交情，曾铣一直深得夏言信任，终于在夏言回任首辅后，成为手握三边军务大权的封疆大吏。

而曾铣也用卓越战绩证明，他得到这个要职，不是靠关系，而是硬实力。就职才三个月，即嘉靖二十五年（1546）七月，就打了一个开门红：在塞门力挫入寇的十万蒙古骑兵。这是多年以来，明朝北部边防一场难得的胜利，尤其可贵的是，跟以往明军龟缩堡垒防御不同，这次曾铣陈兵边境，派兵夜袭敌营，前后夹击一战得胜，打了一场漂亮的野战骑兵突袭。边关将士士气，也一举提振。

曾铣此人，不但长于带兵治军，更是明朝中期难得的军事战术大师。即使在整个中国历史上，他也是大规模使用火器的军事先驱。就任之后，他组建了一支大规模的火器战车部队，且独创了"五班轮射法"，即将火器士兵分为五列，轮流释放火器，杀伤敌人。这些军事探索，在整个明朝战争史上，都有深远影响。

而与军事水平相当的，更有曾铣卓越的战略眼光。塞门大捷后，曾铣并未沾沾自喜，相反果断上书，要求朝廷下定决心，一举收复河套草原。他看得很清楚，只要河套草原掌控在鞑靼手里，人家就来去自如，年年随时侵扰，只有彻底解决源头，才有天下太平。而且曾铣不只喊口号，更实干，提出了八条军事改革措施，更制定了明确的作战步骤：先修筑自陕西府谷至内蒙古准格尔旗之间的边墙，作为军事出击的前哨。在修边墙的三年里，抓紧时间练兵六万。然后每年春夏之交，部队水陆并进，携带五十日的粮饷出击，直捣河套鞑靼部落巢穴。驱逐敌人之后，再在当地修筑卫所工事，屯垦戍边。就此一举解决问题。

无论从军事角度，还是明朝当时的实力说，曾铣的这个决策，都是相当靠谱。奏疏送上去，靠山夏言也激动不已，当场拍板票拟。全力给朱厚熜游说，他一表态，其他臣僚也纷纷附和，朝野上下，喊打声一片。

而唯独保持沉默的，却是严嵩。曾铣打胜仗的捷报传来，大家高兴，他却沉默。曾铣要求收复河套的奏疏送来，大家激动，他还沉默。皇帝朱厚熜也兴奋无比，下诏书命令内阁与兵部，全力支持曾铣的战略计划，要钱给钱要兵给兵。收复河套的战略计划，一步步有条不紊地进行着，他依然沉默。

而夏言这边的行动，却顺利无比。对待这事，朱厚熜的积极性格外高涨，甚至兵部的动作慢点，都被他下诏批评。而曾铣的进度，也继续争气：嘉靖二十六年（1547）五月，曾铣再度出兵，袭击河套鞑靼部落，打得敌人拨马北逃，迁到黄河以北避难。曾铣这边却步步紧逼，一路高歌猛进。

然而到了嘉靖二十七年（1548）正月，就在一切都顺风顺水的时候，一场意外却发生了：朱厚熜变卦了。正月初二，朱厚熜突然下诏书，质问臣子们，现在收复河套，是最好的时机吗？没等大家反应过来，正月初六，朱厚熜又下了个雷人诏书，询问说打仗会劳苦百姓，请问大家忍心吗？

这场雷人的变卦，还是起于沉默的严嵩：自从收复河套计划启动后，严嵩就

· 好人严嵩堕落史 ·

果断判定：逆转的机会来了。要论干工作，严嵩不如夏言，但要论对朱厚熜的了解，夏言却远不及严嵩。朱厚熜虽说好大喜功，但他性格里一大毛病，就是猜疑。眼看这件事上，夏言和曾铣密切配合，从中央到地方一唱一和，他心里本来就不痛快。而随着曾铣节节胜利，朝野上下赞颂不断，朱厚熜的心里，也就更不痛快。这些不痛快，严嵩都拿捏得准，所以从头到尾，一直沉默。

除了沉默外，严嵩的小动作也不断。尤其是常年结交宦官的优势，这会儿终于用上了：每次曾铣的边关奏报送来，都挑着朱厚熜修道的时候，由宦官递上去，多次搅了朱厚熜雅兴。次数多了，朱厚熜就更恼火。外加夏言急脾气，每次朱厚熜恼火完了，夏言紧跟着汇报工作。三句话不离收复河套这事，多次火上浇油。

而且老天爷也似乎帮严嵩，就在这节骨眼，明朝连闹了好几次自然灾害。严嵩知道朱厚熜迷信，每次汇报工作的时候，就把这些天灾，往收复河套这事上扯，全归结成夏言想搞政绩，曾铣想立功，这好哥俩联手勾结，终于惹怒了老天爷。特别狠的是：严嵩还给朱厚熜忽悠了个严重后果：再由着收复河套这事瞎下去，您的寿数健康，可能都受影响。

这样一闹，朱厚熜长期积累的火气，一下来了个大爆发。进了正月，连发两道诏书叫停。这可把正热火朝天的夏言吓傻了。接着朱厚熜召集近臣开会，沉默了好久的严嵩，突然焕发了精神，再次妙语连珠，极力反对收复河套。夏言这才搞明白：原来背后都是他在捣鬼。

闹明白这事的夏言，紧接着又犯了大糊涂，恼火之下，居然上奏折辩白，绝口不提自己，反而连篇累牍大骂严嵩。他这么一闹，朱厚熜就更认准了：你小子给我没事找事，闹出天灾来还不知错，反而欺负老实巴交的严嵩？

这个理一认，夏言就没救了。不但正顺利推进的收复河套战事被强制叫停，正在浴血奋战的曾铣，更被锦衣卫逮捕到京。尤其令人唏嘘的是：锦衣卫到前线逮捕曾铣时，曾铣又刚刚深入河套，袭击鞑靼部落，刚打了大胜仗，就被后方兵部断了粮，但他巧妙施计，大张旗鼓蒙骗敌人，几万大军全身而退，再度演出一出军事史的妙笔。

然而妙笔之后，就是惨剧：随后曾铣被逮捕到京问罪，夏言也被株连，剥夺了一切职务，黯然罢官回家。

但事情到了这步，严嵩还不安生：夏言虽说被罢官，但罢官对夏言来说，好似家常便饭。难保没几年又东山再起，至于曾铣，威胁更大。他常年带兵有方，军中威望极高，锦衣卫逮捕他时，前线将士极为痛惜，哭声长达百里。而且他最精锐的五千亲兵，更恨得咬牙切齿，差点聚众哗变。按照野史的说法，曾铣出事之后，这帮悍将个个愤怒，天天在军营里磨刀，还有人嚷嚷着，要杀到京城把严嵩剁了。

消息传到严嵩耳朵里，严嵩却极淡定。他知道，如上一幕，正是夏言末日的开始。

果然边关这场变故后，朱厚熜极愤怒。自从他登基后，北方辽东、大同，早发生过多次兵变，对这事实在敏感，因此将曾铣下狱后，一直严刑拷打。但曾铣一介良臣，铁骨铮铮，受尽各种酷刑，依然咬紧牙关。

但曾铣不说，严嵩却有办法：你不说，有人帮你说。他一直与锦衣卫指挥使陆炳交好，而陆炳的背景更不简单，父辈就在兴献王府为官，母亲是朱厚熜的奶娘，和朱厚熜是发小交情。偏偏也曾因贪腐问题，被夏言一顿恶治过，这下新账、老账一起算。两人相互勾结，唆使早年因违反军纪被曾铣惩治的边将仇鸾出头，诬告曾铣曾贿赂夏言。按说这瞎话编得不高明，夏言的清廉，地球人都知道，说他跋扈专横谁都信，至于收钱，基本没人信。

没人信不要紧，但朱厚熜信。严嵩再次捏准了朱厚熜的脉搏，朱厚熜本来就忌惮夏言专权，而且也知道，他和曾铣关系不一般。这下麻烦大了：明朝边帅勾结中央大臣，就是死路一条，这个罪名一坐实，谁都没救了。嘉靖二十七年（1548）三月二十八日，曾铣被处斩，子女遭流放。四月二日，罢官回家的夏言也被抓至京城，十月二日，问斩于西市。这位嘉靖朝前期政绩卓越的铁腕阁老，落得了这样悲剧的结局。这桩冤案，便是"河套之狱"。

"河套之狱"的结果，对于明朝的边防来说，后果极其严重：收复河套，这不仅是夏言和曾铣的主张，更是明朝中期以来，几代君臣的不懈追求。而在这场风波后，这事彻底搁置。而且本来已经被曾铣打得节节败退的鞑靼俺答部，更借机卷土重来。两年后就让明朝尝到苦果：嘉靖二十九年（1550），俺答可汗上演骑兵大突袭，绕过明朝边关，八月突袭京城，将京城团团围困。侵扰二十天后，才满载着掳掠的人口钱粮，得意扬扬离于。而京城周边的二十多万明军，竟然吓得一箭不发，这场奇耻大辱，史称"庚戌之变"。

胡作非为惹群愤

除掉了夏言后，独霸内阁的严嵩，从此有恃无恐。之后一直到嘉靖四十一年（1562），便是著名的"严嵩专权"时期。

事实是，虽说是专权，但具体的行政大权，严嵩其实少得很。朱厚熜虽说不上朝，但并非不管事，各色国家大事，归根结底都是他拍板，严嵩具体执行而已。

而且就权谋水平来说，严嵩比起几位前任，着实上了一个新台阶：像之前的张璁、桂萼、夏言，都有无比得宠的时候，但一不留神，就能惹恼朱厚熜，最后惨淡收场。但严嵩却不同，他对于朱厚熜脾气秉性的拿捏，可以说恰到好处。

朱厚熜最大的特点，就是刚愎自用。反映到国家大事上，一是一意孤行，二就是死要面子。所以他虽然行政有水平，但选拔大臣，第一个标准就是听话。凡事顺着他的，才是他眼里的好臣子。

严嵩在这条上，做得相当到位。不但日常生活中很会拍马屁，而且擅长写青词，虽说水平不如夏言，但态度极其认真，就连日常办公，也充分给足领导面子。一个常见的情景是：每次和朱厚熜讨论国家大事，严嵩都擅长装傻，经常先装出一副茫然无知的样子来，被朱厚熜一顿教育后，才做出恍然大悟状，接着极力吹捧。每次一番表演，都能把领导哄得高兴。

而这样一来，所谓严嵩专权，其实就是这样一副政治图景：国家大事，朱厚熜一人拍板，严嵩随声附和，然后卖命执行，闹到洪水滔天，便是严嵩出来背黑锅。

而这种政治模式，对于明朝的最大伤害是，以往明朝这种相互制衡的体制，最大作用除了防止专权外，更重要的还是纠错，特别是每当皇权出现错误的时候，文官集团的权力，都能形成制约，最大限度地防范昏招败笔发生。但让朱厚熜这么一闹，纠错职能成空，万一皇帝不靠谱，后果就极严重。

而在年岁增长且皇位稳固后，朱厚熜也变得越发不靠谱。虽说国家大事运算认真，奏折也及时批，但求仙修道的兴趣越发浓厚。一开始还只是深宫里偷着闹下，后来却大张旗鼓，搞起各种道教活动，外加不惜血本，要炼就长生不老仙丹。且不说这玩意儿对身体有多少毒性，就说成本花费，就是天文数字。此外还大兴土木，修筑各类道观祭台，国库都快折腾没了。

而且不知是因为年岁大了，还是炼丹修道弄迷糊了，步入中年以后的朱厚熜，也一改早期精明强干的风格。国家大事朝令夕改，好些个重要决断，更是想起一出是一出。比如东南倭寇问题、北方鞑靼问题，都是一件决策分配下去，还没怎么样呢，自己就先改主意，或者是好不容易刚取得点成绩，自己不知道哪根筋不对，也改了主意。不但已经取得的成果半途而废，国家大事更反复折腾。

这种不靠谱的表现，如果换到一个运转正常的内阁体制下，阁臣与皇帝间，早不知道掐了多少回了。但此时内阁，是如猫一般的严嵩当家，凡事大多依附，半句反对也不敢说，好些个败笔，他其实都是替罪羊。

而如果说替罪羊严嵩，也有自己的错的话，那么最大的错，就是他的不负责任。

朱厚熜登基之后，换过的阁臣很多，如张璁、桂萼、夏言等人，一直互相掐，但平心而论，这些人都是负责任的政治家。私人恩怨斗归斗，但国家大事不含糊。比如张璁，为了"大礼议"，跟杨廷和对骂，但后来当政后，杨廷和"更化改元"时期没做完的事业，他甩开膀子继续做。又比如夏言，一番恶斗赶走了张璁，但张璁整顿吏治，清理腐败的种种作为，夏言不但继续做，而且做得更好。

但在这事上，严嵩却毫无责任感。当初斗死夏言后，连带着夏言除旧布新的改革，也一并给废了，边防工作更是败坏。除了替皇帝扛事外，他热情最大的事情，就是贪污腐败。

严嵩的腐败，从很早就开始。在翰林院的时候，就敢收钱，后来做礼部工作，又敢借着藩王封爵索贿，但跟后来的行为比起来，这些都是小打小闹。

严嵩专权之后，腐败工作更做得大，甚至还找到了专业代理商：儿子严世蕃。每次官员想找他送礼请托，严嵩总是摆摆手：别跟我说，找我儿子谈。

而作为严嵩的儿子，严世蕃也不简单。这人只有一只眼，但脑筋极为精明。当初借助河套事件，勾结曾铣，做假口供坑死夏言，都是他一手谋划的。

而且这人本事更厉害，首先是眼光准，此人文采好，记忆力极强，公文拿到手里，就能过目不忘。每次严嵩找朱厚熜汇报工作，他都预先谋划，该说啥不该说啥，都能揣测得一清二楚，堪称严嵩身边顶级参谋。

在捞钱问题上，严世蕃本事更大，还把腐败搞成了规模化经营：朝廷干工程，比如修河道铸城墙，得给他家送钱，美其名曰"买命"；外地官员进京汇报工作，也要送钱，美其名曰"问安"；至于选拔官员，甚至提拔任用，更要送钱，美其名曰"讲缺"；而且你升了官，比如分到一个肥差上，每年也要定期送钱，美其名曰"谢礼"；到后来最猖狂的时候，朝廷发给前线的粮草，他都敢雁过拔毛，最恶劣的时候，过他手就要扣一半。

在这样一番规矩下，明朝的腐败水平，一下上了新台阶。原先只是偷偷摸摸，私下交易，这下成了光明正大的规矩。朝廷的官职可以拿钱买，犯了罪可以用钱顶，甚至想干点利国利民的好事，比如整顿军备、兴修水利，更要拿腐败来换。二十年间，明朝的贪腐之风，越刮越烈。

当然作为首辅，除了这些败事外，严嵩也确实做过一些好事。比如每当地方闹灾后，都及时请求赈济。庚戌之变后，北方边防局势越发严峻，严嵩也曾重手整治，外加当年与之一起勾结诬陷曾铣的仇鸾，后来也与之反目，严嵩就故意整黑材料，趁着仇鸾与俺答开马市反被忽悠，招来鞑靼兵侵扰的机会，一股脑儿把仇鸾的贪腐老底全兜出来。结果这个曾铣蒙冤后一度风光无比的武将，先闻讯后被吓死，接着又给开棺戮尸，家产充公，脑袋切下来在边境示众，下场极其悲惨。虽然严嵩干这事，主要为了排斥异己，但仇鸾死后，如马芳等少壮武将得以提拔，也算严嵩的贡献。

总的说来，严嵩专权后，大事干的少，基本全是附和朱厚熜。贪腐的事，却在朱厚熜眼皮底下越干越多。而且比起之前历代首辅来，他更干了一件翻天的事：组党。官员之中，他到处物色亲信，甚至还收为干儿子，安插到各个部门里。比如掌握奏折传送的通政司，就由他的干儿子赵文华把持，方便欺上瞒下。另外六部九卿中，也遍布他的门生亲信，连他的好些亲戚，都成了封疆大吏。比如他的亲家陈圭是两广总兵，娘家侄子欧阳必进是两广总督，到后来连他的孙子严效忠等人，也都安插在锦衣卫等要害部门，这帮人有个共同称呼：严党。

而且在结党这件事上，严嵩也很没原则。要的就是沾亲的、听话的、舍得送钱的，至于办事水平如何，那是基本不管。而他最大的败笔，就是在一些重大国家大事上，安插自己的亲信，偏偏安插的人选，能力又极不靠谱，结果坏了大事。最为典型的，就是东南倭寇问题。

倭寇侵扰这事，从朱厚熜登基起就开始闹。之后几经反复，到嘉靖三十年

（1551）的时候，已经闹成了大麻烦：大批倭寇成群侵扰，而且与东南沿海的势豪大户互相勾结，成了中日土匪勾结的巨盗团伙。仅是这一年，倭寇就侵扰沿海周边数千里，整个浙东地区都惨遭荼毒。

这下问题严重了，江南是明朝财税重地，轻易乱不得。朱厚熜也下了大决心：嘉靖三十三年（1554），由南京兵部尚书张经出马，集结精锐部队到江南，非要一举灭了倭寇不可。

张经在当时，是文官中仅次于曾铣的名将，受命后也毫不含糊，一通从容布置，与倭寇展开厮杀。谁知倭寇已太过强横，竟然数次将明军打得大败。张经立刻明白，这群中央朝臣眼中的海盗，其实没这么简单。他们成分复杂，武器精良，战斗力强悍，必须慎重对待，于是按兵不动，继续调集兵马，打算毕其功于一役。

但朱厚熜却等不及了，外加张经为人耿直，得罪了严嵩的干儿子赵文华，这下麻烦大了，好不容易张经打了胜仗，在王江泾地区聚歼倭寇，一举斩首倭寇近两千人，堪称明朝抗倭战争以来的第一场胜仗。眼看着彻底肃清倭寇在望，严嵩却使坏了，先在朱厚熜面前进谗言，说什么张经目无皇帝，不听指挥，然后又歪曲前线战局，说张经是在中央的催促下，才打了这一仗，真实目的，是想养寇自重，这下朱厚熜中招了。他登时怒不可遏，张经的奏报送来，朱厚熜反而下令，将张经逮入京城问罪，随后被斩首。打了胜仗掉脑袋，这个雷人判决，又是严嵩忽悠的结果。

而张经之死，对于严嵩而言，好处多多。但东南的抗倭局势，却是大坏，本来损失惨重的倭寇，这下死灰复燃，再度大肆侵扰东南沿海。这时的明王朝，北方有鞑靼连年侵扰，南方有倭寇长期肆虐。两线作战，疲惫不堪，都是严嵩闹出来的。

当然，值得肯定的是，眼看张经之死，捅出这么大娄子，严嵩也知道补救。而且他评判官员，水平也很高。张经被砍头后，东南倭寇闹腾了一年多，眼看蒙混不住，严嵩又打出一张牌：命亲信胡宗宪担任浙直总督，这次总算找对了人。胡宗宪虽然也是严党成员，且极会逢迎巴结，但这人有真本事，到任后先施展手段，诱杀倭寇头目徐海，又计捕另一头目汪直。这两个倭寇中的华人大头目，相继落网正法，势力熏天的倭寇们群龙无首，顿时成了一片散沙。随后明军全力围剿，胡宗宪倚重戚继光、俞大猷等名将，历经十多年浴血奋战，终于平定倭患。要说严嵩在这事上也有功，但当初倭寇垂死之时，正是他老人家给续命，没他那次大忽悠，后来东南的好些战乱，原本也可避免。

赤胆忠心杨继盛

而在专权多年后，严嵩也早已臭名远扬。但嘉靖年间，朱厚熜对言官管寻严，稍有不如意就严惩。而且严嵩又手腕奸猾，谁得罪了他，不治死绝不罢休。所以不少正直的官员前仆后继，上奏揭发严嵩的奸恶，反而被严嵩巧妙搪塞。不但他自己没事，上奏的官员，基本也都被惩治。

而在这件事上，严嵩的常用办法，就是拖皇帝下水。每次有官员弹劾严嵩，朱厚熜询问起来，严嵩都巧言令色，想方设法把官员揭发的事情，往朱厚熜身上引，最后得出中心思想：这官员表面骂我，其实骂的是皇上您啊。而且每次如严嵩所愿，朱厚熜几乎都中招，上奏的十有八九，也会下牢狱。最著名的，就是嘉靖三十二年（1553），兵部武选司员外郎杨继盛弹劾严嵩事件，杨继盛原本是个吏部小主事，起先因为得罪武将仇鸾，惨被下了诏狱。后来仇鸾垮台倒霉，严嵩联想起这事，觉得杨继盛是自己人，一心大力提拔，一年就给了他连升四级，做到了武选司这样的肥差。

但杨继盛铁骨铮铮，当年得罪仇鸾，是为了公事；如今恨严嵩，也是因为公事。一年连升四级，在他单纯的心灵里，更不是啥严嵩的恩德，而是皇帝的恩典。为了这样的恩典，他决定以死报国，揭发严嵩的罪恶。于是是年正月，杨继盛演出了明代历史上浩气长存的一幕：庄重地斋戒三天，沐浴更衣，然后郑重地送上自己的奏折，并向全天下宣告了自己的态度：死劾。我弹劾的是奸臣严嵩，不是他死，就是我死。

这封弹劾严嵩的奏疏，就是著名的《早诛奸险巧佞贼臣疏》。奏折中揭发了严嵩十大罪恶，包括专权误国、贪腐成风、纵子作恶、贪占功劳、引狼入室、败坏朝廷形象，等等。笔笔如刀，字字犀利，将严嵩一党的画皮，剥得鲜血淋漓。

奏折送上去，严嵩就毛了。但是看过奏疏之后，他却松了口气：杨继盛一腔热血，却百密一疏。奏疏的一句话，犯了朱厚熜大忌讳：愿陛下听臣之言，查嵩之奸，或召问裕、景二王。

这话意思是，皇上您一定要相信我的话，如果不相信，您可以问问您的俩儿子，也就是裕王和景王。

但在多疑的朱厚熜这里，这话就完全变了味：问我俩儿子？你什么意思？嫌我老糊涂了？谁派你上这奏折的？

这几下嘀咕后，杨继盛就惨了。先下了诏狱，被严刑拷打，各种酷刑一起上，逼他说出背后主谋来。但杨继盛毫不畏惧，铁骨铮铮，连那些凶残了一辈子的狱卒，最后都震撼不已。最有名的一件事是：当时杨继盛腿上的肉，都给打烂了，夜深人静的时候，他起身爬起来，拿个碎瓷片当刀，忍痛割除腿上的腐肉，吓得身旁的狱卒都直哆嗦。

对杨继盛这个铁汉，严嵩又恨又怕。但是朱厚熜听说了后，反而又犹豫了，只是把杨继盛关在牢房里，好几年不闻不问。这也是朱厚熜对付官员的老招数：谁要是打不死，就长期蹲牢房。等着时间久了，就还有生还的机会。后来上书骂朱厚熜的海瑞，也是这待遇。

但严嵩这次却下了决心，非要杨继盛死。后来嘉靖三十四年（1555），张经抗倭蒙冤，被押到京城问罪，严嵩知道朱厚熜恨张经，于是就故意在写有张经的死刑奏议上，附上了杨继盛的名字。朱厚熜果然再度中招，一怒签了死刑令：十月二十九日，杨继盛蒙冤被害，年仅四一岁。

在严嵩看来，杨继盛的死，是除掉了自己一个心腹大患。但是也没有料到，从杨继盛上刑场的那一天起，他就犯了一个大错误：明朝自从有大学士制度以后，还没有哪位内阁首辅，会因为弹劾而置别人于死地，哪怕当年依附阉党的奸人焦芳，也没嚣张到此。严嵩这事一办，等于把天下人都得罪。是个人就知道，这个阁老够坏。

而更严重的一个后果，却是严嵩更加始料不及的：朱厚熜这个人心眼小，外加眼里不揉沙子，虽然脾气秉性被摸透，常被严嵩忽悠，但这次被忽悠个狠，事后回过味来，心里也绝不是滋味。如果说以往对严嵩是宠着，那么杨继盛事件后，虽然对严嵩还是宠，但心里的提防，却更上了一层。

严嵩的覆灭，正是从此开始。

干儿亲儿不争气

直臣杨继盛早年的恩师，便是与严嵩同朝为官的徐阶。也正是这位徐阶，最终把严嵩一家，送上了覆灭的不归路。

徐阶，松江人，嘉靖二年（1523）进士。成绩也极高，一举摘得探花，也就是全国第三。更巧合的是，当时录取他的座师，同样是杨廷和。论及科举关系，算是严嵩师弟。

和这位严师兄比，徐阶也有很多相似之处。比如态度很温顺，情商也极高，很会察言观色拉关系，而且他身材瘦小，眉清目秀，外加脾气好。如果说严嵩像只大猫，他就像只小白猫。

尤其像的是，他也擅长写青词，在朱厚熜的修道事业中，也一直出工出力。

但他和严大师兄，终究不是一路人。初入官场的时候，徐阶还比较气盛，看不过去就说，结果得罪了当时掌权的张璁。官职一贬到底，发配到福建延平做了推官。之后在地方上历经摸爬滚打，辛苦熬了十年。由于一直以来心态好，到哪里都认真干活，而且政绩出色，得到了夏言的赏识，终于又调回京城。后来在夏言担任内阁首辅时，一度官至吏部左侍郎。

但好景不长，后来夏言垮台惨死，徐阶也跟着倒霉。先被排挤出了吏部，但好在朱厚熜也很赏识他，又把他调入了翰林院，做了掌院学士。而就在这个岗位上，素来低调的徐阶，第一次展现出了卓越才干：他在翰林院勤抓教育，并以阳明心学中"知行并进"为原则，革新翰林院学习风气，擢拔有用之才。后来主导万历年间改革的政治家张居正，便是他此时培育的俊才。

而在夏言遭难的那些年里，由夏言一手提拔的徐阶，也变得更加低调。除了埋头工作外，日常生活更小心谨慎。终于躲过了这轮政治风暴，到了嘉靖二十九年（1550），已经是朝廷的礼部尚书，正二品高官。

而也正是这一年，大明王朝一场耻辱的国难，令素来小心谨慎的徐阶，第一次爆发了无比的勇气：庚戌之变。

庚戌之变期间，大明朝一度乱作一团。朱厚熜召集群臣开会，外面强敌压境，大臣们六神无主。就连平时最有本事的严嵩，这下也慌了神，只能搪塞说，这帮人就是一群恶贼，抢完了东西就走，皇上您不用担心。

但徐阶却语出惊人，说如果不能制止俺答的行为，一旦放任他们继续，就是大明朝的灭顶之灾。这一硬顶，让严嵩警醒了，徐阶却不管不顾，竟然主动受命，提出应该假装媾和，拖延时间，等待援军到来后，再组织反击。事后的发展，正如徐阶料想：在明朝的外交拖延下，俺答果然上当，先被忽悠着谈判，然后一看援军到达，慌不迭地逃走。大明王朝，也就躲过了一场惨祸。

这事之后，徐阶青云直上，也在严嵩眼里彻底挂号。之后多年，严嵩想尽办法，打算整倒徐阶，但徐阶却机灵无比，明枪暗箭，巧妙躲闪。特别是他当年就职国子监时的学生杨继盛，愤然弹劾严嵩，事后也有人怀疑是徐阶指使，但就在杨继盛获罪的同时，徐阶却步步高升。嘉靖三十二年（1553）进了内阁，杨继盛殉难的同年，又加了少傅，成了仅次于严嵩的人物。

自那以后，严嵩整徐阶整得更卖力。一看整不动，也搬出来当年夏言整自己的那套办法：彻底边缘化。国家大事全垄断，各部门全塞上自己人，把徐阶在内阁里变成摆设，看你还能翻天？

但处心积虑的严嵩，却恰犯了夏言当初的错误：朱厚熜是什么人？提拔徐阶，就是为了牵制严嵩的，而严嵩反而越牵制越来劲，这下还了得？

于是日久天长，朱厚熜对严嵩的不满，也日益增加。偏偏雪上加霜，严嵩的夫人欧阳氏过世，按照礼制，儿子严世蕃要回家守孝。这位高级参谋一走，严嵩就坏了菜，诸如批阅公文、撰写青词，样样都没了代笔，全得自己来。严老头八十多岁老眼昏花，回复公文的速度也大不如前，脑筋更转得慢，对朱厚熜的好些旨意，有时竟也反应不过来，一来二去，好些次惹恼了朱厚熜。

而且就在这些年里，严嵩这些干儿子，也一个个不争气。最典型的就是赵文华，作为工部尚书，竟然连朱厚熜修宫殿的钱都贪。事情败露后他惊惧交加，竟然给吓死了。事后朱厚熜穷追猛打，又把他侵吞军饷的事查出来。这下气恨交加，一怒把赵文华抄了个倾家荡产。

赵文华的倒霉，是严嵩势力的一次沉重打击。此后的朱厚熜，对严嵩的不满更是与日俱增。偏偏严嵩脑子犯糊涂。嘉靖四十年（1561）皇宫失火，把朱厚熜卧室都给烧了，朱厚熜没地方住，忙召大臣们想办法，也不知道严嵩哪根筋转锚，居然脱口而出：皇上您可以移居到南宫去嘛。

这话说出来，朱厚熜差点儿没气晕。南宫什么地方？这是当年明英宗被软禁的地方，你让我移居南宫？这是拿我当什么？还是徐阶脑子快，立刻插嘴说，让我儿子徐璠来督造营建。十月之前，一定让皇上您住上新家。随后圆满完成任务，这才把朱厚熜又哄高兴。

而经过这事后，徐阶和严嵩俩人，在朱厚熜心里的地位，已经彻底掉了个儿。而随后，深受朱厚熜信任的道士蓝道行，更借着道教典礼的机会，忽悠朱厚熜说，老天爷说了，现在朝廷有奸臣当道，您可要小心。就像当年严嵩用这招构陷夏言一样，徐阶有样学样，不变的，依然是上钩的朱厚熜。

这事过后没多久，嘉靖四十一年（1562）五月，御史邹应龙弹劾严嵩，这次的弹劾，巧妙用了含沙射影的学问，不直接骂严嵩，而是弹劾严嵩的儿子严世蕃，偏偏这个严世蕃此时不争气，给母亲守孝期间，还成天纵酒淫乐，生活极其腐化，把柄一大堆。这下果然触怒了朱厚熜。当月十九日就下诏：严世蕃下诏狱，严嵩本人退休回家。掌权十多年的严嵩集团，这下轰然倒台。

浑水摸鱼除严嵩

严嵩倒台，徐阶扶正，成了内阁首辅。但这场争斗对于他来说，还没到庆祝胜利的时候，相反更加白热化：严嵩到底树大根深，罢官之后先通过朱厚熜身边的宦官，把道士蓝道行罗织罪名下狱，并害死在牢狱中。然后又四下活动，给儿子严世蕃成功脱罪，先只判了充军流放，然后流放路上顺利脱身，回到家乡定居。事实证明这人确实坏透，都到这步了还是张扬，在老家大兴土木，欺男霸女，做了不少坏事。

而这个大漏洞，徐阶一下子抓住了。本来徐阶当权后，蓝道行入狱，形势一度很不利，但蓝道行硬骨头，到死都没招，总算稳住局面。此后严世蕃在家乡作恶，露出了大马脚，徐阶随后行动，先是御史林润上书，揭发严世蕃的恶行，再次激怒朱厚熜，将严世蕃逮捕下狱。眼看大祸临头，严世蕃却依然有信心，三法司审他的时候，此人一没动刑二没逼供，就把当年怎么害死杨继盛的事情招了。三法司的官员们也上套，满以为这口供一交，严世蕃必死无疑。

但徐阶却一眼看出其中破绽，这还是严家的老把戏：拖皇帝下水。杨继盛的死刑命令，是朱厚熜亲自签发的，别管对错，他都绝对不会认这个错。到时候一看口供，必然勃然大怒，不但严世蕃会趁机脱身，三法司的官员们，更很可能陪绑。结果徐阶早有准备，提前拟好了另一个供词，这份供词里写明：严世蕃犯了三条大罪：一是聚众谋反，二是勾结倭寇，三是争夺一块有王气的田地，企图颠覆大明江山。果然如徐阶所料，口供一送上去，朱厚熜立刻暴跳如雷，随后下令，将严世蕃立刻斩首。这位嘉靖年间最狡诈的权奸，就这样一命呜呼。值得一提的是，由于对这变故毫无准备，死刑命令宣布后，从来自信满满的严世蕃，当场浑身颤抖，一个字也说不出来。就这样结束了可耻的一生。

严家的这场大难，京城的老百姓们都非常解恨，甚至还有老百姓自发聚集，观看行刑。但宠了严嵩一辈子的朱厚熜，却依然不解恨，又下令抄严嵩的家，共抄了黄金三万多两，白银二百多万两。而且据奏报，没抄到的家产，也只有严嵩家产的三分之一不到。风光一辈子的严嵩，则沦为了乞丐，每天在老家靠捡拾一些坟地的上供食物果腹。八十七岁那年凄凉地死去。一直到了明朝万历年间，徐阶的学生张居正当权时，才派官员至江西，收葬严嵩的尸骨。这位明朝最出名的奸臣，也得以入土为安。

严嵩死后，继任首辅的徐阶，也遇到了严嵩当初的烦恼：朱厚熜岁数已近晚年，做事也越发不靠谱。炼丹修道，车仗也越闹越大。但徐阶和严嵩不同，严嵩只管混事捞钱，徐阶却真负责。每次朱厚熜要瞎指挥，就绕着弯子陪小心，正面不行侧面来，揣摩朱厚熜脾气的本事，他比严嵩强得多。严嵩通常都是讨得朱厚熜欢心，而徐阶却更进一步，多次说得朱厚熜改主意。

于是徐阶的苦心，也很快得到了回报，一批卓越干才得到提拔。除了杨博、高拱、张居正这些文官大展拳脚外，边防形势也大好。东南的谭纶、戚继光、俞大猷一路猛打，终于彻底肃清倭寇，北方在马芳等人的镇守下，多次挫败蒙古入侵，边防形势大大改观。

但国家的形势，依然危机深重，西南和南方，都有大规模的民变爆发，自然灾害也进入多发期。最大的问题是，长期以来积弊的吏治，不是一下子就能整肃好的，官场贪腐不断，效率低下，老百姓赋税沉重，穷困不已。可怜徐阶左支右绌，累死累活，却还不少挨骂。

严重的统治危机，就连朱厚熜本人，其实也心知肚明。嘉靖四十五年（1566）二月，户部主事，著名的清官海瑞，上了震古烁今的《治安疏》。奏疏中历数了朱厚熜执政的种种错误，恳求朱厚熜改弦更张，做一个励精图治的圣君。眼看自己的执政成绩，被海瑞写得如此不堪，朱厚熜再次暴怒，竟气得把奏折怒摔在地，然后不住口大骂。但在徐阶的全力维护下，海瑞虽然下了牢狱，但总算没死，后来在隆庆年间得到赦免，并两度出山为官，书写了清官传奇。

朱厚熜之所以不杀海瑞，论及根源，还是他心里知道，海瑞说的，都是不折不扣的事实。然而惨淡的局面，他已无力补救。嘉靖四十五年（1566）入秋起，他就卧病在床，十二月十四日过世。

就像老师杨廷和当年一样，这时的内阁首辅徐阶，也担负起主持大局的重任：起草遗诏，确立裕王朱载垕登基即位，十二月二十六日举行登基大典，宣布次年改年号为"隆庆"。同样是事先未立太子的皇权过渡，这次也平稳完成。

但大明朝的政局，却并不平稳。北方鞑靼的侵扰依旧，南方倭寇虽平，但广东、江西等省份，也是动乱不断。就连明朝的附属国朝鲜，背后都敢说老大的坏话。朝鲜使节来京吊丧前，国王特意叮嘱："现在明朝局势不稳，很可能要出大乱子，你这次去，可要用心留意啊。"

振兴大明看高拱

作为大明朝的铁杆小弟，朝鲜敢在朱厚熜过世时，悄悄说老大的坏话，绝非是有意不敬，而是这时期的明朝，情况确实太严重。

就说朱厚熜去世前后的一些事，南方的广东和江西，都有民间暴乱，有些地区的动乱，甚至已经持续了十年。但朝廷却连平叛的钱都拿不出来。北方的鞑靼依旧肆虐侵扰，边关战火不断，年年不消停。朝廷的储备，更是捉襟见肘。比如太仓的粮草储备，最窘迫的时候，竟然只足够支持一个月。

作为内阁首辅、百官之首，徐阶尽心竭力，确保了皇位顺利交接，然后主持朝局，废除嘉靖年间各种弊政，为期间诸多获罪的大臣平反昭雪，稳定人心，减免各地的赋税。里里外外，操碎了心。

徐阶虽然精通权谋，但干起国家大事来，却是小心谨慎，主要的政绩，基本就是纠正嘉靖年间的弊端，大多是拨乱反正。虽说做得不错，但这时明朝的问题，却不是拨乱反正就能解决的。

朱厚熜留下的，是一个烂摊子。除了由于各种弊政因素外，好些麻烦，却也是新形势遇到新问题：这时明朝商品经济发展，思想也更加自由开放，传统道德观念受到强烈冲击，官风民风也深受影响。而在经济方面，商品经济发达，土地兼并严重，民间一片繁荣，政府税收却锐减，而长期的官风腐化，也闹得政府效率低下。大明帝国的上层建筑，早已经是百孔千疮。而徐阶的办法，还是到处补窟窿，虽说里外忙活，却也越发补不过来。

而且徐阶自己的毛病，也非常突出。他是松江人，当地商品经济日益发达，且从事纺织生意，大搞土地兼并的，以势豪大户居首，徐阶自己家，就是其中势力最大的。这么个背景，指望他能大刀阔斧，实在有点难。

就在这样的情景下，另一个铁腕强人，开始大展拳脚：高拱。

孤傲俊才，皇子依赖

高拱祖籍山西，先祖迁到河南新郑。而比起明朝诸多名臣的寒微出身来，高拱的家庭条件，着实好得很。

高拱的家庭，是名副其实的官宦世家，祖父和父亲都曾为官。他自己的天资也好，读书识字都极早，自幼就被赞誉为神童。十七岁就考取了举人，而且还是乡试第一名。虽说之后科举不顺，连续几次都遭受挫折，直到三十岁那年才考取进士。但因为科举成绩好，如愿做了庶吉士，先进了翰林院，三十九岁那年，又得到一个至关重要的任命：成为裕王朱载垕的讲官，也就是大明帝国未来继承人的老师。

这样好的家庭条件，外加好学问，还有一直得意的仕途。这样的人生，想不得意都不行。事实正如此，高拱性格的最大特点，就是太过得意，同僚面前，更从来都是一副孤傲样，自以为天下第一，谁也不放在眼里。

按说这样的脾气，上司面前极难混。但高拱有头脑，特别是做了朱载垕的老师后，同僚面前，是一派傲气，但朱载垕面前，却完美收敛，傲气变成了自信的傲骨。这样一来，反而和朱载垕互补起来：朱载垕虽说是皇子，但常年不受父亲待见，嘉靖皇帝性格猜忌，有时候对儿子也提防，日久天长，朱载垕的心里，也变得极没有安全感，稍微有点风吹草动，就会紧张得不行。

而高拱的到来，却恰好令朱载垕心安。高拱行事稳重，判断事务更极为自信，尤其难得的是，他对朱载垕忠诚无比，大事小情不但卖力效劳，更极力宽慰。时间久了，不但被朱载垕极力倚重，甚至成了精神依托。后来高拱升任国子监祭酒，暂时离开了裕王府，但遇到疑难事务，朱载垕还是会写信询问，彼此间的感情，从那起就深厚。

高拱崭露头角的时候，正是嘉靖年间党争最激烈的时期。首辅严嵩权势滔天，次辅徐阶暗中蓄力，俩人都不好惹，夹在中间的官员，如果不想惹事，就得夹起尾巴做人。

但高拱的表现，却实在高调，严嵩面前，从来都不买账。甚至有次聊天，还故意引用韩愈的诗词，当面讽刺严嵩的嚣张跋扈。这要搁在别人身上，怕早被严嵩恶治了。但严嵩深知此人不好惹，不但没发火，反而满脸赔笑，一心套近乎。

而徐阶面前，高拱也极其强势。老谋深算的徐阶，早注意到这个政治新星，也一心着力拉拢。甚至有次高拱外出主持科举考试，出题却不慎犯错，差点被嘉靖皇帝办罪。还是徐阶好说歹说，才给高拱脱了干系。

严嵩和徐阶两位大佬，之所以如此善待高调的高拱，说到底，还是因为此人的背景：堂堂裕王的老师，别看眼下不发达，将来裕王登基，必然获得重用，搞不好关系就麻烦了。

而对这里面的学问，高拱也知道，所以严嵩得势的时候，他摆谱不搭理，后来徐阶得势，甚至主动推荐他进入内阁，他照单全收。但成了阁臣后，对于徐阶的示好，不但依然不搭理，反而迫不及待地拉拢同是新阁臣的郭朴，串通一气和徐阶对着干，俩人间的争斗，从嘉靖年间晚期就开始，直把徐阶气得够呛。

经过这几件事之后，高拱的形象也在群臣中树立起来，一个嚣张跋扈，谁的账都不买的狠角色。

但即使那时候起，高拱的嚣张，却时常在一位后辈同事面前收敛：张居正。

作为后来万历时代独掌朝纲的大改革家，这时候的张居正，还只是个小角色。高拱认识张居正的时候，是在国子监祭酒任上。那时的张居正，还是他的副手。但俩人合作久了，高拱就暗自诧异：这个年轻人不单学问好，实干能力更强，是个有前途的人物。

而后俩人工作关系更进了一步，张居正在老师徐阶的关照下，也得到了高拱当年的机会，做了裕王的讲官，同样也成功抓住了机会，深得裕王的信任。他与高拱的关系，也更近了一步，成了无话不谈的朋友。

事实证明，高拱不是见谁都狂，反而是真心服有本事的人。按照他自己的话说，满朝文武，他唯一看在眼里的，只有张居正。

而对张居正来说，这微妙关系，却着实为难：一边是老师徐阶，一边是好友高拱，从嘉靖晚期开始，俩人就在内阁旦掐，一直掐到嘉靖皇帝驾崩，昔日的裕王变成了隆庆皇帝朱载坖，却还是不消停。

而且和政治强人朱厚熜不同，隆庆皇帝朱载坖，是个性格异常低调淡泊的人物，执政最大的追求，就是垂拱而治。国家大事，基本都对大臣放手。

所以自从他登基后，凡事基本都是点头。决策都是大臣来，他这一放手，朝廷上吵得更凶了。每次朝会，都是吐沫乱飞，但对这热火朝天的局面，朱载坖的反应，也出名的淡定。甚至大臣吵闹半天，他就和没事人似的发呆，就当啥都没听见。

但毕竟此时朝中人才云集，朱载垕这一做法，倒比瞎指挥强。于是登基之后，一些正确的决策，也得到贯彻执行。尤其影响深远的，就是隆庆元年（1567）的隆庆开关事件：当时虽然倭寇平定，但是海禁问题依然没解决，不开放海禁，东南肯定还要出事，但开放海禁，就是违背祖制，大逆不道，这咋办？

平日不说话的朱载垕，这次做了个聪明的选择：依照福建巡抚涂则民的奏议，做了个小小的制度修正：海禁的祖制，表面上不动。但是在福建月港，却开放一个通商口岸，准许沿海商民从这里出发，出海做生意。此举的影响出乎意料的深远：大批的中国商人走出国门，拓展海外市场，大明朝的商品出口量，更是直线激增，沿海商品经济更像打了强心针似的，从此迅猛发展。最直接的影响，自然是财政收入，月港当地每年都收入大笔关税，还得了一个绰号：天子东南银库。

而对于新君朱载垕而言，解决这个问题，只是小试牛刀而已。紧接着对他来说最大的麻烦，就是老师高拱与老臣徐阶之间的掐架。

徐阶高拱对对碰

进入隆庆朝以后，徐阶和高拱之间的争斗，也更加白热化。

要说两人之间的争斗，也不只是争首辅这么简单，更大的分歧，还在二人的治国理念。

徐阶是阳明心学信徒，早年师从阳明心学右派的代表人物聂豹，后来的行政手段，也深受其影响。不但行政上讲求稳定与小修小补，还特别热衷于讲学活动。而且还亲自主持各种阳明心学推广讲学，热情极其高涨。

按说单纯宣传学问，也不算坏事。但徐阶此时的身份，并不是学者，而是内阁首辅，他这样一带头，明朝上下讲学成风，官员们热衷此道，学术讨论闹得热烈，却没人干实际工作。这就应了一句老话：过犹不及。

徐阶的这番行为，不但高拱觉得过分，就连徐阶的弟子张居正，也觉得过分。从思想主张说，高拱和张居正，都深受明朝实学风气影响，做事讲求实际和效率，反对务虚空谈。特别是随着徐阶年龄增长，官样文章越来越多，也令高拱越发不满。

而两人之间的直接冲突，从嘉靖晚期就开始了。当时徐阶的心腹同乡、吏科给事中胡应嘉，上奏弹劾高拱大罪，甚至暗示说高拱有不轨之心。幸亏当时嘉靖皇帝已经病糊涂了，否则足够高拱倒霉。

这笔旧账，高拱还没来得及算，隆庆元年（1567），胡应嘉又出手了。这次又弹劾了高拱的亲信、吏部尚书杨博。这下高拱更火冒三丈，然后就犯了糊涂，竟然大手一挥，将胡应嘉革职了。

没想到这下可捅了马蜂窝。这次胡应嘉敢于出头，其实是有准备的。他弹劾杨博的事由，是是年京查中，杨博恶整御史言官。高拱这一发飙，就等于和全天下的言官为敌。这下后果来了：言官们群起攻之，前赴后继骂高拱，一来二去，高拱难以招架，只得自己上书辞职。

等着高拱黯然回家，他才回过味来，其实从始至终，都是被冷眼旁观的徐阶算计了：先是用胡应嘉来挑衅，然后诱引高拱报复，一报复就上钩，被言官们群殴，最终黯然去职。徐阶老小子，够狠。

当然，高拱这般状况，其实也和此时明朝的形势息息相关：高拱和徐阶二人，在治国问题上分歧严重。但此时新君登基，百废待兴，高拱所期待的大刀阔斧改革，此时还完全不是时候。徐阶的小修小补，却作用重要。因此，哪怕千般委屈，也只好牺牲高拱了。

而且几年的斗争证明，在徐阶面前，高拱的手段还是太低级，几乎每次面对面的交锋，差不多都是占下风。徐阶一把年纪，老谋深算，面子上从不吃亏，每次高拱刻意挑衅，最后都能被他重拳回击，就没几次赢过。

但聪明过头的徐阶，这次却犯了糊涂。对于高拱这事，办得太过了：朱载垕对高拱的感情，那是群臣都知道。就是一万个徐阶，在朱载垕心里，怕也比不过一个高拱，要是两人能够共处，那还算好点，现在啥事没怎么干，先把人赶走了，这还了得。

于是高拱走后，满以为日子舒坦的徐阶，却发现，这工作还是越发难干。虽说内阁里基本换成自己人，连得意门生张居正都成了阁臣，但皇帝对他的信任，却是与日俱减。而且朱载垕和父亲不同，对宦官非常倚重。君臣之间矛盾也越发增多。闹了几次后，徐阶却突然尝到了高拱的滋味：被御史们弹劾攻击，眼看工作干不动，名声也快保不住，徐阶也明白了，这是朱载垕不想让自己干了。于是赶紧上奏请求退休，也不出所料，立刻被批准。

徐阶去职后，隆庆三年（1569）十二月，在家闲住三年的高拱，终于再次得到任命，回任内阁大学士。闻讯的高拱不顾天气寒冷，立刻决定启程，而京城却立刻炸了锅：当年骂过高拱的诸多言官，竟然吓得纷纷请求调动。其中骂高拱骂得最厉害的欧阳一敬，居然忧惧交加，一命呜呼：都知道这人脾气大，报复起来怎么得了。

而这个时刻，高拱却体现出了一个政治家的大度：主动派门生传话，希望言官们以国家大事为重，并保证不会计较私人恩怨。而对老对手徐阶的报复，却更有学问：徐阶退休回家没多久，昔日的直臣海瑞做了应天巡抚，在当地推行强力改革，并查到了徐阶家人侵占土地的罪证。这下可闹大了，徐阶被逼退田不说，两个儿子更给抓了充军，眨眼之间，处境极度悲惨。

为求自救，徐阶也能屈能伸，一面通过学生张居正，在内阁给高拱施压，警告高拱做得不要太过分。一面言辞恳切，给高拱写了一封道歉信。这样双管齐下，高拱面子上得到满足，也就抬了手，不再追究徐阶的责任。这以后的徐阶，在家乡著书立说，安度晚年，万历十一年（1583）过世，总算善终。以这事说，高拱确有政治家的胸襟。

慧眼识才开新政

而在了断了与徐阶的恩怨后，高拱也开始在国事上大展宏图。在执政方略上，比起当年徐阶的修补来，他却是反其道而行之，虽说没有像张居正那样喊出改革口号，但具体施政，却是一脉相承。

而其中高拱眼光最精准，且动作最大的就是吏治的整顿。

自嘉靖年间起，明朝官场贪腐成风，风气大坏。虽然徐阶在任时，也想过很多办法，包括他最得意的讲学，其实就是抓廉政教育，但是收效甚微。

在这个问题上，高拱有独特手段，首先是严抓考核关。吏部的考核制度更完善，每个官员每个月的情况都要汇总，年终统一考核，不合格的就要严办。另外官员选拔，也改了规矩，鼓励大批非进士身份的官员入仕提拔。但同样的，如地方官等职务，则交给年富力强的官员。而盐政、马政等以往被人轻视的职务，也格外重视，着力提高相关职务的待遇，并选拔干才。

在高拱的这番动作下，明朝的吏治考核状况，一下大为扭转。官场效率也提速。而比起这些改革来，高拱判定官员的眼光，更是极其卓越，这其中典型的例子，就是几位封疆大吏的选派。

最著名的人物，当属主持平定西南叛乱的名臣殷正茂。此人精通军务，是明朝的封疆干才，但最大的毛病，就是贪污腐败，以至于虽然朝廷知道其才能，却轻易不敢信用。但高拱不管，眼看广西韦银豹叛乱越演越烈，便坚持选择殷正茂前往平叛，而且还特意发话：殷正茂要多少钱军费，就给他多少钱，不用查账，只要他能平叛，就不怕他贪。关于这条，当时的老搭档张居正也不明白，结果高拱解释说，我让他贪，但他能办了事，如果找个廉洁的，但是事情办不了，岂不是花冤枉钱？

高拱用人，一向都是这个特点，用人用其长。而他更加卓越的抉择，便是著名的隆庆和议。

隆庆和议，发生在隆庆四年（1570）十月。当时一直侵扰明朝边关的蒙古土默特部，却爆发了大内讧：可汗俺答的孙子把汉那吉，竟然公开向明朝投诚。论原因，却是因为婚姻纠纷：把汉那吉眼看就要结婚，新娘便是著名的三娘子，谁知祖父俺答也对新娘子动了心，干脆抢先一步，自己先和这位美丽新娘成亲了。

这下把汉那吉怒了，一跺脚投奔了明朝，但接着麻烦也来了，俺答立刻带着大兵跟来，在宣大边境晃荡，嚷嚷要明朝交人。

老谋深算的高拱，这次却看出来破绽：俺答表面嚣张，其实外强中干，极怕明朝一怒之下，将孙子杀掉。因此高拱因势利导，命人与俺答谈判，两家很快达成协议，把汉那吉受封了官职，被明朝放回，还赐予了大笔礼物。双方的关系，一下子缓和下来了。

紧接着趁热打铁，双方又开始商讨通贡互市问题，这是俺答一直梦寐以求的事情，无奈长期以来，明朝不搭理，以至于边关战争不断。

而对于这事，高拱也一直有主张。自从他执掌内阁后，就着力发展军备边防，不但马芳等名将多次立功，让俺答尝到战败的滋味。而且此人做事极细，就连边境的州县，也都换了精明强干的官员，且提高了相关待遇，因此边关稳固，逼得俺答早就想认输，把汉那吉事件，不过是就坡下驴。

这样一来，协议很快达成。但是这事在明朝，还是遭到了很大阻力。好些重臣也反对，甚至为此还搞了个投票行动，结果竟然是票数相等。关键时刻，隆庆皇帝朱载垕，再次体现了一个政治家的担当：做主拍板同意。

隆庆五年（1571）三月，著名的隆庆和议正式达成：明朝封俺答为顺义王，其兄弟亲戚甚至部下，也都相继封了官职。双方更开放贸易互市，从此以后，北方汉蒙两民族之间的贸易蓬勃发展，宣大一线，这原本燃烧了一个世纪的战火，从此也彻底熄灭。之后六十多年里，双方再未爆发战争。

除了边境战事外，在大规模整修黄河上，高拱也有建树。大胆提拔了司法官员出身的潘季驯，主持了大规模的黄河修治工作。几项政绩下来，成就着实斐然。而业绩不错的高拱，也开始飘飘然了。他本来就是个傲气冲天的角色，这下更是专横无比。尤其是他这人还有一大毛病：急脾气。工作交代下去，定期就要干完，干不完就要追责，一点不顺心，就逮住同僚骂个没完。日久天长，越发招厌。

这样一来，内阁里的几位老同事，也都一个个受不了他。像陈以勤、李春芳几位，本来都是和高拱一起为朱载垕讲学的老同事，关系一直不错，这下纷纷反目。特别是李春芳，挂名的首辅，出名的好脾气，都受不了高拱的跋扈，主动打报告辞官。更雷的是殷士儋，实在受不了高拱的欺负，竟然在内阁里挥拳殴打高拱，演出了明朝内阁历史上一场话剧。

结果一通闹将下来，高拱有了首辅的名分，内阁的成员，往日的旧友，竟然就只剩下了张居正。到了隆庆六年（1572），高拱权力更盛，上有皇帝信任，身边门生簇拥，权力如日中天。

而一向与高拱亲密合作的张居正，长期以来，都是扮演小弟角色。但高拱得寸进尺，越发嚣张，眼看老同事都给排挤得差不多了，张居正也着慌，心里也打开了算盘：等着他轰走我，不如我轰走他。

但高拱此时实力太大，不管拼哪方面，张居正都不是对手。但张居正有办法：拉外援。

张居正的外援对象，就是宦官集团的二号头目：东厂提督太监冯保。

说起冯保和高拱的恩怨，说来也是高拱自找的。深得朱载垕信任的高拱，不但抓住了内阁大权，甚至手还伸进了司礼监，连司礼监掌印太监的人选，都由他来操控。

而在这事上，高拱的态度也很明确：就得找没本事，容易控制的。于是先是陈洪，又是孟春，一个是管日用品出身，一个是做饭出身，全是摆设。

但冯保就惨了，此人能力出众，既能管特务，文化水平又高，还精通书画收藏，外加一肚子心眼，实在不是个善茬。因此高拱百般堤防，拼命压制，终于把冯保压制怒了，和张居正一拍即合。

孤傲强人惨遭算计

就在俩人顺利勾结后，隆庆皇帝朱载垕的生命，也走到了尽头。他虽然才三十六岁，而且国家大事很有主意，无奈自幼体弱多病，登基后又做甩手掌柜，成日沉溺玩乐，结果身体早早垮掉。隆庆六年（1572）五月，朱载垕去世，庙号明穆宗。八岁的小太子朱翊钧即位，次年改年号为万历。这就是大名鼎鼎的明神宗万历皇帝。

在人生的最后时刻，朱载垕对于高拱还是寄托了厚望。当众对高拱说，国家大事，还需要您多多操劳啊。高拱也放了心，以顾命大臣自居。孰料一宣读遗诏，却完全不是这么回事：竟然宣称国家大事，由内阁和司礼监共同商量。这下高拱傻了，大明的祖制不给破了吗？紧接着一颗炸弹又扔过来：司礼监的掌印太监也换人了——冯保。

这下高拱明白了，背后一定有鬼，但经过这么多次政治斗争胜利，他这次信心也很足，觉得不过是冯保背后小动作，很容易对付。结果高拱很快发动了攻击：不但亲自上书揭发冯保奸诈，更发动门下门生写奏折弹劾。按照高拱的算计：小皇帝岁数小，这么一吓唬，必然拿冯保开刀。

但没有想到，张居正早和冯保勾结，高拱的这番算计，先由张居正告诉了冯保，接着俩人火速行动，跑到万历皇帝母子处搬弄是非，尤其是高拱私下说话不注意，一句"八岁孩童，如何治天下"，被冯保添油加醋，变成了"八岁孩童，如何做天子"。一句话说错，后果很严重，外加冯保动用特务机关，硬给高拱安插个迎立外藩的罪名，这下高拱没救了。次日一早，圣旨就下来了：高拱擅权无君，逐回乡里。

这样一个突然袭击，着实出乎高拱预料。他自己闻讯后脸色苍白，险些没给吓倒。算计了高拱的张居正，倒是好人做到底，还给高拱申请了公费的马车，护送高拱回家乡。但整个过程对于高拱来说，却是个奇耻大辱。他与张居正的往昔同僚情谊，就此彻底决裂。

黯然回家的高拱，过了几年孤独凄凉的生活。万历六年（1578）病故于家。在此期间，冯保还曾罗织罪名，污蔑高拱谋反，差点将其逮回京城问罪。幸亏一干同僚拼命营救，这才逃过一劫。一直到万历皇帝亲政后，下诏书称高拱"担当受降，北掳称臣，功不可泯"，赐太师爵位，谥号文襄。这位亲手开启隆万改革，为明王朝焕发第二春的政治家，名誉终于彻底恢复。

张居正的三位帮手

　　高拱去职之后，明朝进入了万历时代，这时的万历皇帝，还只是毛孩子，真正操持国家大事的，就是与冯保联手挤走高拱的张居正。

　　而在高拱走后，张居正不但大权独揽，更继续了高拱未完成的事业：除旧布新，振兴大明，之后他十年的努力，便是著名的"张居正改革"。

　　关于这场改革，历代史家史不绝书的，多是这场改革的伟大成就。在国家内忧外患、阶级矛盾尖锐、经济困顿、外敌入侵的种种困境下，张居正以其十年坚忍不拔的努力，成功地令走下坡路的明王朝重新爬坡。十年改革下，明王朝可供征税赋税的土地，由万历初年的四百多万顷，激增到万历十年（1582）的六百八十万顷；一条鞭法的普遍推行，更减少了国家的税收成本，增加了税收利润；考成法的贯彻，更增加了国家的行政效率；商税的改革，更刺激了东南沿海工商业的发展，扩大了国家的税源。与此同时，明朝军队的实力也重新焕发，戚继光在蓟州，李成梁在辽东，皆多次挫败蒙古部落的入侵。持续二百年的明蒙双方大规模战争，至此彻底落幕。比起嘉靖朝后期国家内忧外患、战火四起的图景，此时的明王朝，却是一个和平稳定、欣欣向荣的世界第一强国。

　　在张居正去世的前一年，即万历十年（1582），明王朝的国家年财政收入，达到了八百万两。如果把这个数字用大米的比价做换算，相当于清朝"康乾盛世"时期的八千多万两。明朝在万历十年（1582）的各地粮食储备，足够国家支用十年。与此同时，大江南北特别是东南沿海工商业蓬勃发展。历史上称这段时期为"万历中兴"，毫不为过。

　　有如此大的成就，张居正本人自然居功至伟。但俗话说"一个好汉三个帮"，在这个开创盛世的年代里，他也注定要有为他披荆斩棘的能臣。这时期的戚继光、李成梁、谭纶等人皆名垂青史。而有三个人虽然名声不及，贡献却同样突出——王国光、张学颜、潘季驯。

经济奇才王国光

王国光，字汝观，山西南阳人，嘉靖二十三年（1544）进士。是比张居正早三年入仕的"师兄"。但比起师弟张居正来，王国光的官运，却远远坎坷得多。

王国光从入仕起就是出名的清官，他的第一个官职是吴江知县。到任后第一天，就在府衙门口立了一首诗：山西王国光，初任到吴江，若收一分钱，到死不还乡。到任之后，他裁减吴江当地的赋税损耗，减轻百姓负担，而且还有一个无与伦比的优点：聪明。不仅所管辖境内的各类案件都能断得清清楚楚，连邻县发生的案件，他仅凭蛛丝马迹的听闻，就能推断个分毫不差。到后来，周围县城凡有疑难事端，皆多向他请教。这样的好官，在嘉靖朝，差不多是"哪里最难办派到哪里"。之后王国光又相继在河南、河北各地做知县，所到之处，皆是明王朝上下公认"难治"的地方。他一如既往为官清廉，多次为民解困，所过之处，皆"百姓安居，咸称其善"。

王国光和张居正的交往，始于他调任兵部考功司主事时。此时的张居正，还是翰林院里一名无权无职的小翰林。两个同样心怀天下的青年，从此时开始结识，因共同的理想而一见如故。二人之间最早的诗文唱和，就是开始于此时。这时正是严嵩当道时，国家政事大坏，王国光担任吏部文选司郎中时，顶头上司是严嵩的门生鄢懋卿，调任户部时，顶头上司又成了严嵩的干儿子赵文华。也因此见多了严党的蝇营狗苟，秉性刚直的王国光，起先曾多次与之冲突，后来张居正曾写信劝他，要他"引而不发，不可强争"。到严嵩倒台时，王国光已官升至户部左侍郎。隆庆皇帝朱载垕在位的隆庆四年（1570），五十八岁的王国光终被扶正，成为了大明朝的户部尚书。

王国光能得到重用，一方面是因为老友张居正的举荐，另一方面更因他的能力，王国光为官，素来以性格刚直、为官清廉著称，而他的能力更在官场上有目共睹。比如任职吏部的时候，他可以对全国各地知县的姓名如数家珍，仅凭下面官员申报上来的一点材料，就能迅速推断出地方官的政绩优劣，而且大多不差。后来改任户部，他的脑子更成了"活电脑"，全国各省的赋税、钱粮、每年的灾荒、增产减产的数额，他尽皆了然于胸。甚至各地边关每年所需要的军饷，每次征战所要调拨的军粮，他在知道大体情况后，立刻就能做出判断。张居正的老对手高拱对王国光有个非常精确的评价："理财奇人，当世无双。"

而从隆庆四年（1570）就任户部尚书，到万历四年（1576）王国光第一次告病去职，是王国光宦海生涯里政绩斐然的六年。明王朝的励精图治，其实是从隆庆年间开始的，在高拱主政期间，通过调整地方赋税、兴修水利等措施，国家的收入开始增加，但粮食危机却同样严重。此时明朝粮食储备面临两大问题，一是管理分散，机构冗杂；二是粮食收支管理混乱，账目不清。王国光深知"民以食为天"的道理，从隆庆年间开始，他就大胆进行改革，首先是推出了"天下抚按官"制度，即只有巡抚、巡按可以调动地方粮食储备，地方布政使无权调动。这就减少了自嘉靖年间开始，地方储粮多被私人占有，流失严重的局面。到了张居正改革时期，王国光更大展拳脚，他先进行机构精简，在三年时间里，明王朝有关粮食管理的官员，相继被裁撤了三分之二。针对边境地区军粮调度效率低下的问题，王国光又出台了"座粮厅"制，即设计临时机构统一调拨粮食，增加了国家粮食运输的效率。

王国光对张居正改革最大的贡献，当属万历元年（1573）他受命编写的《万历会计录》。这部巨著详细记录了明朝两京十三省的土地分布情况，赋税分布情况，细致到当地每家势豪大户的土地兼并细节以及当地官田流失的状况。堪称是张居正推行一条鞭法以及清丈天下土地的重要参考资料。但也因如此，王国光几乎把当时所有势豪大户都得罪了。万历三年（1575）即有人弹劾他任用私党，借裁撤冗员之机收受贿赂，虽有张居正力保，但王国光还是请求辞职，于次年获准。

第一次辞职的王国光，是年已经六十三岁。他本以为可以终老于林泉，但是老朋友张居正还是离不开他。一年以后，吏部尚书张翰去职，吏部执掌人事大权，位高权重，一心揽权的张居正，在这个官职的任命上，还是想起了王国光。结果，在张居正数次写信恳劝后，王国光重新出山。担任吏部尚书至万历十年（1582），正因如此，他成了世人皆知的张居正心腹。万历十年（1582）张居正过世，万历皇帝随即开始了对张居正的清算，王国光当然不能幸免。被剥夺一切职务后撤职回家，尤令他寒心的是，他家乡的亲眷族人，甚至同村乡亲们，早传言他"站错了队"，要被重办，为免株连纷纷和他划清界限。王国光回到家乡才知道，他全家老小都被赶出村，甚至不许他回家居住。无奈之下，王国光一度躲到附近山洞里居住。世态炎凉，可见一斑。

神秘军事家张学颜

第二个张居正的帮手，就是张学颜。

在《明史》的各类传记里，张学颜是一个比较神秘的人，神秘到出生年份都无可察，只说是嘉靖三十二年（1553）进士，但不神秘的，却是他在张居正改革时期的贡献。

如果说张居正对王国光一直"以兄事之"，敬他为老大哥的话，那么张学颜就是张居正不折不扣的小弟。而和王国光更不一样的是，张学颜这个人才，却是张居正的老对手高拱发现的。

张学颜，字子愚，号静斋，河北肥乡人。早年的他在家乡，是以孝顺出名的，他的母亲早逝，之后他事继母极孝，在乡间颇有善名。入仕后的张学颜，先做曲沃知县，后任工科给事中，以行事严谨扎实著称。比如在任工部时，有关每次工程的材料用度，他计算非常精确，甚至分毫不差。张学颜最早得到高拱赏识，是在嘉靖四十五年（1566）他任陕西参议时，当时蒙古入寇甚重，张学颜上《御边十策》，一反明朝上下防御为主的战略，提出主动出击，歼灭敌人有生力量的构想。朱厚熜即位后，因阿勒坦向明朝归顺，西北烽火日减，相反辽东地区屡受土蛮入侵，渐成边患重灾区。隆庆四年（1570），高拱力排众议，任命张学颜就任辽东巡抚，而与他搭档的，正是后来的辽东猛将李成梁。张学颜到任后，面对辽东汉人稀少、蒙古入侵日烈的局面，采取了招抚流民、拓展屯田的方法。不出几年，即扭转辽东局面。张学颜到任辽东前，辽东是明朝军费开支的重灾区，张学颜任巡抚后，至万历元年（1573），辽东黑土地上已是沃野千里，田亩纵横，辽东边军的军粮，已基本可自给自足。也正因如此，万历年间的李成梁，可以屡次大破土蛮，威震边陲，经济的底子是张学颜打下来的。

张学颜的能力，也得到张居正的赏识。虽他是高拱举荐的人，但因他的才干，张居正也对他颇为倚重。张学颜本人也很识趣，万历元年（1573）李成梁大破土蛮，斩首数千，取得辽东大捷。张学颜在报功时大赞张居正的功劳，博得了张居正的欢心。坊间更传言张学颜多次给张居正行重贿，尤其是明朝人王世贞的各类文章里，对这种说法更言之凿凿。但张学颜行事更有果敢狠毒一面，张居正当政后，最早担任辽东巡按御史的，是张居正的门生刘台。但刘台之后因不满张居正专权，竟上书弹劾张居正。门生弹劾座师，在明朝被视为奇耻大辱，碍于面子，张居正表面上不计较，只是将刘台罢官了事。但三年以后，已是户部尚书的张学颜秉承张居正授意，罗织罪名称刘台贪污，竟将刘台发配流放。在张居正当权期间，张学颜不但是可靠的帮手，更是得力的打手。

在王国光因受不了言官弹劾去职后，张居正更越发需要张学颜这位帮手兼打手。万历四年（1576），张学颜接替王国光，成为明朝的户部尚书。万历五年（1577），张居正开始在全国推行一条鞭法，大规模地清丈土地也进入高潮。张学颜忠心耿耿，一面编纂《清丈条例》，作为整个清丈行动的行动指南，一面大力收集全国各地势豪大户的经济类罪证，用以要挟诸人：听话的无事，不听话的办罪。触动整个王公贵族利益的清丈土地运动，最后得以圆满成功。做事狠毒的张学颜，实在功不可没。

对这位张居正的忠实打手，彼时朝堂上又恨又怕。后来的内阁大学士于慎行，更直斥张学颜为张居正的爪牙。万历十年（1582）张居正病逝，一时间诸多张居正亲信遭到清算。但张学颜却得以幸免。年轻的万历皇帝起初对他也分外欣赏，并调任他为兵部尚书。起初张学颜兢兢业业，继续清丈军屯，整治国防，一度建树颇多。尤其是他提出在广东、福建地区扩编水师，用以拱卫国防，在之后的抗倭援朝战争中，发挥了重大作用。万历朝最杰出的水师将领陈璘，也得自他的赏拔担当大任。但到万历十三年（1585），他却触了万历帝的"霉头"，这一年他建议将内廷卫队的调度权收归兵部，以便统一指挥。此事却犯了万历的忌讳，不久之后，万历重翻老账，指责张学颜是"张居正一党"。结果，张学颜被罢官退休，结束了他毁誉参半的官场生涯。

水利大师潘季驯

张居正改革时期的第三位重要人物，就是潘季驯。

在今天，潘季驯是张居正诸多帮手中，名气最大的一个。原因在于他完成了一个高难度工作：治河。

潘季驯，字良民，浙江乌程人。嘉靖二十九年（1550）进士，明朝最杰出的水利专家。

在成为一个杰出水利专家之前，潘季驯主要是做司法工作的。他先任九江推官，后做御史。嘉靖四十四年（1565），就在庞尚鹏巡按浙江的同时，潘季驯也正巡按广东，与庞尚鹏一样，在当地进行一条鞭法的推广。但是潘季驯很早就与水利结下不解之缘，早在嘉靖二十九年（1550）入京赶考时，他从家乡出发，乘船沿京杭大运河至北京，一路就将沿途水文资料细细记录。为官之后，潘季驯每到一地，都细细搜罗当地的水利著作，精心研读。他似乎就是为治水而生的。

潘季驯的牛刀小试，是在嘉靖四十五年（1566）。这一年黄河发水，导致河道淤积，时任御史的潘季驯主动请缨，协助工部尚书朱衡治理。此时黄河在沛县决口，大量泥沙阻断京杭运河。此时的工部尚书朱衡，主张在沛县另开新河，重新连接京杭大运河。潘季驯断定此举劳而无功，建议恢复元朝人贾鲁在此地修造的旧运河。二人争执不下，结果明王朝支持了朱衡的建议，而事实果如潘季驯所料，朱衡的新河刚挖了一半，又遭黄河发水，瞬间又被冲垮了。危难之下，潘季驯不计前嫌，帮助朱衡亡羊补牢，在新河沿岸规划堤坝，遏制水势，最终成功疏通河道，京杭大运河重新畅通。此事也让年近花甲的朱衡愧疚万分，连称"治河半生，方知人外有人"。

但明王朝的水患，并没有因此而解决。明朝中期的水患，归根结底四个字——保漕弃黄。从明朝嘉靖年间开始，明朝前期修筑的水利工程大多已失修。为保证连接南北的京杭大运河畅通，明朝长期以来采取了牺牲黄河流经的河南地带，专一保障漕运畅通的方法，即对河南等地的水患大多放任，反希望其能为黄河分流。结果，黄河水患不断，京杭大运河却唇亡齿寒，屡屡遭阻断。到了朱载垕在位的隆庆年间，明王朝终于为前人的错误买单。隆庆三年（1569）、四年（1570），黄河三次大规模决口，中原大地遭受百年未遇的水灾。从苏北的睢宁到宿迁，一百八十里的大地尽成汪洋。上千艘开往北京的运粮船被阻断在长江南岸，大明王朝的主动脉一下子被掐断了。潘季驯再次临危受命，被委任为浍河总督，彼时主持明朝国事的大学士高拱，给了他极大的信任，命他可全权节制山东、南直隶、河南、安徽四省的兵马钱粮，堪称明朝这时期的"最大地方官"。官大压力也大，潘季驯到任后几经勘察，多次亲临一线，甚至有一次他的官船遭遇风浪，差点儿打翻在水里。功夫不负有心人，他终于找到了治水问题的症结：以往治理黄河，要么拓展河道，要么加高堤坝，结果拓展河道，会导致大量泥沙沉积，水位越发高涨，加高堤坝的结果，更是堤坝高一尺水高一丈，越治水势越烈。

所以潘季驯大胆提出了新的治水构想，即有限度地填充河道，缩短河道宽度，加大水的流量，利用水流的冲击力，将泥沙冲走，水位自然下降。同时对沿岸河坝，改以前的加高为加厚，增加河坝的抗冲击力。同时，潘季驯还精打细算，尽力缩减治河费用。结果，这项浩大的治理工程，花费白银十一万两，比计划内削减了一半，但工程质量却有过之而无不及。这种独特的治理黄河方法，就是著名的"束水冲沙法"。

但也因为这次成功的治河，潘季驯反而开罪于此时还是内阁次辅的张居正。因为张居正的本意，是要加高河坝，深挖河道。同时对潘季驯本人，张居正起先意图拉拢，但被深念高拱知遇之恩的潘季驯拒绝了。报复随即来了，治河刚刚成功，潘季驯就遭弹劾，黯然罢官去职。

这次"功高不赏反遭逐"，对潘季驯本人既是委屈，却又是幸运，因为就在一年以后，明王朝发生了巨大人事变动，新登基的万历皇帝罢黜了高拱。之后高拱的亲信们也纷纷被逐，以潘季驯宁折不弯的脾气，难保不会发生什么事。高拱去职后，潘季驯反而因祸得福。万历四年（1576），明王朝下旨重新启用潘季驯，想起张居正当年对自己的种种刁难，潘季驯起初以体弱多病为由婉拒。张居正得悉后，亲笔给潘季驯写信，一面为以前的事情道歉，希望潘季驯能不计前嫌，一面大赞潘季驯"早负才名，雅有清望"。诚恳言辞，终打动潘季驯。张居正这般服软，却也是有原因的。当年因潘季驯早早去职，他大规模治理黄河的计划并未实现，结果到了万历年间，黄河又在高邮、徐州地带相继决口。明三朝大规模投入人力、物力治河，但正如潘季驯所料，传统的治水方法，水势却越治越烈。当年张居正不想用的人，这时却不能不用了。

万历六年（1578），潘季驯再次总理河漕。这次张居正给予了他全力支持，加封他为右都御史兼工部侍郎，将治理运河的事权皆统一于其手。比高拱时期有过之无不及的是，这次张居正除了允诺潘季驯可节制中原四省的兵马钱粮外，连当地地方官的人事罢免权也给了他。但这次的局面却更糟，黄河的全线决口，竟达130处。平均每个决口宽度都在100丈以上，水深两丈以上。更严重的是，毗邻灾区的古泗州，是明朝祖陵所在，一旦有失，政治风险是谁都无法承担的。位高权重的潘季驯，此时却在风口浪尖上。

潘季驯迎难而上了，在汹涌的黄河泛滥中，潘季驯再次找到了解决问题的关键点：保漕治黄。是年六月，他向明朝上了详细的《两河经略书》，这是中国水利史上第一本系统论述黄河全线治理的著作。依这部方略，潘季驯放手行动，他建议北至天津，南至南直隶，沿运河沿岸大规模修筑堤坝，同时在黄河与大运河的交界处，再行"束水冲沙法"，增大流量冲刷泥沙。在水流的两岸，修筑三道立体堤坝，以缓解水势。如果说之前历经水利废弛的黄河，已是一个垂垂老矣的病人，那么潘季驯的药方，就是对黄河进行大规模的手术。潘季驯更在奏折里誓言，愿以三年为期，到期无果则以死谢罪。万历六年（1578）八月起，这项浩大的工程开始了。潘季驯不但详细筹谋，更施严刑峻法，多次罢免甚至治罪虐待河工的官员。同时潘季驯更创造性发明，在黄河沿岸修建减水堤坝和泄洪渠。不但分流黄河水势，更灌溉良田无数，仅用一年时间，这项计划三年的工程即全线完工。从此以后，水灾频繁的淮河沿岸、苏北地区，在此后的近一个世纪里再未发生水灾。而潘季驯建减水坝的洪泽州，更从以前的重灾区，变成膏腴遍地的乐土。万历八年（1580）四月，六十岁的潘季驯加封太子太保，万历皇帝的诏书里称他"以水治水，计虑出于万全，知人任人，率做乎众职"，极尽赞美之词，却匹配得上潘季驯的不朽功勋。

但两年之后，名满天下的潘季驯，厄运还是到来了。张居正去世后，潘季驯因不满张居正惨遭清算，多次向万历上书，招来万历的嫉恨，最终被划作"张居正一党"。再次黯然罢官回家。万历十五年（1587），黄河又在河南决口，万历皇帝这才想起了这位被他污为"张居正同党"的水利大师。次年二月，潘季驯再受太子太保，以河道总督身份奔赴河南。经两年呕心沥血，终于成功治理河南水患，并在山东、江苏、安徽大规模修筑堤坝。至此，整条黄河航线的治理，终于全面完成。而这次未等明朝封赏，早对宦海心灰意冷的潘季驯就主动辞官回家。万历二十三年（1595），这位 16 世纪人类最杰出的水利专家在家乡病逝，享年七十四岁。

万历时代的"苏州税监事件"

张居正的功劳与毛病

张居正十年呕心沥血的改革，造就了大明王朝的再度振兴。其主要政策，也素来史不绝书：全国清丈土地，遏制兼并，增加朝廷税收，并极力推行一条鞭法，将赋税折合银两征收。同时大搞考成制度，提振官场效率。如上种种，成果斐然。

改革的效果，也立竿见影。边境坚不可摧，战事大大减少；国民经济更直线上扬，朝廷收入增加，国库存粮充足；朝廷储备丰厚，同时大规模治理黄河，把黄泛区治成了产粮区，生产大为发展。

然而诸多成绩，却更难掩其中毛病。其中最大的一条，便是张居正个人的专断，几乎把个人权力，凌驾万人之上。内阁行政权力，更凌驾在各部门之上，明朝长期形成的互相制衡体系，再次被完全打乱。考成法在提升效率的同时，更钳制了百官，特别是把原本制约内阁权力的言官集团，也放在内阁"考成"的范围里。以前可以仗义执言的御史们，这下完全变成了内阁的奴才。

张居正这样专断，从改革角度说，也有原因：改革本来就是得罪人的差事，外加推行过程中，利益集团不断有人受损，所以越前行，阻力越大，必须消除杂音，全力推动。就这样十年改革期间，张居正越发变得专横。特别是万历五年（1577）的夺情事件中，当时张居正父亲过世，他以夺情为名，拒绝回家守孝。招来朝野议论，连张居正自己的门生，都上书弹劾老师。而脸上挂不住的张居正，更做出了激愤之举，在万历皇帝的力廷下，当众杖责那些弹劾自己的言官们，闹出了大事件。

而随着张居正的越发专横，渐渐成年的万历皇帝本人，也逐渐不能容忍。而另一个悲剧性的伏笔是：张居正改革，是以辅政的名义，借助皇权来推进。但是随着威权日重，无论他怎样小心行事，终于都会成为皇权的威胁，活着的时候没人敢碰，但一旦人亡，不仅难逃清算，昔日的改革也将遭冲击。

而万历皇帝对张居正，逐渐由敬重变痛恨。也主要由于三个原因：一是张居正对万历皇帝管束严格，但越到晚年，他自身生活却放松了，甚至有好些腐化堕落的事情，传到万历皇帝耳朵里，自然印象大改。二是万历皇帝逐渐成年，但张居正多次乞求退休，万历皇帝的母亲李太后却不批，非要把张居正用到底。日久天长，万历皇帝就深恨张居正夺了自己的权。第三条却最致命：皇权时代，哪个皇帝也不会允许超越皇权的力量存在，所以清算是必然。

万历十年（1582）六月二十日，张居正过世。十八岁的皇帝在起初隆重哀悼后，随即开始清算。张居正的同党冯保被抄家，然后张居正本人被追夺一切官职，同样惨被抄家。张府家人有不少死在牢狱，全家更一度被囚禁，长子张敬修甚至被活活打死。幸亏张居正一手提拔的亲信大学士申时行，关键时刻求情。万历皇帝这才消气，将张府儿女流放外地，母亲划拨水田供养。一代改革家的亲族血脉，总算保住了。

而万历皇帝亲政后，也一度非常勤勉，努力治国。对张居正改革时代的各类政策，虽然一条鞭法保留，但是钳制百官的考成法却被废黜。此外诸如军事政事等方面的好些改革，也半途废止。从万历十五年（1587）开始，万历皇帝更开始消极怠工，开始了三十三年不上朝的时代。

而这时期的明王朝，从商品经济角度说，依然十分繁荣，东南沿海更蓬勃发展。但发展到17世纪早期，却爆发了一件著名的群体事件：苏州税监事件。

苏州百姓愤抗税

这事的整个过程，按照很多史书的说法，大体是这样的：万历皇帝朱翊钧亲政后，经过二十多年的发展，东南沿海工商业日趋繁荣，新兴手工工场如雨后春笋一般诞生。中国明末的资本主义萌芽，在这时到达高潮期。按照许多史家的说法，是财迷的万历感觉有利可图，随即从万历二十四年（1596）开始，向全国各地派遣大批宦官充当税使，强行加征商业税。这些税使多是贪得无厌的宦官，揽到收税的美差之后，更借机巧立名目，大肆横征暴敛，并从中渔利。万历二十九年（1601），派往苏州的税使太监，就是万历的亲信孙隆。

孙隆到达苏州后，即在当地横行霸道。他招揽大批地痞流氓充当爪牙，在苏

238

州周边设立关卡，强征过路税。更在苏州城内挨家敲诈，向各位老板征收保护费。甚至连普通的手工工场工人，也要向他们缴纳利钱。是年正逢江南水灾，丝绸销售正是淡季，诸多以丝绸加工为业的手工工场本就难以为继，税使的到来更雪上加霜。大批工场主纷纷破产倒闭，仅苏州一城，就有两万多工人"下岗"。没活干，可税还要照交，破产了也要倾家荡产。孙隆的盘剥日烈，终引起了当地百姓的剧烈反抗。

反抗的导火线其实是一件小事：一位以种植生丝为业的老农进城卖丝，入城前因无力缴纳过路费，生丝被税吏们抢走大半。而当他把剩余生丝卖掉，买米出城时，又遭税使勒索，在苏州玄妙观将其殴打，围观百姓敢怒不敢言。就在此时，玄妙观门口一个一直冷眼旁观的中年汉子，突然手摇蒲扇高呼"打税贼"，嗓音一出，接着群情汹涌，呼啦啦地围上一群愤怒的百姓，积蓄已久的怨气这时像火山一样爆发出来。一时间"千人愤挺出，万人夹道看"，整个苏州城男女老少齐上阵，一齐追打税官们。平日里横行暴打勒索百姓的税使税官，一下子被打了个惨。玄妙观前欺负老农的税棍，被愤怒的百姓当场打死，打完了还不罢休，众人结伙又追到了苏州税使衙门，对各路收税官员见一个打一个，见两个打一双。从六月初六开始，到六月初九，整整三天时间，百姓们共焚毁苏州府衙三座，杀死税官黄建节，另有负责收税的税棍多人殒命。苏州税使孙隆被揍得鼻青脸肿，仓皇逃回京城。孙隆手下的十二个爪牙，其家全被百姓烧毁。史载这三天"若狂三昼夜"，对税使多年的积怨，就这样一股脑儿发泄了出来。

事件之后，因打死了朝廷命官，为免众人遭株连，葛贤主动向苏州知府自首。他入狱那天，成千上万的苏州市民为他送行。他坐牢期间，每天自发为他送饭的人从未断过。因畏惧他巨大的影响力，明朝政府终未敢惩罚葛贤，在关押了十三年后，最终还是将他释放了。三十多年后，晚年的葛贤又赶上了著名的"五人墓事件"，因敬佩五位义士，自愿为他们守墓终生。葛贤去世后，被安葬在五人墓对面，即苏州历史上大名鼎鼎的"葛将军"。

这个耳熟能详的故事，多年以来见之于各类史料。然而与之相对应的，却是之前提及不多的一些细节。

首先就是葛贤的身份，他确是织工不假，但不仅仅是织工，他还有一个身份，叫"会头"。明末东南地区，商品经济发展迅速，手工工场工人更是自由身，不再是元末时候的奴隶地位。工人群体的不断壮大，也让工人们开始自发地学会维权。以苏州为例，偌大苏州城，不但有纺织工人的行会，甚至连大户人家家里的杂役、奴仆、官府打工的马夫、走卒，都有自己的"行会"。比如大户人家的奴仆，一旦主人给的工资低，就经常饭不做，地不擦，合伙罢工要求涨薪水。这样的情景，在明朝的说法叫"奴变"。至于工场工人罢工，要求涨工资的事情，更是时有发生。明朝曾在江南做过地方官的官员们，如后来的东林党领袖李三才，都曾感慨江南"民变迭起"。当时的明朝，也有"吴民喜乱"的说法。而大规模的"民变"，发起者就是"会头"。葛贤，就是其中之一。

所以，不难理解，为什么玄妙观前，葛贤摇蒲扇一呼，立刻应者云集。这样的情景，确可看作此时东南地区商品经济发达的缩影。

而耐人寻味的，却还有苏州府衙对此事的态度。事件发生后，整个苏州城的政府、衙差以及周边的军队，似乎一夜之间全消失了。连续三天大规模的暴乱，焚烧府衙，杀死"朝廷命官"。这样重大的事件，却并未看到苏州地方官的身影，更未见大规模的镇压。维持地方治安的政府，好似人间蒸发了。甚至在孙隆逃到杭州，事件基本平息下来之后。苏州知府才象征性地张贴告示，要求缉拿祸首，却未见任何实际行动。葛贤还能从容地组织众人开会讨论，做出主动自首的决定。抓捕之后，明明是谋反大罪，却多年不杀不判，只是好吃好喝地供养起来。养到一定年数，就自动开释了。在高度专制的中国封建社会，发生这样的事情，实在是一出奇景。

但这样的奇景，却也是有原因的。一则官逼民反，百姓群情激昂，做官的，自然也不敢去触这个霉头。二则对于万历皇帝这种收税方法，整个明朝文官集团都采取了抵制的措施，他们更乐得看税使的笑话。由此，也就牵出了万历一朝，一个争论颇多的弊政：税使问题。

万历皇帝很委屈

说到税使问题，多年来主流的看法是，这是万历皇帝横征暴敛，鱼肉百姓的证据。因为税使的横暴，导致明朝人心丧乱，国力渐衰，一度繁荣的明朝"万历中兴"，开始走起了下坡路。"明实灭亡于万历"的说法，税使问题一直被看作重要的依据。

然而隐藏在税使问题之下的，却是另一个事实：此时的明王朝，着实到了

"极穷"的地步了。

在收税使的原因上，万历曾经多次下诏阐述，比如万历二十七年（1599）他曾下诏说："今费用不敷，若不权宜旨办，安忍加派小民？"明末学者袁中道也承认："万历中，九边供应不已，国库匮乏，言利者以税使启之。"从张居正死后的万历十年（1582）开始，明王朝的商品经济蓬勃发展，国势也一度蒸蒸日上，人口和经济总量与日俱增，但国库收入却与日剧减。比如申时行担任首辅的八年（1582—1590），明朝的财政收入，从最高的八百万两，下降到申时行在任最后一年的五百万两。到了发生抗税事件的1601年，更锐减到四百万两左右。

税收减少了，但明王朝花钱的地方却多了。从1592年至1599年，明朝相继爆发了"三大征"。三场大战共消耗白银八百多万两，主要的来源，是张居正当政时期留下的存银。与此同时，明朝的宗室规模不断扩大，每年对宗室的赏赐日益增多，到了万历时期，明朝的各级藩王宗室，其总人数已高达20万，这些宗室享有免税特权，靠国家养活，消耗国家大量资财。而万历清算张居正时，为收揽人心，废除了张居正的多项政策，其中重要的一项，就是张居正裁汰冗官的努力。张居正任上，明朝"吃国家财政"的公务员，比之前的隆庆朝减少了三分之二。而万历亲政仅十年，到了万历二十年（1592）时，明朝的公务员总数，竟然比张居正时期膨胀了四倍。巨大的财政负担，日益成为万历皇帝的心病。

而明朝税收锐减的原因，却有两方面，一是张居正死后，土地兼并的卷土重来，大批国家经过清丈后可以纳入税收范围的土地，被巧立名目地纳入各级官员地主，甚至王公贵戚名下，国家可用来征收赋税的土地，不到十年间，竟缩水到五百多万顷。明朝的税收体系，本就是以农业税为主。但在万历在位时，发展最迅速的却是工商业。东南沿海商业贸易大兴，整个国民经济发展，已成严重的不平衡态势。农民日益穷困，许多人甚至抛家舍业，有地不种跑到东南沿海打工，成了最早的农民工阶层。东南沿海产业发达，但明朝商业税，从开国起就相对比较轻。发达的工商业下，国家通过原有的税收体系，很难增收太多的赋税。明朝万历年间户部收取的商业营业税，在万历十年（1582）之后，一直保持在每年二十万两左右。明朝前半期主要的商业税收入，来自盐税。但到万历时期，随着私盐贸易的兴盛，山西以及两淮盐商力量的壮大，明王朝对食盐贸易的垄断早被打破。在万历时代的食盐市场上，全国的食盐需求量有18亿斤，而官府经营的食盐，只占五亿斤，税收自然大打折扣。明朝经过"隆庆开关"后，海外贸易蓬勃发展，但明朝收取关税的体系，依然是永乐年间的市舶司。收税方式，还是按照传统的货物进出口量，征收其低价百分之二十的关税。由于海外贸易货物进出口交易价格与成本价格间的巨大落差，市舶司可收到的税赋微乎其微。在万历年间，明朝市舶司的权力也日益萎缩，原本可以组织贸易集市，监管贸易的权力，早被沿海商人取代。市舶司的权限仅限于收税，而组织贸易的商人们，则可以巧立名目逃避税赋。到了万历二十年（1592），明朝市舶司的总收入，竟然只有四万两。而就在同时，根据西方学者研究，这时期输入中国的白银总量，占整个世界白银总量的三分之一。大量白银的输入，也势必引起通货膨胀。万历手中的钱，也越发变得不值钱。

因此日益严峻的财政问题，才是万历派遣太监做税使的动因，但这么做的效果又如何呢？

税使问题反抗多

税使一出，文官集团自然反对，多年以来各类抨击的奏折不断，一是不能容忍太监干政，二是万历时期的文官集团，商人阶层出身的越来越多，许多还介入商业贸易，搞起了"官倒"。太监收税，受害最大的就是他们，所以团结一心抱成团，誓把反对税使进行到底。

税使的横行，确实给东南沿海商品经济带来了重创。万历派出的太监，多是贪婪之人，巧立名目横征暴敛本就是拿手好戏，丝毫不管商家死活。横征暴敛更激化了种种矛盾，其实这时期不止苏州，全国各地都有"群体性事件"发生。

比如派往陕西的太监梁永，在富平征收商业税，被当地知县王正志阻止。王正志的衙役们为此和梁永的税棍大打出手，结果王正志本人获罪下狱。派往湖北征税的太监陈奉，因与湖北武昌同知边孔发生冲突，将当地官员多人逮捕，结果引起了百姓愤怒，数万人围攻陈奉的官邸，将其几十名随从扔进长江喂鱼，陈奉惊慌之下逃进楚王府，方才躲过一劫。派到天津收税的马堂，在当地公然掠夺百姓财物，引得当地百姓集体罢市，将马堂家烧了个精光，随从三十多人被杀。最搞笑的是，各地还相继发生冒充税使诈骗的事，一些地痞无赖剃掉胡子，换上太监衣服，在地方上招摇过市，敲诈勒索，北京一个叫张礼的流氓，冒充太监在昌平收税，连地方官都给忽悠了过去。一个月下来，诈骗金额高达上万两。

税使敲诈地方，破坏工商业，引得民怨沸腾，这都是不争的事实，但如此横暴下，万历究竟得了多少钱？从万历二十四年（1596）派税使开始，到万历三十四年（1606），各地税使上交的征税总额，十年里一共只有三百万两。而事实上，"入公帑者不到十分之一"。也就是说，还有上千万两税银，皆被这些蛀虫们私分。万历企图增加商业税的努力，不但收效甚微，激发了他个人与文官集团的对立，更加重了明王朝的统治危机。可谓得不偿失。

　　如果把这一切的责任，都强加给万历，显然是不公平的。事实上，万历是在为整个明朝落后的政治体制买单。明朝建立初期，是一个以农业税为基础的政治体系，但到了中晚期，整个国家的经济形态，在向着商业化社会转型。旧有的税收体制，却依旧以农业税为主。结果，农业税日益锐减，商业发达，国家却无力增收。万历增加商业税的办法，其实是一种简单粗暴的方式。他没有想过通过制度的转轨调整，实现经济转型，却只想一蹴而就，结果国家财政状况每况愈下。到了后来努尔哈赤反叛时，经济紧张的明军，不但军饷拖欠，连部队武器的日常保养维护都做不到。比如此时热兵器已成重要作战方式的明军，在后来辽东的战争里，往往是打了几轮火器，弹药就消耗殆尽了，只能白白地死在女真骑兵的弓箭马刀下，与其说是战斗力问题，不如说是经济问题。

抗倭援朝，帝国荣耀

说起明朝万历皇帝朱翊钧（1572—1620 年在位）在位时期的战争，除了晚年在位时期与辽东女真的战争外，今人耳熟能详的就是"万历三大征"。从万历二十年（1592）开始，经过"张居正改革"后承平日久的明王朝，连续经历了三场大规模的战争：宁夏平定悖拜叛乱，抗倭援朝战争，播州平定杨应龙之战。三场大战的胜利，让亲征后的万历皇帝找到了君临天下的感觉，"万历中兴"的文治武功，也因此达到了顶点。

要论三大征中哪一场战争在今天知名度最高，当属 1592 年开始的明朝抗倭援朝战争。

脑袋发热小日本

抗倭援朝战争，在朝鲜叫"壬辰卫国战争"，日本叫"文禄庆长之役"，爆发于明朝万历二十年（1592）四月，导火线是日本实际统治者丰臣秀吉遣使者至朝鲜，要求朝鲜"借道"给日本，帮助日本攻打明王朝。实际原因是，丰臣秀吉结束了日本"战国时代"，统一日本后，为稳固统治，即采取了对外扩张政策，提出自己是"梦日而生"，"凡是太阳照耀到的地方，就是日本国土"，这是日本最早的"军国主义思想"。在侵朝战争爆发前，丰臣秀吉早已做好了"三步计划'，第一步灭亡朝鲜，第二步灭亡明朝，第三步占领印度支那，称霸世界。而经过了几十年的内战，以及长期对中国东南沿海的骚扰，日本上下诸侯也早已头脑发热，对中国明朝的态度也渐转为平视，不再以天朝上国待之。整个日本上下，都弥漫着一股扩张好战的狂热情绪。"借道"要求遭朝鲜拒绝后，丰臣秀吉随即翻脸，派二十万大军入朝，拉开了侵朝战争的序幕。

此时朝鲜，正是李氏王朝统治时期，做了明朝二百多年的藩属国，早承平日久，战斗力自然不靠谱。四月十四日日本出兵，五月二日日军即占领汉城，五月八日日军占领平壤，六月十一日，朝鲜国王李松逃奔鸭绿江，朝鲜八个省已经丢了七个。眼看亡国在即，与此同时，朝鲜也火速遣使者至明朝，请求明王朝出兵援助。朝鲜国王李松逃到鸭绿江后，再次向明朝万历皇帝递交国书，朝鲜的使臣也分别游说明朝各部大臣和内阁大员们，除了请求出兵外，更希望能够到辽东避难。朝鲜国王更在国书里向万历皇帝哭诉："与其死于倭寇，不如死于父母之国。"真的把大明朝当亲娘了。

但对朝鲜战局，大明朝这个"亲娘"却是反应迟钝。起初的时候京城甚至有传言，说是朝鲜国王和日本有勾结，企图将明军诱到朝鲜全歼，以达到侵略大明朝的目的。朝鲜七省沦陷后，明朝才派辽东鸭绿江宽甸堡副总兵佟养性率八名士兵渡江侦察敌情。佟养性回报说："倭兵人少，可破也。"明朝内部，"主战""主和"两派更是争吵不休。兵部尚书石星主张火速出击，消灭倭寇。但是都察院的言官们却大都反对。万历皇帝最早也未表态。明朝态度犹疑的最主要原因，是此时宁夏发生叛乱（即"三大征"中的宁夏之乱），明朝的战略重点也在于平叛，双线作战，自然要慎重考虑。

随着宁夏之乱接近平定，万历皇帝也终于下定了决心：开战。如他对群臣的诏书"无遗他日疆患"，可谓一眼看穿了日本人的真实目的。兵部尚书石星主动要求率兵去朝鲜，但万历皇帝深知此人志大才疏，反选择了兵部侍郎宋应昌。十月，明朝正式任命李如松为征东提督，与辽东经略宋应昌一起提兵入朝。而在此之前，明军已经在朝鲜吃到了两次败仗，先是辽东游击史儒于六月率三千部队入朝，对日军进行试探性进攻，反遭埋伏。七月，辽东副总兵祖承训再率五千军队入朝，在平壤城下几乎被全歼。即使经过了两次小规模的战斗，但明朝对侵朝日军的情况依然一派模糊，甚至连日军侵朝部队的总数都没有搞清：朝鲜方面说有三十万人，祖承训回报说有三万人。与此同时，此时已盘踞建州的努尔哈赤也向明朝表忠心，表示愿意协助明朝作战，被明王朝婉拒。

日军在早期占领朝鲜七省后，之所以不能乘胜追击，按照朝鲜历史书的说法，是因为朝鲜水师名将李舜臣多次在海上重创日军，同时朝鲜当地起义军的抵抗也拖住了日军的脚步。中国方面主流的说法是，明朝委派海商沈惟敬为特使出使日本，用谈判方式迷惑了日本人，给明朝争取了集结军队的时间。从后来事情的进展看，中国方面的说法更靠谱——李如松于十二月入朝，于次年元月率四万五千大军抵达平壤城下，即使如此，平壤守将小西行长还在以为明朝此来是来"和谈"的，以致差点儿被李如松奇袭平壤得手。而另一个重要原因是，虽然丰臣秀吉本人头脑发热，但身为侵朝日军实际总指挥的小西行长却是明白人，他在给丰臣秀吉的战报里就建议丰臣秀吉不能急于进攻明朝，至少要等到稳定朝鲜局势再说。更断定明朝必定会重兵救援朝鲜。事实印证了他的判断，万历二十一年（1593）一月，明军进抵平壤城下。李如松本来假借封贡的名义，企图直接奇袭平壤，但因为攻击部队过于犹豫，被小西行长识破，奇袭功败垂成。早在出兵之前，明朝的作战计划就不是打持久战，而是毕其功于一役，以一场大胜彻底消灭日军。如明朝使臣葛昆对朝鲜国王所说："天朝（明朝）之计划，在于一战定乾坤，务使倭寇片甲不留。"

扬威朝鲜李提督

1593 年元月八日，带着让倭寇"片甲不留"的目的，李如松指挥的平壤会战正式打响。李如松先命吴惟忠的戚家军攻打日军防守最严密的牡丹峰，不要求攻克，只要求拖住日军，继而三路大军齐出攻城，先以三百门大小火炮轰击，再发起冲锋，日军抵抗极为顽强，虽在明军的炮火打击下伤亡惨重，却依然用火枪齐射还击，连李如松自己的战马也被击毙。战局胶着时，戚家军将领骆尚志率所部戚家军奇袭南门，一举攻克，平壤防线就此击破。明军乘势追杀，攻克平壤城墙，日军退入内城，又和明军打起了巷战，李如松却不想无谓牺牲，见日军缩入城内工事，干脆就用火攻，将城内日军烧得鬼哭狼嚎。次日，小西行长率领残部从平壤东南门出逃，谁想平壤东南门外是条大河，慌不择路的日军仓皇渡河，淹死数千人。渡河后又被早已在河边设伏的明将李宁截杀，砍死数百。至此，平壤战役结束，明军以阵亡七百人的代价收复平壤。而日军的伤亡，根据日本人自己的军事书《日本战史》里记录：日军此战共投入兵力三万多人（包括小西行长的两万守军和黑田长政的一万援军），阵亡高达两万多（受伤的还没算进去）。

平壤战后，明军一路追击，先前牛气哄哄的日军却被打出了"恐明症"，几乎对明军望风而逃。在上甘岭，竟出现了三个明军士兵俘虏一百多日军的闹剧。李如松火速追击，欲一举收复朝鲜王京（汉城），然而溃败的日军并不甘心。日本大本营经过精心筹谋，制订了一个聚歼明军的计划，即将明军诱到汉城城下，然后以优势兵力围歼。为此日军在汉城集结了六万军队，并用小股部队诱导明军南进。谁料计划赶不上变化，日本用来"诱敌"的一千多军队，在汉城北部的碧蹄馆遭遇明军前锋查大受，几下子就给打得全军覆灭。日军主帅黑田长政当机立断，就在碧蹄馆设伏，就地歼灭明军。查大受的先头部队，一下子遭到数万日军包围，但明军士气高昂，用"车阵"迎战，且不断用骑兵发起反冲锋，战斗打了一天一夜，几万日军竟根本吃不下这支明军小部队。就在僵持不下间，不明情况的明军提督李如松率亲兵侦察前线，竟然一头撞进了碧蹄馆，和查大受一起被日军包围。"捞了彩票"的日军欣喜若狂，立刻集中兵力发起冲锋，意图"擒贼先擒王"。但久经沙场的李如松毫不慌乱，出乎日军意料，劣势兵力下，李如松反而发起了反冲锋，以三千骑兵向数万日军攻击。日军猝不及防，包围圈一下子被冲开了口子，李如松趁机率部突围，日军紧紧围困，不断缠斗。恶战从元月二十六日早晨打到黄昏，李如松冲不出去，日军攻不上来，双方陷入僵持。正在此时，李如松部将杨元得悉情况，率一千骑兵从外围发起攻击，筋疲力尽的日军登时大溃。李如松趁机突围而出。一场惨烈的遭遇战就此结束。

碧蹄馆之战，明军前后共动用兵力五千，并非大规模战斗，但战斗过程却异常艰辛。李如松在战后的奏报里称自己被"围匝数重"，可谓艰苦之至。明军伤亡过半，高达两千多人，但日军的情况更惨，仅黑田长政上报的阵亡名单，将领就有三十人，士兵数目更高达八千人。这场日军苦心发动的围歼战，并未阻止明军进攻的脚步。碧蹄馆一战死里逃生让李如松明白，日军实力犹存，很难一下消灭，因此他开始用奇计，先是在二月，派数十敢死队奇袭汉城城外的日本龙山，将侵朝日军的粮食全部烧毁。断粮的日军无奈，终在四月退出汉城。同时遣使至北京，请求"和平谈判"。明朝方面，从内阁大学士赵志皋到兵部尚书石星，都建议明军尽早结束战争，次辅张位更以永乐时期征越南一事为例，建议明军谨防陷入朝鲜战争泥潭。见日本服软，万历皇帝也表态愿意和谈，双方起初达成协议，日军撤出朝鲜，只留少量兵力驻扎朝鲜沿海，明朝军队也只留六千人驻朝，其余撤回国内。朝鲜战争的第一阶段就此结束。

但丰臣秀吉绝不是真心和谈，只不过利用和谈做幌子借机备战。双方使者往来密切，日方也假意接受了明军的三大和平条件：册封丰臣秀吉为明朝藩属，从朝鲜撤军，放还掳掠的朝鲜官民。而实际上，从1593年四月停战起，日本就开始了新一轮备战。1593年六月丰臣秀吉颁布了"从军法"，规定凡年满十六岁男性都要服兵役，同时大力购买马匹，在朝鲜沿海和日本本土训练骑兵。1594年八月，丰臣秀吉更用重金收买葡萄牙人，得到了葡萄牙当时的主力战船"蜈蚣船"，并下令仿制演练。1596年九月，依照先前和日本达成的"和平协议"，明朝使者杨方亨至日本"册封"丰臣秀吉。而自以为实力大增的丰臣秀吉，此时终于露出了獠牙，他先是当众羞辱明朝使者，将明朝使者驱逐出境，继而又行反间计，在朝鲜散布谣言，说朝鲜水师大将李舜臣要造反，导致李舜臣被下牢狱。1597年元月，丰臣秀吉再次出兵，派十五万大军侵朝，朝鲜战争风云再起。

战歌浩荡露梁海

不巧的是，这次日本侵朝，明朝偏又碰上了两线作战。西南播州土司杨应龙造反，明朝正在全力镇压。因此日军压境朝鲜时，驻朝明军仅有六千多人。朝鲜方面还是一如既往地不经打，日军势如破竹，再次逼近汉城。碧蹄馆之战中救李如松突围的杨元死守南元，几乎全军覆灭，杨元事后也因战败论死。危急关头，由解生统领的两千蓟州兵（戚继光当年在蓟州练兵的骨血）死守稷山，与两万日军血战，成功将日军打退，为明王朝稳住了战局。此时李如松已去世，明朝以兵部侍郎邢玠为蓟辽总督，麻贵为备倭总兵，杨镐为朝鲜军务经略，率四万大军入朝。

明军于1597年十月入朝，先攻打星州不克，继而在青州设伏，重创日军毛利秀元部。此战虽未全歼敌人，但日军从此再未发动进攻，明军转守为攻。十月二十三日，明军兵分三路包围蔚山加藤清正部，这是至关重要的一战，如果能成功攻克蔚山，就意味着日军的后路被断，侵朝日军将被分割围歼。但蔚山由日军苦心经营多年，其军队也是侵朝日军中战斗力最强的一支。明军进攻打响后，多次冲锋皆受挫。战事进行了十数日，明军寸步难行。关键时刻，游击将军陈寅率领浙江赶来的戚家军奋勇冲阵，连续攻破日军蔚山大营，明军乘胜追击，攻破日军大部分堡垒，将日军压制在蔚山最后的要塞——岛山营。眼看胜利就在眼前，未曾想指挥此战的杨镐为了让嫡系李如梅（李如松的弟弟）抢功劳，竟下令担任攻坚的戚家军撤回，由李如梅发起攻击。李如梅很不争气地被日军打退，而大好战机就这样消逝。随后明军多次抢攻皆不能奏效，又赶上大雨如注，明军火器无法轰击，战局骤然恶化。1598年元月，日军小西行长部率军驰援，冲破明军外围包围圈。明军总指挥杨镐竟然临阵脱逃，带头逃窜，明军登时大乱。幸亏戚家军的吴惟忠、陈寅两部坚决断后阻击，打退了日军的进攻，终让明军全身而退。蔚山之战在清朝人编的《明史》中一直被说成大败，有说法是明军损失两万多人。而根据朝鲜人的史料记载，明军损失的确切数目是 3258 人。日军方面则付出了更大代价:《日本战史》说，战前蔚山加藤清正部有两万人，战后只剩五千人。虽然如此，但蔚山之战并未达到切断日军后路的目的，可谓功亏一篑。

蔚山之战彻底把日军打醒，此战之后，日军的战略变成了龟缩堡垒，消极防御。即使总兵力远远多于明军，却不敢与明军野战。之后，明军多次集中兵力，攻打日军盘踞朝鲜的蔚山、泗川、顺天三大要塞，日军严防死守，使明军一次次攻击受挫。同年十月，发动侵朝战争的丰臣秀吉去世，接替丰臣秀吉主政的日本"五大老"，此时的主要目的已变成如何让日军全身而退。而潜伏在日本的明朝锦衣卫，也及时获知了这一情报。因此，明朝蓟辽总督邢玠决定，趁日军撤退时，从海上阻截，彻底消灭日军。

1598 年十一月，日本主力部队开始全线撤退。而明军采取了"围其必救"的战术，由海战名将陈璘与朝鲜水师名将李舜臣合兵，在露梁海设伏，截断日军主将小西行长的退路。十一月十九日，日军岛津义弘部前来援救小西行长，结果被明军包围，露梁海战打响，明军以巨舰封锁海口，用炮火猛烈打击日军。当年俞大猷创建的抗倭英雄部队俞家军主动担任冲锋，由邓子龙率领乘快船攻击日舰，双方先是炮战，继而是白刃战。朝鲜水师特有的龟船甚至采取"自杀式冲锋"，用撞击的方式撞沉日舰。日本舰队左突右冲，始终无法突破明军包围。最终在观音浦，明军火箭齐发，焚烧日舰，丰臣秀吉苦心创建的日本海军陷入了一片火海之中。至二十日天明，战斗基本结束，明军击沉焚毁日军战船四百五十多艘，歼灭日军近两万人。而被断掉退路的小西行长也遭明军围歼，其部队七千人阵亡。只有他本人带几十个亲兵夺船而逃。而明军也付出了惨重伤亡。水师副将邓子龙和朝鲜水师主将李舜臣双双阵亡。至此，持续七年的抗倭援朝战争彻底结束。

战争结束后，对明朝的付出，朝鲜方面感激不尽，朝鲜国王特意在汉城设立了"大报坛"，用以感恩明王朝。而此时已经十多年不上朝的万历皇帝，也破天荒地接见群臣，于万历二十七年 (1599) 在北京举行盛大献俘仪式。七年朝鲜战争，花费白银近八百万两，但代价还是值得的：此战让日本元气大伤，乖乖龟缩日本岛二百多年。继丰臣秀吉后统治日本的德川家康，乖乖向明朝称臣，重新给中国当小弟。即使是二百多年后甲午战争开战前，日本国会依然有议员以抗倭援朝战争为由，反对向中国开战。

"红封教"与梃击案

在许多宫廷背景的武侠剧中，总会安排一些"皇妃"身份的女魔头角色，一面用色相引诱皇帝，一面掌握着庞大的邪教集团，到处兴风作浪。而在明王朝的历史上，却真有一个这样身份的女人，掌握着一个类似的邪教集团，虽然规模和本领，都不能和传说中的武侠角色相比，却着实在大明政坛上掀起一股风波。这个看似女魔头的女人，就是万历皇帝最为宠信的女人——郑贵妃。她所掌握的这个邪教，就是审犯在北京大兴的红封教。

不过这个所谓的"邪教"，在明朝当时，规模确实小得可怜，最鼎盛的时候满打满算不过三十六人，许多史料说它只是白莲教的一个小分支。其首领有两位，一个是马三道，一个叫李守才，都是大兴当地的流氓无赖，绝非什么身负魔教高深武功的大人物。但就是这个小人物组成的小教派，在万历年间，却险些把天捅了个大窟窿。他们干了一件骇人听闻的大事——刺杀皇太子。

整个事情的过程是这样的，万历四十三年（1615）五月四日黄昏，彼时大明朝的皇太子朱常洛正在宫中休息，突然一个手持棍棒的大汉闯入宫中，冲着朱常洛猛扑过来，连续打翻了两个老太监后，张牙舞爪地挥棒打向朱常洛。这位懦弱的太子登时吓傻了，一时间竟忘了呼救，还好身边太监反应快，立刻猛扑上去护主，随后大批太监蜂拥而至，经一番搏斗，终将大汉擒拿。

然后会审，先是巡按御史审，得出结论这是个疯子。接着刑部，大理寺会审，审讯的结果是：此人叫张差，是大兴的一个农民，因为家里草料被人烧了，一怒之下上京告状误入太子府。但这个结论还是糊弄人的。一个叫王之宷的刑部主事决定追查真相，先把该犯饿了一顿，接着用一碗米饭做诱惑，诱使罪犯说出了真相：原来，是两个宫里的太监找到他，要他进宫刺杀太子，事后保他荣华富贵。消息传出后，百官大惊，众议汹汹下，明朝又举行了由六部十三司联合参加的会审，恩威并施下，犯人竹筒倒豆子全招了：指使他刺杀太子的两个太监，就是郑贵妃的贴身太监庞保、刘成。他的同伙还包括马三道、李守成等大兴当地地痞流氓，而他们都隶属于大兴的一个邪教组织——红封教。红封教的掌门人，就是那位让万历着迷了三十年的郑贵妃。

这就是明朝历史上三大案之一——梃击案。

万历皇帝终服软

说到这个梃击案，其根源，则在万历在位时的另一大案：争国本案。所谓争国本，就是争论立太子的人选。

在生儿育女的问题上，万历比较幸运。十八岁的时候，他临幸了一个王姓宫女，该女子为他生了一个儿子，就是他的长子朱常洛。这是万历十年（1582）的事情。但他其实对这个宫女毫无感情，真正宠爱的，是那位传说中红封教的掌门——郑贵妃。郑贵妃在万历初年入宫，很得万历宠爱，起点更比王宫女高得多，入宫就是"嫔"。万历十四年（1586）生了儿子朱常洵后，又被万历册封为贵妃。成了后宫佳丽中位分仅次于皇后的人物。对这位郑贵妃，万历一生都不离不弃。一来因为郑贵妃像后世文臣形容的那样"妖艳貌美"，二来郑贵妃性格泼辣直爽，尤其是她的活泼开朗，很能抚慰性格孤僻的万历的心情。在万历青年时代被张居正压制的日子里，整日陪伴他身边的，就是这位郑贵妃，她不但时常鼓励万历振作，更陪他一起读书，两人可谓患难之交。后来万历对郑贵妃的宠爱更证明：对这个女人，万历是有真感情的。

男人对女人有了真感情，自然要什么给什么。皇帝富有四海，基本什么都能给。郑贵妃名分有了，老爹、兄弟也都封了高官，钱帛赏赐万历更不吝啬，却偏偏有一样东西，郑贵妃要了许多年，万历却总也给不了——儿子的太子位。

历朝历代，册立皇子，似乎最终拍板权都在帝王，大臣的意见最多仅供参考。无论汉朝、唐朝，还是清朝，基本就是皇帝想立谁就立谁，想废谁就废谁。大臣们固然有意见，却多敢怒不敢言。但明朝着实不一样，一是明朝中后期，自由思想盛行，文官集团势力庞大，已越来越多地在削弱皇权，不但可以将皇帝的诏书"封驳不办"，更越来越敢直言上奏，就是把皇帝气得七窍生烟也不怕。看似直臣增多，其实是越发拿皇帝不当领导。更要命的是，万历面对的，还有一个不可违抗的祖制：朱元璋亲手编纂的《皇明祖训》。这是朱元璋为教化后世子孙定的规矩，在皇位传承制度上，早规定了"立嫡立长"。也就是说，皇子的接班人选择，优先选择皇后所生的皇子，若皇后无子，则选择长子。万历之前，除了朱棣的叛乱事件外，整个大明王朝的皇位传承制度，都是以此为原则有条不紊地进行。这是明王朝的"祖制"。

是"祖制"，当然也就深入朝臣们的骨髓。随着万历诸皇子的渐渐长大，不断有大臣建议，要万历早立太子，心怀鬼胎的万历哪肯答应，反而屡次顾左右而言他，夸赞郑贵妃的"贤惠"。万历的心思，哪瞒得过这些官场老油条的眼睛，如此破坏祖制的大罪，诸大臣自然拼死阻拦，拼得官不做了，哪怕舍得一身剐，也要阻止皇帝胡来。就算触龙鳞，犯忌讳，引得皇帝大怒，这也是做臣子的本分，万世的骄傲。万历也委屈，我是皇帝，天下是我的，我想选谁当接班人，用得着你管？

从万历十八年（1590），内阁首辅申时行奏请早立太子开始，万历和大臣们就太子的人选问题，开始了长达数十年的僵持。大臣们前赴后继，屡次上奏，万历却"拖"字诀当头，既不答应，也不反对。惹得万历急了，就把几个大臣拉出去打板子，再急了，就干脆罢免掉一批。但一个大臣倒下去，千万个大臣站起来，为维护国家的伦常根本，众大臣同仇敌忾，这个大臣罢官了，接班的拍拍身上的灰尘继承前辈的遗志，抖擞精神继续战斗。先是做了八年首辅的申时行，当了多年万历与群臣之间的和事佬后，实在不能忍受，愤然辞职而去。接班的王锡爵一开始也想和稀泥，没几天就和不下去，最后反而被群臣骂走。之后的内阁首辅位置，就乱哄哄地你方唱罢我登场，百官们大肆批评的奏章更满天飞，且胆子越来越大，骂万历什么的都有。比如大理寺官员雒于仁上的《酒色财气疏》，说万历喝酒、好色、贪财、脾气臭，直接把万历比作了地痞流氓。立太子问题上，更是骂声一片，光禄寺大臣朱维景说万历"愚弄天下人"。刑部给事中王如坚说万历"言而无信"。对大臣们团结一致的反对势力，万历招数用尽，打也打过，罢也罢过，笼络也花尽心思，借口也找得五花八门，比如曾借皇子未成年来推辞的，借出阁读书来敷衍的。却都是无济于事。终于到了万历三十年（1602），内阁首辅沈一贯请求册立太子，万历顺水推舟，终于欣然同意。

万历之所以最终服软，一是朝臣们立场坚定，且代代传承，咬定了青山不放松。二是作为一个已经成熟的政治家，万历也明白众怒难犯的道理，总不可能将所有的官员统统罢免，将来谁给你打工。此外万历的母亲李太后，其实一直很喜欢长孙朱常洛母子。有一次万历与母亲交谈，母亲问他为什么不喜欢朱常洛，万历脱口而出"他是宫女生的",气得李太后当场反驳了一句:你也是宫女生的。万历立刻傻眼了。摆在万历眼前的形势很明显:群臣反对,母亲也反对,朝野上下除了郑贵妃一家,连个盟友也找不到。这样的光杆司令是当然当不得的,最后的妥协,也就顺理成章。

倒霉太子被追打

朱常洛在万历三十年(1602)被正式册立为太子,但这时候的他,位置并不牢固。

郑贵妃做梦都想让儿子当皇帝,而这时候的她,其实也拥有一套自己的势力,有万历的宠信,外加弟弟郑国泰此时也权重,姐弟通力合作,抽空抓朱常洛个把柄,然后就可以名正言顺地取代了。而且这个太子朱常洛,也并非什么贤能之人,他的性格和之前的隆庆皇帝朱载垕比较像,性格比较软弱,待人接物知书达理。在历代宫廷斗争里,这样的人往往是吃大亏的。

晚明许多文人的笔记中,对郑贵妃的描述,多说她"狡媚以惑圣宠"。即说她是凭美丽的容貌和狡诈的心机,得到万历的宠爱的。但观她的所作所为,美丽的容貌,或许是英语里的过去时,狡诈的心机,却实在是个虚拟时态——从来不曾有。

在和朱常洛争位的过程里,郑贵妃行事的主要方式就一个——简单粗暴。遇到事情,就一哭二闹三上吊。先连哭带闹,给自己的儿子要来了封地,全是河南肥沃的良田,赏赐甚厚。然后给自己的父亲和弟弟要官,父亲当了都督同知,弟弟当了指挥使,都手握兵权。但接连的连哭带闹,搁谁都审美疲劳,然后终于玩出了新花样:刺杀太子案。

张差招供后,明朝上下举座皆惊,这等于是郑贵妃结党篡权,欲谋害太子,谋反大罪等于坐实了。同时各种消息也传来:刑部起先会审时,之所以闹出个荒唐结果,是因为刑部侍郎胡世相等人早与郑贵妃勾结,甚至更有传言,内阁首辅沈一贯也是郑贵妃的同党。小小的红封教,竟一下子闹出了惊天的大案,主角只是一个半点武功不会,就敢拿着大木棒追杀太子的傻汉子。

但万历皇帝不傻,整个事情的来龙去脉,他也明白八九分:郑贵妃的算盘打得好,她是想刺杀太子,再策动自己儿子接班。但且不说太子真死了她能否得计，刺杀的方式，竟然这样简单愚蠢。如今闹得满城风雨，只能解铃还须系铃人了。

所以当郑贵妃再次一哭二闹三上吊的时候，万历明确告诉她，求我没用，求我儿子有用。结果，郑贵妃主动找太子求和，赌咒发誓自己没有谋害他。太子朱常洛也很识趣，连忙顺水推舟，表示自己不会听小人挑唆。结果，五月二十八日，万历亲自导演了一出温馨和谐的场景，他左手牵着太子朱常洛，右手拉着郑贵妃，三人一起召见群臣，当着大臣的面，演出了一场一家三口其乐融融的团圆剧。后面的事情就毫无悬念了：张差、庞保、刘成三人以刺杀案主谋的身份被处死。明朝政府紧急行动，迅速取缔了大兴邪教红封教。这个刚露头没几天的组织，在主演了这场惊天大案后，接着就在这个糊涂结果里灰飞烟灭了。

不管刺杀太子是否出自郑贵妃的授意，刺杀案的结果，却已经永远断送了她儿子夺太子位的可能。群臣嘴上不说，心里早把郑贵妃一家当成幕后指使，而关键却是万历，如果说之前万历还有意让朱常洵接班的话，之后他生命中的最后几年，其心思完全转向了朱常洛。不但多次命他参与批阅奏折，还时常与之深谈，传授治国诀窍，甚至时常派太监去东宫嘘寒问暖。对这个被他刻薄对待了三十多年的儿子，万历的最后几年，才真正像一个父亲。

从中渔利东林党

梃击案的另一个重要结果，就是东林党对明朝朝政的渗透。

东林党的坐大，其实是和万历朝争国本案的走向有关。早年为立储之争，大批官员不是辞职就是丢官，万历本想通过提拔听话的官员达到目的，谁想到提拔上来的，却一个比一个不听话。最后万历泄气了，不就是不听话吗，缺了你运玩不转了？到后来，辞职罢官的官员，万历宁可让官位空着，也不找补缺的。到他执政的后期，别说中央各部门，就连地方州县，许多知县知府的职务一空就是好多年。权力体系的漏洞，在这个过程里越来越大。而早年发起于无锡东林书院，渐成一派势力的东林党，则开始了一次又一次的渗透。在梃击案之前，借几次"京察"的机会，东林党势力一度遭到清洗，排斥东林党的沈一贯成功促使万历立储，更使他威望日增，挤压了东林党的生存空间。在几次尝试进入权力阶层失败后，东林党的创始人顾宪成也在梃击案的前一年含恨而终。而正是梃击案让东林党反弹了，残留在朝廷中下层的东林党人，比如诱骗张差招供的王之寀，以他们出色的表现，博得了"太子忠臣"的身份，一时名声大振。太子地位得以稳固，而东林党也成了太子的盟友，更从此名声大振。而先前东林党的反对派，为应对东林党日益壮大的势力，也开始拉帮结派，形成了齐楚浙三党。明朝党争，从此愈演愈烈。

辽东问题送大礼

说起"明亡清兴"的整个过程，不得不提到发生在万历四十六年（1618）的萨尔浒之战。是役，新崛起的女真努尔哈赤部，以六万劣势兵力，打败明朝十万大军，从此雄霸辽东，成为明王朝重大边患。现代许多学者都认为，这场以少胜多的战役，不但是清王朝建国的起点，更敲响了明王朝三百年灭亡的丧钟。

然而细观这场战争的来龙去脉，却不得不感慨：不但这场悲惨失败的命运是可以避免的。甚至，清王朝崛起于辽东，也本来是一个可以避免的事情。在辽东问题上，明王朝从始至终，从最早的永乐皇帝，到后来的万历皇帝，再到末世的崇祯皇帝，始终是昏招不断，错误连连。就好比一支足球队，在面对对手的时候，不但战术布置严重错误，后卫线更不断地给对方前锋送大礼。最终落得个耻辱惨败的结局。

且去看看，明王朝究竟送了哪些大礼。

朱棣的一着不慎

要论第一个给努尔哈赤送大礼的人，或许要追溯到一位明王朝的"明君"——永乐皇帝朱棣。

明朝获得对辽东的主权，是洪武皇帝朱元璋在位的事情。元王朝败退漠北后，朱元璋乘胜追击，一举击破了盘踞辽东的元朝纳哈出部，并降服了先前臣服于元王朝的朝鲜。对于这片新得的土地，早期的明王朝极为重视。比如开国名将蓝玉就曾奏报说："辽东虽地广人稀，然南接长城，东连朝鲜，实系天下安危，当为边防之重也。"后来蓝玉案爆发，朱元璋却并不因人废言。洪武二十八年（1395）、三十一年（1398），朱元璋曾两次大规模移民辽东，在当地屯垦驻守。与此同时，朱元璋大封藩王时，更将他的三个儿子封在开原、沈阳、广宁，分别为韩王、辽王、沈王。如果这个政策可以继续下去，后来的努尔哈赤想要统一辽东，恐怕会困难得多。

但事情在朱元璋过世后发生了变化，朱棣凭借"靖难之役"夺权成功后，生怕其他藩王有样学样，因此开始大规模地内迁边境藩王。尤其是东北三王，更连同家眷一道被迁入内地。辽东大地，一下子形成了真空地带。当然此后明王朝也在不断地派驻军队，屯垦戍边，但是比起册封藩王式的大规模迁移，实在不能同日而语。

而从明王朝建国后的战略重点看，明朝的边防，首先的针对对象，就是北方的蒙古部落，辽东虽然也驻扎重兵，但主要对手也同样是蒙古人。对于当地的原生民女真人，在明朝立国的大部分时间里，都缺少足够的重视。明朝辽东边防吃紧，也同样是嘉靖时代的事情，当时东迁的蒙古"黄金家族"土蛮部以及作为"朵颜三卫"存在的朵颜部，都把辽东当作侵扰对象。明朝的军队，也大多数针对西面的蒙古部落，而不是开原以北的女真部落。明朝隆庆、万历年间，明王朝以戚继光守蓟州，李成梁守辽东，对蒙古部落采取"树德于西，耀威于东"的政策，即对西面的阿勒坦等蒙古部落，用通贡互市的手段进行笼络，对东面的土蛮，则采取坚决的打击。这种政策保障了明朝边防的平安。然而曾是黄金家族的土蛮部，也在明朝的持续打击下日益衰落。尤其在李成梁就任辽东总兵后，对土蛮采取主动出击的战术。几乎年年出击，从隆庆四年（1570）开始至万历八年（1580），李成梁的辽东军累积斩首土蛮军达五万人，强大的土蛮几乎被打得奄奄一息。而另一个蒙古部落泰宁部也遭到毁灭性打击，其首领速巴亥被李成梁击毙。到了张居正改革的末期，无论是土蛮还是朵颜三卫，都已大为衰弱，不再是明王朝在辽东的主要威胁。然而，之前不显山露水的女真部落，就这样浮出水面了。

毁誉参半李成梁

说到女真部落的壮大，不得不说说李成梁的功过。

在隆庆、万历两朝，辽东总兵李成梁是公认的"天下第一名将"。明史上说他的战功"二百年未有"，即使是流芳百世的戚继光，与他相比也相形见绌。李成梁，祖上是陕西人氏，后来迁移到朝鲜，在明朝时期又归国内附。四十岁之前，他只是个穷困潦倒的秀才，靠借钱行贿才承袭了祖上的官职，当上了铁岭指挥使。然而之后他否极泰来，连打胜仗。隆庆四年（1570）辽东总兵王首道阵亡，李成梁补缺，从此独当一面，连续重创蒙古军，成为当时第一名将。更是张居正的心腹。后来张居正过世，但万历皇帝依然对他倚重有加，李成梁的"李家军"盘踞辽东五十年，俨然一方诸侯。

李成梁之所以能打仗，是因为他善于使用诡计，经常以少胜多。但最重要的一条，就是他善于树私恩。比起戚继光来，李成梁的军队，才更是私家军。他月优厚的赏赐招揽壮士，甚至将辽东的军屯土地拿给士兵们私分。在军队里树立他自己的绝对权威，他的部队，不是李家的"自己人"是休想指挥动的。而另一方面，李成梁很善于"养寇""玩寇"，消灭掉一股势力后，总要对敌人网开一面，保证辽东年年有仗打，他年年有胜利，就可以年年要赏赐。因此几十年来，他战功卓著，在明朝大将中无出其右。

可就是这个战功卓著的名帅，却为明王朝培养了掘墓人——努尔哈赤。

辽东女真，从明太祖朱元璋时代就开始接受了册封，各部落都是明朝的"朝廷命官"。比如努尔哈赤的六世祖猛哥帖木儿，就在明成祖朱棣迁走辽东三王后，被册封为建州卫指挥使。辽东女真开始成为边患，是从嘉靖末年开始的。先前的他们，大部分时间都是跟在明朝一边，经常随明朝攻打蒙古部落，也曾有个别时期被蒙古部落裹胁，跟着蒙古一起打明朝。比如土木堡之变时，就有女真部落参加瓦剌对明朝的作战。但一直以来，明朝都视女真人为"小角色"。嘉靖四十五年（1566），海西女真五千人曾侵扰明朝辽东重地抚顺，这是女真部落有历史记载的第一次大规模侵扰。之后的四五年时间里，建州女真、哈达女真都曾和辽东明军发生摩擦。此时的明朝正是财政紧张时，辽东明军也多为步兵，骑兵甚少。因此对于女真部落的侵扰，也多是消极防御，凭城坚守。直到李成梁的到来。

李成梁是一个擅长打骑兵战的将领，但明朝战马匮乏的情况，也让他巧妇难为无米之炊。为拥有一支强大的骑兵，李成梁做出了一个决定：重修宽甸六堡。宽甸六堡，即孤山新堡、新甸堡、宽甸堡、大奠堡、永甸堡、长甸堡。东起鸭绿江，绵延200多里，由正统年间名将董鄂修筑，至明朝后期已废弃。李成梁宣修六堡后，不但拓地七百里，更把六堡变成了贸易集市和战马产地。当地水草丰美，适合放牧，且临近女真控制区，便于贸易。更重要的是，它是抵御女真骑兵进入辽东的屏障。宽甸六堡的繁荣，不但让李成梁迅速获得了巨额的财富，更拥有了充足的战马来源。从此之后，李成梁的嫡系辽东骑兵开始壮大，并终成劲旅。

实力壮大后的李成梁，发动了对蒙古、女真部落的全面清剿，在重创蒙古部落后，李成梁将矛头转向了女真。万历元年（1573），李成梁以诱敌深入计，重创建州女真。建州女真首领王杲被俘，后送到京城处死。万历十一年（1583），李成梁假装与叶赫女真做生意，将叶赫女真头领海清努诱到开原城袭杀。同年，李成梁又向哈达部发动总攻，全歼女真哈达部。至万历十九年（1591），一度声势浩大的女真部落，相继被李成梁重创，几乎奄奄一息。

然而李成梁却独独漏掉了一个人——努尔哈赤。

努尔哈赤，是建州女真的世袭贵族。先前被李成梁杀死的王杲，正是努尔哈赤的外祖父。万历十一年（1583），李成梁发动了对建州女真阿台部的攻击，全歼阿台部。然而努尔哈赤的父亲、祖父，也皆在这场战斗里被明军误杀。事后努尔哈赤忍气吞声，反而投靠了李成梁。之后就是《清史稿》里津津乐道的"努尔哈赤十三副铠甲起兵"，努尔哈赤回到家后，用十三副铠甲做本钱，起兵四处攻打其余部落。而李成梁也乐得见女真部落自相残杀，反而对努尔哈赤大肆笼络。从万历十一年（1583）开始，努尔哈赤相继灭掉了海西女真、叶赫女真，统一了建州女真。到万历二十一年（1593），努尔哈赤在古勒山之战里以少胜多，击败海西女真、叶赫女真、蒙古科尔沁联军，正式确立了他在辽东诸部落中的最强地位。

对努尔哈赤的所作所为，李成梁一反常态，始终纵容。究其原因，一者李成梁治理辽东的方式，就是通过挑拨各部落争斗从中渔利，乐得见女真部落相互攻杀。二者李成梁始终把海西女真、叶赫女真当作最强敌手，早期的努尔哈赤实力弱小，自然不被李成梁当作敌人。最重要的，是努尔哈赤对李成梁始终恭顺有加，每年不惜血本贿赂，讨好李成梁的方式，按照明史学者孟森的说法是"无所不用其极"。1592年抗倭援朝爆发后，大批驻辽东明军进入朝鲜作战，辽东成为真空地带，更给了努尔哈赤扩充地盘的机会。就在抗倭援朝战争胜利结束后的万历二十八年（1600），努尔哈赤已创立了满文。分散的女真民族，已然被他整合成一支团结的力量，成为明王朝大敌。

努尔哈赤终崛起

对于即将到来的危险，明王朝还是浑然不觉。李成梁于明朝万历十九年（1591）退休，其长子李如松曾短暂接替他的职务，却在1597年遭蒙古泰宁部伏击阵亡。这时候的努尔哈赤依然比较老实，除了继续攻打不听其节制的女真部落外，对明王朝依旧毕恭毕敬。此时，他还顶着明朝册封他的"龙虎将军"头衔。16世纪的最后十年，骚扰辽东最猖獗的，是短暂复苏的蒙古泰宁部和土蛮部。驻辽东明军的战略重点，也一直集中在辽西地区。十年之间，明朝辽东总兵一职先后换了八人，除了李如松战死沙场外，其余七人，都是因为指挥不动辽东军而去职。李成梁以私恩带兵的弊端，在此时暴露无遗：早年跟随李成梁征战的猛将们，大多早已腐化，全不复当年之勇，连李成梁的儿子李如梅、李如柏等人也不例外。万历二十八年（1600），辽东明军和女真部落发生了一次罕见的摩擦，辽东总兵马林被女真哈达部击败。马林被降职，李成梁得明朝重新启用，回任辽东总兵。李成梁到任后不久，努尔哈赤顺势出兵，彻底剿灭了哈达部，既向李成梁衷了忠心，又乘机扩大了实力。李成梁还在奏折里称赞努尔哈赤"忠勇可嘉"。即使如此，李成梁也不得不承认，他辛苦打造的辽东军，已不是当年光景。掌控辽东局势，年已八十岁的他已力不从心。

所以李成梁回任后，面对老部下日渐腐化，长子战死，其他儿子不争气的境况，选择了对努尔哈赤继续毫无保留地信任。明朝的辽东驻军继续西倾，东面抚顺、清河地带的明军，被大批调去抵御蒙古。对六堡北面的努尔哈赤毫不设防。明军接连击败蒙古泰宁部和土蛮部，辽东局势再次稳定。从1599年李成梁复职到1616年李成梁去世，这十七年的时光，是辽东最"和平"的十七年。蒙古部落的气焰再次被打下去，努尔哈赤依旧表面恭顺，因此史书评价这段时期辽东"烽烟渐少，百姓安居"。明王朝也因此册封李成梁为"太子太傅"，然而明王朝并没有想到，这十七年的和平，是暴风雨前夜最后的平静。

事实上，即使此时的努尔哈赤已然羽翼丰满，但明王朝还是有能力遏制他的。遏制的棋子，就是作为辽东屏障的宽甸六堡。六堡是早期李成梁镇守辽东的杰作，是辽东铁骑发家的本钱。只要六堡在明朝手里，辽东大地就有屏障保护，努尔哈赤也冲不出白山黑水，最多只能像杨应龙一样，当几年土皇帝。然而李成梁却在万历三十四年（1606）做出了一个令人瞠目结舌的决定——放弃六堡。数十年辛苦经营就此毁灭，十几万边民流离失所，七百里肥沃的土地，近万匹精良战马，皆落入努尔哈赤之手。李成梁还借此向明朝表功，说自己"招抚流民十万"。此举的直接后果，就是努尔哈赤获得了充足的战马，建立了他的王牌军队：八旗铁骑。长远的后果，就是辽东再无险可守，努尔哈赤夺取辽东，已经一马平川。

努尔哈赤当然不会放过这个机会，万历四十三年（1615）李成梁去世，次年，统一女真的努尔哈赤正式在赫图阿拉建立政权，取国号为"后金"，并自称"天命可汗"。他之所以没有立刻对明朝进攻，是因为他在做另一件重要的事——创建八旗制度。经过两年打造，八旗军制终于定型。万历四十六年（1618）正月，努尔哈赤向明王朝亮出了他隐藏已久的獠牙：今岁，必征大明国。同时，他也抛出了他举世闻名的开战理由：七大恨。

四月，努尔哈赤连续攻破抚顺、清河，掠夺财物无数。并正式致书明朝，要求明朝对他进行册封。明王朝与努尔哈赤的战争开始了。万历四十七年（1619）正月，被努尔哈赤的挑衅激怒的明王朝，在"三大征"结束近二十年后，再次吹响了集结号。以兵部侍郎杨镐为辽东经略，调全国七省精兵十二万人，兵分四路剿灭努尔哈赤。二月十一日，杨镐在辽阳誓师，四路大军分别由杜松、刘綎、马林、李如柏率领，分别从朝鲜、抚顺、开原、清河四个方向发起进攻，意图直捣赫图阿拉，剿灭努尔哈赤。结果，努尔哈赤以六万人以寡击众，采取"凭尔几路来，我就一路去"的战术，集中优势兵力各个击破，仅用五天时间，即彻底击败明军。明朝四路大军里，杜松、刘綎两部全军覆灭，马林部惨遭重创，只以身免。李如柏部仓皇逃回，明军损失士兵四万五千八百多人，阵亡将领三百一十二人。这场近乎耻辱的失败，就是历史上著名的"萨尔浒之战"。当年对明王朝毕恭毕敬的女真部落酋长，拍李成梁马屁"无所不用其极"的小马仔，此时终成辽东枭雄。明王朝再次尝到了养虎遗患的苦果。承平十七年的辽东大地，从此将迎来持续二十五年的兵灾。

东林党"教父"高攀龙

说起明朝末年，哪一个组织最为人才荟萃，答案当然是大名鼎鼎的东林党。如果要开列一份东林党人的精英名单，最有参考价值的，当属明朝天启年间东林党的死对头阉党，为彻底绞杀东林党而制作的《东林点将录》。这份榜单独具特色，将东林党里的人物和古典文学名著《水浒传》里的一百单八将相类比。一个对一个，保证做到身份、性格特点都极为吻合。对照检索下来，可以说物以类聚。

在这份榜单里被类比为及时雨宋江的，就是东林党中的朝廷重臣，曾任内阁首辅的叶向高。被类比为托塔天王晁盖的是东林党最早元老，曾任户部尚书的万历名臣李三才。在创始人顾宪成去世后，这两个人其实就是整个东林党的"党魁"。然而榜单之中，也有一个特殊人物：被类比为入云龙公孙胜的，是天启年间担任光禄寺卿的高攀龙。

一部《水浒传》中，"入云龙公孙胜"是个特殊的人物，特殊到像个仙人。他和吴用一样是梁山泊的智囊，但比起吴用的运筹帷幄，他却更多了翻云覆雨的本事。同样名号里带了个"龙"字，高攀龙不会施仙法，却也同样有几多扭转乾坤的本事。他在东林党群体中的地位，更与公孙胜之于梁山泊极为相似。

难兄难弟办书院

高攀龙，嘉靖四十一年（1562）生人，江苏无锡人，万历十七年（1589）中进士。他出身在一个书香门第，自幼受到良好教育。早在万历十四年（1586）时，他就与同在无锡的东林党创始人顾宪成结交，并受顾宪成影响，潜心研究传统程朱理学。也从此确立了自己恪守信仰，不畏牺牲的刚直原则。科场登第后，高攀龙的仕途并不得意，他先在行人司做了一个小官，很快就介入了万历立太子的"争国本案"，彼时担任内阁首辅的王锡爵，对万历与群臣间的矛盾，采取调和态度。但高攀龙并不理解，在他眼里，对就是对，错就是错，不用谁来和稀泥，刬人看不惯大不了私下骂，高攀龙却上奏弹劾王锡爵。弹劾的结果，就是高攀龙被贬到广东做八品典史，政治生命貌似完了。但一个不入流的芝麻绿豆官，竟敢向百官之首开炮，高攀龙的刚直之名，也因此在仕林中传开。

高攀龙开始名满天下，是在万历三十二年（1604）他卸任归乡，寓居家乡多年后，此时正值老友顾宪成同遭仕途失意，这对难兄难弟合计再三，决定开班讲学。早在他任职广东时，就曾在工作之余四处讲学，但他虽师程朱理学，却不是有气节没能力的书呆子。在任期间，他还四处访查民情，了解时政弊端。也从此形成了他学术上与众不同的特点：重经世致用之学，即重视学问的实用性。回到无锡后，他在无锡新湖边造"水楼"，作为潜心攻读的世外桃源。也正是在这一时期，他提出了"修身齐家治国平天下"的"实用之学"思想，成为后世几代文人的座右铭。万历三十二年（1604），高攀龙与顾宪成联手，在北宋学者杨龟山的讲学旧地重建书院，命名为东林书院。此后从者云集，不但成为学术场所，更成政治活动地。

明末时期的江南，以学风开放自由著称。书院倡导自由辩论，且专好议论时事，顾、高二人以其尖锐的思想，对朝局大胆的抨击，渐为当时知识界所侧目，不但许多学者慕名而来，很多心忧国事的官僚士大夫也纷纷相助。到后来，很多位高权重的名臣，也敬慕于东林的学说，甘心拜入门下。之所以有如此的影响力，也因高、顾二人的分工所致。作为书院的创始人，顾宪成的主要工作是讲学、授课，传播东林书院的思想，以人格魅力召唤志同道合者。高攀龙的工作，却主要在培训青年门徒上，他以"立身做人"为书院求学之本，以道德考评为第一宗旨。他培养的学生，在之后多年里，陆续通过科举等方式进入明朝权力层，成为东林一脉的"潜力股"。如果说名满天下的顾宪成，是东林党草创时代的旗帜，那么甘于寂寞的高攀龙，却是使东林党发展壮大的无名英雄。

高攀龙的身上，有东林党人许多显著的特点，比如性格刚直、宁折不弯、做事不求妥协、有进无退，对个人以及他人的品行道德要求甚高，事事追求完美。但对应他"入云龙公孙胜"的诨号，却能看到他的一个特点。《水浒》里的入云龙公孙胜，常在敌人故布疑阵，妖风大作之时，一眼看透对手虚实，并施法大破敌人。对比之下，高攀龙不懂仙法，在一个本事上，却很有公孙胜的风采——眼光。

眼光卓越救危机

在东林党发展历史上无数个关键阶段，高攀龙的眼光，可以说极其精准。他关键时刻的判断，不但挽救了危机里的东林党，甚至还扭转了危急的朝局。

东林党第一次惨重挫折，是在万历三十九年（1611）的京察中。此时东林党在朝中的力量已非常强大，叶向高位列大学士，李三才是户部尚书，并计划由叶向高推荐入内阁，从而执掌明朝政府大权。但反对东林党的力量同样强大，朝中渐成齐党、浙党、楚党三大党派，联合反对东林党。趁着这一年"京察"的机会，两派势力相互争斗，最终势单力孤的东林党败下阵来。李三才愤然辞官，叶向高职权遭掣肘。这时期，许多由东林书院培养出来的官员已进入权力层，却都是些各部主事之类的不入流小官。貌似大势已去，连东林党创始人顾宪成都感到绝望不已。这以后的几年，东林党人员大减，讲学凋零。最困难的时候，东林书院前来听讲的人数，只有之前的二成。次年，东林党的创建者顾宪成郁郁而终，在这关键时刻，高攀龙虽身在乡野，却挺身而出。他给叶向高致信，要求叶向高尽可能利用职务之便，将东林党的年轻官员安插在刑部、大理寺等司法部门，哪怕只做官职微小的主事。并坚信"此为重振东林之本也"。此举果然骗过了诸多对头。然而三年以后，东林党借"梃击案"，迎来了翻身的机会。一群东林党芝麻官们围着张差问题穷追猛打，一步步抽丝剥茧揭开真相。此事之后，东林党俨然成了保护太子的英雄，一时声威大震。

万历四十八年（1620），万历皇帝在内忧外患中去世，"争国本"的主角太子朱常洛即位，东林党地位也因此提高。但朱常洛即位后纵欲过度，导致身体大坏，又服食"红丸"（壮阳药）中毒毙命，在位仅八个月。局势再度紧张起来。朱常洛之子朱由校即位，次年改年号为"天启"。这期间，朱常洛宠妃李选侍企图挟持朱由校以把持朝政。在东林党直臣杨涟等人的逼迫下，李选侍被迫离开乾清宫，朱由校在东林党的拥立下顺利登基。至此，东林党已俨然成为朱常洛、朱由校父子两代人的登基功臣。顺利即位的天启帝也知恩图报，登基伊始，东林党人分别占据了礼部尚书、吏部尚书、大理寺卿等要职。其后通过分化瓦解的手段，击败了反对派"齐楚浙三党联盟"，东林党"托塔天王"叶向高坐上了内阁首辅的位置，至此执掌了大明朝文官集团的大权。史书上所说的"众正盈朝"，就是这个时期。而高攀龙也正是在此时回到朝廷，担任光禄寺丞。

此时的明王朝，内部矛盾刚刚平静，外战却打得一团糟，努尔哈赤相继攻克了辽阳、沈阳等重镇，兵锋直逼山海关。一旦山海关沦陷，北京恐怕也不保，群臣焦急万分，却苦于无人能御敌。明朝连续派了几人担当辽东经略，有的推辞不干，有的到了就撂挑子，关键时刻，高攀龙保举了一人——内阁大学士孙承宗。他信誓旦旦地对天启帝说，能挽救辽东危局者，唯此人也。事实也正如他所料，孙承宗到任后，整治军备，训练军队，打造出足以与努尔哈赤女真骑兵匹敌的"关宁铁骑"，修筑了女真人从始至终未能攻破的关宁防线。边防形势终于安定下来，东林党也趁此机会，掌握了辽东的兵权（孙承宗也是东林党）。

因举荐孙承宗有功，高攀龙官位节节攀升。到了天启四年（1624），已经官至掌管稽查大权的都察院左都御史。这时期东林党的对手，已经换成了一心要专权的阉党。阉党的首领魏忠贤，虽在宦官中呼风唤雨，但他是凭着与天启帝乳母客氏的关系飞黄腾达的，在百官中并无根基，此时为扩大权力，他正在文官中大肆拉拢同伙。身负监察大权的高攀龙，就成了他的眼中钉。

蛟龙葬水终殉难

疾恶如仇的高攀龙，之前无数次在关键时刻做出了正确判断。但在与魏忠贤的争斗中，他却做出了错误的判断，低估了魏忠贤本人对天启皇帝的影响力，导致东林党覆亡的丧钟，就是高攀龙亲身经历的崔呈秀事件。

这一年，高攀龙查明巡按御史崔呈秀在淮扬巡视时，在当地违反朝廷制度，铺张浪费。这在当时官场本不算大事，但高攀龙看得清楚，他断定崔呈秀"性奸心毒，不早除之，必为魏阉（魏忠贤）帮凶"。但当时东林党与魏忠贤的争斗，却已是白热化。在此之前，高攀龙早就搜罗了魏忠贤大量卖官鬻爵、贪赃枉法的证据，授意御史连篇累牍弹劾。他认定天启皇帝"圣明"，必然会闻听后铲除魏忠贤，却唯独叶向高看得透，他很早就对高攀龙说"此不足以置其死地也"。这时又发生了崔呈秀事件，高攀龙力主严惩，主张将崔呈秀革职流放。却不承想，闻听凶信的崔呈秀狗急跳墙，二话不说立刻投奔了魏忠贤，不但大表忠心，更认魏忠贤为干爹。结果，本想拿崔呈秀杀一儆百整顿吏治的高攀龙，反遭到魏忠贤与崔呈秀的联名告状，反咬他与赵南星沆瀣一气，陷害忠良。结果如叶向高所料，

·东林党"教父"高攀龙·

265

天启皇帝支持了魏忠贤。一心整顿官风的高攀龙，却遭罢官回乡。这以后，开始了魏忠贤大兴冤狱，迫害东林党的过程。借熊廷弼失辽东案和杨涟弹劾魏忠贤案，将东林党多名要员一网打尽。如杨涟、汪文言等东林党精英，在狱中被迫害致死。

东林党垮掉后，已经回家闲住的高攀龙自知不能幸免。崔呈秀果然罗织罪名，一心要置高攀龙于死地。回天无力下，刚直的高攀龙选择了一种最潇洒的方式告别人间：他郑重地沐浴更衣，到东林书院旧址拜祭，在静默沉思中，追忆往昔峥嵘岁月。归家之后，像平日一样谈笑生风，和家人寒暄，然后独自进入内室，平静地写下遗书，然后面向北方，从容地叩拜之后，高高地跃起，跳入后花园池中。号称"入云龙"的他，就这样以蛟龙入水的方式，告别了不平凡的一生。

明朝"花木兰"秦良玉

在中国传统戏曲评书中，"女将风采"素来是一个不朽的亮点。北魏有花木兰从军，隋唐有黑、白夫人战尉迟，北宋有穆桂英挂帅，南宋有梁红玉破敌。诸多巾帼英豪的风采，波澜壮阔的人生，丝毫不逊于沙场须眉，更在代代读者观众中广为流传。但上述故事，或为虚构，或是真实人生基础上的"艺术加工"。但晚明乱世，却实实在在出了一个女英雄，她在国家危亡时挺身赴国难，为挽大厦将倾的明王朝，战斗到生命的最后一刻。她的故事不必虚构，没有艺术加工，却与戏台评书中的各路女中豪杰一样，以其壮怀激烈的人生，冲撞着国人心中恒久的血性——秦良玉。

石柱媳妇初建功

秦良玉，字贞素，重庆忠县人，明末清初最杰出的女军事家。

秦良玉生于明朝万历二年（1574），她的家族是巴蜀地区的大户。秦良玉的父亲秦葵，是明朝的一个贡生。虽是书香门第，却一直有结社习武的传统，秦家的祖训就是"持干戈以卫社稷"。早年他们就在当地集合乡勇，编练民团，几代下来渐成规模。早在嘉靖年间谭纶平定四川叛乱时，秦家乡勇皆有参战，秦葵还曾立有战功。都说女儿类父，秦良玉也不例外。生在这样的家庭，既受儒家忠义思想的熏陶，更受客家尚武精神传承。少年时的秦良玉即展现出文武全才的资质，自小和兄弟们一道学习骑射武艺，练得却比其他几个孩子都好。兵法韬略更是悟性极高，每与父兄纵论带兵之道，常侃侃而谈，挥斥方遒。值得一提的是，身为"千金小姐"的秦良玉，并非想象中的"小家碧玉"。依照现代人对于秦良玉遗留战甲的估算，她的身高在一米八六左右。曾与她并肩作战的明朝四川总督李化龙曾形容秦良玉"剑眉鹿目，姿容秀美，体魄雄壮"。那时候的秦良玉芳龄二十六岁，俨然英姿飒爽的女战将。

英雄配英雄，二十一岁那年，秦良玉与四川石柱宣抚使马千乘喜结连理。这位马宣抚使也大有来头，其祖上正是大名鼎鼎的汉朝伏波将军马援。在明王朝的军事史上，马家石柱精兵，曾有浓墨重彩的一笔。其家族特有的"白杆步兵"，素来是明朝强军。早在明英宗时期的征麓川之战时，面对麓川叛军的大象阵，石家白杆兵就勇担先锋，以血肉之躯冲击叛军象兵，如林长矛，竟杀得敌人大象嗷嗷狂逃。白杆军之骁勇，从此闻名天下。到了马千乘这一代，马家勇士虎威不减，秦良玉带去马家的"陪嫁"是秦家珍藏多年的十八卷历朝兵书。针对这时期战场热兵器地位日重的趋势，秦良玉帮助丈夫更革战法，在保持白杆兵骁勇善战的同时，大量装备火枪武器，形成了白杆长矛与精良火枪协同作战的战法。她更效仿秦家军阵，设立了以四川梆子发布军令的方法，依照梆子声音长短的不同，部队演变不同的战法。秦良玉的到来，令马家白杆军如虎添翼。夫妻俩恩恩爱爱，夫唱妇随，数年苦心经营下，马家白杆军，渐成西南劲旅。

秦良玉的牛刀小试，是在万历二十七年（1599）的播州杨应龙叛乱。彼时杨应龙悍然起兵，攻陷四川重庆、泸州等地，兵逼成都。万急局面下，秦良玉夫妇慨然从征，率三千五百精兵出击。这支奇特的白杆兵，也第一次让来自中原的明军大开眼界：他们手持四川特产白蜡树做成的长矛，枪头上配铁钩，枪尾配铁环，既可捅杀亦可砍杀，更可用铁环做锤重击，他们翻山越岭腿脚敏捷，如在平地上疾驰，战阵之上更凶悍无比，俨然大明朝第一山地战劲旅。秦良玉夫妇出征后连战连捷，将骄横的杨应龙打得稀里哗啦。次年四月，明军转守为攻，进兵至杨应龙的咽喉地带——贵州桑木关。此地易守难攻的地势，让刚刚从抗倭援朝战场上凯旋的明军傻了眼。这次白杆兵又大显神威，他们以白杆枪攀挂城墙，像攀岩运动员一般快速翻墙，一举登上敌城。惊愕的城头叛军们还没缓过神来，接着就成了白杆军的枪下鬼。桑木关一破，杨应龙大势已去，不久之后明军杀入杨应龙老巢，绝望下的杨应龙上吊自杀。

平乱之战，让秦良玉名满天下。明朝四川总督李化龙自掏腰包，打造了一面刻有"女中豪杰"的金牌，赠予秦良玉表敬意。马千乘也获明朝彩缎奖励。这位战场上的铮铮铁汉，其实是个憨厚寡言的人。多年征战明朝给予的赏赐信物，他皆封存入家中，从不轻易拿来示人。平日也绝口不谈往日功劳。但如此人物，未死在沙场之上，却命丧于小人陷害。万历三十七年（1609），石柱当地发现银矿，万历闻讯后，即派宦官邱乘云做税使，来石柱当地收税。没想到邱乘云眼红银矿，竟张口索贿一万两白银，否则就要石柱乡民整族搬迁。刚直的马千乘愤然拒绝。结果邱乘云罗织罪名，诬陷马千乘谋反，竟将马千乘押解回京，三年后死于京城诏狱。逮马千乘时，石柱军民群情激奋，持械与邱乘云的税棍们对峙，但马千乘身正不怕影子歪，命令部下不准轻举妄动，慨然上了囚车，要到京城与邱乘云评理，谁想一去竟然永别。马千乘被拘押的三年里，秦良玉上下奔走营救丈夫，但此时万历皇帝怠政，群臣忙着党争，无人过问这位大明功臣的生死。直到马千乘死讯传来，石柱当地上下悲愤难忍，一时间造反报仇的呼声甚嚣尘上。身负家仇的秦良玉却格外冷静，她耐心劝导乡亲百姓，整顿当地军务，承袭了丈夫的土司一职，很快安定了人心。此后兢兢业业治理地方，未生任何不满之言。

辽东浴血惊天下

马千乘含冤而死八年后，秦良玉及其麾下白杆兵再赴国难。对手，却变成了号称十七世纪世界最强骑兵的劲旅——满洲八旗。

此时已是万历四十八年（1620），努尔哈赤的女真骑兵早已肆虐辽东。明朝先遭萨尔浒之败，接着又因辽东经略袁应泰瞎搞，被努尔哈赤采取反间计，里应外合夺占沈阳。溃烂局面下，明王朝想起了长期遭他们薄待的马家精锐。辽东开战后，秦良玉先命其兄长秦邦平和旁弟秦民屏，率领三千精兵先行赶赴辽东。部队到辽东后还未休息，就被心急火燎的袁应泰派上了战场，他们与从浙江赶来的童仲揆部合兵，不顾鞍马劳顿，一齐驰援沈阳。但他们赶到浑河时，沈阳却已沦陷，这支总数仅有六千人的川浙步兵，一下子与努尔哈赤的六万主力骑兵遭遇。

强敌压境下，川浙精兵在浑河北岸扎营列阵，向兵力占绝对优势的清军"亮剑"。大战打响后，努尔哈赤先派扈卫精骑冲阵，被白杆军击退。随后又以后军大攻，白杆军结阵迎敌，火器齐发，战斗异常惨烈。占优势兵力的八旗军不但毫无进展，反而一上午就损失数千人。相持不下间，努尔哈赤紧急命令沈阳城刚刚投降的明朝炮手，以大炮向白杆兵猛轰，更集中五倍于白杆兵的精骑猛冲。敌众我寡下，白杆兵终于不支，防线被八旗军陆续突破，但顽强的川军们依然死战不退。直到日暮西沉时，除了秦民屏率少数部队突围而出外，两千白杆精兵壮烈殉国。与此同时，和白杆兵并肩战斗的童仲揆部浙军，也血战到最后一刻。全军在寡不敌众、阵线被突破的情况下，抱定必死之心，向八旗军发动了最后一次反冲锋。全军一百多名将领和数千精兵皆慷慨捐躯，这支与白杆兵并肩作战的浙军，就是戚家军最后的骨血。

浑河岸的这场悲壮厮杀，白杆兵与浙军并肩战斗，以众敌寡，此战八旗军伤亡惨重，清朝人魏源称之为"辽左用兵第一血战"。而战法独特的白杆兵，也让尝够了胜利滋味的八旗骑兵，第一次知道了厉害。浑河血战的慷慨壮烈，震撼了明廷上下，秦邦平殉国的噩耗传来后，天启皇帝朱由校称赞此战"凛凛有生气"。又加封秦良玉二品武官。但刚刚经历丧兄之痛的秦良玉，此时更难忍受的，却是明朝正规军对她的排斥。明朝军队派系分化严重，尤其是北方边兵，打仗虽然脓包，窝里斗却一点不差。秦良玉驰援山海关时，就曾遭守关军将刁难，嘲笑他们是"蛮夷军"。浑河血战时，受命支援白杆兵的原带风堡总兵李秉诚，眼见战事激烈，却吓得拨马而逃。事后竟然还在秦良玉面前摆"正规军"的谱，态度极其傲慢。但秦良玉以国事为重，对这些丝毫不计较，继续兢兢业业守护国门。这期间，她还受命平定了四川永宁土司奢崇明的叛乱，稳定了明朝的西南大后方。

白杆兵与八旗铁骑的再次交手，发生在明朝崇祯三年（1630）。此时已是"后金"政权的清军八旗，绕过明朝重兵把守的辽东防线，经河北入寇北京地区。明王朝一时乱了手脚，接到勤王命令后，秦良玉马不停蹄，率五千白杆兵奔赴京城。这时北京周边的救援部队多达二十万，但慑于后金八旗铁骑的兵锋，竟无人敢战，仅在周边观望。秦良玉迎难而上，以五千精兵屯兵宣武门外，与后金精兵对峙。此时的北京局势，已糟得不能再糟。皇太极虽暂时后撤，但北京城外的遵化、永平、滦州、迁安四镇、大明都城，俨然成了八旗军案板上的弱肉，随时想剁就剁。为挽救危局，明朝兵部尚书孙承宗决定发动反击，收复四城，秦良玉再次主动请缨。是年二月，秦良玉和关宁铁骑名将祖大寿密切配合，先攻滦州。白杆兵再次发挥善于攀爬的优点，持白杆枪强登滦州城门，一举奇袭成功。次日，明军又攻迁安，再次攻克。为打退明军，留守四镇的金将阿敏主动出击，企图在遵化与明军决战，结果明军先用炮轰，再以白杆兵正面出击，辽东骑兵两翼包抄，数千八旗铁骑，一下子被白杆军长矛捅成了稀巴烂。阿敏不服，又在永平城下摆开了阵势，又被明军打得稀里哗啦。仅用五天的时间，沦陷的关内四镇全部收复。骄横的八旗铁骑，在付出了惨重伤亡后狼狈逃回关外。在这五天中，秦良玉衣不解甲，屡屡冲锋在前，和八旗铁骑硬碰硬地厮杀。这场被称为"遵永大捷"

的胜利中，她居功至伟。

北京保卫战结束后，立下大功的秦良玉，得到了崇祯极高的礼遇。崇祯在平台召见她，并赠彩带等物。但比起协同作战的辽东军所得的大笔白银抚恤，秦良玉的封赏却可谓刻薄。但忠诚卫国的秦良玉并无怨言。战后，崇祯命她守御川地，防备此时已然兴起的"流贼"张献忠。

保卫西南功业传

秦良玉和张献忠等农民军的血战，开始于崇祯七年（1634）。很长一段时间里，白杆兵都是农民军的噩梦。

从崇祯七年（1634），秦良玉以数千白杆兵解夔州之围，杀退进犯四川的张献忠开始。秦良玉的主要对手，就是此时窜扰中原大地的各路农民军。对于以流动作战为生的农民军来说，物产丰饶的四川，正是他们眼中的肥肉。之后几年里，秦良玉相继击败罗汝才、张献忠等各部侵扰。但好景不长，崇祯十二年（1639），反复无常的张献忠在向明王朝投降两年后，趁明朝忙于辽东战事时再度造反，制订"四正六隅十面网"计划的杨嗣昌统兵南下征讨。这个杨嗣昌是个战略家，四正六隅十面网确为好计，但实施上，他却错漏百出。双方先在荆襄地带鏖战，杨嗣昌起初旗开得胜，将张献忠赶入湖广。此后急于求成的他，一口气将四川精锐全部调到身边，全力搜杀张献忠，去导致四川本地防务空虚。张献忠在捉了几天迷藏后，反而掉转枪口杀奔了夔州。这时的秦良玉，麾下白杆军精兵已有数万人，闻讯后立刻驰援。但四川巡抚邵洁春无能，竟然荒唐地将秦良玉三万部队分成两半，一部分屯驻在夔州城内。结果善打山地战的白杆兵虎落平阳，反而被张献忠趁机包围。对邵洁春的瞎指挥，秦良玉颇有怨言，但素以服从命令为天职的她，还是选择了执行命令。夔州一战，白杆兵失去了地势优势，以三万兵马抵挡张献忠数十万大军，被杀得全军覆没，这也是秦良玉戎马一生里，第一次惨痛的败仗。成都沦陷，导致秦良玉多年苦心经营的白杆精兵，一战几乎尽没。

秦良玉回到石柱家乡，重新整顿兵马，以图恢复。不到几年的时间，一支近万人的新白杆军重新建立起来。然而就在崇祯十七年（1644），李自成攻入北京，明王朝灭亡，崇祯皇帝煤山上吊，结束了苦命的一生。噩耗传来，秦良玉悲痛欲绝，在石柱举行了盛大的葬礼，几次痛哭至昏厥。这时已经占据荆楚大地的张献忠，又再向四川杀来。偏偏南明派来的四川巡抚陈士奇也是个草包，秦良玉苦心绘制四川地图，建议陈士奇派重兵防御入川各隘口，阻止张献忠西进，皆被陈士奇拒绝。这位根本不知兵的大文官偏爱瞎指挥，把全蜀境内的几万大军统统集中在了成都城，满以为大军驻扎在身边，他自己就安全了。结果事与愿违。张献忠率几十万大军一路杀来，在没有遇到任何抵抗的情况下直扑成都。秦良玉闻讯后，立刻亲率麾下一万多白杆兵在夔州阻击。一场恶战之后，秦良玉终于不支退走。之后张献忠乘胜追击，连下成都、重庆各重镇，尽占四川大地。那位瞎指挥的陈巡抚，被张献忠俘虏后骂不绝口，英勇就义，却是很有气节。但明朝的大好西蜀国土，就是在他的荒唐指挥下断送的。一同被断送的，还有秦良玉的一颗救国之心。

慑于秦良玉的威名，张献忠在占有西蜀，甚至建立大西政权后，一直不敢染指秦良玉镇守的石柱地区。他也曾着力拉拢，派人送来了册封秦良玉的印玺，秦良玉愤然拒绝，坚定宣布："石柱有敢从贼者，皆族诛之。"噩耗接踵而来，秦良玉的爱子马祥麟受命镇守湖北，在血战后壮烈殉国，临终前给秦良玉留下遗书："勿以儿安危为念。"秦良玉得知后并未落泪，相反朗声大笑："好，真我好儿也！"之后的南明弘光、隆武、永历各政权，皆曾派人册封秦良玉。值得一提的是，南明隆武政权在 1646 年封秦良玉为"忠贞侯"，她也因此成为中国历史上第一个因战功封侯的女将军。1648 年，这位一生忠于国事的爱国将领，带着未能匡扶社稷的遗憾，闭上了疲劳的眼睛。其孙马万年将祖母葬于龙山。而她所镇守的四川石柱地区，此后一直坚决抵抗外来入侵。无论是张献忠的大西军，还是入关的清军，多次进攻皆不能讨得便宜。直到天下一统后的清朝顺治十六年（1660），在得悉南明永历政权业已灭亡后，其孙马万年才宣布归顺了清王朝。秦良玉的不凡一生，即使是她的敌人清王朝也甚为敬佩。清军占领石柱后，曾为秦良玉举行了盛大的祭奠仪式。清朝康熙、乾隆两朝，还曾由政府出资修建祠堂。而在清朝人编修的《明史》中，她也是唯一一个被列入将相传的女子。不但是明王朝的唯一一个，更是中国历史上的唯一一个。

只手擎天孙承宗

明朝辽东边事旷日持久，从万历朝晚期的 1619 年，一直打到崇祯皇帝煤山上吊的 1644 年。打仗多，走马换将的频率也快。在清朝人编修的《明史》里，对这时期与八旗军交手的诸多将领，清朝的史官皆褒贬不一。却唯独对一个人，却是集体认账的："夫攻不足者守有余，度彼之才，恢复固未易言，令专任之，尤足以甚固封守。"这句赞叹的潜台词是：如果明王朝能够给予他无比的信任，那么清王朝是无法取明朝代之的。

这个人物，就是宁锦防线的缔造者：孙承宗。

临危受命守辽东

明朝嘉靖四十二年（1563），孙承宗出生于河北高阳，这里位于明朝"九边"重镇蓟州。素来是战火纷飞之地，到孙承宗六岁的时候，高阳又被划为练兵基地。明政府在当地招募乡民为兵，训练部队。戚家军的北方车营，好些士兵都来自于此。

这样的环境下，孙承宗自幼就深受军事启蒙。读书之余，更不忘了习武练剑。他体魄健壮，生得"铁面剑眉，须髯戟张"，活脱脱的武士模样。正经功课也没落下，十六岁的时候，就高中了秀才。后来的人生经历，就格外丰富。既在国子监读过书，也在大同巡抚房守正家里做过家庭教师，更曾亲历过一次大同兵变，在巡抚大人都吓得不行的时候，他却挺身而出，一番慷慨陈词，竟然从容化解危难。以上就是四十岁以前，孙承宗的基本人生。去过很多地方，做过很多事情，但绝大多数时间，都和军旅生活，有着不解之缘。

同样是在这期间，他的一项重要品质，日益显露出来：敢于担当。大同兵变的时候，别人躲，他挺身而出。后来的辽东战局，依然是别人躲，他挺身而出。

万历三十二年（1604），四十一岁的孙承宗赴京赶考，一举考取榜眼（全国第二），从此步入大明官场。先做翰林，又做詹事府谕德（太子府老师），深得彼时太子朱常洛的器重，又被安排做其子朱由校的老师。在此期间，与杨涟、左光斗、叶向高等人交好，成为东林党一员。

这期间的孙承宗，人生基本平淡快乐：工作不错，很得朱常洛父子的赏识；人缘也不错，东林党的朋友尤其多；官运也好得很，天启皇帝朱由校登基后，已经升任内阁大学士。但接下来的事情，就注定了他的人生不再平淡：辽东战局日益吃紧，到了天启二年（1622）的时候，明王朝在辽东的屯兵重镇，包括六堡、抚顺、清河、沈阳、辽阳、广宁，全都已丢失。明朝仅有的控制区域，就是作为北京门户的山海关。这种局面下，明朝兵部侍郎王在晋更提出了放弃整个辽东，全数退守山海关的方略。局面极其严峻。

而读到王在晋奏报的孙承宗，不等皇帝开口，就做出了自己的抉择：他要到前线去，以自己对于战争的理解，去面对这场大明朝开国以来最大的国防危机。明朝天启二年（1622），孙承宗以兵部尚书兼东阁大学士的身份督师蓟辽，成为手握辽东重兵的方面大帅。权力重，压力却更重，他面对的对手，就是大清王朝的太祖——努尔哈赤。

在孙承宗到来以前，努尔哈赤这个对手，与明朝交手多次，从著名的萨尔浒战役开始，基本都是怎么打怎么赢，打一次赢一次，俨然是明军无法战胜的克星。

努尔哈赤之所以厉害，首先是他个人的本事，论军事才能，他是明末不世出的军事家，创建的八旗制度，奠定了后金军事的强大。值得一提的是，八旗军的战略战术，更几乎专对着明军火器战法的弱点。当时的明军，火器战术基本沿袭自戚继光、俞大猷等人。但是戚继光等人的火器协同作战，需要以训练和充足后勤为保证，对于后来训练松散的明军，根本不现实。于是原本严整的火器协同作战，就变成了遇到敌人，不管三七二十一，一通火器乱打。这战术对付以劫掠为主的鞑靼骑兵，可能还奏效，但遇到战术纪律强的八旗军队，就完全抓瞎。八旗对付明军火器，招数主要有二：一是用穿铁甲的死兵反复冲锋，消耗明军弹药；二是战车战术，特制坚硬的松木战车为掩体，掩护八旗军冲锋。就这几招屡试不爽，多次击败明军。而且更严重的情况是，到了天启年间，八旗军使用火器的能力，也在不断成熟。早在攻打沈阳之战和浑河之战时，八旗军就已经开始以火器作为辅助手段了。

而更严重的情况，却是明朝自身的倾轧：一是明朝之前的方面大帅，多无能之辈。比如丢掉沈阳的辽东经略袁应泰，因在山东治水有功而名扬官场，但对打仗却一窍不通。努尔哈赤夺沈阳，辽阳之战，就因他部署有误，导致数万明军将士白白牺牲。之后的辽东巡抚王化贞，更是天真到可笑。他妄图通过招降努尔哈赤的孙女婿李永芳，把努尔哈赤一举荡平。反被努尔哈赤搞了反间计，一下丢了广宁。这时期的辽东经略里也不是没有能人，比如在萨尔浒之战后临危受命的熊廷弼。他到任后，采取正面稳守，部署游击队四处骚扰的战略，一度遏制了努尔哈赤的势头。但他是明朝文官集团里的"楚党"，东林党得势后，立刻把他排挤掉，换上了袁应泰。袁应泰兵败自杀后，他再度被启用。可这时候他虽是辽东经略，但掌握辽东军务的，却是东林党成员、辽东巡抚王化贞。然后就是王化贞瞎指挥，导致辽东大半疆土尽落努尔哈赤之手。到了孙承宗接任的时候，已是一片烂摊子。

从头收拾烂摊子

孙承宗到任后，先参考王在晋的方略，去山海关考察。继而就认定，这方略太荒唐：在山海关外的八里铺屯兵驻守，表面可互为掎角，但一旦敌军攻破八里铺，山海关就将不保，努尔哈赤就将长驱直入。发现问题后，孙承宗二话不说，先在山海关当面痛骂了王在晋一顿，接着将他贬出辽东。之后，开始实施他苦心谋划的战略：层层推进。

天启二年（1622）八月，孙承宗以蓟辽督师的身份，督管起山海关、蓟州、辽东、山东登州、莱州各地防务。先裁撤大批残兵败将，从入关难民中选拔精壮，重建一支精兵。经过一年整顿。同时，在山海关以及登州、莱州，也建立了一支强大的水师。次年八月起，孙承宗先命祖大寿重铸宁远城，从宁远推进到锦州，建立了宁远、锦州、山海关三位一体的防线，这就是著名的宁锦防线。在这过程里，孙承宗更提出"以辽人守辽土，以辽土养辽人"的观点，遣散当地的"客兵"，选拔祖大寿、赵率教、满桂等善战将领，组成了一支战斗力强悍的辽东军。值得一提的是，在抵达山海关前，孙承宗从辽东边防的各类奏章中，发现了一封批评王在晋方略的奏疏，阅后大为赞赏。就任辽东后，经过考察，更确认此奏章作者是不世出将才，立刻将他提拔为宁前兵备道。之后很多年，他都是孙承宗整顿辽东的重要助手。这就是后来争议颇多的袁崇焕。

而在孙承宗的战术思想里，有一条也和戚继光等军事家一脉相承—— 以车克骑。

孙承宗的主要思路，是建立以战车作战为主的新式陆军。具体的部署是这样的，以战车承载火器，步兵保护，骑兵两翼冲击，攻防时先以火器攻击，根据敌军的不同距离，分别发射不同性能的火器，持长短冷兵器的步兵配合保卫战车，骑兵保护侧翼，敌人受挫后，迅速发起反击，同时骑兵断掉敌人后路，保证重创敌军。他的军阵采取散兵式的布阵，大的车营由不同的小营组成，根据作战任务的区别，分成不同的"子营"。所谓的"关宁铁骑"，只是这个战斗体系中的一部分。关于车营的战术特色，孙承宗曾著有《车营答扣》，完整论述了车营的作战特点和收复辽东的战略部署。

在孙承宗由山海关东进，逐步拓展领土的过程里，终于和努尔哈赤发生了小规模军事冲突。天启三年（1623）五月，努尔哈赤命大贝勒代善领军，发动了对锦州的试探性攻击，锦州守将马世龙以两千守军据城抵抗。孙承宗闻讯后，立即命令锦州周边的杏山、塔山守军，从后路夹击代善。结果，代善在攻城受挫后，立即遭到明军的偷袭，被迫撤军回师。战后清点损失，被明军斩首六百多人，这场小规模的战斗，却让努尔哈赤见识到了关宁防线的可怕：无论你攻击防线上的哪个点，都会遭到铁壁坚城的抵抗，而一旦你攻击受挫，就很可能陷入明军的全面包围。

在意识到孙承宗的厉害后，努尔哈赤暂时选择了隐忍，只与明军进行小规模的冲突，不再发动大规模的进攻。但孙承宗不但能守，更能渗透。这段时期的辽东，大战没有，小规模战斗天天有，明军常常采取偷袭、屯田、推进的方式，一步步扎下根据地。到天启五年（1625）九月，原本只敢缩在山海关里的明军，已经在山海关外拓地千里，不但拥有宁远、锦州等防御核心，前部更延伸到大凌河地区。

这时期孙承宗最主要的助手，就是后来立下击败努尔哈赤奇功的袁崇焕。在孙承宗身边，袁崇焕先做宁前兵备道，后做宁前道，管理驻军、招抚流民、编练军队等事务，多由他经手办理。对袁崇焕本人，孙承宗更倾注了极大心血，常命他阅读兵书，更时常教授他带兵之道。日常事务中袁崇焕若出纰漏，常招来孙承宗严厉批评。孙承宗另一个寄予希望的人，就是独守皮岛的毛文龙。在孙承宗主持下，明军陆续占领了从皮岛到登州之间的各大海岛，开通了从登州到皮岛的航线，明军的物资补给可以源源不断地送到。孙承宗还向天启皇帝请旨，给予毛文龙尚方宝剑并赐一品都督，并多次告诫毛文龙"勿轻动，皮岛稳固，即汝大功"。通过水陆两面稳固辽东防御的战略布局，至此也彻底成型。

从孙承宗到任的天启二年（1622），一直到天启五年（1625），是辽东战事的一段"和平期"。除了努尔哈赤早期的试探进攻外，千人以上规模的战斗很少发生。却也是明朝辽东控制区域的扩大期，明军的控制范围，从山海关一路向东渗透，坚城雨后春笋般拔地而起。努尔哈赤的眼前，渐立起一面冲不破的铁壁。当然努尔哈赤不会甘心，在明朝扩展过程里，努尔哈赤也不断地派遣精锐骑兵，分成小队，对明朝的屯垦驻军展开攻击。小规模的战斗几乎每天都在发生，双方互有胜负，经常今天明军扎下营盘，第二天就被后金端了，第三天又被明军打回来。双方在广阔的辽东大地上，展开犬牙交错的争夺战。但争夺战的结果，却是步步为营的明军，领土一寸一寸地渗透着。而多次与后金的小规模战斗，更让明军经受了实战的演练，在野战里击败八旗军的信心就是从此开始。

前线进展顺利，孙承宗的后院却起火了。天启四年（1624），在与魏忠贤阉党的争斗中逐渐失势的东林党，决定发起殊死一击。是年六月，左副都御史杨涟上书弹劾魏忠贤大罪，东林党官员纷纷响应，掀起了轰轰烈烈的"倒魏"运动。但雷声大雨点小，信任魏忠贤的天启皇帝却并不采纳。"倒魏"风潮过后，是年十月，魏忠贤反戈一击，以"结党谋逆"为名大肆捕杀东林党人。东林党身份的高官叶向高、赵南星等人纷纷罢官，杨涟、左光斗、魏大中等人下狱迫害致死。在扫清了朝堂障碍后，雄踞辽东的孙承宗，也就成了魏忠贤的下一个眼中钉。但孙承宗不同于其他人，同为东林党，他深受天启皇帝信任，更手握重兵。对孙承宗，魏忠贤起初并不想与他为敌，反而极力拉拢。东林党遭清洗后，他曾派亲信太监纪用去辽东"劳军"，私下送给孙承宗两万白银，被孙承宗原封不动退回，这下惹恼了魏忠贤。魏忠贤先指使言官弹劾，天启皇帝不听，又在天启皇帝面前诬陷孙承宗谋反，天启皇帝也不纳。其实在这场斗争期间，也有东林党人提出由孙承宗率兵入京，"清君侧"诛杀魏忠贤。孙承宗拒绝这个建议，决定面见天启皇帝，揭发魏忠贤罪恶。但魏忠贤一面利用自己的身份，阻挠孙承宗觐见，又在京城暗下埋伏，企图趁孙承宗进京时将他逮捕。洞悉魏忠贤诡计的孙承宗，在行至北京半路后毅然返程。之后东林党彻底倒台，势单力孤的孙承宗也无法支撑。

天启五年（1625）九月，孙承宗的亲信部将马世龙在进抵柳河时，遭到后金骑兵伏击受挫。这场小规模的战斗，却招来了魏忠贤的亲信言官铺天盖地的谩骂。魏忠贤更借此叫嚣着要治孙承宗"贪战失地"之罪，并指使户部扣下了本应发放到辽东的二十四万两饷银。在无力挽救朝局的情形下，孙承宗只好选择"保身"。此事之后，他主动提出了辞呈。天启皇帝虽然信用魏忠贤，但对孙承宗也同样关心。尽管孙承宗的辞职得到批准，但天启皇帝警告魏忠贤"若吾师有不测，即治汝之罪"。是年十月，孙承宗平安退休归乡。在这场血雨腥风的政治风暴里，他是东林党人中少有的全身而退者。

得意门生袁崇焕

孙承宗的去职，却成就了他一直悉心培养的袁崇焕。

孙承宗离开后，继任者是兵部侍郎高第。后世史书说他是魏忠贤的爪牙，其实他不过是个胆小怕事的好好先生。比如魏忠贤要他接孙承宗的班，竟吓得他当场拼命磕头，鼻涕眼泪淌了一地。到任辽东后，高第更加胆小怕事。天启五年（1625）十一月，高第下令，山海关以东明军所有的据点都要放弃，当地的部队百姓尽数撤回关内。短短几月，明军浴血奋战打下的国土几乎全部丢失。山海关外围，仅留下孤城宁远以及镇守在当地拒绝从命的宁前道袁崇焕。

这样"送大礼"的行为，努尔哈赤当然笑纳。天启六年（1626）正月，努尔哈赤率领六万大军发动进攻，兵不血刃地把宁远以东孙承宗打下的所有国土以及明军仓皇撤退时留下的几十万石军粮全数笑纳。然而这却成了他覆灭的前奏。是年一月二十三日，努尔哈赤发动了对宁远的猛攻，在外无援兵，兄弟部队尽撤，孤立无助的情况下，袁崇焕率领一万军民决死抵抗。在三天的浴血奋战里，兵力处于劣势的明军数次挫败努尔哈赤的进攻，消灭后金军数千人，并最终凭借火炮，成功击伤了努尔哈赤。一月二十六日，身受重伤的努尔哈赤下令撤军。宁远之战以明军完胜而告终。"八旗不可战胜"的神话就此结束。八月一日，怒火攻心的努尔哈赤含恨而死，留下遗言："小小的宁远城竟攻不下来，这是命啊。"

宁远大捷后，袁崇焕一战成名，一跃成为主持辽东防务的辽东巡抚。他继续了孙承宗的工作，恢复了被高第抛弃掉的国土，重建了宁远—锦州—山海关三位一体防线。天启七年（1627）五月六日，继努尔哈赤后成为后金大汗的皇太极，率七万大军发动了对辽东的全面进攻。明军先凭锦州坚城挫败后金攻势，五月三十日，在宁远城下，袁崇焕亲自率军，和后金军破天荒地打了场野战。以战车、步兵、骑兵协同作战为方式的明军，将之前野战无敌的八旗军杀得头破血流，仅一天会战，八旗军就伤亡五千多人。战败的皇太极又攻锦州，再次遭到重创。六月五日，打了一堆败仗的皇太极仓皇撤军。二十九天的连番大战，后金累计伤亡一万多人。战后天启皇帝在诏书里大赞："十年之积弱，今日一旦挫其狂锋。"这场被历史上称为"宁锦大捷"的胜仗，让明朝上下欣喜若狂。连魏忠贤的侄孙（时年四岁）都因此赐封爵位。指挥此战的袁崇焕，更因此被看作大明第一将星。但寻根究底，却可以说是孙承宗栽树，袁崇焕乘凉。

但"乘凉"的袁崇焕，在之前就任辽东巡抚后，却做了一件看似微不足道的错事。恢复孙承宗的关宁防线时，他抛弃了孙承宗早年占领的大凌河城。这座孙承宗曾苦心经营的要塞，在皇太极发动进攻时被八旗军拆毁。而谁都没有想到，四年之后，这座坚城将成为孙承宗戎马生涯的终点。

宁锦之战胜利后，后金大受重创，暂时停止了对明朝的攻势。失去了利用价值的袁崇焕，也随即被魏忠贤扫地出门。落了和孙承宗一样罢官回乡的命运。随后就任蓟辽总督的，是当年被孙承宗赶走的阎鸣泰。他在辽东做得最多的，就是给魏忠贤修了一大堆"生祠"。好在关宁防线稳固，后金又在休养生息，暂时无大战事。

天启七年（1627）八月，天启皇帝朱由校病故。其弟朱由检即位，次年改年号为崇祯。登基后的崇祯果断除掉了魏忠贤，将这位把持朝政多年的宦官流放，并在流放路上逼他自杀。之后就是拨乱反正，被魏忠贤迫害致死的东林党尽数平反，被罢官者大多复职。而辽东战事，也成为这位力图振作的新君最关注的环节。魏忠贤垮台后，归养在家的孙承宗写下《三十五忠诗》，悼念被魏忠贤迫害致死的东林党同僚，并表达了重新为国效力的愿望。当时得到启用的东林党官员，比如大学士韩旷等人，都极力主张启用孙承宗。但不巧的是，此时担任兵部尚书的，正是早年在山海关被孙承宗痛骂的王在晋，正好趁机下药。王在晋先翻出孙承宗柳河小败的老账，又指使亲信言官弹劾孙承宗，尤其缺德的是，王在晋指责孙承宗在天启年间意欲率兵入京，说这是"挟兵震主""居心叵测"。一句"意欲"，断送了孙承宗的报国梦。结果，孙承宗不得不上书为自己申辩，而担负守土之责的蓟辽督师一职。崇祯却选择了孙承宗最为看中的袁崇焕。之所以置孙承宗而不用，当然不仅因王在晋的污蔑，毕竟孙承宗是两代帝师，这样一个资历深厚且手握重兵的重臣，是任何皇帝都会忌惮的，素来刚愎自用的崇祯尤其是。

再度出山的袁崇焕，很想"青出于蓝"。他先在面见崇祯的时候夸口，说要"五年复辽"，引得崇祯大为高兴。就任之后，除了整顿兵马，加强防务外的好事外，他却偏偏开始"拆孙承宗的台"。先是向崇祯请旨，撤销孙承宗原本设在登州、莱州两地的巡抚官职，将当地事权统归他本人调度。这两地巡抚原本的职责，在于主管对辽东诸海岛的海上航线以及管制诸岛屿，一经撤掉，明朝在辽东的各岛屿顿失依托，陷入孤军作战。另一件"拆台"的事，就是杀掉了镇守皮岛的毛文龙。毛文龙多年孤守皮岛，虽然有贪污等问题，但确不该死。毛文龙一死，皮岛防务名存实亡，无法再起到对皇太极的掣肘作用。

"拆台"的报应，在明朝崇祯二年（1629）就到了。是年十月，皇太极绕开关宁防线，从蒙古草原大迂回，出人意料地攻破明朝河北边镇。到十月底，已进抵到距离北京仅二百公里的遵化。明王朝上下大惊。闻讯后的袁崇焕慌忙回兵援救，先在遵化与皇太极接触，却被击败。随后皇太极乘胜进兵，连克永平、迁安、滦州等城池。眼看要兵临北京城下。盛怒的崇祯先追究责任，杀掉了原兵部尚书王洽，接着下令孙承宗起复，担任兵部尚书兼东阁大学士。挽救危局的重任，再次落到孙承宗身上。

虽然崇祯此举实在"临时拉垫背"，但孙承宗毫无怨言，受命后立刻赶到通州主持防务。这时候明朝虽然有二十万援军，但大多是战斗力低下的内地军队，无力与八旗军抗衡。唯一能指望的，就是火速驰援的袁崇焕。面对危局，孙承宗果断判定，皇太极在占领遵永四城后，会绕开蓟州直扑北京。因此他急命袁崇焕率军在京郊的三河一带布防，阻止皇太极南下。但是他亲手培养出来的袁崇焕，这次已不买他的账了。孙承宗的调令他不听，反而自作主张跟在皇太极部队后面，企图在皇太极抵京后，利用北京坚城来重创对手。结果，没有遭到任何抵抗的皇太极长驱南下，与袁崇焕在京城下对峙。而临危受命的孙承宗，却成了光杆司令。

自以为超越了老师的袁崇焕，此后也付出遭到了代价。十一月二十日开始，袁崇焕率军与皇太极在京城下交战，在广渠门、左安门两度重创皇太极。岌岌可危的局势总算稳定下来。但十二月一日，恼火袁崇焕自作主张的崇祯，突然逮捕袁崇焕下狱，跟随袁崇焕前来驰爱的猛将祖大寿愤愤不平，竟带着辽东军回去了。京城防务再度危急。关键时刻，作为老上级的孙承宗挺身而出了。他先是恩威并施劝说祖大寿，让这位平日骄横的猛将乖乖低头，主动向崇祯请罪，顺从地把军队带回来。接着又集合了另一位爱将马世龙的兵力。在孙承宗的主持下，人心惶惶的明军再次众志成城。十二月十七日，皇太极集合所部八万兵马攻击永定门，发动了最强的一轮攻势。明军列阵城下，殊死抵抗，在付出了沉重代价后再次击退皇太极。师老兵疲的皇太极终于泄气了。但警报并未解除：老谋深算的皇太极只是撤出京城外围，北京北面的四处重镇——遵化、永平、滦州、迁安，依然掌握在他手里，由其二哥阿敏镇守。这是皇太极插入明朝境内的一颗毒牙，不拔掉，北京城就是皇太极案板上的弱肉。

孙承宗开始"拔牙"了。在经过精心准备后，崇祯三年（1630）五月，以自己打造出的车营以及川军秦良玉部为主力，孙承宗发动了收复四城的大战。众志成城的明军以摧枯拉朽之势，仅用两天时间就打下滦州和迁安。五月十二日，明军与阿敏部在遵化大战，明军先以火炮猛轰，再以重兵冲锋，孙承宗车营协同作战的优势发挥得淋漓尽致。阿敏仅支撑了一上午就仓皇而逃。次日，明军再克永平，已被杀得闻风丧胆的阿敏仓皇逃窜。但逃也没逃利索，孙承宗早命马世龙在后金军逃路上设伏，一番截杀再次重创对手。至此，沦陷的四镇全部收复，北京的危急局势，在孙承宗的努力下终于转危为安。

力挽狂澜的孙承宗，在遵永之战胜利后，个人声望达到了最高点。此战三个月后，崇祯将袁崇焕判死刑，在北京被凌迟处死。孙承宗再次接任了蓟辽总督的职务。但比起当年天启皇帝对孙承宗的信任，甚至比起崇祯早期对袁崇焕的言听计从，此时孙承宗的处境都是大大不如从前：孙承宗的手里，昔日的辽东猛将黑云龙、赵率教、满桂等人在北京保卫战中战死，收复遵永四城的功臣马世龙在战后病逝，孙承宗亲手打造的十二万辽东车营精兵，战后有近五万人被抽调，或移防蓟州、宣府地区，或调至镇压农民军的前线。这些被抽调的部队，皆是昔日辽东最精锐部队。缺兵少将还不算，在任命孙承宗为蓟辽总督的同时，崇祯又任命邱禾嘉为辽东巡抚。也正是这个任命，让孙承宗重复了他的前任熊廷弼曾有过的遭遇——经抚不和。

痛彻心扉大凌河

说起最后一位和孙承宗搭档的巡抚——邱禾嘉。在崇祯登基初期，他只是兵部一个六品主事，因上书分析兵事，得到了崇祯的赏识。孙承宗收复遵永四城时，他身先士卒立功颇多。也因功升为辽东巡抚。但观他就任辽东巡抚后的表现，却只能归结成两个字——捣乱。

崇祯四年（1631）正月，孙承宗到达辽东。然后，开始了长达七个月的考察。考察的目的只有一个：当后金王朝已经开始采用绕开山海关，过境蒙古袭扰中原的新战略时，明王朝应当怎样应对？孙承宗的态度是：明朝辽东防线必须再进一步，占领一个足够威胁后金首府盛京的地盘。使后金不敢再轻举妄动。孙承宗最终确定了目的地——大凌河。

在遏制后金的战略问题上，邱禾嘉总体上和孙承宗看法类似，也同意将地盘前推。但在具体地点上，两人发生了分歧。邱禾嘉的主张是推进到广宁、右屯、义州三城。邱禾嘉的观点着实荒唐：广宁城距离海边有一百八十里，距离辽河一百六十里，远离关宁防线，水陆补给非常困难。义州比广宁还远还偏僻。如果要在这两个城池站住脚，就必须先扎根义州。但作为当年被袁崇焕放弃的重镇，义州原有的城墙早被拆尽。而且这三个城池距离后金的主力部队太近，一旦遭到攻打，主力部队根本鞭长莫及。更何况同时修筑三城，力量必然分散。孙承宗的主张，是先修筑大凌河城，该城距离锦州仅四十里，和周边的杏山、松山等明朝控制区域遥相呼应。更直指后金的腹地，威慑后金的老巢盛京。一旦明军站住脚，就可以对后金形成直接威胁。依明朝辽东军力的实际情况，这是一个相对稳妥的战略。

但目光短浅的邱禾嘉看不到这个，偏偏此人性情恃才傲物，不但和孙承宗意见相左，更蔑视祖大寿这些他眼里的"大老粗"武将。到任没多久，就和辽东诸将关系闹得很僵。但他确有"背景"，崇祯对他很赏识，在他就任前曾嘱咐他可与孙承宗"各行其事"。明朝的官度下，总督虽职权大于巡抚，但俩职务的职权是相对独立的。总督对巡抚只能"协调"，却无权直接发号施令。碰上关系不好的，就会相互拆台。筑城的分歧发生后，双方争执不下。因袁崇焕事件，崇祯开始对地方督抚的权力非常制约，这时候的孙承宗，既无天启时候的临机专断权，又受邱禾嘉这样自以为是的巡抚掣肘。无奈下，只好向朝廷请示。对孙、邱二人的不同意见，明王朝几经讨论，毕竟孙承宗德高望重，还是同意了他的主张。崇祯四年（1631）五月，大凌河筑城工程正式开始。

孙承宗深知这次行动，远难于当年筑城宁远。因此花了大心血，明朝命祖大寿、何可纲二将率四千精兵先行进占，调一万四千工匠奉命修筑，又派遣秦良玉麾下的一万川军前往护卫。七月中旬，工程正式开始。但就在这关键时刻，邱禾嘉捣乱了，他自作主张，私自从大凌河抽走了一半工匠，前往修筑他一直主张的右屯卫，大凌河的工程进度一下子被拖下来。孙承宗上奏弹劾，明朝却置之不理，两人的"对台戏"唱了没几天，朝里又横生枝节。八月，原本支持孙承宗的兵部尚书梁廷栋因得罪崇祯被罢官，崇祯居然迁怒于孙承宗，急忙下诏叫停所有筑城工程。负责护卫工程的上万川军精兵被调至蓟州，大凌河当地仅留下万余兵士和一万石粮草。眼见工期被人为地一拖再拖，孙承宗主张暂停筑城，将士兵撤回。因为此时的大凌河城防只筑了一半，又无强兵保护，一旦皇太极重兵来犯，局面将异常危险。邱禾嘉这次却又犯了倔劲，崇祯同意修的时候，他玩命捣乱，现在不让修了，却又非要修下去。北京保卫战后崇祯规定，辽东地区部队调度，必须要有总督巡抚二人共同手令，邱禾嘉不同意，兵当然调不回来。皇太极却来了。八月初，洞悉明军意图的皇太极集合八旗精兵以及蒙古科尔沁等部落，共合兵八万多人，兵分两路，一路插入锦州与大凌河之间，断绝明军外围，一路直扑大凌河——包围。

八月二日，皇太极进抵大凌河，比起以往的惨烈攻坚战，这次皇太极使出围城打援的方法。在大凌河四面挖壕修寨，将城池围得水泄不通，同时在周边部署重兵，迎击明朝援军。此时负责大凌河防卫的，正是辽东猛将祖大寿、何可纲，见皇太极压城，他们毫不慌张，立刻组织防御。此时的大凌河城，除了祖、何二将带来的一万多士兵外，就只有没有作战经验的工匠，局势万分危急。但消息传来后，明朝方面却反应迟钝。崇祯虽然严令孙、邱二督抚不惜一切代价救援，但又严令无兵部命令，关内驻军不得擅动。孙承宗要调蓟州等地明军增援，结果根本调不动，接着朝中就有人主张改弃大凌河。辽东方面，虽然此时辽东驻军尚有数万，但各有防区，能够第一时间投入使用的机动部队，只有吴襄部的三万人，却多是毫无战斗经验的新兵。

在此危局下，孙承宗和邱禾嘉偏偏又生分歧。深知大凌河重要性的孙承宗主张不惜一切代价，集中辽东精锐出兵援救，里应外合打垮皇太极。但先前壮志满怀的邱禾嘉，这时候却又给吓破了胆。他主张辽东驻军不可轻动，最好由关内来的援军进行救援。还是那个问题，没有巡抚和总督二人命令，辽东驻军根本无法调动，说不服邱禾嘉，也就救不了大凌河。孙承宗几经力争，到八月十日，邱禾嘉才象征性地同意派遣五百人。六天以后，又派出两千人。十天以后，又派出六千人。这点兵力自然救不了大凌河，反而是驱羊羔入虎口。其实在这段时间里，后金军主力主要用于清除大凌河外围的防御工事，祖大寿在大凌河的抵抗也甚为剧烈，不但多次击退后金军的进攻，更组织了几次反扑，险些突围成功。部署在锦州至大凌河道路上打援的后金军只有两万多人，正是救援的最好时期。但在邱禾嘉缩头乌龟式的战术下，战机就这样白白丧失了。

孙承宗并不甘心，说服不了邱禾嘉，那就另想办法。经过多方奔走，明王朝终于从关内调兵了。九月二十四日，由监军兵备道张春率领的三万多援军抵达锦州。而此时的大凌河早已弹尽粮绝。一万石粮食全部吃光，部下伤亡过半，周围的堡垒工事皆被后金占领，祖大寿率领残部，甚至到了把筑城工匠杀掉吃人肉的地步。更重要的是，眼见大凌河只剩最后一口气，皇太极放心地把大部围城部队调出，部署在明朝援军必经的长山口。这时后金用来等待迎击明军的部队，已有六万人之多。以张春的部队人数，解围是很难的。

而张春的军队，本身质量就参差不齐。张春是孙承宗的老部下了，在北京保卫战中，他是孙承宗的得力助手。援救大凌河时，已是六十五岁高龄。此人有才能，但麾下的部队，却五花八门。既有孙承宗亲手调教出的辽东车营，也有河北、河南、山东各地的地方军队。孙承宗又命吴襄从辽东当地部队里选出七千精壮随行，却也是"矬子拔将军"。孙承宗本欲亲自带兵，但张春主动请缨，声称"督帅身负辽东重任，不可轻动"。孙承宗纳其言，行前更反复叮嘱，若遇后金军主力，不可盲目冲击，必须以车阵逼之，伺机反击。九月二十七日黎明，张春率军进至大凌河外围的长山口，皇太极已亲率六万多精兵等候多时，决定大凌河会战命运的长山口之战，打响了。

人数劣势，战斗力参差不齐，这样的战斗当然不能硬拼。好在张春也是沙场老将，临阵部署得当。他立刻排出了孙承宗部擅长的"车阵"：中军以战车火器构成防御体系，步兵列阵阻击，两翼分别部署了吴襄和宋伟的骑兵。皇太极也出手用猛招，亲率精锐冲击张春中军，并拿出了他刚刚组建的火炮部队，三十万火炮齐轰明军。战事异常惨烈，后金军先以他们惯用的"死兵"冲击，被明军打退。接着以骑兵施放弓弩，明军也猛烈以枪炮还击，史载"弓矢如雨，炮声震天"。这些从内地二线部队抽来的明军，战斗意志异常顽强，皇太极的中军冲锋连连碰壁。他的近臣绰和诺被明军打死，侄儿富喀禅受重伤，攻打明军左翼的恩哥德尔更惨，不但进攻未果，更被明将宋伟发动反突击。打到最惨烈时，恩哥德尔部竟纷纷后撤（战后被皇太极集体处罚）。这时皇太极的处境是危险的：后金军野战里最擅长的是速决战，一旦久攻不下，就很容易被对手反击得手。之前宁锦会战的失败就是如此。

但意外在这时候发生了，负责明军右翼防御的是总兵吴襄，他率领的是几千从辽东蒙古部落招募的新兵，战斗力本就不强。与他对垒的后金军佟图赖部，却是皇太极麾下精锐，几次冲锋之后，明军虽打退敌人，但吴襄惧意渐成。比起后来他闹出大动静的儿子吴三桂来，吴襄的军事才能只能说一般。偏在这时，一小股冲锋中被打散的后金骑兵，竟稀里糊涂闯到了吴襄的面前。吴襄误以为其军阵已破，立刻拨马狂逃。把整个大军扔在原处。明军的右翼立刻被突破了。左翼杀得性起的宋伟是吴襄的老同事，见吴襄逃命，自己也不甘落后，倒比吴襄强点，带着麾下部队一道脚底抹油。长山口战场，张春的中军一下子陷入皇太极的合围中。绝境之下，张春决死一搏，使出了最后一招——火攻。明军立刻收缩阵线，四周战车环列，排成三角阵型，外围推出上百辆小型战车——油柜车（明朝的"火焰喷射器"）。张春一声令下，各战车喷出剧烈的火舌，前仆后继冲锋的后金骑兵立刻陷入一片火海。眼看着反扑有望，突然战场狂风大作，剧烈的北风朝着明军的战阵扑来，火势立刻转向，反而烧死大批明军士兵。倒霉如此，明军依旧死战，张春命大军继续收缩，集中所有的火器弹药，准备再向后金军打一场反冲锋。明军攻势还没打响，却突然天降大雨，倾盆的雨水将明朝军阵淋了个透心凉，先前猛烈发射的枪炮全成了烧火棍。于是，这场艰难的战事已无法扭转了。后金军乘机全线突入，在战事的最后阶段 张春命部将率军先撤，自己亲领残兵阻击。在手刃了数名金兵之后，终因伤重被俘。是役，明军伤亡两万多人，张春及其麾下三十三名将领被俘。血战到最后的张春被俘后宁死不屈，皇太极敬佩他的才华气节，一直未杀他，只将他囚禁在盛京三官庙。之后十年，他身处囚笼，一直"着汉服""拒剃发"。崇祯十四年（1641），闻听松锦大战，明朝全军覆没的败讯后，深感希望破灭的他愤然自尽。死前留诗"苦节傲冰霜，至大而至刚"，以明自己身在敌国，却气节不改的心志。

高阳殉难，英名流传

长山口之战的失败，标志着孙承宗援救大凌河的最后希望破灭。到十月份，祖大寿决定投降，先杀死了拒绝投降的副将何可纲，接着十月二十八日，祖大寿整军投降，所部的数万军民和精良火器皆落入皇太极之手。对这位辽东名将的投诚，皇太极非常高兴，当场赏赐大批财物，祖大寿趁机献计，愿作为内应进入锦州，帮皇太极拿下锦州城。皇太极欣然允诺。但他到达锦州后立刻翻脸，反而在锦州整顿军马，对后金军严阵以待。值得一提的是，祖大寿虽然忠诚，但他的儿子（有说养子）祖可法却诚心归顺，后来成了皇太极身边的重要谋士。

但真正命运被逆转的，却是祖大寿的老上级孙承宗。修筑大凌河一事，战前就争议颇多，外加此时的兵部尚书梁廷栋早已被罢官，败报传来后，言官们弹劾孙承宗的奏章立刻连篇累牍。心力憔悴的孙承宗再难支撑了。他无奈地再次辞官而去。大凌河，这场孙承宗戎马生涯里最大的"滑铁卢"，却实在是明王朝命运的一个关口：如果大凌河不失，不但宁锦防线多一道屏障，更可威胁后金腹地。这样，皇太极就很难不顾一切地劳师袭远，重兵绕道袭击。在之后的历史中，皇太极多次绕道入塞，大肆烧杀。正在镇压农民起义的明王朝，长期陷入内外交困的境地。

孙承宗本人，也最终承受了这个结果：崇祯十一年（1638），已改国号为"清"的皇太极，命其弟多尔衮率军故伎重演，从河北入寇中原。河北各边镇沦陷无数，其中就有孙承宗的家乡高阳。已经退休归家的孙承宗，率领全家十八口人上城抵抗，就凭高阳县这些毫无作战经验的乡民，竟与多尔衮的精兵足足死磕了一天，直到次日城池才陷落。为这一个小县，清军竟付出了一千多人的伤亡代价。城破后，孙承宗的儿子、孙子十八人举家殉国，孙承宗本人拒绝投降，慨然自尽身亡，享年七十六岁。令人叹息的是，噩耗传开后，虽然举国悲痛，但崇祯只是轻描淡写地命"复故官，予祭葬"。直到明朝灭亡后的 1645 年，才由南明弘光帝给予追封谥号。如此对待这位功勋卓著的统帅，可谓刻薄到寒心。

李自成的十次生死时刻

老话说得好：大难不死，必有后福。放在明末农民起义领袖李自成身上，这是句实话。

虽说明朝最终被清朝取代，但直接灭亡明朝政权的，却是这位与明王朝周旋了十五年的晚明枭雄。在波澜壮阔的明末农民大起义中，他因生计所迫投奔农民军，从底层士兵做起，转投无数农民军势力后，成为一方枭雄。而后几经起落，历经数战，越挫越勇。最终挥师东进占领北京，逼得崇祯皇帝煤山上吊，亲手终结了统治中国二百七十六年的大明王朝。明王朝历史的末段，他是终结者。

这位终结者的战斗经历，并不是一帆风顺。甚至可以说，在大多数时期，他都属于完全的劣势。有无数次机会，明王朝可以一举将他完全"剿灭"，但死亡的命运，却一次次与他擦肩而过。这些他人生的"大难"中，有幸运，也有明王朝自己错失机会。一次次机会的错失，最终让明王朝尝到了"天与不取，反受其咎"的代价——亡国。

且去看看，李自成——这位明王朝的掘墓人，究竟经历了哪些生死危难，又是怎样越挫越勇。

两记昏招造乱局

说起明末农民起义的大爆发，以及屡"剿"不平，现代的史料多把原因归结到明末吏治腐败、政府财用匮乏以及天灾横行催化内部矛盾上。而其实，明朝农民大起义的越演越烈，其实却有两个看似微不足道的因素。

第一个微不足道的因素，发生在崇祯元年（1628）秋天。因财政紧张，新登基的崇祯皇帝取消了对北部的蒙古部落的赏赐。一个月之后，蒙古草原发生了严重灾害，北方各蒙古部落请求明朝援助，也被明朝拒绝。这时期的明朝国库空虚，财政花销当然能省则省。这次的结果，是省下了该年赏赐蒙古部落的白银二十万两。但这时候花在蒙古部落身上的钱，是万万省不得的：皇太极即位早期，与之相邻的大部分蒙古部落一直站在明朝一边，尤其是"黄金家族"末代可汗林丹汗在位时，虽早期曾与明朝发生战争，但因为努尔哈赤这个共同敌人的崛起，双方很快联合。明朝从天启年间起就与林丹汗互市，赏赐大量白银。而在崇祯之前大多数与努尔哈赤的战争里，蒙古部落都曾出兵助战。努尔哈赤死后，即位的皇太极开始了对蒙古草原的渗透，尤其是宁锦之战败北后，随即将矛头对准了林丹汗为主的蒙古各部。到崇祯登基时，双方互有胜负。明朝北部的蓟州、大同、宣化、陕西、宁夏等地也暂时平静，战火仅局限于辽东一地。但崇祯的一刀切，却造成了"多米诺骨牌效应"。原本是明朝北部屏障的林丹汗随即与明朝反目，在是年就悍然发兵侵扰山西地区，双方兵戎相见。失去明朝援助的他，也更难抵挡后金咄咄逼人的攻势，最终在败退青海后被杀。他的败亡，导致蒙古部落成为一盘散沙，无力对抗皇太极的侵入。喀尔喀、科尔沁、察哈尔等蒙古部落相继归附。就连早年被明朝封为"顺义王"的河套蒙古各部落，也最终倒向了后金一边。明朝在之后对蒙古灾荒的置之不理，更给了后金以经济援助加通婚笼络蒙古部落的机会。不到两年的时间，明朝蓟州、宣化北面的蒙古部落，尽成皇太极的势力范围。绕道蒙古侵扰中原，已经是一马平川。所以，才有了崇祯在位十七年间，每到"剿灭"农民军的战役打到关键时，即有皇太极破关南下的情景。本局于辽东一地的明清战争，最终演变成战火蔓延整个明朝北方的全面战争，大量的人力物力被牵制。若无此事，明朝平定农民起义，恐怕会容易得多。二十万两白银，换来了明朝两线作战的困局和北方的战火满天。

第二个因素，即是后人提及较多的，崇祯二年（1629）四月，刑部给事中刘懋上奏，要求清理驿站。此意本来没错，明朝晚期的驿站，早已经机构臃肿，且滋生腐败，成为国家沉重的财政负担。刘懋的对策很简单，就是裁撤，富余的官员罢官，多余的驿夫驿卒遣返回乡。当时的兵部侍郎申用懋深谋远虑，认为一次性裁撤风险太大，应当以六年为期逐步进行，且不能一裁了之，对被裁的官员驿夫，要发足遣散费用，其中精壮的驿卒，更可挑选编入各地驻军之中。这个方法可谓老成谋国，但心急的崇祯不听，觉得刘懋的建议简单实用，然后贯彻实行。这次明朝效率很高，用一年时间遣散八万多驿卒，节省白银六十八万两。其中的一个驿卒，就是银川驿站的李自成。六十八万两白银，换来了大明王朝的终结者。

明王朝的农民起义，直接因素是天灾。在明朝天启七年（1627），山东就曾爆发白莲教起义。到了崇祯元年，陕西爆发大旱，引发了大批农民暴动。最早的领导人，却多是当地地主士绅。原因很简单：灾荒缺粮，饥民们开始哄抢当地地主，地主们为保身，索性挑动农民去哄抢官府。为了避祸，这些领导人也多取绰号，比如"滚地龙""满天星"之类的诨名。其中发生最早、影响最大的，是崇祯元年（1628）陕西谷城的王喜胤起义和陕西宜川的王左贵起义，这两股势力在当时都各有数万人，麾下成员也多"明星阵容"。比如王喜胤手下的偏将，是后来的"闯王"高迎祥；大营门口站岗的哨兵，其中一个就是后来的"大西皇帝"张献忠。王左贵麾下的一个士兵，就是李自成。

李自成是在崇祯三年（1630）投奔农民军的。在此之前，他却刚与死神擦肩而过。驿站被裁撤后，李自成回到家乡陕西米脂，因生活困难，欠下了当地士绅艾举人的债务。官司打到县衙后，李自成被官府"披重枷游街示众"。此时正值酷夏，重刑在身且水米未尽的李自成险些被"将置至死"。幸亏亲友相救，结伙和衙差们群殴，这才逃到外地。几个月后，李自成潜回家乡杀死艾举人，为避祸又逃到甘肃投军。起初事业发展得不错，在甘肃张掖驻军王国部被提为把总。但此时明朝财政困难，军队多被欠饷。崇祯二年（1629）十二月，为领饷银问题，李自成遭王国责打，索性领着士兵发动兵变，杀死王国后扬长而去，投奔到陕西农民军王左贵部，开始了他的"造反"生涯。

临阵犹豫再铸错

对于西北农民的造反，崇祯犯了在辽东问题上的相同错误。因为各类政策的失当，导致原本局限于一地的战争，演变成蔓延全国的战火。

在崇祯元年陕西动乱初起时，在如何对待的问题上，明王朝就意见不一。起初地方官为逃避责任，对造反真相大力隐瞒。总幻想着来年天灾过了，农民自然偃旗息鼓。但天灾却年年持续。到崇祯三年（1630），陕西已经大乱四起，主要的农民军势力达十多股，总数三十多万人。这时候的明王朝刚刚经历过北京保卫战，京城周围正满目疮痍，自然不愿再启战端，所以"主抚"派占据上风。一直主张招抚农民军的御史杨鹤被任命为陕西三边总督，赶赴陕西平乱。

杨鹤是个好官，在崇祯元年（1628）动乱初起时，他就提出"元气"说，认为老百姓是国家元气，不能轻易杀戮。之前在官场上，他也"有清明"，是腐败官场上难得的廉洁人物。可应对这样的事件，仅廉洁明显不够。杨鹤很认真，对农民军采取宽容政策，禁止官军任意杀戮；而且也很勇敢，多次不顾危险单独进入农民军大营，晓之以理动之以情劝说；更铁面无私，杀掉了陕西当地一批颇有民愤的官员。忙活到崇祯四年（1631）初，陕西境内十多路农民军尽数接受招抚，共招降农民军十多万人，看似成绩不错，但多表面文章。杨鹤的方式，基本是"求人投降"，只要对方肯投诚，什么条件都答应，甚至允诺农民军可以保留军队武装，留在原地驻扎。这样的做法，显然治标不治本。要招抚，就要给钱，崇祯先后拨给杨鹤十五万两白银，看似不少，但分摊到每个农民军手里，也不过半两白银。何况，各路农民军虽接受招安，但实力并未受损。一旦杨鹤的钱花完，大灾又不停，重新造反是迟早的。到崇祯四年八月，各路反军纷纷撕毁合约，再扯反旗。明朝的十五万两白银打了水漂，杨鹤本人被充军流放。

招抚不行，就"剿灭"。这时候的主角，变成了洪承畴。

洪承畴，字彦演，福建南安人。杨鹤招抚陕西的时候，他是陕西参议，对杨鹤的招抚主张，他向来坚决反对。战事重起后，陕西当地大溃，官员纷纷逃命。洪承畴非但不跑，反而自己临时招募了一支千人民兵团，奔赴平乱前线。他的第一仗是在陕西韩城，击溃了攻打韩城的王左贵部，李自成此时正是王左贵部的前锋将军。这一仗王左贵败得很惨，其部队几乎被打散。李自成也因此与王左贵走散，之后一段时间，他只是陕西当地的一股散兵游勇。却也因祸得福。被洪承畴追得走投无路的王左贵，在是年年底向洪承畴投降。但洪承畴不是杨鹤，接受王左贵投降后没几天就翻脸，派兵偷袭王左贵，王左贵本人及身边部将皆被杀死，如果李自成还在王左贵麾下，恐怕也难逃这场灭顶之灾。

王左贵覆灭之后，洪承畴得到重用。不到半年的时间，就成了陕西三边总督。这时期他的主要精力，放在王喜胤和神一魁这两股最大势力上。崇祯四年（1631）十月起，洪承畴开始全力"围剿"王喜胤。这时他手里最大的王牌，就是担任延绥副总兵的曹文诏。曹文诏是孙承宗的旧部，手中还有孙承宗练兵的骨血——1000名战斗力强悍的辽东骑兵。仅用两个月时间，曹文诏就在甘肃河曲击毙了王喜胤。这时候的李自成，正在王喜胤部将王自用麾下效力。又经过了三个月时间，另一股陕西最大农民军势力神一魁也全军覆没。在这期间，李自成追随王自用，从曹文诏的追杀里逃脱出来，流窜到陕西、山西的交界地带。这时候陆续集结到此处的，有二十多万各路农民军败兵。明王朝镇压农民起义的第一个拐点已经出现：此时洪承畴和曹文诏已平定陕西大部，如果与陕西交界的山西、河南两省可以配合作战，封锁农民军进入的要道。这场声势浩大的农民起义，就会戛然而止。

在这个关键时刻，崇祯五年（1632）十一月，王自用主持农民军各头领开会，列席会议的李自成，从此开始有了自己的名号——闯将！他成为这次会议的三十六位头目之一，与他一道列席的，还有著名的"闯王"高迎祥，"八大王"罗汝才。会议商谈的结果，就是王自用被推举为首领，二十万农民军兵分五路，进入山西。这时担任山西巡抚的是许鼎臣，在此之前，洪承畴已经上奏，要求山西务必守住关口，即使不能阻挡农民军，也要尽可能地拖住，他在后面夹击，必可大获全胜。许鼎臣也很积极，张口向崇祯要兵，明王朝一口气调来了贺人龙、李卑、艾万年三位总兵，都是能征善战的勇将。可偏偏许鼎臣无能，他最大的毛病就是朝令夕改。今天命部队驻甲地，第二天想想不对，又没来由地驻乙地，还没等他部署好，各路农民军就长驱直入了。结果，本是陕西一省的暴乱，至此变成了中原大乱。虽然之后明朝调曹文诏入山西，一度重创农民军，但农民起义在中原的燎原之势，已经不可阻挡。

李自成在进入山西后，也迎来了他命运的又一转折。他的老上级王自用在崇祯六年（1633）病故了，麾下的两万兵马尽被李自成接管，但刚接管了没两天，曹文诏进入山西，各路农民军皆遭惨败。幸运的是，这时候曹文诏主要针对的是农民军中实力最强的紫金梁部，曹文诏一直把紫金梁追到河北。而这时的李自成，却与张献忠、高迎祥等人合伙南下，进入了河南境内。此时的他又是高迎祥麾下的干将了。河南的军事行动进展得很顺利，农民军连战连捷，一直转战到河南武安。但就在武安当地，他们遭到明将左良玉部阻击。迟滞了数日后，却发现已身陷包围圈中——这是曹文诏精心设计的包围圈，武安四周，会集了包括山西总兵曹文诏、京营总兵王扑在内的十万明军，封死了农民军突围的所有出路。包围圈内几乎云集了高迎祥、张献忠、罗汝才、李自成等所有明末农民起义的精英，毕其功于一役的机会，似乎就在眼前。

但就在农民军要发动总攻前，设计这个包围圈的曹文诏却被调走了，职务从山西总兵平级调动成大同总兵。原因是曹文诏与河南御史刘令誉不睦，被回京述职的刘令誉告了黑状，罪名是"养寇自重"。即把曹文诏现在故意示弱诱引农民军武安会师的方略，说成是"养寇"，这正犯了崇祯的忌讳。曹文诏被调到暂无战事的大同边镇，刚到任没三个月，就赶上皇太极绕道大同进犯，曹文诏仅凭手中两千多兵马，与皇太极八万精兵血战十五天，硬是保住了大同重镇，迫使皇太极撤退。崇祯却非抓住他失去边地县城的小错，非但不奖赏，反命他"戴罪立功"。而更要命的是，曹文诏精心设计的河南包围圈计划也破产了，曹文诏走后，明军失去了最能征善战的将领，参与包围的各路部队谁都不敢出头冲锋。与农民军干耗到冬天后，代理曹文诏指挥的京营总兵王扑，在收受农民军贿赂后，中了农民军的"诈降"计，在包围圈上让出一条口子，满以为农民军会出来投降。结果十多万农民军趁机突围成功。这次的后果更严重：各路农民军突围后化整为零，分别去了不同的省份，山西、陕西、河南、湖广皆蔓延战火。中原大乱，从此开始。

李自成去的地方是陕西，他跟随高迎祥打了几个胜仗后，接着遇到了主持陕西、山西、河南、湖广、四川五省军务的"五省总督"陈奇瑜。比起曹文诏的猛打猛冲，陈奇瑜的战略是"追而小打"。从崇祯七年（1634）二月起，陈奇瑜和农民军发生了二十三场战斗，全是小规模厮杀，打完了立刻收手，只尾随其后追击，追击的结果，就是迫使农民军再次进入了一个陷阱——陕西车厢峡。这是陕西南部长五十里的一个山谷，两面群山环绕，通道极其狭窄，且只有南北两个出口，早被明军封死。高迎祥、李自成的八万农民军，就这样再次进入了死地。

但这次农民军再次使出老办法——诈降 + 行贿。被困十几天后，农民军开始请求投降，深知这套把戏的陈奇瑜起先不肯，但农民军又贿赂他身边的将领，陈奇瑜虽是清官，却架不住身边属下的连番劝说。加上此时明军兵力确实不足，就准许了农民军投降。撤出了对峡谷南口的封锁，结果，农民军在出谷后再次发动反击。重创了陈奇瑜之后，再次进入河南地界。

闯王覆灭，闯将接班

车厢峡突围后，李自成的实力大为膨胀。他成为高迎祥麾下的实力派人物，手中拥有了数万军队。这一年恰是河南大旱，大批饥民加入农民军，河南当地的农民军总数一下破了四十万。但河南是中原腹地，正好方便明军围困。崇祯立刻调集了十万大军，从东南西北四个方向齐向河南压来，再次施行铁壁合围战略。

在明军的连续打击下，各路农民军损失惨重。到了崇祯八年（1635）五月，各路农民军被集体压制在河南洛阳地区。严峻形势下，农民军齐集河南荥阳商议对策，在大多数主张撤出河南北进，甚至有人提出投降的时候，李自成却独具眼光地提出新战略：从明军包围的缝隙里冲出去，南下明朝的中都凤阳。这个疯狂的建议一出口，就几乎遭到集体反对。支持他的人只有两个，一个是他的老上级高迎祥，另一个是他的老战友张献忠。结果，当其他各路农民军或北逃山西，或东进湖广时，高迎祥、李自成、张献忠三人合兵，一举攻克凤阳，不但将当地劫掠一空，更刨了朱元璋的祖坟，烧了朱元璋曾寄居的皇觉寺。明王朝皇室，也成了中国历史上唯一一个还没灭亡，就被人挖了祖坟的皇室。

如此奇耻大辱，崇祯当然愤怒。愤怒之后，就想起了之前被他"戴罪"的曹文诏。刨完朱元璋祖坟的李自成，早在明朝大军到来前挥师北进，又窜进了陕西境内，在他背后紧紧追赶的，就是之前无数次陷他入死地的曹文诏。李自成一路北上狂奔，从陕西宁州一直跑到真宁，曹文诏死追不放，为了夺"剿灭"李自成头功，他竟然抛下大部队，仅带麾下三千精锐追赶。结果正中李自成下怀，李自成以三万兵马在真宁伏击，在付出六千多人的伤亡代价后，终于全歼曹文诏部三千精锐。全军覆没的曹文诏在李自成的包围下挥剑自刎，这位将军先打努尔哈赤，又打皇太极，再打李自成。戎马半生间，这是他唯一的一场败仗，却要了他的命。

击毙曹文诏，是李自成军事生涯的一场辉煌杰作。但此时的农民起义，正是低潮期。与李自成分兵后在湖广活动的高迎祥，遇到了此时明朝另一位名帅——主持江北、河南、湖广、四川、山东五省军务的又一个"五省总督"卢象昇。卢象昇手里有一支他亲手训练的，战斗力足够和此时满清八旗相媲美的王牌军——天雄军。"刨祖坟"事件后，卢象昇先在郧阳击败高迎祥，之后连战十余次，相继给高迎祥、张献忠歼灭性打击。到了崇祯八年（1635）的汝阳之战，卢象昇在总兵力只有对手十分之一，且断水断粮的绝境下，再度击破高迎祥。从崇祯八年五月到十一月，他在六个月里先后斩杀高迎祥部三万多人，作为农民军中最强一支的高迎祥几乎被打残了。同时，在荥阳大会后进入山西、陕西、湖广地区的其他各路农民军，也大部被明朝歼灭。整个中原地区主要的农民军势力，就剩下高迎祥、张献忠、李自成三支。

到了次年，即崇祯九年（1636），农民军的处境更是雪上加霜。先是高迎祥继续战败，在滁州与七顶山连续被卢象昇重创，残存的十万人几乎被打光。接着李自成的部下高杰叛变，投降了陕西总督洪承畴。接着与洪承畴合兵，斩杀李自成部上万人。幸好这时，皇太极再次入寇山西。因为曹文诏已经战死，所以在抵抗皇太极的人选上，崇祯圈定了卢象昇。这样做的结果，就是高迎祥成功地从湖广地区逃脱，开始了他最后的努力——北上与李自成会合。但这时候的明王朝，又为他准备了一个新的圈套。是年七月，高迎祥从汉中入陕西，遭到了陕西巡抚孙传庭的阻击。受挫后的高迎祥企图从子午谷入境，却正中了孙传庭的埋伏。七月二十日，全军覆没的高迎祥被俘，随后被明王朝处死。这场农民军巨大的挫折，却让同时在陕西苦苦等候高迎祥的李自成"上位"。他被高迎祥的部下拥立，继承了高迎祥"闯王"的称号，也收编了高迎祥的残部。从这时候起，他成为明末农民起义的第一领袖。

四正六隅十面网，说来容易做来难

"上位"的李自成，首先遇到了一个他一直没有谋面的对手——杨嗣昌。

杨嗣昌是崇祯三年招抚陕西失败的杨鹤的儿子。他的缺点很多，比如心胸狭窄、嫉贤妒能，功勋卓著的明朝大帅卢象昇就是被他害死的。擒杀高迎祥的孙专庭，因忍受不了他的诬陷，竟气到耳朵失聪。但这人有一个优点——战略眼光卓越。他看出了先前明朝绞杀农民军的最大漏洞：各省政令不通，不能协调一致，作战各自为战，且私心甚重，多保存实力。所以他针对性地提出一个新战略：四正六隅十面网。这个战略的主要部署，就是把全国划分成统一战区，各省协调一致行动，各负其责统一指挥，且责任落实到人。因这个战略，农民军"流动作战"的难度，从此难上加难。

从崇祯十年（1637）明朝实行"四正六隅十面网"的战略后，李自成就成了最大受害者。他这时期多在陕西、山西两省活动，利用两省之间步调不一致的问题屡屡见缝插针，牵着明朝鼻子走。但实行"四正六隅十面网"后，这一招就失效了。两省协同作战，配合默契，屡屡堵住李自成的逃路。农民军打游击可以，摆开阵势的"正战"，却不是官军的对手了。屡遭重创的李自成拼死冲出合围，又杀进了四川，试图攻克成都，又被明朝击退。退兵的过程里，被名将曹变蛟、祖大弼等人一路追杀，直追五十里，又把李自成赶回了陕西。李自成还没喘口气，陕西的孙传庭又杀了上来。四面围堵之下，李自成决定南下，准备再去河南发展。但这一步战略，早在明军的预料之中。是年十二月，在入河南必经之路的陕西潼关南原，李自成陷入了孙传庭、洪承畴等各路人马的夹击。明军这次动用血本，布置了三万精兵，铺天盖地压上来，誓要活捉李自成，战斗从早晨打到晚上，李自成终于趁明军麻痹，率部冲了出来。之后藏进了陕西、河南交界的商洛山中。先前他的几十万大军，此时只剩下了包括他在内的十八人。就在同时期，一直在湖广地区与明朝周旋的张献忠，也在伤亡惨重下选择投降。其数千残兵被安置在了谷城。一度轰轰烈烈的明末农民大起义，这时彻底转入了低潮。

在李自成兵败后，孙传庭本希望包围商洛山，重兵搜索李自成，但这时北方边警又起，他麾下的精锐部队，多被东调拱卫京城。而在第二年抗击皇太极南侵的战斗中，他因得罪杨嗣昌，甚至一度遭下狱。对于投降的张献忠，之前他曾屡降屡叛，显然是不可靠的。明王朝本有官员上奏，要求在张献忠投降后把他除掉，但是招抚张献忠的湖广总督熊文灿力保，才让张献忠逃过了一劫。李自成、张献忠这两颗微弱的火种，就这样保留了下来。再次燃烧时，就必然让明王朝追悔莫及。

结果，仅仅过了一年多，趁明王朝主力部队集中辽东的机会，崇祯十二年（1639）五月，反复无常的张献忠再次造反。是年九月，杨嗣昌亲自统兵镇压。这位提出"四正六隅十面网"的战略家，实战能力却近乎低能。被张献忠牵着鼻子走了几个月，最后兵败自杀。次年五月，明王朝辽东再遭皇太极入侵。明朝由洪承畴领军十三万，与皇太极在锦州、松山地区展开了长达一年的厮杀。在战事已获主动权的情况下，却因崇祯的瞎指挥，强令洪承畴盲目进兵，最终功亏一篑，反被清军打得全军覆没，明军伤亡五万多人，几乎报销了所有精锐军队。也是在这一年，河南发生百年不遇的旱灾，李自成乘势而起，很快聚集了数万军队。他与张献忠遥相呼应，先取湖北孝感、汉阳，继而挥师北上，于次年正月占领洛阳，杀了"争国本"案的反派角色——福王朱常洵。继而两攻开封，最后通过掘开黄河大坝引黄河水的方式，将开封彻底毁掉。这时候的明王朝，精兵良将多在两线作战中耗尽，唯一能与李自成抗衡的，就是刚从牢狱里放出来的孙传庭。崇祯十六年（1643）夏，孙传庭在崇祯皇帝的几次催促下，率领新招募的十几万兵马出潼关与李自成决战。他本来看得很清楚，李自成虽然生猛，但只要明军守住潼关，阻止李自成入陕西，明王朝就可留有翻身的机会。但急功近利的崇祯再次断掉了这个机会，如他瞎指挥洪承畴打松锦一样，这次又瞎指挥孙传庭。君命难违下，孙传庭被迫出兵。这些从没上过战场的新兵，在野战里哪里是李自成麾下虎狼之师的对手。到十月份，孙传庭败绩连连，在渭南之战全军覆没后，他以自尽的方式壮烈殉国。至此，李自成推翻大明王朝，已经再无障碍。次年正月初一，李自成在长安建立大顺政权，继而挥师北进，明王朝再也无法抵挡。三月十八日，李自成兵不血刃占领北京，崇祯皇帝上吊自尽。受够了十七年两线作战之苦的明王朝，最终灭亡了。

腐化堕落，闯王不长

大难不死的李自成，得到了做皇帝的"后福"，但这个后福是短暂的。自以为打下北京就夺取天下的李自成，在进京后立刻"放了羊"。他的部队四处掠夺民财，农民军纪律日益败坏，将领迅速腐化。此时南明政权尤在，北方清廷虎视眈眈，李自成却天真地以为，打下了北京就天下太平。作为一个开国的皇帝，从始至终，他除了破坏，就是劫掠。而一个能开创王朝的英雄，首先应是一个建设者，这一条上，无论是李自成还是张献忠都不够格。不够格的李自成，当然也不会把此时已然镇守山海关的吴三桂当回事，最后吴三桂勾结清兵入关，在山海关重创李自成，随后一路追杀，李自成这个皇帝只做了四十二天，就提前下课了。败出北京的李自成，接着又丢西安，溃逃到湖北九宫山一带，1645 年正月十二日，他竟在当地民团的袭击下殒命。多少次大风大浪里逃生，却最终在小河沟里翻了船。

舜水先生渡东洋

虽然在正史记录中，崇祯十七年（1644）三月，李自成攻破北京，崇祯皇帝煤山殉国。而后清兵南下，李自成覆灭，也就意味着国祚二百七十六年的大明王朝，已经黯然谢幕。

但是在同时代诸多明朝人眼中，大明王朝只是遭受一次重创，生命远未终止：北京沦陷，只是中央政府歇菜。全国大部分地区，特别是经济繁荣的东南地区，依然在明王朝治下。各地更有诸多皇室藩王，陪都南京更有完备的中央机构，此外各地效忠于明王朝的军队，数目更多达百万以上。抖擞精神收拾旧山河，再造社稷指日可待。

这就好比一台精密的机器，虽说主控系统报废，但是备用系统极其完备，能源马力也充足。只要操作得当，必然全速开动。

所以这一年，崇祯皇帝三月殉难，五月份新政府就启动：福王朱由崧在南京正式登基即位，宣告次年年号为"弘光"。大明王朝持续三十九年的沉重尾声：南明王朝时代。至此拉开大幕。

南明王朝多短命

但南明王朝一开始，就麻烦极大：崇祯皇帝殉难时，没有派太子南下，小太子朱慈焕先被李自成俘获，而后在戡乱中失踪（康熙四十七年被清政府捕获杀害）。如此一来，群龙无首。

而按照《皇明祖训》的法统，福三朱由崧，本该是最合法的继承人。但明末党争成风，传染病似的传到了南明，大臣们拉帮结派，各执一词。朱由崧虽然在凤阳总督马士英等人的拥戴下顺利登基，但内部非但不消停，反而闹得更凶。

真干点正事的，还是史可法。作为兵部尚书，早早就制订了防御计划：长江以北划分了四大军镇，由刘泽清、黄得功、高杰、刘良佐四大总兵坐镇，外加武昌军阀左良玉，组成铁壁防线，阻遏清军南下。

但真正做起来，完全乱了套：首先江北四镇，大多是跋扈军头，基本不听调度。朝廷方面，有拥立大功的马士英与兵部尚书史可法，也是互相挤兑，最后把史可法挤兑去了扬州。武昌左良玉，崇祯年间就是名将，也是出了名的会算计，打农民军的时候，就常出工不出力。南明建立后，此人更野心膨胀，到了弘光元年（1645）三月，竟然打出"清君侧"旗号，悍然举兵东进，要端了南明政权老窝。

这一闹的后果，极其严重。虽说左良玉很快兵败，自己病死军中。但已经料理了李自成的清王朝，紧跟着大举南下。一盘散沙的弘光政权，顿时稀里哗啦。忠心抗敌的高杰一招不慎，被身边叛徒杀害。刘泽清和刘良佐先后叛变投降。继而扬州沦陷，史可法壮烈殉难。左良玉的儿子左梦庚，也摇身一变投敌。五月十五日，清军兵不血刃占领南京，弘光皇帝朱由崧出逃，钱谦益等重臣投降。二天以后，由黄得功保护逃亡芜湖的朱由崧，终被清军追到，黄得功力战殉国，朱由崧被俘，后被逮至北京杀害。南明的第一个小朝廷：弘光王朝，就这样迅速败亡。

值得一说的还有马士英，之前虽说和东林党掐得欢，但大难临头，别人不是跑就是投降，他却不屈不挠，一直藏身民间，坚持组织抗清战争。直到两年后才被清军俘获，壮烈就义。

弘光政权败亡后，南明的抗争，却并未停止。各省的志士们纷纷拥戴藩王，组建新政权，继续抗清大业。但新问题又来了：原先朱由崧，登基总算符合法统。但从此以后，有皇室身份的，就能出山，法统全乱套。

更大的问题是，被拥戴成皇帝的藩王们，手里大多没实权。基本都是当地名士甚至军阀拥戴。朝廷内部的人物们，更是各怀心思，鱼龙混杂。忠心为国的有，浑水摸鱼想捞好处的，却是更多。始终力量拧不到一起，一旦清军压境，几乎就是鸟兽散。

这样的后果，就是诸多小朝廷昙花一现：鲁王朱以海以监国身份，在浙江主持大局，六年后被灭。唐王朱聿键在福州称帝，建立隆武政权，却被海盗出身的郑芝龙挟持，两年后清军攻打福建，郑芝龙火线叛变，朱聿键逃亡未果，被清军俘获后绝食自尽。他弟弟朱聿𨮁在广州组建邵武政权，才四十一天就被清军平灭，满朝君臣自尽殉国。

这样一来，自从南明王朝开始后，抗清的政权，立一个被灭一个。国土更相继沦陷，从华东到华南，各省相继沦入清王朝之手。

永历政权最给力

而真正给予清王朝重重一击，且抗争最为顽强的，给天下明室忠臣希望的，却是永历政权。

隆武皇帝殉国后，是年（1646）十一月十八日，桂王朱由榔在广东肇庆登基，创建永历王朝。登基才一个多月，就被清军打出广东。被迫到广西栖身。但借着此时各地风起云涌的抗清风暴，永历政权团结各路抗清力量，包括李自成和张献忠农民军的余部，甚至还策反了清军中李成栋和金声桓等部队，终于站住了脚跟。其实力最强大的时候，甚至控制了云南、贵州、广西、广东、湖南、四川、江西七省。与清王朝分庭抗礼，成为大明王朝最后一面猎猎飘扬的旗帜。

尤其扬眉吐气的是，在张献忠义子孙可望和李定国归附后，永历王朝的军事实力，更是完美升级。一改早期被清军打得乱跑的丢人形象，反而焕然一新，常把清军打得满地爬。特别是李定国，苦心训练一支三万人的虎师，在桂林和衡阳两场血战中，先后将清王朝精锐孔有德部与尼堪部打得全军覆没。尤其是永历六年（1652）衡阳一战，更是横挑强敌，力挫清朝敬谨亲王尼堪统帅的八旗劲旅，击毙骄横的尼堪，一举粉碎八旗"满万不可敌"的神话。当时情景，大捷之下，漫山遍野，明军将士群情激奋，齐声高唱《满江红》。捷报传开，天下更几乎沸腾，好多退居山野的明朝遗民，更纷纷起事，抗清形势大好。

而在东南沿海方面，永历政权更取得大突破。虽然郑芝龙变节了，但他儿子郑成功忠心明室，在厦门誓师抗清，奉永历王朝为正朔，实力同样迅速壮大，更练就了一支堪称东亚最强悍的海军。多次在沿海发动军事行动，重创清军，就这样东南西南两线，好比两只拳头来回招呼，打得清军应接不暇。

可惜好景不长，战场节节胜利，永历政权内部却出了问题：永历十年（1656）权臣孙可望野心膨胀，竟悍然发动叛乱。虽说在李定国的主持下迅速平定。但后果极其严重：孙可望兵败后降清，将永历政权虚实和盘托出。永历政权经过这场内战，更是实力大衰。而此后主持政局的李定国，虽然忠心耿耿，但政治水平一般，处理不了内部复杂关系。结果两年后清军进攻，永历政权终于崩盘：四川云南各省先后沦陷，李定国不屈不挠，在磨盘山设伏，再度重创清军，打得清军伤亡惨重，伏尸二十多里。但明军同样死伤惨重，大局更是难挽。永历皇帝一行人退居缅甸，大明山河，全数沦陷。

就在大厦将倾之时，坐镇东南的永历政权延平郡王郑成功，发动了最后一次强硬的逆袭：永历十二年（1658），趁清王朝精锐云集西南之机，郑成功愤然以十七万大军，数百艘战舰的规模，与活动于浙东的抗清名将，永历王朝兵部侍郎张煌言联合，水陆并进，攻打南京。在遭遇了飓风袭击等考验后，到第二年四月，郑成功势如破竹，连续在定海、瓜洲、镇江等战役中，接连给清军毁灭性打击。尤其是镇江野战，一场硬碰硬的陆战较量，号称风驰电掣的四千八旗骑兵，竟被打得只剩下一百来人。张煌言也高歌猛进，陆续收复芜湖等地。到是年七月，郑成功重兵压境南京，光复东南半壁，遥遥在望。

眼看形势大好，在东南艰苦抗战十多年的郑成功，更是热血满怀：七月十二日，郑成功命令全军白衣白甲，在战船上举行盛大仪式，隆重祭奠大明太祖朱元璋：当时长江一线，明军炮口林立，战旗招展，十多万大军哭声震天。郑成功更豪情大发，当场挥剑赋诗：试看天堑投鞭渡，不信中原不姓朱。场景十分震撼。

然而豪情之下，郑成功头脑发热。南京守将管效忠假装投诚，一番花言巧语，竟然骗过了郑成功，在战局最有利的时刻，反而放弃了大好攻城机会。就等着对方献城投降。结果战机稍纵即逝，清军趁机调兵遣将，给郑成功来了个反包围：七月二十二日清军反扑，从观音山后发动突袭，猝不及防的郑成功顿时大溃，被清军一路追杀。也幸亏明军作战素质高，重围之下浴血突围，终于在清军沿江的铁壁合围中，杀开了一条血路，顺利退兵厦门。然而伤亡极其惨重。这支啸傲东南十多年的抗清力量，至此已无法与清廷争锋。而南明王朝最后一次翻盘的机会，也因此无情错失。

这以后的永历王朝，局面再也无法挽救。避居缅甸的永历皇帝朱由榔一家，最终被缅甸国王出卖，落入了清王朝手中。永历十六年（1662），清朝平西王吴三桂在昆明将朱由榔一家二十五人处死。南明最后一位帝王，就此殉难。

但南明的历史，着实生命力顽强：败退厦门的郑成功，仍然奉着永历的旗号，虽然光复无望，却依然矢志不渝。永历十五年（1661）四月，郑成功挥师东进，收复被荷兰殖民者霸占三十九年的台湾岛，并在此继续建立抗清根据地。自此之后，继续奉永历王朝为正朔的台湾郑氏家族，对内恩养明朝皇室，厉兵秣马，对外则纵横东海，顽强抗清。更重要的意义是：台湾岛也正从此开始，广泛推广大陆儒学文教，同时郑氏家族拓展海路，开辟海上丝绸之路，在十七世纪大航海时代里，留下浓墨重彩的一笔。

但无论怎样，随着郑成功攻打南京的失败，南明最后一次光复的机会，已然不复存在。诸多追随南明王朝的仁人志士们，也相继做出了他们的选择，有人如顾炎武般，终生不仕清廷，也有人如李定国般，在永历王朝覆灭后，依然转战于边境，最终留下叮嘱：宁可死在荒郊野外，也不可投降。说罢，这位几乎赢得了每一场对清王朝战争胜利，却难挽大局的铁血战将，就此溘然长逝。他的数千部下，也因此一直繁衍生息于缅甸阿瓦河东，直到今天。

而比起诸多明朝遗民们，在大势已去的情况下所做出的沉默抗争，郑成功军中的一位幕僚文士，也终于长叹一声，随后搭船出海，踏上离乡背井的路途。然而或许连他自己都没想到：自此之后，尽管他的复国之梦，始终宛如泡影，然而他杰出的思想成就与孜孜不倦的传道，却仿佛飘飞的蒲公英种子，在东洋日本开花结果，甚至深远影响了这个民族的未来。这个人，便是号称明末清初五大学者的思想家——舜水先生朱之瑜。

实学才俊初长成

朱之瑜，字鲁屿，号舜水，万历二十八年（1600），出生于浙江余姚一个名门望族。

作为一个读书人，这样的身世，真可谓生逢其时。

明朝万历年间，是中国古代史上一段著名的思想自由时代。儒家学派纵横，新思想层出不穷，且高度对外开放。不但西方文艺复兴时代的科技成果大量传入中国，传统的封建礼教更遭到强烈冲击，普通百姓的生活观念、道德传统，都发生了颠覆改变。市民文化蓬勃繁兴，城市商业发达，民间奢靡风气日盛，连妇女离婚改嫁，都一度成了寻常现象。士大夫更热衷享乐，文化成就更如雨后春笋，从小说"三言二拍"到戏曲"临川四梦"，成果极其璀璨。

而知识阶层的理念，更发生翻天巨变，出现了多种新型学术流派，且民间知识分子参与政事的热情，更是空前高涨。地方上的生员学士们，话语权都越发大，甚至常为民请命。诸多士林名流，不但热衷传道讲学，更积极介入政事，在朝野覆雨翻云。晚明东林党诞生，党争加剧，这是土壤。

也正是在这样的风气下，明末的各色学术流派，名家极其多。不但精通学问，还擅长搞政治，好些个名流，知名度更惊天动地。但这类角色，也是良莠不齐：有些人名头大，会作秀，正气凛然出了名，可真大难临头，不是跑得比耗子快，就是变节比翻书快。投靠魏忠贤的陆万龄，以及清军入关叛变投敌的钱谦益，都是这类货色。

同样也有另一些人，论道德品质，从来表里如一，堪称人中君子，素来为民请命，大节不亏。可论行政水平，却是毫不接地气，外加眼光短浅，小事斤斤计较没完，政绩虽说不少，大事面前败笔同样多。东林党中的名臣们，好些都是此类，人品铁骨铮铮，但好心办出的坏事，却是一箩筐，直到把明王朝办完。

而同上面两类人物比，在这个自由时代，度过青春年华的朱之瑜，却是截然不同的一类：既有名士的风骨，更有务实的水平和卓越的眼光。这一类人物，在当时的明朝，属于稀有品种，以清末学问家梁启超的观点，满打满算只有五人，即"晚明五大思想家"。朱之瑜，便是其中之一。

而与好些名家相同的是，朱之瑜也有不错的家学渊源。他的家族，是浙江余姚当地的名门。仅说这个籍贯，就极不简单：余姚在明朝，号称"文献名邦"，以文教昌盛著称。科举的成绩出名强，状元出了好多位。各行业的英杰，更是名流荟萃：缔造"弘治中兴"的大学士谢迁，阳明心学的开山圣人王守仁，都是其中杰出代表。

而即使与这类名流比，朱之瑜的家世，也毫不逊色。从曾祖父起，就是知名的学问家。而且祖上三代，派头都相当大，连朝廷的账，都时常不买。祖父朱孔孟，三次拒绝朝廷邀请，婉拒出山做官。父亲朱正这辈最风光，在朝廷的反复邀请下，做了漕运总督。

当然朱家这么大派头，并非为了摆谱：这个家族一向以学问和品德著称，倘若看到朝政腐败，国事不堪，那么天大的高官厚禄，也绝不就范。世代传承下来的风骨，便是儒家一个重要信条：道不同不相为谋。

照说这样的身世，朱之瑜的成长，理应很舒适，不说锦衣玉食，也该衣食无忧。但恰恰相反：从八岁起，朱之瑜的童年，就变得异常惨淡，甚至一度生计无着，学业也难以为继。

因为就在这年，朱之瑜的父亲朱正，还未就任河道总督，就突发疾病过世。朱家虽说名头响，却并不富裕，外加顶梁柱一塌，生活猝然艰辛起来：朱家兄弟三人，朱之瑜排行老三，两个哥哥也同样未成年。这下寡母带着三个幼子，生活从此贫寒。

于是像许多穷人家孩子一样，小朱之瑜也早当家。小小年纪就出来干活，养家糊口。不但诸如种地屠宰之类的农活，基本都接触过，甚至连城里的帮佣杂役，也曾做过好多。各行业的民间疾苦，从此感同身受。

但唯独好的是，朱之瑜的学业，却没怎么落下。朱家虽然破落，但名声犹在，门生故交也多。因此多方关照，朱家三兄弟的学问教育，总算是没耽误。特别是朱之瑜，在同乡李契玄门下求学，也很快展现出不凡的天赋。后来虽说李契玄病故，学业一度中断，但小朱之瑜手不释卷，一面打工一面自学。学业日益精进。

而且不止朱之瑜争气，朱家兄弟三人，个个都不差。无论生活怎样寒苦，却从不放弃追求。特别是大哥朱启明，多年以来赡养家小，照料母弟，是家中的第一擎天柱。自身的学问，也进步更快。不但书读得好，学业更是丰富，武功兵法也涉猎得多。到朱之瑜二十五岁这年，也就是天启五年（1625），这个家庭终于苦尽甘来：长兄朱启明考取武进士，成了朝廷官员，家庭条件大大改善。

也正是随着兄长得志，朱之瑜的求学，也云开日出：随后朱启明就职松江府，朱之瑜也随同前去，拜在了当地学问名家朱永佑门下。后来朱启明官运亨通，一度官至漕运总兵，朱之瑜的际遇也得到改善。教授过他学业的，还有张肯堂和吴钟峦，都是当时名流。

而这三位名流，在明朝都大有来头：朱永佑，后来是崇祯年间的吏部侍郎，南明鲁王政权的工部尚书；张肯堂，天启年间进士，崇祯年间的福建巡抚，南明鲁王政权的东阁大学士；最厉害的却是吴钟峦，虽说后来官职不高，但背景却硬：是东林党的干才，与东林党智囊高攀龙是好友，更是东林干将李应升的座师。三人都是当时声名显赫的人物。

而这三位老师，不但声名在外，品德高尚，而且就教书育人来说，虽然学问的细节有差别，但不约而同传授给朱之瑜的，却是明清历史上一门风格清新的学问：实学。

实学，乃明清儒学一大重要成就，源起于宋代的"事功学派"，反对务虚空谈，强调经世致用。也就是讲究实际的行政能力，造福江山社稷。这学问发展到明代，已是空前繁荣，隆庆万历年间的杰出政治家高拱和张居正，都是实学的忠实信徒。演变到晚明年间，更为包括东林党在内的诸多士大夫阶层追捧。

但这学问虽然好，却也难学。不止是学问好，理解能力强，就能学得好的，相反极其考验实际操作能力，既要有丰富的阅历和灵活的手段，更要有扎实的学问积累和牢固的道德底线。也就是学问好懂，用起来却难。甚至很多晚明标榜有实学成就的名流，真遇到了事情，后来全现了形，不是昏招迭出，就是道德沦丧。

但放在朱之瑜身上，这学问却驾轻就熟：他出身名门，祖上的道德传统，早已刻骨铭心。外加身世贫寒，小小年纪就浮沉世事，尝尽炎凉百态，远非关门读书的书呆子可比。多年自学中，心中困惑也积累得多，接触到这全新学问，更好像找到了明灯，从此极其兴奋，学习过程，更好似如鱼得水。

从学习科目说，实学的学问最难学的，一是门类繁多，不但要学四书五经等传统学问，甚至诸如种地打柴、财政税收，乃至军事兵法，样样都要涉猎；二是操作性强，不光要死记硬背，更要求学生有独立见解观点，甚至还考察学生的动手能力。所以在当时，凡是学实学的，淘汰率都极其高，好些学生起初热情高涨，最后却学得灰头土脸。

而在这点上，朱之瑜的表现，却越发强大，学问基础好，天赋也不凡，经史子集烂熟于心，社会经验也丰富。讨论学问，经常联系实际，举一反三。很快声名鹊起，成为知名的青年俊才。日久天长，几位恩师都满意不已。

而对这时的朱之瑜来说，几位恩师中，对他影响极大的，当属吴钟峦。此人堪称实学界的翘楚，不但学问远播，行政水平更是高。做教谕，把考生学业抓得好，后来任职长兴知县，治理地方，更是井井有条。属于既有学问，又有行政能力的干才。而他对朱之瑜影响最大的，却是信仰。

和诸多实学名家不同，吴钟峦虽说行政水平强，却对实学"经世致用"的主张，有不同的看法。以他自己的话说："不明于生死，必不能忠孝，不能忠孝，虽有经济之才，何益哉。"也就是说，一个人要是没了道德底线，就算有再大的才能，也是没用的。

正是这番教诲，给了朱之瑜极深的震撼，从而在后来人生的关口，做出了重大的抉择。

而在当时，二十五岁才投身实学的朱之瑜，却是一派后来者居上：学问做得好，几位老师更赏识。在当时明朝的官场环境下，哪怕不走科举途径，仅凭名流关照，也能有不错的前程。他自己也一度壮志满怀，各类学问更是精进，渴望着有报国的一天，能够一展经世致用的才华，建功立业。

　　一眨眼十三年过去，人近中年的朱之瑜，已经娶妻生子，成家立业。名声也格外响亮，成了以学问和品德著称的俊杰。老师吴钟峦更给他一个空前高的评价：开国来第一。就在这一年，苏松学政卫炜以"文武全才第一"的称誉，将朱之瑜推荐至礼部。按照明朝官场流程：只要朱之瑜接受征召，接下来就可获得官职，大展宏图，就在眼前。

　　但比起早年的胸怀大志来，面对这天上掉下来的机会，朱之瑜的反应，却是冷冷两字：不去。

艰辛复国路

　　不去的原因也很简单：看透了。

　　自从就学以来，朱之瑜的学问精进了很多，但官场的变迁震荡，虽未亲历，却见识了太多。

　　首先给他极大震撼的，是大哥朱启明的遭遇。一直兢兢业业的兄长，只因不肯贿赂权贵，最后落得黯然罢官回家。坚持原则，落得这般结局。

　　而随后几位恩师的际遇，也令人唏嘘。特别是吴钟峦，本来魏忠贤倒台后，东林党得势，他也大受信用。特别是在知县任上，政绩卓著，但因为得罪了首辅周延儒，外加拒绝给百姓临时加派赋税，也被整治。一度被降到广西做推官。

　　如上的各色遭遇，朱之瑜求学的十多年，也一一见识了太多。而眼光不凡的他，也早早做出了一个判定：这个大明朝，已经不可救药。所谓"然颠覆非一木所支，大川岂一人攸济"。正是朱之瑜的真知灼见。再有能耐，也救不了这大明，不如躲开。

　　而且尤其厉害的是，朱之瑜不但看到了明朝政局的黑暗，甚至对于黑暗中的细节，都把握得一清二楚。以他这一年，拒绝征召后，给妻子的话说，我要是出来做官，如果做知县，干满三年，肯定政绩卓越，然后官运亨通，能调任御史，接下来铁定就坏，因为以我的性子，当御史就会仗义执言，一直言就会获罪，而且肯定会是大罪，不但性命不保，家室更得连累。所以，绝不做官。

就这样，三十八岁的朱之瑜，已经成了一位眼光通透的人物：朝局动荡，王朝命运，乃至自身优劣，都看得清楚。于是，也从此重拾了家族的信条：道不同不相为谋。

在这样的信条下，朱之瑜的人生，进入躲猫猫的阶段：朝廷一征召，他就躲。从崇祯年间起，一直到南明永历年间，朝廷征召了十六次，躲了十六次。始终隐居乡里，静看风景。

这期间大明王朝的变迁，正如朱之瑜的断言：国事日益败坏，政治军事，都是积重难返。崇祯皇帝更是急功近利，凡事操切，结果越急越麻烦。不但诸多能臣先后获罪，国事更越发不堪，李自成和清王朝来回地闹，终于在崇祯十六年（1644），崇祯皇帝煤山上吊。明朝中央政府，就此歇菜。

而这期间的朱之瑜，虽说躲猫猫，但生活也丰富多彩。他隐居期间，除了种地读书，传道讲学外，还常从事商业贸易。他本身就阅历丰富，外加"实学"的学问，好多都是这些。这下学以致用，效果一直很好，不但家业打理得井井有条，小日子过得有滋有味，交游也日益广泛，不但知识界朋友多，甚至三教九流，日本越南，都有不少交情，人脉越发广。

而且虽然绝意仕途，但朱之瑜依然牵挂民生。除了在各地讲学，义务传授知识外。还经常利用声望，站出来为民请命。遇到官民纠纷，也常站出来主持公道。名声也更加响，成为浙东名士。

但到了南明弘光元年（1645），这舒适的日子，终于戛然而止。

事情起因，还是朱之瑜的眼光太通透：北京沦陷后，南明弘光政权建立，也四处招揽英才。朱之瑜名声在外，也就入了法眼，一直极力请他出山。官位也越许越大：特别是这年四月，更封他做兵部职方司郎中兼浙江提刑按察司副使，手握地方司法大权的高官。

但朱之瑜却看得明白，这个弘光小朝廷，一建立就闹内斗，绝对没前途。因此管他怎么征召，就是各种借口拒绝。但万没想到，这下惹恼了弘光朝的权臣马士英，立刻下令整治，给朱之瑜扣了个"不受朝命，无人臣礼"的罪名，要将他逮捕法办。好在朱之瑜提前得知消息，赶快星夜逃命，躲进了舟山群岛。

这事按往常说，不过是个小风波，等着风声过了，也还能回来。可或许朱之瑜自己都没想到，这场匆匆的话别，竟是他与家人的永诀。因为一个月后，清军大举南下，南明小朝廷迅速沦亡。浙江大地陷入一片战火中，唯独朱之瑜藏身的舟山群岛，暂且还算太平。但家乡可不去了。

国难临头，南明王朝兵败如山倒，弘光皇帝朱由崧被俘。先前斗得乌烟瘴气的弘光群臣们，有人像钱谦益一样变节，有人像史可法一样殉难，有人像马士英一样不屈不挠，奔走抗清。而小小舟山群岛，更成了一面新旗帜：当地地理位置险要，不习水战的清王朝暂时难以染指，鲁王朱以海也随后避难此地，以"监国"的名义，再度竖起了抗清大旗。

这时的朱之瑜，一开始还是以行商的身份，在当地隐居。虽然日常生活中，他常常自嘲，说大厦将倾，自己无能为力。但眼见着明朝这座"大厦"，已经到了倒塌的边缘，始终静眼旁观的朱之瑜，终于做出了人生一大重要抉择：投身抗清，全力复国。

朱之瑜之所以改变以往的态度，一是悉心辅导他学业的三位恩师，即张肯堂、吴钟峦、朱永佑三人，都先后投身在鲁王身边，为抗清大业奔走。更重要的原因是，他一直平静的外表下，始终埋藏着燃烧的热血。对这个王朝，纵然千般失望，却依旧有万般忠诚，哪怕千难万险，仍然百死不悔、义无反顾的身影下，是儒家明知不可为而为之的伟大情怀。

同样值得一说的是，朱之瑜虽然做出抉择，却依然拒绝官位。以平民百姓的身份，放弃舒适的生活，甘愿忍受奔波的艰难和生死的一次次考验，投身抗清复国的事业。

从这时起，朱之瑜不再沉默，相反积极奔走。而他最重要的任务，就是为南明小朝廷筹饷。

自从弘光政权灭亡后，鲁王政权的日子，也极不好过。虽然是"监国"，但地盘就几个岛，外加大量军队集结，经济越发窘迫。

朱之瑜则挑起了这个担子。闲居多年，他常年行商，社会关系极广，不但沿海朋友多，海外也多知交。因而临危受命，踏上一条特殊的路途：驾船出海，四处奔走，求钱求兵，力助复国。

而求饷的第一站，便是与朱之瑜后半生结下不解之缘的日本。

选日本做第一站，还是因为朱之瑜的人脉：当时的日本，已经进入德川家族的幕府统治时期。而且从明末起，就开始闭关锁国政策。只有长崎港对外开放。但和中国的渊源，却一直极其深。明末海外贸易繁荣，长崎当地也是华商云集，好些名流，跟朱之瑜也多有交往。局面严峻，自然要先找老朋友。

但这事一启动，就碰了满鼻子灰：日本海禁条令严厉，朱之瑜一行人到了日本，连岸都不叫上，一行人困守在船中，被晒了好些天，最后只好无奈返程。

这次碰壁后，朱之瑜也不甘心，相反奔走的力度更大。范围也越来越广，从东南沿海到朝鲜日本，甚至南下安南。凡是有交情的，打过交道的，能够求救的，基本全去了。甚至到后来，没什么交情但有实力的，也硬着头皮去求助。还曾作为鲁王的特使，出面联络各地抗清力量，十几年来，人生基本在海上度过。

这段海上漂泊，讲起来一笔带过，但过程却极度凶险。且不说当时航海技术差，船行海上，基本就是高危，遇到风暴就可能翻船；而且大乱之世，海匪纵横；外加清军步步南下，常在海面上搜杀。行船海上的每一天，基本都是生死考验。

这样的考验，朱之瑜全然不惧。相反就在这艰苦的奔波中，一次次展现他过人的风采。多少次大风大浪，随行的吓得不轻，他却谈笑自若。最危险的一次，他再次启程去日本，不料半路遇到清军战船，一干人等惨遭俘虏。清兵如狼似虎，钢刀架在脖子上，逼迫朱之瑜投降，结果朱之瑜面不改色，反而谈笑风生，甚至给面前清兵讲忠孝之道。这一番风采，就连敌人也大为叹服。清军主将刘文高敬佩不已，当场将朱之瑜释放。

类似的凶险，在朱之瑜的海上漂泊中，几乎司空见惯。而在历经多次挫折后，朱之瑜也找到了新的落脚点：安南会安。

安南会安，即今天的越南对外港口会安市。明末的时候，这里同样也是华商云集之地。利用朋友关系，朱之瑜在此地筹措饷银，发展抗清力量，源源不断援助鲁王政权。而后他多方求助，奔走各国，会安港，也是重要的中转站。这个今人已不太熟悉的越南港口，当时却一度是海外遗民的抗清大本营。朱之瑜在当地定居十二年，一直尽心竭力。

但沉重的打击，却是接踵而至。先是永历五年（1651），清军悍然发动了对舟山群岛的大规模进攻。鲁王政权兵败如山倒，舟山各岛相继沦陷。而朱之瑜的三位授业恩师：张肯堂、吴钟峦、朱永佑，都先后力战不屈，死节殉难。闻听噩耗的朱之瑜悲愤不已，甚至因此为自己立下规矩：从此不再过中秋节，以示对老师故友的纪念。

而这场动乱之后，避之安南的朱之瑜，与中原的联系，更好像断了线的风筝：鲁王如何，抗清大业如何，几乎都毫无下落。最乱的时候，甚至连归国的船只都找不到，彻底断了联系。在近乎绝望的局面下，朱之瑜依旧没有放弃，相反不屈不挠，一面四处打听，一面继续求助筹饷。几年下来，总算又筹措一笔饷银。而他自己却一如既往，过得极其清苦。最困难的时候，连仆人都逃走，孤零零一个人。但无论怎样山穷水尽，始终努力不息。

而在历经五年绝望的努力后，一封迟滞了三年的书信，终于送到了朱之瑜手中：这是舟山群岛沦陷后，鲁王写给他的征召书信。信中告诉朱之瑜：鲁王一行人已经到了金门，寄住在抗清名将郑成功处，依然在为复国而战。读到此处，在绝望中奔走多年的朱之瑜，好似看到了微茫的曙光，登时欣喜不已。

然而再读下去，欣喜便化为悲伤。对历经苦难的朱之瑜，鲁王非但毫无抚慰，反而严词指责，说朱之瑜只顾自己在安南过小日子，根本不知为国效力。读罢来信，这位孤苦的寒儒，自然万分委屈，不但写了一封真诚的回书，详述了自己在安南期间的生活状况和救国示诚。更为此变了自己一个规矩：破天荒的第一次，接受了南明政府授予的官职。不为荣华富贵，只为表白孤忠臣子的信念。

这封回书，便是著名的《上监国鲁王谢恩疏》。这篇记录了朱之瑜十二年客居生涯的奏疏，文辞恳诚，记录详尽，不但写照了一位孤忠臣子满腔的热血，时至今日，更是后人研究明末清初安南历史的重要史料。

但朱之瑜没想到，抗清不容易，离开安南，却更不容易。虽然他这十几年，在安南的活动都是秘密进行，一直十分低调，但名声到底传开了。这时候的安南，却打起了自己的算盘：当时统治安南的，是安南阮氏王朝第五代国王阮福濒，这一看朱之瑜声名显赫，更打算为自己所用。

结果他一打小聪明，朱之瑜的祸事就到了：永历十一年（1657），朱之瑜被强行带入安南官府，先逼他就范做官，朱之瑜毫无惧色，挥笔写下一段文字，大意是我不甘心做亡国奴，才在你这里定居。生死都是大明的人，想让我给你们当官，那是做梦。

一看朱之瑜够硬，阮福濒更来了兴趣。第二天更把朱之瑜带进王宫，打算亲切接见。谁知一见面，朱之瑜又来了个下马威：耿着脖子，就是不肯给安南国王下拜。阮福濒见状大怒，干脆使出硬手段，先恐吓说要杀朱之瑜，结果朱之瑜不慌不忙，说你杀我可以，就拜托一件事，我死之后，我墓碑上要写"明徵君朱某之墓"。弄得阮福濒也尴尬，之后几天，朱之瑜被软禁在安南王宫，失去人身自由。但他谈笑风生，该吃吃该喝喝，就是不把安南国王放眼里。

这下阮福濒暴怒了，为此更做出一件令人发指的暴行：每天派兵去朱之瑜家，杀朱之瑜的邻居，一下连杀了好些人。谁知朱之瑜闻讯后，还是不就范。这下阮福濒没招了，硬的不行来软的，又好言相劝，说你只要做官，就给你造豪华府邸，把你妻妾子女全接来，以后荣华富贵享不尽。朱之瑜朗声大笑：我离开家乡十三年了，哪有什么小妾。一番慨然高论，阮福濒也忍不住侧目了，最后又试探了一下：派大臣写了一个"确"字，询问朱之瑜的打算。这下朱之瑜更豪情大发，挥笔写下一幅《坚确赋》，表达了自己奔走复国，摒弃荣华富贵的信念。阮福濒终于服了：你真是高人，走吧。

历经五十多天的囚徒生涯后，不屈不挠的朱之瑜，终于重获了自由。这番意外的遭遇，史称"供役之难"。五十多天的折磨中，朱之瑜历经了富贵荣华的诱惑与死亡的考验，却终不为之所动，以其高贵的品质，令凶残的敌人也不禁心悦诚服。按梁启超的话说，这场遭遇好比一场突然的飓风，却折射了朱之瑜至诚爱国的高尚人格。

而且一贯认真的朱之瑜，在这场灾难面前，也一如既往认真。被囚禁的每一天，都坚持写日记。五十多天的日记，留下了随笔诗词等诸多作品，取名为《安南供役记事》。

永历十二年（1658）秋，历经坎坷的朱之瑜，终于如愿返回故国，成为郑成功军中的一位文士。而他奔走十多年的抗清大业，这时已呈现出最灿烂的曙光：郑成功以麾下十余万大军，与鲁王余部合兵，水陆并进，发动了对清朝东南地区的大规模讨伐。这次作战的计划，除了牵制清军主力，挽救西南永历政权外，更重要的目标，便是攻克南京，光复大明东南半壁。

这个作战计划一启动，朱之瑜也热情高涨。除了作为幕僚，参与战事外，也干起了老本行：外交。其间再度出使日本，寻求日本幕府的支持。虽然这次出使，还是碰了一鼻子灰，但却有个意外小插曲：日本学者安东守约，在朱之瑜朋友陈明德的引荐下，主动给朱之瑜写信。信中除了以儒家弟子礼节向朱之瑜问好外，更恭恭敬敬求教各类儒家学问。阅信的朱之瑜欣喜不已，发现日本竟也有这样有见识的儒学弟子，立刻欣然回信，收下了这位日本学生。或许连他自己都没想到，这件不起眼的小事，竟深深影响了其后半生。

但在当时，朱之瑜还是热情满怀，在郑成功身边积极建言，各种出谋划策。

而北伐的战事，也进展顺利。虽然一开始遇到飓风，但明军凭借海军优势，还是打开了局面。在浙江、江苏的各次水战中，陆续重创清军主力。张煌言的陆军也高歌猛进，攻城拔寨。到第二年夏天，郑成功已经打到南京城下。光复大明，就在眼前。

但朱之瑜的心情，却逐渐变凉了。大家都兴高采烈，却唯独他看得准：这个风光无限的郑成功，也不怎么靠谱。

郑成功的不靠谱，不是态度问题，而是能力问题。此人虽然治军严明，部队战力强悍。但有两大毛病，一是刚愎自用，二是优柔寡断。这两样毛病，更传染给了全军。部队打进长江的时候，朱之瑜就发现不妙：人人都脑袋发热，不但对战局判断盲目乐观，而且毫无远见。比如朱之瑜曾建议郑成功，每攻克一地，都要设法招揽当地儒学文士，稳定人心。谁知就连这小小的建议，郑成功也弃之不听。

于是战局的进行，很快急转直下。七月份清军反扑，郑成功猝不及防，兵败如山倒，损失惨重后败退厦门。而另一路大军张煌言部，也随后陷入孤军奋战中，也不得不败退回来。而后永历政权失陷，郑成功困守厦门。虽然勉强支撑，但抗清的大业，在划过这抹最灿烂光辉后，终于还是无情地熄灭了。

看得通透的朱之瑜，在经过十多年绝望的努力后，也终于心灰意懒。永历十四年（1660）春，六十一岁的朱之瑜，放弃了已尽绝路的抗清大业，做出了一个新的人生抉择：乃次蹈海全节之志。也就是再度漂泊海外，不事清朝。

而漂泊的目的地，就是之前他已经去过六次的日本。

虽然前几次去日本，都碰了不少壁。但朱之瑜的名号，在日本早就传开了。就连日本的诸多名流学士，也仰慕他的为人。因此春天抵日，不但受到热情接待，而且为了他，更破了日本一个四十年的规矩：德川幕府厉行锁国法令，外国人不得在日本定居。但先前已拜朱之瑜为师的安东守约，是日本知名人物。他是柳川藩士安东亲清的次子，当时更是柳川藩主立花忠茂的近侍，当地知名的重量级人物。有他上下奔走，事情总算有了转圜：朱之瑜获准在长崎租屋定居。日本锁国令以来，他是唯一获得破例的外国人。

传道在东洋

初到日本的朱之瑜，就受到了极多的关照。特别是安东守约，替朱之瑜办妥了定居和租屋的一系列杂事后，除了时常登门求教外，还生怕老师过得苦，竟把自己一半的俸禄都慷慨赠送。靠这些帮助，朱之瑜的生活，总算安顿下来。

但他的内心，却是极度痛苦：永历皇帝朱由榔，已经在昆明殉难了。郑成功虽然挥师东进，光复台湾，并继续敬奉永历年号，再造抗清根据地。但旋即也英年早逝，病故台湾。抗清的大局，越发不可为。

坏消息一个个传来，朱之瑜的心头，也接连伤悲。客居日本后，他也始终以明朝衣冠示人。每当想起故国沦丧，常常夜深人静的时候，一次次切齿流泣。儿子写信给他，告知因为生活困顿，也开始在家乡开馆教书。他回信谆谆教诲：教书可以，实在穷得过不下去，干别的营生也行，种地做买卖甚至屠宰，都能养家糊口。就算哪行也过不下去了，饿死也不能做清朝的官。

不但教育儿子这样做，他自己也打算这么做。客居日本的几年里，除了和安东守约等人讨论学问外，基本都是深居简出。到了永历十九年（1665），手头有了点积蓄，他打算买几亩地，从此躬耕度日，不问世事。

但这时候的日本，却恰好是个重大的思想演变期：经过德川幕府的统一后，日本传统的主流佛学思想，已经日益衰退。相反明朝百花齐放的儒学思想，进入17世纪后，已经广泛传播，涌现学派无数。更有诸多视儒学学问为正统，专心求道的杰出学者，先前为朱之瑜定居奔走的安东守约，就是其中的杰出人物。

但这时候的日本儒学，也有大困扰：学派多思想杂。几个重要的学派，有官方的朱子学，即以朱熹理学为正宗的流派。还有古学派，即追奉春秋战国时期孔孟思想的学派。更有悄然崛起的阳明学派，即王阳明心学思想的忠实追随者们。这几个流派，都标榜自己是正统，互相更争个没完。而且这帮人虽说学习热情高，但水平也都有限。对中国儒家文化的探索，大多都是一知半解，更盼着有正宗大师来解惑。盼星星盼月亮，盼来了朱之瑜。

而这时的日本幕府集团，也有自己的算盘：儒学虽然好，但眼下吵得乱哄哄，没个主流思想，肯定不利于统治。传播儒学，更得有公认的大师级人物主持大局。朱之瑜，就是最好的人选。

所以朱之瑜能够破例定居，除安东守约等人的殷勤接待与奔走外，上述情景，才是根由。

也正是这样的背景，注定了朱之瑜的晚年，绝不会平静。他不仅会卷入这场意外的日本文化变革洪流中，更将以其卓越的才学与执着的传道，成为其中定海神针般的宗师人物。甚至，决定日本的历史走向。

而如上情由，六十五岁的朱之瑜还未曾料想。正当这年，他正一心一意选购地皮的时候，一位重量级人物的邀约，改变了他隐居的决定，拉他投入这场洪流中：德川光国。

比起藩士身份的安东守约来，德川光国的身份，却更加高贵：他是日本此时统治者大将军德川家纲的叔父，也是水户藩的藩主。日本朝野，属于绝对位高权重的大人物。

这位人物在当时，也有一个宏大的追求：推广儒学。正是在他的力主下，德川幕府在江户建立学堂，他自己的地盘水户，更是儒学成风。但学校易建，老师难寻，对朱之瑜这样一个至宝，自然也不放过。于是这年派儒臣小宅生顺为使，盛情邀请朱之瑜，去江户讲学，更送他一个响亮名誉：国师。

对这隆重邀请，朱之瑜一开始没什么兴趣。但小宅生顺这人，也是日本儒学名流，且极讲礼节，恭恭敬敬地游说；外加一直伺候自己的安东守约，更是热情劝说。特别让朱之瑜动心的是安东守约说德川光国这人尊敬儒学，更爱惜人才。这下朱之瑜来了兴趣：瞧瞧去？

结果朱之瑜这一瞧，就缔造了日本文化史上经典一幕：次年六月，朱之瑜抵达江户。德川光国以弟子礼节，恭恭敬敬侍奉朱之瑜讲学。甚至为了表示尊敬，连朱之瑜的名字都不敢称呼，建议朱之瑜再取个名号。这一建议，就勾起了朱之瑜的思乡之情，他长叹一声，为自己取了这个光耀日本史的称呼：舜水先生。

舜水者，朱之瑜故乡的河流名称。一声舜水，背后正是这位海外遗民，有家难归的酸楚。

这事传开，全日本几乎沸腾。从江户到水户，各路名流蜂拥而至，纷纷想一睹这位儒学名师的风采。此后几年，朱之瑜游走在江户和水户两地，讲学传道。所过之处，无不听众云集，一开始还只是学界名流，后来就连各色诸侯，政界要人，都纷纷登门拜访。特别是水户地区，好多次开课时，听讲的学生里，竟还有白发苍苍的老者。场面极其热烈。

而朱之瑜也用自己的表现证明，他的宗师名号，着实名不虚传。单说工作态度，就极其认真。虽说学生换成日本人，水平资质比明朝学生差太远，但他毫不歧视。不但胸中学问倾囊相授，教学的每个环节，更是督导严格。

最令日本学生们感慨的，就是朱之瑜的教学方法。听课的学生类型不同，资质不同，他的教课方法，也就不同。比如学生安积觉天赋好，但是耐心差，朱之瑜就对症下药，特意给他题写一个作业本，让他把每天的学业，学完后原原本本写下来。而另一个学生服部其衷却很不像话，不但学习不认真，还常耍小聪明，经常装病旷课，还常拉同学出去玩。但朱之瑜有耐心，很少对他发火，每次都谆谆教导，甚至教育学生，一劝就是一整晚。结果这位顽劣的学生，从此态度大变，终生勤恳治学。如上美谈，在日本各色史料中，一直被人津津乐道。

尤其令学生们感动的是，教书的朱之瑜，真拿学生们当亲人。不但关心学业，更关心生活。谁家里出事，经济有困难，他都慷慨帮助。最不容易的是，他还很会做心理辅导，每当学生们遇到变故，心情沉痛时，他更耐心开解，鼓励学生走出来。所谓"抚之如慈母，督之如严父"，正是他一直以来的光辉形象。

而工作认真的朱之瑜，也把他一生最光辉的学问：实学。毫无保留地传授出来。而这一条的贡献，对于整个日本历史，都是惠泽深远。

如果说崇祯年间的朱之瑜，是个出名的实学弟子；南明年代的朱之瑜，是个出名的抗清义士；那么传道日本时，他的角色更悄然转换：几位恩师的学问，他不但融会贯通，完美继承，更大胆创新，自成一家。开创的独特思想体系，甚至超越了他所生活的时代。

朱之瑜的实学思想，归结下来有五条。而对当时日本影响最直接的，正是其代表的哲学思想：践履论。

所谓践履论，通俗意识解释，就是强调实践。细解起来，却有如下内容：一是儒家宣传的"道"，不是空泛的讲义，而存在于实际生活之中。求"道"的过程，更要靠实践中的学习领悟。而且任何一种"道"，都不止于理论，更要有实际的应用性。而且人的品格形成，道德塑造，也来自实际生活行动的影响。获得崇高的道德，更需要人后天勤奋的努力。

这个论点，不但放在日本，就算对比明末，也是风格一新：程朱理学在当时，已经演变成空洞的伦理纲常，朱之瑜却打破常规，将其中的"道"通俗化，变成摸得着的生活常识。阳明心学强调"良知"，认为"满街都是圣人"，人自身就有无尽潜能。这个朱之瑜部分同意，但又强调：想成圣人可以，但要后天努力，再好的良知，你也要学习。而在行为方面，程朱理学和阳明心学，观点也对立，一个认为要先懂道理，才能有行动。一个认为要知行合一，也就是知识和行为要统一。这两个观点都有偏差，朱之瑜在这条，却正好补上漏洞，他认为行动不仅要靠知识，更是获取知识的过程。换句话说，几大儒学流派的主张，朱之瑜既有继承，又有发展。其独立思想，更是完美超越前人。

而对当时日本来说，这思想的一大作用，就是包容性。朱之瑜之前，日本几大儒学学派，各执一端不说，观点更针尖对麦芒。多年以来的学术争论，斗成一团混沌。朱之瑜一讲学，这下混沌全开：朱之瑜的思想，既对几大儒学流派的成就，都有客观的认可，更逐一点出其不足，提出全新求知思路。这样一来，几大学派求同存异，相互交流。日本的儒学水平，一下上了台阶。

而比起思想的进步来，朱之瑜的政治观点，更深远影响了日本政治演进：革新论。

朱之瑜的实学，源出宋代"事功学派"。这一学派在宋朝，就是变法倡导者。传到朱之瑜这里，思想更进一步：不但宣扬革新，倡导仁政，而且对于仁政的内容，也做了大胆定义。除了要求统治者"爱民"外，更对"仁政"做了全新的定义：他眼中的仁政，不只要求皇帝勤政爱民，更讲究"利民"，也就是要用实实在在的手段，把国家的经济搞上去，让大多数老百姓得到好处，从而富国强民。原先传统儒家观点，讲究"小人喻于利"，朱之瑜反而大大方方地讲"利"，不但提倡，更把商品经济提到极高位置。即使与同时代西方"重商主义"思潮比，朱之瑜的观念，也毫不逊色。

特别进步的是，在怎么实现"利民"的问题上，朱之瑜更有创造，提出了"礼教"和"法治"并重的思想。中国传统的法治观念里，偏儒学的，就讲究"礼教"，也就是道德教育。偏法家的，就强调"法治"，也就是法令约束。对这两件事，朱之瑜也都认同，但他独创一家：礼教和法治都重要，一个成熟的国家，道德教育和法制约束，是两条腿走路。法律的进步与执行，更要以保护道德为根本目标。如此主张，即使放在现代社会，也是振聋发聩。

也正是这种革新思想的传播，在未来的二百年里，仿佛一股汹涌的暗流，默默推动了日本社会的演进。甚至对于 19 世纪日本的明治维新，也是影响深远。

而与"革新论"相辅相成的，便是朱之瑜独特的经济思想：致用论。

如果说"革新论"，还是针对国家的治国理念，那么"致用论"，却提出了实实在在的利民手段。在如何发展生产，繁荣经济方面，提出了诸多独到的见解。

特别不客气的是，对于明朝的灭亡原因，朱之瑜在"致用论"里，也做了痛苦的反思。甚至提出一个全新的答案：明朝的灭亡，首先的原因，正是经济的破产。长期以来的八股取士，造就大量无用的庸官，外加灾害横行，变故横生，国家的政策却依然呆板生硬。水深火热的局面下，只知道添丁加税，好些官员空谈道德，却没有实际利民的本事。终于火上浇油，把这个王朝彻底败掉。

也正因为这样的历史教训，造就了朱之瑜"致用论"中不凡的思想，除了痛批八股取士和儒家传统"轻利重义"的旧观念外，朱之瑜更对怎样繁荣经济，总结出三条办法：第一是执政者必须要懂经济，有实在的经济眼光。第二是摈弃传统重农抑商理念，鼓励商品经济特别是民营经济。而第三条更大胆，甚至把孔夫子都颠覆。比起孔子鄙薄生产技术的态度，朱之瑜完全相反，高度重视生产技术的革新，认为农业和手工业技术的进步，是经济发展的源头。即使是士大夫阶层，也该从中积极学习。这条对日本的直接影响是：朱之瑜常年从事生产，技术水平很高，到了日本后不但教书，更教生产。

朱之瑜教生产这事，在日本极其有名，还衍生出了不少传说。他除了在课堂上讲生产理论，还经常带学生实习，不是跑到农村教种地，就是到城里店铺里教手工技术。每次都亲自上阵，手把手示范。有次在油漆店里演示刷油漆，把围观群众看得叹服，还以为他是专业油漆工人。另外包括种地酿酒屠宰，只要他会的，全都热情传授。以德川光国的深情回忆：先生为一经济家，假今日旷野无人之地，士农工商各业，先生皆可兼之。

而这事对日本生产的冲击，更是影响深远。一是明朝先进的生产技术，从此大范围在日本传播。二是观念颠覆：日本传统的儒学鄙薄生产，但朱之瑜不但重视生产，更把生产的位置抬得极高。以至于后来日本的诸多儒学门生，更有相当多的实干家。19世纪日本维新时代的诸多精英，正是在这样的土壤里孕育。

而朱之瑜也知道，推广生产，传播实学，最直接的方式就是办教育。在这事上，他同样有独特创造：社会论。

与经济思想的"致用论"相同，朱之瑜教育思想的"社会论"，同样来自对明朝灭亡的沉重回忆。

在朱之瑜眼里，明朝的灭亡，首先是经济问题，然后就是教育问题。以他自己的话说，明朝一直重视教育。但最后培养出来的，要么是道貌岸然的伪君子，要么是毫无实际能力的书呆子。这帮人除了争权夺利，空谈学问，对于国家大事，半点贡献都没有。明末为什么这种人多？说到底还是教育出了问题。

怎么解决这问题？这就是朱之瑜的"社会论"。一是学习目的要变，不是为了当官而学习，而是要为了造福社会而学习；二是学习内容要变，不但要学道德礼节，更要学对实际生活有用的知识，包括为人的智慧与经济生产的知识，学到了就要用得着，对国家民族有好处；三是学习方法要变，不能关在学堂里闭门学，学生更要接触社会，了解社会，充分地接地气，才能成为一个有作为的人物；四是教学方法要变，不能教那些晦涩难懂的教条，再复杂的学问，都应该用通俗易懂的方式，最广泛地传播普及。这点他充分吸取儒学大师陈白沙的经验，四书五经的学问，甚至被他变成朗朗上口的儿歌，三岁小孩都能传颂。

而对日本教育甚至当代教育影响最大的，更有朱之瑜"社会论"中特殊一条：教育普及。朱之瑜认为，国家应该重视教育，广设学堂，更应该让大多数人都有受教育的权利。这期间他还做了一件大事：1670年，德川光国在水户设立儒学学宫，这是日本儒学发展史上又一件承前启后的大事。朱之瑜不但积极参与，更亲自设计了学宫的样式营造、工程设计。在学宫落成后，又制定了一套以中国儒家传统为基础的学宫礼仪。从头到尾，他都是这件大事的缔造者。

而对德川幕府时代的文化，影响尤其大的就是朱之瑜的史学思想：尊史论。

早在青年读书时代起，朱之瑜就以史学见长。他所植根的事功学派，同样也以治史著称。而在客居日本之后，他也把自己卓越的史学思想，带给了日本人。

朱之瑜的"尊史论"，核心有两条：一是尊史，也就是尊重历史的事实，而这条也解决了日本人修史的一个头疼问题：日本之前常年战乱，史料驳杂，同一件事，说法更是五花八门。因此德川幕府统治时期，想编修一部日本历史，却常年办不成。朱之瑜的"尊史论"出来，问题就解决了：朱之瑜认为，修史首先要有明确的历史观念，即强调正统，也就是国家统一，尊奉正朔。以这样的观念，来博彩众家之长，辨析各种史料。这下正对了德川幕府的胃口。而在修史目的上，"尊史论"的目标更现实：致用。就是历史的教训，要对现实有反思和启迪作用。也就是他一直说的"经以史定"。在这样的观念影响下，朱之瑜的几位日本弟子们，启动了著名的修史运动。以德川光国主持，朱之瑜弟子安积觉担任主编的《大日本史》，终于修撰完成。这部史书对于日本影响的意义，更超越了学术本身：它倡导的五大思想：尊王、扫藩、忠君、爱国、大一统，更成为后来倒幕运动和明治维新的思想源头。

特别值得一说的是，对朱之瑜的史学思想，日本人虽然仰慕，但也是有选择性继承。朱之瑜"尊史论"中另一思想，反而在日本重视不多。但这个思想即使对于今天，也有极大意义：在历史演进问题上，朱之瑜的"尊史论"中，还有这样惊人的观点——百姓者，分而听之则愚，合而听之则神。其心既变，川决天崩。这按照白话说，就是人民群众才是历史前进的动力。

就这样，朱之瑜人生最后二十年时光，仿佛一抹浓重的晚霞，在日本的国土上，绽放出片片动人的华彩。他一直潜心治学，门下弟子遍布，最亲近的五大弟子，即安积觉、今井弘济、五十川刚伯、服部其忠、下川三省，其后都学业大进，成为日本历史上影响深远的精英名流。特别是安积觉，他与朱之瑜的另一弟子德川光国，一起开辟了日本近代儒学的重大流派：水户学派。

1683 年四月，八十三岁的朱之瑜，在卧病一年多后，终于溘然长逝于日本大阪。噩耗传开，日本举国悲痛。德川光国亲自率领诸多贵族名流送葬。临终前的朱之瑜，留遗嘱要求：自己的墓碑之上，一定要写上"故明人朱之瑜墓"几个字。特别值得一提的是，享誉日本的朱之瑜，一生仍旧过得十分清苦。但临终的时候，家产却积攒了三千多两黄金。这是他省吃俭用二十年，筹措的反清复明经费。故国的沦丧，他一生念念不忘。

他的离世，更成了他诸多日本弟子的痛事。几个亲近弟子为他提写祭文，文中情真意切。送葬当日，许多弟子更是当场失声痛哭。特别是最早的学生安东守约，在朱之瑜周年祭奠的时候，依然泣不成声：老师您这样离开了，以后我的学问有了疑惑，还能向谁求教呢？

朱之瑜死后，他的弟子们做得最重要的一件事，就是整理朱之瑜文集。其中最为著名的，就是《舜水先生文集》。这部共 28 卷的巨著，不但记录了朱之瑜诸多学术思想，甚至更包括经济和政论思想。一直到日本近代，诸多日本倒幕和维新时代的精英人物，依然对此敬慕不已。日本明治维新时代，诸多影响深远的经济政治政策，其实都脱胎于朱之瑜的哲学。诚如安东守约的感慨：对于朱之瑜这位杰出的哲人，几百年间，日本人一直求教不息。

朱之瑜过世八个月后，清王朝发动了征台战争，南明王朝最后一个政权：台湾明郑政权，终于降旗投降。朱之瑜临终前念念不忘的复国大业，就此彻底如梦。大明王朝三十九年沉重的余波——南明王朝时代，彻底画上句号。